OEUVRES COMPLÈTES

DE PIERRE DE BOURDEILLE

SEIGNEUR DE

BRANTÔME

9924 — PARIS, TYPOGRAPHIE LAHURE
Rue de Fleurus, 9

OEUVRES COMPLÈTES
DE PIERRE DE BOURDEILLE
SEIGNEUR DE
BRANTÔME

PUBLIÉES D'APRÈS LES MANUSCRITS
AVEC VARIANTES ET FRAGMENTS INÉDITS
POUR LA SOCIÉTÉ DE L'HISTOIRE DE FRANCE
PAR LUDOVIC LALANNE

TOME SIXIÈME

COURONNELS FRANÇOIS. — DISCOURS SUR LES DUELS

A PARIS
CHEZ Mme Ve JULES RENOUARD
LIBRAIRE DE LA SOCIÉTÉ DE L'HISTOIRE DE FRANCE
RUE DE TOURNON, N° 6

M DCCC LXXIII

EXTRAIT DU RÈGLEMENT.

Art. 14. Le Conseil désigne les ouvrages à publier, et choisit les personnes les plus capables d'en préparer et d'en suivre la publication.

Il nomme, pour chaque ouvrage à publier, un Commissaire responsable chargé d'en surveiller l'exécution.

Le nom de l'Éditeur sera placé en tête de chaque volume.

Aucun volume ne pourra paraître sous le nom de la Société sans l'autorisation du Conseil, et s'il n'est accompagné d'une déclaration du Commissaire responsable, portant que le travail lui a paru mériter d'être publié.

Le Commissaire responsable soussigné déclare que l'Édition DES OEUVRES COMPLÈTES DE PIERRE DE BOURDEILLE, SEIGNEUR DE BRANTÔME, *préparée par* M. LUDOVIC LALANNE, *lui a paru digne d'être publiée par la* SOCIÉTÉ DE L'HISTOIRE DE FRANCE.

Fait à Paris, le 5 mai 1873.

Signé JULES MARION.

Certifié,

Le Secrétaire de la Société de l'Histoire de France,

J. DESNOYERS.

DISCOURS

SUR

LES COURONNELS

DE L'INFANTERIE DE FRANCE.

(SUITE).

Comme j'ay dict donc cy-devant, que M. dé Tayz[1] a esté le premier couronnel général de bandes françoises tant de delà que deçà les montz, il le faut croyre ainsi, car il y a encores force vieux capitaines et soldatz qui le testiffient ; qui fut un grand heur et honneur à luy, que luy, qui n'estoit que simple gentilhomme, mais pourtant de bonne part et bon lieu,

---

1. Jean, seigneur de Taix, pannetier de François Ier (1529), chevalier de l'ordre du roi, maître de l'artillerie, puis colonel général de l'infanterie française, tué au siége de Hesdin en 1553.
    Les précédents éditeurs ont fait dans ce discours un chapitre de chaque passage consacré par Brantôme à un colonel ; mais il n'y a aucune division dans le manuscrit, où le texte se suit sans interruption.

non pas riche, fut honnoré d'une si honnorable charge; car pour un coup il s'est veu commander à plus de six-vingtz enseignes françoises, tant deçà que delà les montz; qui estoit beaucoup certes, mais non tant que les six-vingtz légions qu'Auguste entretenoit d'ordinaire, fust aux champs, fust aux garnisons, bien qu'il fust monarque paisible du monde; mais c'estoit sa gloire, sa grandeur et sa terreur, aussi bien pour la guerre que pour la paix.

Ce fut un grand heur et honneur pour ledict seigneur de Tayz, pour n'avoir faict l'office de gens de pied par trop, comme un M. de Montluc et autres de son temps, ny pour avoir aussi eu d'ailleurs de grandes charges au service du roy, sinon vers La Mirande, où il fit assez heureusement la guerre, et servit le roy François premier, comme nos histoires françoises le testiffient.

J'ay ouy dire à aucuns à la court, et surtout à une dame de la court pour lors, qui sçavoit tout ce qui s'estoit passé de son temps, que ce fut une dame de la court qui le poussa et advança (je ne la nommeray point), qui l'aymoit fort; et pour ce elle en portoit une devise, ou plustost un rébus de Picardie, qu'estoit des tays[1] d'un pot ou d'un buye[2] cassez, car telles pièces en vieux françois s'appellent des tays.

Sa première et plus belle monstre de sa charge fut en la battaille de Cerizolles, où il fit si bien, par l'assistance de M. de Montluc qui menoit les enfans perdus, le capitaine Ville-Franche, très-brave et vaillant capitaine, et d'autres capitaines du Piedmont, et des

---

1. *Tays*, tessons. — 2. *Buye*, buire.

vieux routiers, par lesquelz il se mit dès-lors en une très-grande gloire.

J'ay ouy dire et asseurer à un' infinité, que ledict jour de la battaille, ainsi que son page se présenta devant les battaillons, où il estoit monté sur un très-bon et beau cheval d'Espaigne, qu'il le fit descendre de dessus, et le[1] fit attacher à un arbre, et commanda à deux ou trois soldatz de luy tirer des harquebuzades et le tuer : ce qu'ilz firent aussitost; ce qui fut un grand dommage. Et il le fit d'autant que, le jour de la battaille, il faut que le couronnel soit devant son battaillon loing d'une picque, armé de toutes pièces, sa bourguignotte en teste et sa picque en sa main, et tous ses capitaines en chef armez de mesmes à la teste du battaillon, les enseignes au mitan, les lieutenans à la queue, les sergens aux costez, le sergent-majour, ou, pour parler à l'ancienne mode, le sergent de battaille, à cheval, pour aller par les rangs, par le devant, par le derrière et par les costez ou aisles, afin de mettre ordre promptement à ce qui est nécessaire.

Sur quoi j'ay ouy faire un compte pour très-certain : que, ce jour de la battaille de Cerizolles, le sergent de battaille, qui estoit pour lors La Burthe, enfant de Bourdeaux, fort digne de sa charge, revisitant les rangs, et jettant sa veue sur tout son faict, vist un gentilhomme qui ne faisoit que d'arriver de la court en poste (je l'ai bien ouy nommer, mais ne m'en souvient), car les chemins des postes estoient tous rompus de gentilzhommes qui alloient à ceste

---

1. *Le*, le cheval.

bataille à l'envy les uns des autres; et parce que ce gentilhomme n'avoit eu la commodité de recouvrer des armes tout à coup, avecqu'un jacques et manches de maille (dont on en usoit fort de ce temps), et une hallebarde, se mit au premier rang parmy les capitaines, ainsi accommodé. La Burthe luy dist aussitost qu'il sortist de là, et qu'il deffaisoit et désembellissoit le rang, d'autant qu'il debvoit bien sçavoir qu'il falloit estre armé de toutes pièces, et, s'il ne le sçavoit, qu'il le luy apprenoit; par quoy, qu'il s'ostast viste; et ne luy dist rien plus. La Burthe, n'ayant pas le loysir de se tenir là longtemps, ny de contester, s'en part pour adviser à ses batailles et à sa charge; puis il retourne; et, le trouvant encor là, luy remonstra fort audacieusement (car un tel jour est le jour de leur plus grand'sollempnité et grand'feste de leur authorité) un'autre fois ce qu'il luy avoit dict. Le gentilhomme luy respondit que, tout tel qu'il estoit, et ainsi armé, qu'il ne céderoit pas à un des mieux armez qui fussent là, pour bien combattre et bien servyr ce jour son roy, et qu'en matière de son service, et en telle journée et en tel endroict et occasion, tout estoit de guerre, tout estoit de rang et d'ordonnance et tout esgal, et qu'il n'en bougeroit point. La Burthe, perdant patience, luy donna de l'hallebarde aussi tost à travers le corps, et le tue roide mort : et n'en fut autre chose pour ce coup, car l'on marchoit droit à l'ennemy pour se battre.

Mais après la bataille, comme j'ay ouy dire à ceux qu'y estoient, et mesmes à plusieurs gentilzhommes qui déploroient le trespassé, qui estoit brave et vaillant, trouvarent le coup trop prompt et par trop légèrement faict, et avec la teste trop à la gasconne, et qu'il n'y avoit nulle raison d'avoir tué ainsi ce gentilhomme, qui, tout plein de courage et valeur, estoit party de la court de si bonne voulonté pour se trouver à une si bonne affaire; et pour ce qu'il n'avoit peu recouvrer armes propres, ny ainsi qu'il eust bien voulu, mais comm'il avoit peu, il n'y avoit point de raison ny aucun droict de guerre de tuer ainsi un gentilhomme d'honneur et de valeur.

Le roy François ne le trouva bon quand on luy fit le conte, car il regretta le gentilhomme et sa bonne voulonté. La Burthe respondit, et ceux qui tenoient son party, que, puisque les status et ordonnances de la guerre estoient telles, il n'avoit rien faict que de les ensuivre, et qu'il faloit qu'il le fist ainsi, et qu'il avoit ordonné au gentilhomme une place très-propre pour luy, mais qu'il n'y estoit voulu aller, et luy avoit respondu qu'il n'avoit rien à luy commander : et la place qu'il luy avoit ordonnée estoit qu'il allast trouver le capitaine Montluc et les enfans perdus, parmy lesquelz est permis à un chascun de se trouver et combattre le plus légèrement qu'on veut, avecqu'une rondelle, ou manches de maille, et halebarde, ou armé où désarmé comme l'on veut; mais le gentilhomme ne l'avoit voulu faire; il avoit donc tort. Et fut jugé ainsi par tous les capitaines, qui se soubstenoient les uns les autres, et qui affermoient comm' ilz avoient ouy comme La Burthe l'avoit voulu envoyer avec les enfans perdus. Mais les courtisans, et ceux qui tenoient le party du trespassé, disoient qu'ilz n'en avoient jamais ouy parler. Pour fin, il n'en fut jamais autre chose. Si est-ce que les gallans discoureurs peuvent beaucoup discourir là-dessus, car aussi ce La Burthe fit très-bien là ce jour son estat.

J'ay faict cest incident, m'estant venu à propos, pour en trouver le subject très-beau, et fairay encor cestuy-cy sur l'estat de sergent-majour, et combien il est beau et honnorable, dont j'en ay veu faire grand'estime à plusieurs grandz capitaines et généraux d'armées.

Sur quoy j'amèneray le mot de ce grand empereur Charles, qu'il dist au capitaine Villandrado[1], en la guerre des protestans, à la journée de Dina[2]. Car, ainsy que ledict Villandrado, qui estoit sergent-majour, luy eust demandé une compaignie de gens de pied qui venoit à vacquer, Sa Cæsarée Majesté luy respondit : qu'il s'estonnoit comment il la demandoit et ne se contentoit de sa charge de sergent-majour, qu'il estimoit en plus grande prééminence beaucoup que celle d'un capitaine, puisque tous les capitaines luy obéyssoient, et prenoient le mot et l'ordre de luy qu'il recepvoit des généraux, voire des roys et propres empereurs; et qu'au sergent-majour en guerre, en tout temps et en tout lieu, la porte ne luy est jamais fermée, si que librement il y entroit sans aucun reffus.

Voylà les parolles et raisons de ce grand empereur, que j'eusse récité en mesme langage espaignol qu'il les récita; mais ce fust esté une superfluité vaine. Villandrado lui respondit qu'il le sçavoit bien; mais, pour estre la solde de sergent-majour et les pratiques

1. De a maison de Sarmiento.
2. Probablement à la bataille de Mühlberg, en 1547.

très-petites, et les courvées grandes, il le supplioit de le récompenser de ceste compaignée ; aussi que l'usage desjà s'accommençoit à se tenir parmy l'infanterie espaignolle, de pourvoir un sergent-majour, après qu'il avoit long-temps et deument faict sa charge, d'une compaignie. Voilà à quoy advisoit Villandrado.

Le plus beau et le meilleur en cela, disent les Espaignolz, est suivre la coustume des Italiens et des Allemans, lesquelz eslisent un de leurs capitaines en leur régiment, le plus praticq et le plus suffisant, pour sergent-majour, et, par ainsi, estans capitaines et sergens-majours, sans aucun contredict, en l'absence des couronnelz et maistres de camp, commandent aux régimens, pour avoir deux grades ensemble : ce que les Espaignolz ne faisoient pas de nos temps. Je ne sçay ce qu'ils font aujourd'huy.

Aussi bien souvant arrive-t-il des altercations parmy eux, et entre aucuns capitaines bizzarres et mutins, qui se faschent quelquefois d'obéyr à des sergens-majours, n'estans point capitaines comm' eux, mais y aspirent ; de sorte que c'est la plus grande récompense, que l'on leur puisse donner, après qu'ilz ont longuement servy, que les faire capitaines avecqu' eux.

J'en ay veu un différant en ma vie parmy eux, et parmy nostre infanterie françoise, qui est tel : lorsque nous allasmes au secours de Malte, le roy et sa court estoient à Moulins. M. d'Estrozze et moy, et une vingtaine de gentilzhommes que nous estions, nous partismes de là. M. d'Estrozze ne dist ny au roy, ny à la reyne, ny à aucun qui fust, qu'il y alloit ; sçachant bien que Leurs Magestez l'empescheroient ; mais, simplement leur demanda congé pour aller à Lyon mettre ordre à quelques affaires qu'il avoit d'importance, et de là en Provance veoyr son oncle le cardinal[1], et pour deux ou trois mois : ce que Leurs Magestés luy octroyarent librement.

Luy, sachant bien que si long voyage qu'il entreprenoit pourroit estre de durée de plus de huict ou neuf mois, advisa de mettre ordre avant que partir à son régiment qu'il avoit des gardes du roy : et pour ce, de peur qu'en son absence n'arrivast quelque garbouil[2], sédition, mutinerie parmy ses capitaines, touchant la prééminance et commandement, après avoir assemblé tous ses capitaines et leur avoir dict l'intention de son voyage et sa voulonté pour commander en son absence, il advisa, tant par sa nomination que l'eslection et consentement de tous ses capitaines, que le capitaine Sarriou, le plus vieux et praticq de tous les capitaines, commanderoit en son absence; et non sans raison, car il estoit tel, et un fort homme de bien et d'honneur, appartenant à M. le mareschal de Termes.

Ainsi prit congé M. d'Estrozze de tous ses capitaines, et leur dict adieu après leur avoir recommandé leur debvoir; mais il ne fut pas plustost party, que le capitaine Hortolan, son sergent-majour, se voulut ingérer et advancer de leur commander à tous, et leur donner le mot, selon le deub de sa charge. Tous les capitaines s'y opposarent et dirent qu'ilz ne luy obéiroient point, sinon à celuy que M. d'Estrozze avoit

---

1. Laurent Strozzi, cardinal, archevêque d'Aix, mort en 1571.
2. *Garbouil*, querelle, grabuge.

nommé. Le capitaine Hortolan avoit gaigné M. le connestable, et luy avoit desjà remonstré l'authorité qu'il avoit. M. le connestable, qui n'ignoroit rien du faict de la guerre, ordonna que le sergent-majour, selon son authorité et coustume, prendroit le mot du roy et le donneroit aux capitaines, et leur commanderoit leurs ordres, leurs gardes, leurs guetz et leurs charges ; sans pourtant s'extravaguer nullement du devoir de sa charge. Qui furent estonnez? ce furent les capitaines, de ceste sentence de M. le connestable ; et, pour ce, eurent recours d'envoyer ledict Sarriou luy-mesme en poste vers M. d'Estrozze, pour l'attrapper en chemin et luy dire tout le succez.

Nous n'estions qu'à la Pallice[1], que sur la minuict nous ouysmes le huchet du postillon, qui nous esveilla soudain M. d'Estrozze et moy, qui estions couchez ensemble. Ce fut le capitaine Sarriou, que nous vismes en la chambre arriver, qui fit le discours à M. d'Estrozze de tout ce qui s'étoit passé. Qui fut despité? ce fut M. d'Estrozze, et mesmes de quoy M. le connestable luy estoit allé deffaire tout ce qu'il avoit faict. Par quoy, tout en collère, escrit au roy et à la reyne, et à M. le connestable, toutes ses raisons, et surtout qu'il quictoit sa charge, si on ne tenoit pour faict ce qu'il avoit si bien ordonné avant que partir. Ses dires et ses raisons ouyes de Leurs Majestés et de M. le connestable, M. d'Estrozze fût creu, et obéy pour ce coup, et le capitaine Sarriou arresté en la charge que luy avoit commis M. d'Es-

---

1. En Bourbonnais (Allier).

trozze, encores que M. le connestable alléguast beaucoup de belles causes et raisons contre M. d'Estrozze, lesquelles je laisse à discourir à messieurs les capitaines, sergens-majours et maistres de camp, mieux entr'eux que je ne sçaurois faire; si ce n'est ceste-cy qu'allégua M. le connestable : que c'estoit un grand cas qu'un sergent-majour, qui commandoit à tant d'hommes le jour d'une bataille, tant capitaines qu'autres, qu'il ne peust commander à une si petite trouppe qu'estoit un régiment.

Pour fin, M. le connestable dist que, pour complaire à M. d'Estrozze, il luy falloit laisser passer celle-là, et qu'il méritoit bien d'estre gratiffié en de plus grandes choses.

Pour conclure, l'estat d'un sergent-majour est un honnorable estat; et les Espaignolz, si me semble, en font encor plus grand cas que nous. Il peut aller à cheval tousjours, non-seulement par les ordres et batailles, mais partout le camp : voire, s'il treuve le roy et le général d'armée, il doit parler à luy à cheval, tousjours sans mettre pied à terre; et qui l'y met n'entend pas bien sa charge, et y est tenu fort nouveau, et s'en mocque-on. Le jour d'une bataille, il ne se doit jamais mettre pied à terre parmy les capitaines, mais tousjours aller et venir par les files; car se mettant à pied et combattant comme les autres, il ne sert que d'un, et ne vaut pas plus d'un; et estant à cheval, se pourmenant, il en peut valoir plusieurs, pour pourvoir à un' infinité de choses qui en telz cas et occasions se présentent.

De plus, il faut qu'il aye tousjours un gros baston

en la main, tant pour empescher et destourner les bagages, qui embarrassent et ferment le chemin des soldatz marchans, que pour monstrer ce qu'il faut faire, au lieu que les autres le monstrent avecques la main ou le doigt; aussi pour chastier l'inobédiance des soldatz *in flagranti*. Les Espaignolz usent de ce mot latin, et tiennent plus[1], que le soldat, tant signallé soit-il, venant quelquesfois à faillir, n'est déshonoré d'avoir quelque coup de ce baston, mais que ce soit *in flagranti*, autrement non; et qui sera le soldat qui après s'en veuille ressentir, il n'est estimé parmy eux, comme ne sçachant pas encor l'usage de la guerre.

Il y a aucuns qui ont eu ceste opinion : qu'il faloit qu'aucuns maistres de camp fussent à cheval le jour de la battaille, comme le sergent-majour; et ay veu aucuns vieux capitaines tenir qu'il estoit ainsi nécessaire.

Le capitaine Salines, le bonhomme, qui estoit maryé dans Ast, le jour du secours qu'envoya le roy d'Espaigne à Malte pour lever le siège, et qu'on pensoit donner la battaille aux Turcz, fit ce jour-là office de maistre de camp général et de sergent-majour, parcequ'il le méritoit, et que le bonhomme estoit vieux et cassé, et ne pouvoit estre bon piéton, à cause de ses vieilles playes, et aussi qu'en toute ceste armée il n'y avoit aucun cheval que celuy-là, qu'on avoit faict embarquer, pour toutes ces causes, comme la raison vouloit; autrement, d'office de sergent-majour ny de maistre de camp ne se pouvoit

---

1. *Plus*, de plus.

bien exercer, qui ne se peut jamais bien faire à pied, quelque bien ingambe qu'il soit.

Si tous nos maistres de camp et sergens-majours d'aujourd'huy montoient à cheval en nos batailles, on y verroit plustost des compaignies de gens de cheval que de pied, tant il y a de ces gens là; et ne verroit-on que conffusions parmy eux, et s'entre-chocquer les uns les autres, s'embarrasser et tumber par terre, en allans et venans, et avecques cela une très-plaisante risée.

Or, pour retourner encor à M. de Tayz, la raison pourquoy il fit harquebuser son cheval d'Espaigne, fut affin qu'il ne donnast soupçon à ses capitaines que, se fiant par trop à son bon cheval, et venant à luy mal baster, qu'il les quictast et montast dessus et se sauvast bien à poinct, sans s'opiniastrer au combat, et par ainsi que les capitaines perdissent cœur. Mais par là il leur monstra qu'il ne les vouloit habandonner, ains de mourir et s'enterrer dans le champ de bataille avecqu' eux, dont il en fut fort estimé, et fit bien. Mais, sans faire tuer ce brave cheval (ce disoit-on), il le pouvoit bien envoyer au bagage. Mais, possible, il le fit venir là exprez, pour faire ceste rodomontade, sotte pourtant.

Quoy que ce soit, on le disoit pour le moins; car il y a aujourd'huy tant de vanitez et le temps passé y en a eu autant! Comme ce brave Spartacus, général des gladiateurs romains révoltez, lequel, le jour de la bataille où il fut deffaict et tué, fit de mesmes tuer devant ses gens un très-beau et bon cheval qu'il avoit, et qui l'avoit paradvant bien servy. « Si nous gaignons la bataille, dist-il, j'en recouvreray d'autres meilleurs. Si nous la perdons, et que j'y meure, qu'en ay-je affaire[1] ? »

Bref, on parla fort de luy[2] après ceste battaille, et le roy François fit fort grand cas de luy, lorsqu'il amena au camp de Jallon vingt-cinq enseignes de ces braves et triumphantes qui venoient de fraiz de ceste belle victoire de Cerizolles, dont les capitaines et soldatz estoient si glorieux et si bravans, qu'ilz menaçoient eux seulz de combattre toute l'armée de l'empereur, qui estoit l'une des belles et grandes qu'il eust mis jamais sus pied, et n'en desplaise à celle de Provance et de Landrecy, laquelle, glorieuse et outrecuydée d'avoir pris Sainct-Dizier à la barbe du roy dans le royaume, bravoit tant et menaçoit bientost aller loger dans Paris.

Que pour le moins, s'il ne le fit, il rendit les Parisiens si estonnez, que, plians bagage, la plus grand' part s'enfuyoient qui çà, qui là. Sur lequel subject le roy François leur dist qu'il ne les sçauroit engarder de peur, ouy bien de mal. Mais, pourtant, l'empereur, avecques toutes ses bravades et menaces, voyant la belle et résolue contenance du roy et de M. le Dauphin, alors son lieutenant-général, et de son armée, trouva moyen, par les entremenées et entrefaictes d'un moyne, de faire la paix ; mais bien aise. Si que possible, luy et ses gens redoubtoient nos enseignes et bandes victorieuses du Piedmont, qui les avoient si bien battus.

Sur quoy j'ay ouy dire à plusieurs vieux capitaines

---

1. Plutarque, *Vie de Crassus*, ch. XXII.
2. *De luy*, de M. de Taix.

d'alors, et mesmes à M. de Grillé[1], Provançal et séneschal de Beaucaire, brave et vaillant capitaine certes, qu'alors qu'ilz furent en France, et que M. de Tayz les eut présentez au roy pour luy faire la révérence, d'aise qu'il eut il en pleura, et les embrassa tous de si bon cœur, que, voyant leurs belles et assurées façons, et d'eux et de leurs soldatz, il s'assura tellement, qu'il dist qu'avecqu' eux seulement et sa gendarmerie, il pensoit battre toute l'armée de l'empereur.

Ceste paix doncq estant conclue, il falut au roy tourner toutes ses forces vers Bouloigne contre le roy d'Angleterre, qui, par trop ingrat contre le roy, son bon frère, et peu vindicatif contre l'empereur, prenant son party, ravageoit la Picardie. M. de Tayz y mena ses compaignies, qui firent les effectz que nous lisons dans nos histoires et dans les Commentaires de M. de Montluc tout fraischement[2].

Or, le roy estant mort, tout ainsi qu'une dame avoit faict et eslevé ledict M. de Tayz, fut par un' autre dame[3] aussi deffaict et désapoincté, M. le connestable y aydant aussi un peu, disoit-on : et son estat, ayant esté my-party en deux, fut donné pour les bandes françoises en la France à M. de Chastillon[4], et pour les bandes de Piedmont à M. de Bonni-

---

1. Honoré des Martins, dit le capitaine Grille, nommé sénéchal de Nîmes et Beaucaire en 1566, mort à Paris le 13 nov. 1581. Voyez sur lui le tome V, p. 3, 4, 21, etc. de l'*Histoire de Nîmes*, par Menard, 1754, in-4°.
2. Voyez Monluc, édit. de Ruble, tome I, p. 292.
3. Probablement Diane de Poitiers.
4. Coligny.

vet. Encor qu'il fust brave et vaillant et de bon lieu, une dame, que je nommerois bien, luy valut cela.

Hélas! si M. de la Chastaigneraye mon oncle eust vescu, et ne fust mort en son combat, M. de Chastillon comme j'ay ouy dire, n'eust eu ceste charge, encor qu'il la méritast autant que seigneur de France et qu'il eust la faveur de son oncle, M. le connestable ; mais le roy Henry l'avoit promis plusieurs fois à mondict oncle, et advant et après son advènement à la couronne ; car il l'aymoit et l'estimoit bien fort : et aussi que la querelle, pour laquelle il combatit, estoit plustost celle de son maistre que la sienne; de sorte qu'il luy servit lors de champion, estant hors de combat comme roy. Quand il seroit de besoing, je conterois bien et la trouveroit-on ainsi.

Il cognoissoit aussi mondict oncle fort capable de ceste charge; car dès-lors qu'il sortit hors d'enfant d'honneur du roy François, il s'estoit mis à l'infanterie; et, pour son commencement, se mit à porter l'harquebuz, et avoit faict faire demy-douzaine de balles d'or pour tuer l'empereur, me disoit-il, n'estant raisonnable que luy, estant grand et puissant, et plus que le commun, mourust de balles communes de plomb, mais d'or; dont le roy François, qui l'avoit nourry, l'en ayma tousjours fort despuis.

Advant luy, le couronnel Fronsberg [1], Allemand, fit faire une corde de fil d'or pour pendre le pape Clément, pour les raisons cy-dessus, au sac de Rome: et comme fit la reyne Jehanne de Naples première,

---

1. Georges de Frundsberg, que Brantôme appelle ailleurs Framsberq. (Voyez tome I, p. 353.)

qui fit estrangler le roy son mary d'un cordon d'or, encor faict de sa main, pour plus grand honneur[1].

Le voylà donc mort en son combat, et sur le poinct que le roy son maistre luy vouloit et pouvoit monstrer par bons effectz, tant en ceste charge qu'autres faveurs, combien il l'avoit aymé et l'aymoit.

Voylà donc M. de Chastillon pourveu en cet honnorable estat de couronnel général, auquel toute l'infanterie qui a esté de son temps, et venue despuis après, doit beaucoup ; car c'est luy qui l'a reglée et pollicée par ses belles ordonnances que nous avons de luy aujourd'huy imprimées[2] et tant practiquées, leues et publiées parmy nos bandes : mesmes que j'ay veu ses ennemis et contraires à son party, capitaines et autres, quand il venoit quelque difficulté de guerre parmy eux, disoient souvent, comme je l'ay veu : « Il faut en cela se gouverner et regler par les ordonnances de M. l'admiral. » Ilz avoient raison, car elles sont estées les plus belles et pollitiques qui furent jamais faictes en France. Et croy que, despuis qu'elles sont estées faictes, les vies d'un million de personnes ont estées conservées, et autant de leurs biens et facultez ; car auparadvant ce n'estoit que pilleries, volleries, brigranderies, rançonnemens, meurtres, querelles et paillardises parmy les bandes ; si

---

1. Voyez dans un des volumes suivants la Vie de Jeanne de Naples.

2. Ces ordonnances que Brantôme, et on peut l'en croire, déclare avoir été imprimées, ont été publiées comme inédites dans le tome VIII, 1re série, des *Archives curieuses* de l'*Histoire de France*. Elles y tiennent quatre pages.

bien qu'elles ressembloient plustost compaignies d'Arabes et de brigantz, que de nobles soldatz. Voylà donc l'obligation que le monde doit à ce grand personnage, qui n'est pas petite. Bien est-il vray que M. de Langeay du Bellay en avoit esté avant luy invanteur d'aucunes, lorsqu'il estoit lieutenant de roy en Piedmont; mais elles s'observoient assez négligemment. M. le prince de Melfe y en adjousta aussi, lesquelles il fit estroictement garder, et mesmes celles qui touchoient les querelles et les larrecins et destroussemens de vivandiers, et plusieurs autres. Mais M. de Chastillon en rendit et accomplit en cela l'œuvre parfaicte; et les fit si estroictement observer, qu'il en acquist le renom de très-cruel. Mais, pour cela, il ne s'en soucyoit guières, veu qu'au commencement de l'observation de telles loix nouvelles, et tant importantes, il le faut estre.

L'on en a veu le bien enfin qui en est revenu, et qui en reviendroit bien encor, si on en vouloit pratiquer et continuer la discipline. Mais aussi advant il faudroit payer le soldat : car, autrement, il ne se peut; autrement, c'est grande injustice de le faire mourir.

Or estant donc M. de Chastillon couronnel, pour son principe[1] il fut debvant Bouloigne[2]; laquelle il brida et resserra de telle façon par bloques et fortz (et mesmes qu'il y en a encores un sur estre[3] et en nature, qu'on nomme le fort de Chastillon), qu'il la réduisit bientost à redition : ce que paradvant, du

---

1. *Principe*, commencement. — 2. En 1549.
3. *Sur estre*, qui subsiste.

temps du roy François, beaucoup de bons et grandz capitaines avoient failly. L'histoire de France le peut testiffier, et les Commentaires de M. de Montluc[1], sans que j'en parle plus advant.

En ceste guerre, il apprit aux Anglois un proverbe : « A cruel cruel et demy, ou bien du tout; » car ilz estoient si cruelz à nos François et l'avoient tant estez qu'ilz ne s'en pouvoient désapprendre, tant ilz l'avoient pris en habitude. Qu'aussitost qu'un pauvre François estoit tumbé entre leurs mains, il ne falloit point parler de mercy; car la vie s'en alloit; et se plaisoient quelques-uns à prendre leurs testes, et ficher au bout de leurs lances, picques, et en faire leurs parades, à la mode des Mores et Arabes. Mais M. l'admiral leur rendit bientost leur change et leur en fit de mesmes, voire pis : si bien qu'ilz vindrent aux requestes et à demander la bonne guerre, qui leur fut octroyée à la mode du Piedmont, entre les François et Impériaux.

Je tiens ce conte de M. l'admiral mesmes qui me le fit en Périgord, sur le subject qu'il prit de faire le massacre des païsans qui avoient si maltraicté les Provançaux à leur deffaicte[2], de la main desquelz plus en furent tuez que des soldatz; et pour ce, me dist-il, qu'il vouloit faire lesdictz païsans sages pour telles tueries et cruautez, comme il avoit faict les

1. En 1544, Boulogne, ayant été pris par les Anglais, fut inutilement assiégé par une armée française dans laquelle se trouvait Monluc. Voyez ses *Commentaires*, édit. de Ruble, t. I, p. 291 et suivantes.

2. Après la défaite de Mouvans à Mensignac (Périgord), le 25 octobre 1568.

Anglois debvant Bouloigne. Aussi je vous jure qu'i s'y en fit un estrange carnage, car, par-tout où ilz passoient, vous n'eussiez veu que païsans par terre. En un chasteau de la Chapelle-Faucher[1], près de moy, il en fut tué de sang-froid dans une salle deux cens soixante, après avoir esté gardez un jour. Mais comme je dis à M. l'admiral que telles exécutions se devoient faire aux endroictz de ladicte deffaicté, il me respondit que c'estoit en mesme patrie, et que tous estoient mesmes païsans périgordins, et que l'exemple en demeuroit à tous, et la crainte de n'y tourner plus.

Tant y a, que l'on a tenu mondict seigneur l'admiral fort cruel ; mais il falloit qu'il le fust, et mesmes luy le conffessoit, comme je luy ay veu souvent conffesser que rien ne luy faschoit que les cruautez ; mais, pour les pollices et les conséquences, il y forçoit son naturel et son humeur ; comme, lorsqu'il falloit monstrer une douceur et miséricorde, il estoit certes bon, doux et gracieux.

Le voyage d'Allemagne se présenta, où il se trouva commander à cent enseignes de gens de pied, et l'infanterie y fut très-belle et grande, qui toutesfois n'estoit pas toute bien pollicée et n'avoit encor appris ses ordonnances ; je dis la plus grand' part des compaignies nouvelles ; mais bien leur servit de les apprendre bientost, aux despans de leurs compaignons mal reiglez et mal faisans, que l'on voyoit penduz aux branches des arbres plus que d'oyzeaux. C'estoient la pluspart de ces soldats nouveaux qui pensoient vivre en toute planière liberté de débor-

---

1. Près de Brantôme, dans le département de la Dordogne.

demens anciens. Voylà pourquoy ilz avoient beaucoup affaire à se remettre soubz la loy rigoureuse. Tant y a qu'il falut passer par là.

En ce voyage donc d'Allemaigne, mondict sieur de Chastillon y acquist beaucoup de gloire, tant par les beaux ordres, reglemens, pollices et loix, que par ses autres vertuz, valeurs et vaillances, qu'il monstra en toutes les prises de villes, où il se trouvoit tousjours le premier. Aussi est-ce affaire aux couronnelz, maistres de camp, et aux maistres de l'artillerie et mareschaux de camp, d'avoir toute la charge et courvées des sièges des places. Aussi, courent-ilz bien des fortunes; car, en un' heure d'un siége, vous estes en plus grand danger qu'en tout un jour d'une battaille. Je m'en raporte à ceux qui ont expérimenté et l'un et l'autre.

J'ay leu dans l'Histoire de nostre temps, faicte par Paradin, comment le roy Henry se présentant debvant la ville de Haguenau, en son voyage d'Allemaigne, M. le connestable commanda au seigneur d'Estauges, *couronnel des gens de pied de la battaille soubz M. de Chastillon*, de faire mettre les vieilles bandes en battaille devant la ville. Ainsi parle cet historien et use de ces motz; qui est aussi sottement parlé qu'il est possible : et telles gens ne devroient point parler de la guerre, ny en mettre leurs livres en lumière, que premier ilz n'eussent passé par les mains de quelqu' homme de guerre. Car M. l'admiral estoit le seul couronnel commandant là. Mais d'autant qu'il estoit tousjours à l'advant-garde avec M. le connestable son oncle, M. d'Estauges faisoit ceste charge comme par la voulonté telle de M. l'admiral, et quasi comme servant de maistre de camp, commandoit à l'infanterie de la bataille, ainsi qu'il méritoit bien ceste charge; car il estoit gentilhomme de bon lieu et bonne part, brave, vaillant, et avoit deux compaignies de gens de pied à soy. Aussi se fit-il fort signaler en ceste guerre d'Allemaigne; mais il ne dura guières, car il fut tué bientost à Treslon. Le capitaine Aisnard estoit à l'advant-garde, qui servoit de mesmes de maistre de camp; car il y avoit bien cent enseignes à ce voyage [1].

Voylà donc comme cet historiographe parle en ces motz fort impropres; ce qui importe pourtant. Luy et autres en disent bien d'autres bien plus saugreneuses; car, pour dire un battaillon de gens de pied, ilz disent un escadron de gens de pied; pour dire un régiment, ilz disent un régime; dont il me semble que j'oy parler d'un régime ordonné de M. Aquaquia [2] ou M. Fernel, grandz médecins. D'autres disent : un coup d'harquebuzade et un coup de canonnade : ce qui est très-improprement parlé; car le coup de canon s'appelle canonnade, et le coup d'harquebuz, harquebuzade. Les Italiens et les Espaignolz (desquelz nous avons appris et emprunté

---

1. Voyez Paradin, *Continuation de l'histoire de notre temps*, in-fol., p. 62. C'est à tort que les précédents éditeurs ont mis entre guillemets comme tiré de cette histoire le passage depuis : *car M. l'admiral* jusqu'à la fin de l'alinéa. Tout ce texte est de Brantôme, qui n'a emprunté au chroniqueur que les mots que nous avons mis en italiques.

2. Martin Akakia, médecin, lecteur au Collége de France, mort en 1551. Son nom était Sans-Malice, qu'il changea pour celui d'Akakia, qui en grec signifie la même chose.

les motz), ne font telles incongruitez. Mesmes que je les ay veuz faire à aucuns de nos gens de guerre, mais non pas aux bien pratiqs, sinon à aucuns du plat pays; dont il me semble qu'il faut que toutes choses ayent leurs motz propres; et qui n'en use bien se monstre fort inexpert en l'art.

Pour retourner à nostre propos, mondict sieur de Chastillon en cedict voyage, tout du long et au retour, s'acquitta dignement et vaillamment de sa charge, ne s'y espargnant non plus que le moindre capitaine des siens; comm' il fit aux sièges et prises de Danvillers, Montmedy, Yvoy, Cymai et autres places.

Un peu après ce voyage, mourut ce bon, loyal et grand capitaine, M. l'admiral d'Annebaut; et son estat d'admiral fut donné à M. de Chastillon, et le commença-on à l'appeler M. l'admiral de Chastillon, qui pourtant ne se deffit de l'estat de couronnel, le gardant pour M. Dandelot son frère (pris à Parme à une saillie, luy et M. de Sipierre), qui estoit tousjours prisonnier dans Milan, à qui le roy l'avoit donné.

Mondict sieur l'admiral portoit titre de ces deux estatz, et les bandons se faisoient, *de par M. l'admiral, couronnel général de l'infanterie françoise:* et exerça cest estat de couronnel en tous les voyages et armées que fit après le roy Henry, comme aux voyages de Vallenciennes, de Cambray et Renty, et tous autres.

Dont à ce Renty j'ay ouy dire à deux capitaines, dont l'un est mon voysin, qui estoient lors simples soldatz gentilzhommes, l'un portant l'arquebus et l'autre le corcellet, et qui estoient des choysis de mondict sieur l'admiral, que lorsqu'il toucha à M. de Tavannes charger quelques cornettes de reystres que M. de Guyze lui manda de charger, M. de Tavannes lui remanda, que d'autant qu'ilz estoient en lieu si ressarré et estroict qu'il ne pouvoit aller à eux qu'à la discrétion de l'arquebuzerie espaignolle qui avoit bordé le bois, et qu'advant estre aux reistres, et en y allant, qu'il seroit tout deffaict, et toute sa compaignie mise par terre d'harquebuzades de ces harquebuziers, qu'il falloit nécessairement les desloger de là, et qu'après il joueroit beau jeu. M. l'admiral aussitost mit pied à terre, et prenant mille à douze cens, tant harquebuziers que corcellets, et des bons, et luy une picque au poing, à la teste, donne de telle furie et asseurance avec ses gens, teste baissée, qu'en un rien il eut deslogé et repoussé du bord du bois ceste arquebuzerie espaignolle, qui montoit à deux fois plus que la trouppe de M. l'admiral; qui ne fut pas peu de service; car M. de Tavannes, là-dessus prenant le temps, chargea avec sa compaignie, dont les chevaux estoient tout bardez d'acier, qu'en un rien il eut deffaict ces reistres; j'en parle en sa vie[1], qui fut cause du gaing total de la bataille; mais surtout le bel exploict que M. de Guyze avait desjà faict.

Si je voulais raconter tous les beaux faictz que mondict sieur l'admiral a mis à fin, il faudroit que je m'amusasse à descrire sa vie, qui seroit plus longue qu'aucune, voire que deux de celles que jamais

---

[1]. Voyez tome V, p. 115.

Plutarque a escrit, tant Grecz que Latins; aussi bien que j'en parle ailleurs plus à plein; et cela m'amuseroit à mon entreprise. Tant y a, que ç'a esté un très-bon et advisé couronnel, et digne de commander à l'infanterie, comme il l'a monstré tant qu'il l'a esté; encor ne l'estant plus et s'en estant deffaict en les guerres tant espaignolles que civilles, aux sièges des places, pour son plaisir en faisoit l'office, dont toute l'armée s'en trouvoit très-bien.

J'oubliois à dire qu'il fut le premier qui introduisist les deux enseignes couronnelles blanches (auparavant il n'y en avait point qu'une), desquelles au commancement furent créez de luy ses deux lieutenans, les capitaines Boysseron et Valeron. Bien est vray que M. de Tayx en avoit bien deux; mais l'une demeuroit en Piémont, et l'autre en France, ainsi que j'ay ouy dire.

Or, M. l'admiral ayant faict l'estat de couronnel durant toutes les guerres espaignolles, la trefve[1] se vint à faire entre l'empereur et le roy, et pour ce, tous les prisonniers furent rendus rendus, et par conséquent M. Dandelot, qui avoit espousé tousjours pour prison le chasteau de Milan despuis qu'il fut pris à Parme; et venant en France, M. son frère se deffit de son estat, qui le gardoit à telle intention, et le quicta à son frère par la voulonté du roy ainsy telle.

En cela le successeur ne céda rien en courage et vaillance à son prédécesseur, fors en l'expérience,

---

1. La trêve conclue à Vaucelles le 5 février 1556 et rompue par les Français le 6 janvier suivant.

qu'il n'avoit si grande, n'ayant eu le temps ny la commodité de la sçavoir à cause de sa prison. Mais tant y a, ladicte trefve ayant esté rompue, les uns disent par le voyage de M. de Guyze en Italie, autres par M. l'admiral, pour son entreprise qu'il fit sur Douay en Artois, et la prise et saccagement de Lens, audict Artois aussi. Mais l'ennemy en avoit donné les premières occasions, tant à cause de l'oppression et guerre qu'il faisoit au pape Pol IV°, qui avoit eu son recours au roy comm' à son bon filz aisné, et aussi pour un' infinité d'autres entreprises que l'ennemy avoit [faictes] en France, et mesmes sur Metz, par la menée de M. de Savoye, et autres actes d'hostilité qu'on verra dans l'histoire de France, et force qui vivent encores qui le pourroient tesmoigner, et que j'en parle ailleurs. La guerre donc s'estant esmeue fort et ferme, et que le roy catholiq vint assiéger Sainct-Quantin, M. l'admiral, gouverneur pour lors de Picardie, s'y estant jetté dedans avecqu' une extresme diligence, belle fortune et grandeur de courage, et avec fort peu d'hommes pourtant, et principallement d'harquebuzerie, dont il en eut grand' faute plus que d'autres hommes, falut luy envoyer secours, ce qu'entreprit M. Dandelot; si bien que, nonobstant que les ennemis fussent advertis de sa venue par quelques Anglois qui estoient avec nous et qui avoient estez pris, pour sauver leurs vies, descouvrirent tout, et qu'ilz eussent fossoyé, traversé et retrenché les advenues, et y mis la fleur de leur harquebuzerie pour les attendre au passage, mondict sieur Dandelot y entra bravement; mais de deux mille qu'il avoit pris, il n'y en entra que fort peu; car les uns furent tuez, les autres pris, les autres sauvez et esgarez tellement quellement.

Ce secours pourtant fut bien à propos, et très-bien receù du frère; car ilz s'entr'aymoient, se secouroient, se soustenoient, s'entr'aydoient et s'entendoient très-bien les uns les autres; et chascun d'eux soustint très-bien et très-vaillamment sa bresche, qui ne fut nullement forcée de leur costé; et furent pris en gens d'honneur et de valeur; mais, dans quatre ou cinq jours, M. Dandelot s'esvada des gens qui le tenoient prisonnier, par dessoubz une tante, et se sauva gentiment en France.

L'entreprise et siège de Calais vint, où M. Dandelot servit si bien de son estat, que M. de Guyze dist lors que, pour conquérir un monde de places, il ne voudroit avoir que M. Dandelot et M. le mareschal Estrozze, et M. d'Estrée pour l'artillerie.

Peu de temps après, le roy Henry (qui estoit le meilleur chrestien et catholique que jamais fut roy), ayant entendu que M. Dandelot avoit tenu quelques propos absurdz de la messe, le fit un jour appeller en sa chambre, le vint interroger (on dict que ce fut par la sollicitation du cardinal de Lorraine) s'il estoit vray. Il respondit qu'ouy, et qu'il aymeroit mieux mourir que d'aller jamais à la messe; dont le roy entra en si grand' colère qu'il luy cuyda donner de la dague, ce dit-on; et commanda au bonhomme M. de Lorges, l'un des capitaines de ses gardes, de le prendre, ce qu'il fit; et fut mené prisonnier au chasteau de Melun, et là estroictement gardé, jusqu'à ce que

M. le connestable son oncle sortit de prison[1], qui le délivra.

J'ay ouy dire à aucuns, et mesmes à aucuns soldatz espaignolz,, vieux mortepayes dans Milan, que, durant sa prison, n'ayant autre exercice, se mit à la lecture et à se faire porter toutes sortes de livres, sans que les gardes les visitassent, car pour lors l'inquisition n'y estoit si estroicte comme despuis; et que là, et par là, il s'apprit la nouvelle religion, outre qu'il en avoit senty quelque fumée estant allé èn Allemaigne, à la guerre des protestans. Voylà que c'est du loysir et de l'oysiveté! tant faict-elle apprendre force choses mauvaises, dont après on s'en repent : aussi en apprend-elle de bonnes, dont on s'en treuve bien.

Or, cependant que M. Dandelot estoit en prison, l'entreprise de Thionville[2] se fit, où M. de Montluc fut commandé d'exercer l'estat de M. Dandelot. Vous verrez ce qu'il en dict en son livre[3], et comment il s'en acquicta très-dignement, comm'il n'en faut douter, et aussi au camp d'Amiens, durant lequel la paix se traicta à Sercan[4] et se conclud.

Il ne faut demander s'il y eut de belles casseries, et s'il y eut de capitaines et soldatz malcontents. On ne retint que les compaignies qu'il falloit pour les places des frontières; et, par ceste paix, M. Dandelot

1. Le ms. porte par erreur : *le* sortit de prison. Le connétable avait été fait prisonnier à la bataille de Saint-Quentin.
2. En 1558.
3. Voyez *Commentaires*, édition de Ruble, t. II, p. 256.
4. L'abbaye de Cercamp en Artois (Pas-de-Calais), où eurent lieu les négociations pour la paix de Cateau-Cambrésis.

n'eut pas temps ny loysir de faire valoir sa valeur : en quoy c'est dommage de laisser chommer si braves gens, ny plus ny moins que de laisser rouiller une belle, très-claire et luysante espée.

Or, la guerre civile s'estant esmue, et mondict sieur Dandelot desmis et désappointé de sa charge pour tenir en party contraire, elle fut donnée à M. de Randan[1], qu'on[2] trouva du commancement estrange, d'autant qu'il avoit plus pratiqué la cavallerie que l'infanterie. Mais en cela il monstra bien qu'un gallant homme est bon à tout, et sçait fort bien faire tout, quand il a l'esprit et la valeur comme avoit mondict sieur de Randan, puisné de la maison de La Roche-Foucauld.

On le tenoit aussi pour fort damaret[3] et par trop addonné aux délices de la court, et, pour ce, qu'il luy seroit fort dur à pâtir[4] les courvées de l'infanterie. Mais il monstra bien le contraire, comme j'en parle ailleurs; car, quand tout est dict, je voudrois bien sçavoir que nuist à un homme de guerre d'aymer la court, d'aymer les gentillesses, d'aymer les dames et tous autres beaux plaisirs et esbattemens qui y sont?

Tant s'en faut, que je croy, et l'ay ainsi veu et tenir à des plus gallans, qu'il n'y a rien qui doive plus animer un homme de guerre que la court et les dames. Aussi Platon souhaitoit un'armée d'amoureux,

---

1. Charles de la Rochefoucauld, comte de Randan, mort le 4 novembre 1562, de blessures reçues au siége de Rouen.
2. *Qu'on trouva*, ce qu'on trouva.
3. *Damaret*, dameret.
4. *Pâtir*, supporter.

pour faire de beaux exploictz et conquestes de guerre, d'autant qu'il n'y a chose si impossible qui ne s'exécute pour l'amour de sa dame et maistresse.

Aussi ay-je cognu un gallant cavallier, qui disoit que, si ce n'estoit les dames, qu'il ne fairoit jamais profession d'honneur et valeur. Et quoy! tant de beaux combatz et duelz qui se sont faictz despuis vingt ans en nos courtz par des Bussys, des Quielus, Maugirons, Riverols, Maignelays, Entraguetz, Grillons, Chanvalons, et un' infinité d'autres honnestes et vaillans jeunes hommes, pourquoy se sont-ilz faictz, sinon par l'amour des dames? Ah! que despuis ce temps là ilz ont bien faict perdre l'opinion aux gens de guerre, que ceux qui demeurent à la court n'estoient que des petitz mignons molz, efféminez, et qu'ils n'eussent sceu, par manière de dire, faire trencher leurs espées!

Quand à moy, je peux dire que j'ai veu ces gens de guerre, quand ilz voyoient un courtisan, ilz le blasmoient à toute outrance. « Ah! disoient-ilz, ce sont des mignons de court, des mignons de couchette, des pimpans, des douilletz, des frizez, des fardez, des beaux visages. Que sçauroient-ilz faire? ce n'est pas leur mestier que d'aller à la guerre : ilz sont trop délicatz, ilz craignent trop les coups. »

Ilz ont veu despuis le contraire. Ce sont ceux qui se sont battuz si bravement en combatz singuliers, et les ont mis si honnorablement en usage. Ce sont esté eux qu'à la guerre sont estez les premiers aux assautz, aux battailles et aux escarmouches, et que, s'il y avoit deux coups à recevoir ou donner, ilz en vouloient avoir un pour eux, et mettoient la poussière ou la fange à ces vieux capitaines qui causoient tant.

Voylà comment aujourd'huy les gens de court se sont faictz remarquer très-braves et vaillans, et certes plus que le temps passé, je le sçay.

A propos de M. de Randan, estant à Metz[1], un cavallier, lieutenant de don Louys d'Avilla, couronnel de la cavallerie de l'empereur, se présenta et demanda à tirer un coup de lance pour l'amour de sa dame. M. de Randan le prit aussitost au mot par le congé de son général ; et s'estant mis sur les rangs, fust ou pour l'amour de sa maistresse qu'il espousa despuis[2], ou pour l'amour de quelqu'autre bien grande, car il n'en estoit point despourveu, jousta si furieusement et dextrement qu'il emporta son ennemy par terre à demy-mort, et retourna tout victorieux et glorieux dans la ville, ayant faict et raporté beaucoup d'honneur à luy et à sa patrie ; dont un chascun le loua et l'en estima extrêmement, et non sans cause.

J'ay ouy dire qu'à ce siège de Metz, le seigneur de

1. « Le sixiesme jour susdict (6 décembre 1552), il print envie à M. de Randan de sortir hors de la porte Amaselle et courir une lance par chevalerie contre le lieutenant du général de l'armée impérialiste, où il advint que l'honneur demeura à M. de Randan, parce qu'il perça vigoureusement le bras droict au lieutenant avec le fer de la lance. » *Brief discours du siége de Metz en Lorraine, rédigé par escript de jour en jour par un soldat.* Voyez *Archives curieuses de l'histoire de France*, 1re série, t. III, p. 134.

2. Fulvie Pic de la Mirande. Elle était sœur de Silvie, femme de François III, comte de la Rochefoucauld, frère aîné du comte de Randan.

Soubernon, autrement Listené[1], un jour en une sortie se remarqua bien fort, pour avoir pris un harquebuz et estre allé à l'escarmouche en simple soldat et harquebuzier. Il en fut loué extrêmement, et en fit-on pour lors un cas très-admirable. Et c'est ce que je dis : que le temps passé les jeunes gens de court qui faisoient telz coups extraordinaires estoient très-excellamment louez, comme gens rares. Mais qu'eust-on dict de nous autres, une infinité que nous sommes veuz, qui, allans à Malte, portions le simple harquebuz et le fourniment, et là et ailleurs, en plusieurs et infinis endroictz, faisions actes et factions de simples soldatz, nous faisans remarquer et acquérans gloire à tirer l'harquebuzade aux escarmouches et autres combatz, à beaux piedz, sans pardonner à nos vies, ny les espargner non plus que le moindre soldat des bandes? Et s'il falloit endurer la peine, la fatigue de la guerre, fust du froid, du chaud, de la faim, de la soif, des playes, des coups et blessures et autres peines, nous les endurions fort à l'aise, tout ainsi que l'on void un noble cheval d'Espaigne pâtir mieux et faire mieux sa courvée qu'un gros roussin d'Allemaigne; car c'est le cœur qui supporte tout. Ma foy, j'ay veu des courtizans les endurer aussi bien, ou mieux supporter que les plus robustes ruralz soldadous[2] de l'armée; et tout pour ce beau poinct d'honneur et d'amour. Aussi, quand il mar-

---

1. Antoine de Bauffremont, marquis de Listenois et d'Arc en Barrois, baron et seigneur de Sombernon, chevalier du Saint-Esprit, capitaine de cinquante hommes d'armes, etc., mort vers 1596.
2. *Ruralz soldaldous*, les paysans devenus soldats.

che devant l'homme, rien ne luy est jamais impossible.

Auquel propos je dis que M. de Randan, bien qu'on le tinst du naturel que j'ay dict, il monstra prr ses actes qu'il estoit à tout mal très-invincible. Luy estant couronnel, au siège de Bourges[1], il eut une très-grande harquebuzade dans la teste, si bien qu'il l'en falut trapaner[2]; dont il en porta les tourmens très-patiemment : et n'en estant pas trop bien guerry, il ne laissa à se faire porter dans une lictière, accompaignant l'armée et son infanterie, marchans par les champs au siège de Rouan (tant d'ardeur avoit-il de s'acquitter de sa charge dignement), sans aucun respect de mal; car je le vis. Sur quoy il estoit très-digne de louange; car, et combien y en a-il que, s'ilz eussent eu un tel coup et senty un tel mal, qui se fussent bientost retirez de l'armée, et eussent estez bien aises de prendre ce bon petit subject pour se retirer, ou dans un Paris parmy les dames, ou en leurs maisons avec leurs femmes, faindre plus grand mal qu'ilz n'avoient, et là se donner du bon temps, et allonger la douleur de leur blessure par fainte, plus embéguinez, et coiffez, et couvertz d'escharpes, pour s'exempter des courvées tout du reste de la guerre!

Je vis alors plusieurs tenir ces propos sur mondict sieur de Randan, qui, à demy guéry, se rendit audict siège de Rouan. Et là fut sa fin, car à l'assaut du fort Saincte-Catherine que nous prismes, y estant allé des premiers et monté sur le haut du rampart,

---

1. En 1562. — 2. *Trapaner*, trépaner.

comme vray et franc couronnel; il fut porté par terre; et fut jetté sur luy un artiffice à fœu qui luy gasta et brusla ses jambes jusqu'aux os, si bien qu'au bout de quelques jours il mourut, pour s'y estre mis la cangrène qu'on ne peut jamais oster. Que c'est que des accidens humains !

L'une des belles beautez (car il estoit beau et agréable en tout) que ce seigneur avoit, estoit ses jambes, qu'il avoit des plus belles : et par là le mal le saisit et les luy gasta, et le fit mourir, comme luy-mesme le disoit ainsi qu'on le pensoit[1], et qu'elles estoient bien dissemblables de celles qu'il avoit il n'y avoit pas un mois. Pour fin il mourut, non-seulement regretté de ses fantassins, mais de tous ceux de l'armée, et surtout de feu M. de Guyze, à qui j'ouys dire : qu'il s'en alloit un aussi digne homme de pied comm' il avoit esté bon gendarme et bon cheval-léger.

Ses obsèques furent célébrées dans Rouan très-honnorablement, M. de Guyze accompaignant le corps les larmes aux yeux, et tous ceux de l'armée. Il en fut faict un tumbeau en prose latine à l'antique, par le sieur de Tortron, d'Angoumois, lez Chasteauneuf, très-docte et grand personnage, que M. de Guyze luy commanda faire, car je le vis. Il est donc tel[2] :

POSTERITATI.

Carolo Rupifocaldio, Randamo Francisci primi, Rupifocaldiæ in Angolea provincia comitis, et Annæ Polignacææ secundo genito,

1. *Pensoit*, pansait.
2. Le texte donné par le manuscrit est rempli de fautes que nous avons dû corriger.

equiti cocleato meritiss., cohortium gallicarum tribuno fortiss., generosiss., peritiss., catholicæ et antiquæ religionis assertori acerrimo.

Qui, cum variis exterorum bellorum gloriosè defunctus periclis, coacto undique ad civiles motus sedandos exercitu, pietatis et muneris exequendi erga perduelles impios Bituriges, in Carlum nonum, regem tum adolescentem, pervicaciter defendentes, cum suis copiis, incilibus militaribus urbi obsessæ proximis cominus urgeret, tormentique emisso globulo, graviter primùm capite concussus esset, divina demum potentia vulnere recreatus, reique publicæ christianæ adhuc adservatus, conversis in Rotomageos perduelles alios, qui Neustriam ferè totam invaserant, castris regiis, dum arx divæ Catharinæ vi magna oppugnatur octodialique obsidione pressa, à militibus conscenditur et capitur, dejectis è terreni aggeris vertice magnis diversisque rerum molibus, suffractis miserrimè cruribus, modico illi ad suprema officia peragenda vitæ spatio dato, magno omnium mœrore, Christi devotorumque nomine sic decernentum, terdenos et octo tantum annos natus, interiit et communi principum decreto, mœstissimorum parentum voto, solemnibus exequiarum priùs ritè honorificè solutis, magno ducum, procerum, præfectorum, signiferorum comitatu, demissis inversisque bellicis legionum signis, ac pulsatis timpanis lugubre sonantibus, hùc translato cadavere, sacrum hoc et religiosum monumentum positum est, ut Randamum superum vivorum et mortuorum vindicem, sic vixisse et interiisse in æternum pietatis et fortitudinis exemplum aliquando resciscas. Anno rest. salu. M. D. LXII.

Ce seigneur, avec sa vaillance, avoit toutes les belles parties que peut avoir un seigneur parfaict. Il estoit beau, de bonne grâce, et bien venu parmy les dames; avoit la voix très-belle, jouoit bien des instrumens, et surtout du luth et de la guiterne; rencontroit très-bien en tous ses discours et ses motz, mieux que seigneur de la court, et ne desplaise à feu M. le conte de La Roche[1] son frère, qui disoit aussi des mieux,

1. François III, comte de la Rochefoucauld, prince de Marsillac, tué à la Saint-Barthélemy.

Entre cent mille bons motz que ledict seigneur de Randant a dict, fut un, qu'ainsi qu'il rencontra un jour un trompette qui estoit à M. de Guimenay[1], très-grand sieur de Bretaigne et Anjou, lequel dict seigneur estoit aveugle dès son berceau, à cause de la petite vérolle, M. de Randan luy demanda : « A qui « estez-vous, trompette? — Je suis à M. de Guyme-« nay, » respondit l'autre. A quoy réplicqua M. de Randan : « Je n'avois jamais ouy dire qu'un aveugle « eust de trompette, ouy bien une vielle : voylà donc « le premier du monde. »

Un autre mot qu'il dist fust encor meilleur. Au camp d'Amiens, du règne du roy Henry IIe, feu M. de Bueil, bastard du conte de Sancerre[2], gentil cavallier, eut une compaignie de chevaux-légers; et pour la faire, son père luy donna une fourest des siennes pour l'abbattre, la vendre et en faire de l'argent, et en dresser sa compaignie; si bien qu'il la fit très-belle, et en fit faire toutes ses lances painctes et taintes en noir, et parut ainsi au camp. Et d'autant que ledict Bueil avoit réputation d'estre bizarre, plusieurs allarent confirmer par ceste façon de lances noires et dire qu'il estoit bien bizarre, et le publioient ainsi parmy le camp. M. de Randan alla rencontrer tout au contre-rebours. « Je ne sçay pas, dist-il, « quelle bizarrerie vous trouvez-là entre vous « autres; car si les lances sont ainsi noircyes de

1. Louis VI de Rohan, prince de Guéméné, comte de Montbazon. Il était devenu aveugle à l'âge de quatre ou cinq ans.
2. Louis de Bueil, fils légitimé (1540) de Louis de Bueil, comte de Sancerre, tué à Orléans en 1560 par le comte de Laval.

« noir, c'est qu'elles portent le deuil des bois et ar-
« bres de leurs grandz pères et ayeulz et pères, qui
« sont estez abbattuz et mortz pour elles et pour les
« mettre au monde. Il est bien raison qu'en quelque
« chose elles monstrent la signifiance de leur deuil
« et tristesse pour leur taincture noire. » En quoy,
par ce beau mot, ceste bizarrerie fut convertie tout
autrement qu'on ne pensoit.

Luy donc estant mort, M. de Martigues[1] eut sa
place, et fut envoyé querir en la Basse-Normandie,
où il faisoit la guerre avec M. d'Estempes, son oncle[2].
On le jugea fort digne de cest estat, d'autant qu'il
l'avoit très-bravement exercé au siège du Petit-Lict
en Escosse, portant le titre de couronnel général des
bandes françoises audict Escosse. Ce siège du Petit-
Lict a esté des plus grandz qui ayt esté despuis quarante ans aux guerres estrangères, pour estre la place
fort petite et peu forte, et là aussi y estoient assemblées toutes les forces d'Angleterre et d'Escosse, le
tenans si estroictement sarré par terre et par mer,
qu'un rat n'y eust sceu seulement entrer. Le siège
dura si long-temps qu'on estoit à la faim, mesmes
que les capitaines et soldatz vesquirent fort longtemps de coquilles et moucles[3], que la mer, quand
elle se retiroit et baissoit, laissoit sur le sable. Mais
pourtant, pour en amasser si peu qu'ilz pouvoient, il

---

1. Sébastien de Luxembourg, duc de Penthièvre, marquis de
Bagé, vicomte de Martigues, fils de François II de Luxembourg.
Il mourut le 19 novembre 1569, d'une blessure reçue au siége
de Saint-Jean-d'Angely.
 2. Jean de Brosses, dit de *Bretagne*, duc d'Étampes.
 3. *Moucles*, de l'italien *musciolo*, moules.

falloit attaquer de si grosses escarmouches, qu'ilz en achaptoient le manger bien cher, et par mortz et par blessures et beaucoup de peines, comme m'ont dict force soldatz en mesme lieu, que j'y fus deux ans après, avec la reyne d'Escosse.

Mondict sieur de Martigues y acquist la gloire d'estre un très-brave couronnel et fort vaillant. Aussi avoit-il de fort bons et braves capitaines, comme le jeune Sypière qu'y fut tué, frère à ce brave M. de Sypière, dont la race en est très-bonne, et les greffes en doibvent estre songneusement gardez en France, comme de bons fruictz en un jardin

Il y avoit aussi le capitaine La Chaussée qu'y fut tué; le capitaine Lagot, dont j'ay parlé cy-devant; le capitaine Cabannes, que nous avons veu despuis un très-bon et sage capitaine parmy nos bandes; le capitaine Favas; le capitaine Saincte-Marye, Cossains, n'ayant point de compaignie, mais des capitaines entretenus de M. de Martigues; le capitaine Sainct-Jehan, de Dauphiné, despuis escuyer de Monsieur et puis[1] nostre roy; bref, un'infinité de plusieurs autres bons capitaines que je n'aurois jamais faict de les descrire.

Pour fin, ce siège fut levé par l'ambassade de M. de Randan, dont je viens parler, qui fut envoyé par le roy François IIe en Angleterre, où il monstra qu'il estoit seigneur très-universel et pour la paix et pour la guerre, ayant adjoinct avec luy Mgr l'évesque de Vallence[2], frère de M. de Montluc, un très-

---

1. *Et puis*, depuis. — 2. Jean de Monluc.

grand et habile prélat, qu'y estoit allé un peu devant.

Eux deux firent une paix, appaisarent le tout, et délivrarent de ce siège long et fascheux nos gens, qui estoient à l'extrémité de toutes commoditez, fors du bon courage, car ilz en avoient prou.

Dedans y estoit général pour le roy ce vénérable vieillard et grand capitaine, le bonhomme M. de La Brosse, aagé de soixante-quinze ans, vieil registre de guerre, de qui la valeur, la sage conduicte et asseurée contenance, servit fort en ce siège. J'en parle ailleurs[1]. Y avoit aussi M. l'évesque d'Amiens[2], despuis évesque et cardinal de Sens, de la maison de Peslevé[3], race très-illustre et ancienne, qui avoit esté envoyé légat par delà. Mais il y trouva tout révolté contre la religion catholique, de sorte qu'il n'eut pas grand moyen d'exercer sa saincte légation; et falut qu'il tournast son glaive spirituel en temporel pour s'en deffendre : à quoy il ne faillit, car, estant sorty de bons et illustres progéniteurs, il n'y dégénéra point et ne s'estonna point, et y servit bien; aussi estoit-ce un homme fort versé aux affaires et créature de ce grand cardinal de Lorraine. Bref, il fut bien de besoing à ceste place d'avoir estée bien pourveue de toutes sortes de gens, et de bon cœur. Aussi à bien assailly bien deffendu.

Voylà donc le tout appaisé, et nos gens retournez en France victorieux et très-glorieux.

M. de Martigues, pourtant, estant arrivé à Paris avec force gentilzhommes et capitaines des siens, ne

---

1. Voyez tome V, p. 47. — 2. Nicolas de Pellevé.

fut sans un petit accident de fortune qui luy arriva, dont il n'y avoit aucune raison qu'elle luy fist ce traict sur le coup de sa gloire; car, ainsi qu'il estoit en son logis qu'il disnoit, et n'attendoit que les chevaux de poste pour aller trouver le roy à Fontainebleau, et luy faire la révérance, on luy vint dire que les sergens avoient pris un de ses capitaines et l'emmenoient prisonnier au Petit-Chastellet. Luy, aussi prompt du pied que de la main, sort de table, part et court, et ses gens après luy, et attrappe les sergens, les estrille un petit, et recourt[1] d'entre leurs mains son capitaine, et retourne en son logis : dont la court de parlement en ayant eu des nouvelles en fut fort esmeue, et soudain faict sa forme de justice en cela accoustumée ; si bien qu'il falut que mondict sieur de Martigues fust arresté en son logis, lequel il eut pour arrest. Soudain M. de Martigues envoya un courrier au roy pour luy porter les nouvelles de tout, dont Sa Magesté et toute sa court en fut fort troublée ; car il estoit fort aymé, et n'attendoit-on que sa venue d'heure à autre. La reyne[2] en fut fort faschée, pour voir ainsi traicter un tel seigneur, qui ne faisoit que venir combattre si heureusement et vaillamment pour elle, son royaume et son Estat; Messieurs ses oncles, M. de Guyse et M. le cardinal, de mesmes en estoient fort despitez, à cause de ce grand service faict à la reyne leur niepce. Pour fin, il ne falut pas grande faveur ny grande solicitation pour le jetter hors de ceste peine. Si vis-je M. de Guyze fort collère, et dire qu'il voudroit avoir donné beaucoup, et que

---

1. *Recourt*, enlève. — 2. Marie Stuart.

M. de Martigues ne se fust point brouillé en cela, pour le grand tort qu'il avoit faict à la justice; car il en estoit très-grand observateur; et M. le cardinal son frère en disoit de mesmes.

La reyne et d'autres dames, des grandes que je sçay, qui en faisoient la contestation à un souper (car je le vis et y estois), disoient qu'il n'y avoit droict ny raison que la justice fust si impudante et aveuglée, que, sans avoir esgard à un tel service signalé de M. de Martigues et de ses gens faict au roy, d'aller prendre ainsi ses gens si inconsidérément, et si tost, sans leur donner loysir de se remettre, et leurs bourses, et respirer de la grande fatigue d'un si long siège, ny sans avoir faict au moins la révérance à son roy, venir faire prisonniers telles gens, à l'appétit d'un créditeur[1] importun qui plustost devoit estre mis en prison.

Pour fin, le roy soudain y envoya et despescha l'un de ses capitaines des gardes, avec très-ample commission. Je ne sçaurois dire bonnement qui eut ceste charge des quatre qu'ilz estoient, c'est à sçavoir MM. de Chavigny, Brezay, Lorges, et le sénéschal d'Agenez; mais il me semble que ce fut M. de Brezay. Il est encor vivant, il s'en peut ressouvenir. Estant donc à Paris il faict sa charge si habilement et si sagement, qu'il sortit mondict sieur de Martigues de telle peine. Mais pour intériner sa grâce, si fallut-il pourtant qu'il passast le guischet[2]; et disoit-on que, s'il ne fust esté du callibre de la grand'maison qu'il estoit, et le remarquable service qu'il venoit de

---

1. *Créditeur*, créancier. — 2. Qu'il entrât en prison.

faire au roy son maistre et à la reyne sa maistresse, il fust esté en peine, et les choses ne se fussent passées si doucement comme elles passarent. Cela faict, il vint à la court, aussi bien venu du roy, des reynes, des dames et de tout le monde, que jamais j'aye veu grand venu d'un voyage.

Vous voyez pourtant que c'est que de la justice, et comme le temps passé on luy portoit honneur et révérance : car quiconque l'offançoit, elle n'avoit esgard aux maisons, ny aux races, ny au service des roys, ny à choses quelconques.

M. le baron de La Garde, qui avoit faict à la France tant de remarquables services, et en Levant et en France, faict trembler toute l'Espaigne et l'Italie pour son roy, soubz les bandières et gallères du Turc, ausquelles il commandoit aussi absolument comme aux siennes, pour avoir mal versé, et un peu inconsidérément, en Provance, contre ceux de Merindor et Cabrères, encor qu'ilz fussent hérétiques, fut mis en prison et y demeura trois ans entiers; si bien que luy-mesmes disoit en riant qu'il avoit faict son cours en philosophie et estoit prest à passer maistre ès artz[1].

Ferdinant de Gonzagues estant vice-roy en Scicille, et ayant appaisé les soldatz espaignolz amutinez et qui faisoient mille maux, et composé avecqu'eux soubz certaines conditions, les fit par amprès tous mourir, fust par l'espée, par la corde et par l'eau, et aucuns par bannissement. Néanmoins, le conseil d'Espaigne luy en fit donner un adjourne-

---

1. Voyez t. IV, p. 143 et suiv.

ment personnel et se mit à luy faire son procez : et, sans l'empereur, qui avoit grandement affaire d'un si grand capitaine pour son service, tous vouloient passer plus outre et luy vouloient donner sentence de mort, encor que les soldatz, qui montoient à près de douze cens, eussent bien mérité tel chastiement pour leurs mauvais desportemens et insolances. Toutesfois, la justice d'Espaigne voulut sur luy cognoistre de cela. J'en mettrois icy voulontiers le plaidoyé qui en fut faict et que j'ay veu, tant d'un costé que d'autre, mais cela seroit trop long. J'en parle ailleurs[1].

Voylà que c'est de la justice, laquelle a pouvoir sur les plus grandz, et s'ilz l'offancent les punist griefvement. J'en alléguerois une infinité d'exemples, tant des nostres qu'estranges, mais je les remetz en autre discours, que possible fairay-je sur ce subject exprez[2], afin que grandz et petitz prennent leur modelle à la révérer et craindre, contre l'opinion de ce grand capitaine M. le mareschal de Biron. Mais, pourtant, il n'y estoit si exacte en tout comm' il faisoit semblant, car il estoit très-grand justicier et fort respectueux à la justice; mais ce que j'en veux dire ce n'est que pour rire.

Luy donc ayant donné charge un jour à un capitaine d'aller ruyner et mettre une maison par terre et tout à bas, durant ces guerres dernières, le capitaine luy respondit qu'il y iroit voulontiers, mais qu'il luy en donnast le commandement et un adveu escrit et

---

1. Dans les *Rodomontades espaignolles*.
2. On n'a point ce discours qui n'a probablement jamais été écrit.

signé de sa main, de peur d'en estre un jour recherché. « Ah ! mort-Dieu, luy réplicqua-il, estes-vous « de ces gens qui craignez tant la justice ? Je vous « casse : jamais vous ne me servirez ; car tout homme « de guerre qui crainct une plume crainct bien un' es- « pée. » Possible eut-il dict le mot plustost que pensé ; si ay-je veu pourtant de bonnes espées craindre la justice.

Il me souvient qu'à la sédition d'Amboise le capitaine Mazères, l'un des principaux conjurez, et qui avoit esté en Piedmont des plus gallans capitaines, ainsi qu'on le menoit d'une chambre où estoit Auteclaire, maistre des requestes[1], et autres commissaires pour l'ouyr, et que deux archers le tournoient[2] en la prison, ilz ne vouloient qu'il s'amusast en la bassecourt, et le pressoient d'aller, il leur dist : « Tout « beau, messieurs ! Pleust à Dieu que je ne crainse « pas plus les robes longues que je viens de laisser, « et leurs plumes, que vos hallebardes si nous « estions ailleurs. » Ilz luy respondirent : « Quand « nous en serions-là, si vous fairions-nous la moytié « de la peur. » Mais il leur réplicqua en son cap-de-diou : « Ouy, et je vous en fairois l'autre moytié ; « mais ces bonnetz quarrez me la font toute entière, « et je ne leur en puis faire pour un quart. »

Si faut-il pourtant y prendre garde ; car pour trop peu craindre ceste justice, l'on s'en treuve bien

---

1. Geoffroy de Hauteclaire, dit Coullaud, conseiller au grand conseil, puis (1544) maître des requêtes. Voyez *Généalogies des maîtres des requêtes*, 1670, in-f°, p. 281.

2. *Le tournoient*, le faisaient retourner.

souvant mal. Sur quoy je fairay ce petit conte seulement, et puis plus.

Dernièrement à Rome (que cent personnes l'ont veu et me l'ont dict), le pape Sixte, dict Montealto[1], a exercé et introduict une telle justice de son temps par toute l'Italie, que jamais aucuns de ses prédécesseurs n'a sceu faire; ce qui luy a esté un très-grand honneur; car de bandolliers, de fortussis[2], de massacreurs et assasins, il n'en falloit point parler; et mesmes quiconques tuoit à Rome, ou seulement tiroit un peu du sang, il estoit aussitost exécuté.

Par cas estoit à Rome venu le grand théologal d'Espaigne, homme de très-grand renom et de grande authorité, et fort révéré, tant à Rome comme en Espaigne, et aymé aussi fort de Sa Saincteté. Il avoit avec luy un sien nepveu bravasche espaignol, et qui n'en devoit rien à d'autres de sa nation.

Un jour, en une presse, ainsi que le pape passoit, il[3] vint à estre poussé fort rudement d'un Souysse de sa garde avec son hallebarde, tant du bois que du plat. Cestuy-cy, n'ayant pas accoustumé telles caresses en son pays, les digéra fort mal dans son cœur; toutesfois, passa par là bon gré mal gré; et non sans en couver la vangeance, dont à toute heure en expioit l'occasion, qui fut telle : qu'un jour estant à la messe à Sainct-Pierre, il vist son homme le Souysse à genoux, qui oyoit la messe fort ententivement[4]. Dar-

---

[1] Sixte-Quint.

[2] *Fortussis.* J'ignore absolument d'où vient ce mot qui est probablement estropié et doit avoir le sens d'aventurier, de brigand.

[3] *Il*, le neveu du théologal.

[4] *Ententivement*, attentivement.

rière ce Souysse, par cas fortuit, venoit d'arriver un pélerin aussi tout fraiz, qui s'estoit mis aussi à genoux pour faire sa dévoction.

L'Hespaignol, considérant le baston du pélerin, et qu'il estoit bon et propre pour faire son coup (pensez qu'il estoit de quelque bon bois de cormier, comme le baston de la croix de frère Jehan dans Rabelais), de sang-froid il prend ledict bourdon d'entre les mains dudict pélerin, qui luy lascha fort aisément, pensant qu'il n'en deust faire mal, et puis le haussant de toute sa force, donna un coup ou deux sur la teste dudict Suysse qui estoit tout descouvert, et le porta par terre à demy-mort, et luy fit pisser le sang; et puis, le coup faict, rendit de sang-froid ledict bourdon audict pélerin, avec le petit remerciement, pensez; et, cuydant sortir soudain sur tel escandalle, il fut pris.

Le pape, avant que boire et manger, le fit pendre haut et court devant ses yeux, en la place de Sainct-Pierre, quelque humble suplication que luy sceust faire le théologal pour son nepveu qui luy estoit unique, ny aussi l'ambassadeur d'Espaigne, ny tous les cardinaux espaignolz. Encor dict-on qu'il dist audict théologal que, s'il en avoit autant faict, il le fairoit aussi bien pendre comme son nepveu.

Ainsi finit le pauvre Espaignol, au grand regret, despit et déshonneur des autres Espaignolz qui estoient dans Rome. Certes aussi, la faute estoit très-grande. Je n'en diray plus.

Pour sortir donc hors de ma digression, et rentrer dans mon premier propos, M. de Martigues estant faict couronnel à Rouan (car nous avions desjà pris la place), le roy et son armée vindrent à Paris, que M. le Prince, ayant accuilly ses reistres, vint assiéger ; et, pour leur bien-venue, vindrent dresser une très-belle escarmouche, tant de pied que de cheval, sur nos gens, qui les receurent de mesmes. Il est bien vray qu'il y eut quelques gens-d'armes des nostres qu' y firent très-mal, et prirent la fuitte fort villainement : sur quoy M. de Guyze arriva, qui assura le tout; et, sans sa venue, il y eust eu un grand désordre. Il estoit monté sur son moret, un genêt de Naples des meilleurs du monde, qui, avec quelques cinquante gentilzhommes, donna et arresta sur cul la furie des forces de l'ennemy, conduicte par M. de Genlis, très-brave et hasardeux gentilhomme. Je vis alors M. de Guyze fort en collère contre les gens-d'armes fuyardz, et crier par deux fois fort haut : « Ah! gens-d'armes de France, prenez la quenouille et laissez la lance. » Tout le monde disoit que, sans la présence de M. de Guyse (et que nous le voyons bien à l'œil), l'ennemy alloit fondre vers Sainct-Victor ou vers Sainct-Germain. Et de faict, s'ilz y fussent fondus dès le commancement, il eussent faict un grand eschete; ilz y fussent entrez fort aisément, et, infailliblement y eussent faict du ravage; car lesdictz fauxbourgs n'estoient encor retranchez, et n'y avoit que ceux de Sainct-Marçaut, Sainct-Jacques et Sainct-Michel, où il fit très-beau voir en bataille nos Souysses conduictz par le bonhomme couronnel Furly[1], ensemble nostre infanterie françoise menée par leur

---

1. Guillaume Frœhlich, né à Zurich, mort à Paris le 4 décembre 1562. — Voyez André Thévet, *Vies des hommes illustres*,

couronnel M. de Martigues, qui ce jour fit très-bien, et ordonna son infanterie, et la sceut très-bien et sagement départir où il falloit; et ne faut douter que l'amusement que leur fit nostre infanterie par leurs escarmouches et par un moulin à vent faict de pierre qui est à la porte de Sainct-Jacques, où M. de Martigues avoit mis une centaine de bons harquebuziers qui firent rage, arresta ceux de M. de Grammont qui venoient droict à nos tranchées la teste baissée; mais ilz trouvarent là à qui parler.

J'ouys M. de Guyze louer fort le soir M. de Martigues d'avoir très-bien faict ce jour là, et qu'il pensoit qu'il fust plus vaillant et hasardeux que sage et prévoyant couronnel; mais qu'il estoit les deux, et qu'un jour il seroit un très-bon capitaine.

Le siège de Paris s'osta, et après on donna la bataille de Dreux, où mondict sieur de Martigues fit très-bien et dignement sa charge de couronnel, estant à la teste de ses gens avecqu' une belle et assurée façon, ainsi que son devoir estoit tel. Toutesfois, en ceste bataille, nostre infanterie de l'advant-garde ne rendit grand combat, pour n'avoir esté trop assaillie, ny avoir assailly : car M. de Guyze, avec sa trouppe de cavallerie, deffit quasi toute celle de l'ennemy; je dis françoise.

Quand aux lansquenetz, ilz ne rendirent pas aussi grand combat; mais, sur le soir, qu'on pensoit à quatr' heures avoir tout faict et achevé, l'on aperceut cinq à six cens chevaux sortir du costé d'un

1584, p. 414-416, et Zurlauben, *Histoire militaire des Suisses*, t. III, p. 403.

bois, bien sarrez et résolus pour retourner encor au combat; et dict-on que c'estoient MM. de La Noue et Auvaret[1] qui les avoient r'aliez. M. de Guyse les alla aussitost bravement recevoir; mais il estoit besoing d'avoir de l'harquebuzerie, là où certes M. de Martigues usa d'une très-belle diligence et fit traict de bon capitaine; car à poinct il y arriva, conduicte par M. de Gouas[2], dont M. de Guyze les en loüa fort.

Quelques mois après ceste battaille, on alla assiéger Orléans, où M. de Martigues conduisit et ordonna fort bien son infanterie, qui fit très-bien à la prise du Portereau et en un' infinité d'autres endroictz.

Ce seigneur a faict amples preuves de ses prouesses; et mesmes quand il chargea M. Dandelot, qui estoit beaucoup plus fort que luy, au passage de la rivière de Loyre.

M. de Guyze estant mort à ce maudict siège, et la paix faicte, il falut par les articles que chascun rentrast en ses estatz, charges et dignitez. Par quoy, ce fut à M. de Martigues à se deffaire de celle de couronnel, ce qui luy estoit grief, car tous les capitaines l'aymoient fort et le prioient bien fort de ne s'en desmettre ny deffaire; mais il falut qu'il passast par-là, car le roy et la reyne mère le voulurent ainsi, et aussi que M. Dandelot, qui n'estoit pas homme endurant, pressoit fort, qui estoit venu à la court à Sainct-Germain pour cela.

Sur quoy il me souvient qüe, ce jour qu'il s'en

---

1. Avaray. — 2. Goas (Gouas ou Gouhas), mestre de camp.

desmit, il prit une casaque de livrée d'un de ses gensdarmes, et se pourmena ainsi habillé par la court, salle et chambre du roy et de la reyne; et quand Leurs Magestez luy demandarent pourquoy il s'estoit ainsi habillé de ceste cazaque, il leur respondit que, puisqu'il n'estoit plus homme de pied ne fantassin, il ne se vouloit plus habiller ny en homme de pied ny en fantassin, mais en gendarme, puisqu'il ne luy restoit autre estat que capitaine de gensdarmes; dont le roy et la reyne et toute la court en rirent fort, le voyant ainsi habillé, et qu'il avoit très-bonne grâce en toutes ses actions; car il avoit eu la moytié de la compaignie de M. le mareschal de Termes, et M. des Cars, très-grand favory du roy de Navarre, en avoit eu l'autre; et M. de Bellegarde, son nepveu, et qui en estoit lieutenant n'avoit rien eu; et quicta tout par despit, s'en sentant digne de quelque part. M. de Massez[1], qui estoit enseigne, fut lieutenant de Descars, qu'on tenoit pour estre l'un des plus vieux et homme de bien de gendarme qui fust en France; ainsi le nommoit-on. M. de Boisjourdan, qui estoit guidon, fut lieutenant de M. de Martigues.

Voylà comment il quicta sa charge de couronnel: lequel, à ceste fois, audict Sainct-Germain, avoit grand'envie de se battre contre M. Dandelot, et en départir le gasteau à coups d'espée. Il ne faut point doubter que M. Dandelot ne l'eust bien pris au mot; car il estoit très-vaillant et haut à la main, encor qu'il battist froid, et ne disoit mot de ce qu'il voyoit

[1]. Probablement Jean de Béon, seigneur de Massès.

là faire à M. de Martigues, qui estoit fougueux et battoit chaud. Mais le roy avoit deffendu, sur la vie, qu'il ne passast outre, et qu'il se comportast modestement; car on craignoit fort une seconde révolte des huguenotz, qui fussent estez aises à la faire; car ilz se tenoient fort fiers, et les mains leur démangeoient. M. de Martigues fut sage et bien obéissant à son roy.

Au bout de quelques temps, M. d'Estampes, son oncle, mourut, et le gouvernement qu'il tenoit de Bretaigne luy fut donné : il l'exerça si bien et si sagement, qu'il en acquist très-grand'gloire sur tout, et se fit fort aymer à la noblesse de là; si bien qu'on luy donna ceste réputation d'avoir eu le crédit de l'avoir faicte sortir hors de son pays, et de l'avoir menée où bon luy sembloit, et despaysée; ce que gouverneur de longtemps n'avoit faict, ny sceu faire.

Aussi la menoit-il au combat bravement, luy tousjours à la teste et des premiers, comme il fit au passage de la rivière de Loyre, où il chargea M. Dandelot et ses trouppes, et en deffit aucunes, encores qu'elles fussent bien plus grandes que les siennes; car toutes les forces de au delà Loyre y estoient toutes assemblées pour venir joindre le prince et passer. Les histoires en parlent assez sans que j'en parle.

De là, il les mena à la deffaicte des Provançaux, aux battailles de Jarnac et Montcontour, et puis vint mourir au siége de Sainct-Jehan[1], où il fut tué : qui fut un très-grand dommage pour la France, car il luy estoit très-fidelle, et l'eust bien servie despuis à son besoing.

1. Saint-Jean-d'Angely.

Si je voulois conter par menu toutes ses prouesses, il m'en faudroit faire un livre entier; mais je m'en déporte, pour la longueur qu'il m'en donneroit, et aussi que, possible, ceux qui me cognoissent et ma race, en le louant par trop (ne disant pourtant que la vérité), me pourroient rejecter pour suspect, d'autant que je luy estois fort proche; car son grand-père, le conte de Poinctièvre[1], et mon grand-père, messire André de Vivonne, séneschal de Poictou et seigneur de La Chastaigneraye, estoient cousins germains, ensemble Claude de Poinctièvre[2], cousine germaine, duchesse de Savoye, de laquelle sont sortis et yssus, despuis soixante quinze ou quatre-vingtz ans, les ducz de Savoye et de Nemours qui ont estez, ausquelz j'ay eu cet honneur d'appartenir; mais, pour cela, je n'en ay pas mis plus grand pot au fœu, comm' on dict en commun proverbe, pour n'avoir eu d'eux aucun appuy ny fortune; mais de moy-mesmes me suis poussé, comme j'ay peu, à acquérir la faveur et grâce de mes roys, et quelque peu d'honneur parmy le monde.

Pour en parler au vray, ces grandz princes et seigneurs, quand ilz se voyent en leur grandeur, ilz deviennent si glorieux qu'ilz mesprisent et leurs parens et leurs amis et leurs serviteurs; ausquelz je leur dirois voulontiers ce que dist mon grand-père, M. le seneschal de Poitou, à feu madame la régente[3], la-

---

1. René de Brosse, dit de Bretagne, comte de Penthièvre, père de Charlotte de Brosse, mère de M. de Martigues.

2. Claudine, fille de Jean de Brosse, comte de Penthièvre, mariée (1485) à Philippe II, duc de Savoie, morte le 13 octobre 1513.

3. Louise de Savoie.

quelle, estant simple contesse d'Angoullesme, ne l'appelloit jamais que son cousin et son bon voysin. Ce n'estoit autre chose que « mon cousin, mon voysin », et que si ell' estoit reyne de France qu'il se ressentiroit grandement de ses faveurs et revanches de plusieurs plaisirs qu'elle recevoit ordinairement de luy à la court; car alors elle n'estoit point si grande qu'elle ne fust fort aise d'employer mondict grand-père et en tirer du plaisir à la court, ayant cet heur d'estre surtout fort aymé du roy Charles VIIIe, du roy Louys XIIe et de la reyne Anne, qui luy faisoit cet honneur de l'appeller ordinairement son cousin, et estoit très-bien en sa grâce, mais je dis des mieux.

Ceste madame la régente donc, estant venue en sa grande hauteur, et son filz roy, ce fut elle qui changea du tout, et fit de la froide bien fort, et de la reffusante un jour audict sieur séneschal de quelque chose dont il l'employa, à laquelle mondict grand-père respondit : « Et bien donc, madame, estoit-ce
« que me promettiez estant en vostre petite conté?
« Vous ne m'avez pas trompé; car le naturel de vous
« autres princes et princesses est, quand vous venez
« à une grandeur plus grande que n'aviez jamais es-
« péré, vous ne faictes jamais plus de cas de ceux qui
« vous ont aymé et faict service; mais j'auray raison
« de vous à la vallée de Josapha, où se doit tenir le
« jugement; et là, vous n'estant alors assise plus haut
« que moy, et que serons esgaux, je vous en sçaray
« que dire. »

Tel est le naturel des grandz ausquelz, pour les braver, il faut dire comme l'Espaignol : *Soy hidalgo come el rey, dineros menos;* « Je suis gentilhomme comme le roy; il est vray que je n'ay pas tant d'escus. » *Y que se vayan à todos los diablos con ellos;* « Et qu'ilz aillent à tous les diables avec leurs escus. »

Je les envoye tous aux enfers de M. nostre maistre Rabelais[1], où il les faict si pauvres et malotrus haires, que l'on en aura la raison là-bas; ainsi qu'un de par le monde disoit : que s'il y descendoit jamais, il leur donroit tous les jours cent nazardes pour une miette de pain.

Quand tout est dict, si nous autres nous nous entendions bien, tous ces grandz nous rechercheroient plus que nous ne les recherchons, car ilz ne se sçaroient passer de nous. Ce sont nous autres qui faisons les courtz des grandz et emplissons leurs armées, leurs salles et chambres de nos compaignies et présences, sans lesquelles que seroient-ilz? Mais nous ne nous pouvons garder de les suivre, tant nous sommes fatz et ambitieux; dont aucuns se trouvent très-bien, et d'autres très-mal.

J'en fairois un très-beau et long discours, si je voulois, sans emprumpter d'autres exemples que des nostres.

Pour retourner ast'heure d'où je suis sorty, M. de Martigues deffaict de cet estat de couronnel, M. Dandelot le reprit à Sainct-Germain-en-Laye, comme j'ay dict, où il luy fut commandé par le roy s'apprester, et de tenir ses compaignies prestes pour aller au siège du Hâvre, que les Anglois tenoient et ne le vouloient rendre, pour l'avoir très-bien achepté, disoient-ilz,

---

1. Voyez *Pantagruel*, livre II, ch. 30.

de MM. le vidasme de Maligny et de Beauvays la Nocle[1].

A ce siège, chascun y alla suivant le roy et la reyne mère, qui y allarent en personne, et monstrèrent le chemin à MM. les princes et M. le connestable; et M. le prince de Condé y amena beaucoup de sa noblesse huguenote, qui ne s'y espargna non plus que les autres.

M. l'admiral n'y alla point, et s'excusa sur quelques raisons; mais la principalle, qu'il ne dist pas, estoit qu'il ne vouloit desplaire à la reyne d'Angleterre, de laquelle il avoit tiré plaisir et faveur et quelque argent pour la guerre, mais non tant qu'on diroit bien.

M. Dandelot n'y alla non plus, et s'excusa sur quelques reliques de sa fiebvre quarte qu'il avoit raporté de l'Allemaigne quelque temps avant, lorsqu'il amena le mareschal de Hessen, avec ses reistres et l'avoit tousjours gardée ou peu ou prou; et mesme le jour de la bataille de Dreux estoit le jour de son exez[2]; et le passa ainsi, son cheval luy servant de lict, et ne laissant pour cela de faire tout devoir et acte ce jour là de bon couronnel, fors qu'il ne tint poinct le rang et ne se mit à pied; car il estoit si foible qu'il ne se pouvoit soubstenir; mais il commandoit à cheval, et alloit de bataillons en bataillons, de rangs en rangs, disant et monstrant ce qu'il faloit faire; mais ilz ne le creurent et firent très-mal.

1. Jean de Lafin, seigneur de Beauvais (ou Beauvoir) la Nocle. Il avait épousé Béraude de Ferrières, sœur de Jean de Ferrières, seigneur de Maligny, vidame de Chartres, mort après 1606.
2. *Exez*, accès.

Il demeura aussi assiégé dans Orléans, là où il ne pardonnoit à aucune faction qu'il ne s'y trouvast, tout fébrécitant qu'il estoit, si bien qu'un jour, luy estant tiré une grande harquebuzade, ainsi qu'il estoit sur le pont pour ordonner quelque chose, elle luy donna dans sa rondelle, qui ne persa pas, pour estre à l'espreuve; mais luy, pour estre fort foible, tumba par terre, et aussi tost on le vist relever par plusieurs, dont M. de Guyze, et autres comme luy, présumarent que c'estoit M. Dandelot qui estoit mort. Et, parce qu'on disoit que M. d'Estrozze avoit faict le coup, je vis M. de Guyze luy dire : « Strozze, envoyez-moy ast' heure demander vostre grace, car vous venez de tuer M. Dandelot : et de plus, s'il est mort, il est mort le meilleur homme des leurs. »

Or donc M. Dandelot, se fondant sur sondict relicqua de fiebvre, ou plustost sur le peu de voulonté qu'il avoit de ne faire la guerre à l'Anglois, comme son frère, n'alla point à ce siège.

Tant y a pourtant, que le roy et la reyne, et tout le monde, le trouvarent très-mauvais et s'en escandallisarent fort. Ains il y envoya ses deux couronnelles, qui certes il fit bon voir : et le capitaine Monnains en avoit une, et quelques autres, montans au nombre de quatre ou cinq; et estoient toutes belles, car c'estoit l'eslite des bons soldatz huguenotz : aussi firent-ilz bien, car ilz faisoient à l'envy des catholiques.

Si bien que les uns et les autres menarent et fatiguarent de telle sorte les Anglois, que nous les eusmes enfin par composition. Bien est-il vray que, sans la grand'peste qui s'étoit mise léans, et en tua plus que nos harquebuzades, nous n'en eussions eu si bon marché.

Le printemps venu après, le roy entreprit son voyage projecté, de faire tout le tour de son royaume et se faire voir à son peuple; et partit de Fontainebleau et alla faire sa feste de Pasques à Troye en Champaigne, où M. Dandelot vint de sa belle maison de Tanlé[1], qui est là près, faire la révérance au roy, et aussi pour se plaindre à luy de quoy un de ses capitaines, ayant une compaignie vieille en garnison à Metz, estant mort, il avoit pourveu à la compaignie, et l'avoit donnée à un autre des siens, et le roy en avoit pourveu un autre à sa voulonté et dévoction. M. Dandelot remonstroit que c'estoit luy faire tort à son authorité et privilége de couronnel, qu'il avoit de longtemps à pourvoir de places vacqantes de compaignies vieilles, et que M. l'admiral avant luy, et luy après, avoient toujours ainsi faict et pratiqué.

Mais à cela luy respondit très-bien et aussitost la reyne en plein conseil; car un grand, qu' y estoit, me le dist aussitost, qu'ell' avoit bien parlé à luy.

« M. Dandelot, luy dist-elle, ce que vous alléguez, c'estoit du temps du roy mon seigneur et mary, qui, par la faveur grande et amitié qu'il portoit à M. le connestable vostre oncle, luy accordoit beaucoup de choses qu'il ne devoit, et mesmes celles-là; car quelle raison y avoit-il que M. l'admiral et vous, couronnelz, eussiez ceste prérogative, et dispositiez ainsi absollument de telles charges, puis que cela appartenoit au

---

[1] Tanlay, près de Tonnerre.

roy, affin que d'autant plus il s'obligeast de bons capitaines et serviteurs, au lieu qu'à vous autres redondoit ceste obligation ; et les capitaines pourveuz de vous autres se disoient vos créatures et serviteurs, et non du roy, comme j'ay veu dès ce temps-là ? Dont en cela vous en deviez bien remercier la faveur de vostre oncle, et la voulonté qu'il avoit de vous eslever et faire grandz. Mais, ast' heure, comme les roys font les loyx et les deffont comm' il leur plaist, le roy mon filz ne vous veut point concéder plus tel pouvoir, et le se veut réserver pour luy, et faire des serviteurs, et les remplacer au lieu de plusieurs autres que vous autres luy avez faict perdre. Par quoy, ne vous y attendez plus à cela, car le roy mon filz y veut pourvoir désormais ; et le capitaine qu'il a mis à la place du mort, faut qu'il y demeure. » Ce fut à M. Dandelot à passer par là. Quelle reyne brave, et de quelle audace elle s'en faisoit acroyre ! Et M. le connestable, qui n'estoit pour lors au conseil, mais en sa chambre, se trouvant un petit mal, ayant sceu ces propos par M. Dandelot, n'en dist autre chose, sinon qu'il n'en faloit plus parler. Voylà donc la puissance qu'avoient les couronnelz d'obliger des capitaines.

Le roy faisoit bien les capitaines nouveaux, et donnoit les commissions nouvelles, mais messieurs l'admiral et Dandelot pourvoyoient aux compaignies vieilles ; ce qui estoit un très-beau privilége. Du despuis, cela a esté bien changé, sinon despuis que M. d'Espernon a esté faict couronnel, et, par sa faveur, faict ériger son estat en officier de la couronne, et disposoit des capitaines.

Or, M. Dandelot estant mort à Xaintes[1], M. d'Estrozze fut faict et créé absolu couronnel général des bandes françoises[2], sans avoir compaignon ny corrival, c'est-à-dire que, durant la guerre, il l'estoit bien absolu; mais venant la paix, M. Dandelot, par les compositions qui permettoient à un chascun de r'entrer en leurs charges, reprenoit tousjours la sienne; et, un peu avant qu'il mourust (je croy qu'il ne s'en falust pas un mois), estoit mort M. de Brissac[3], duquel toutes les compaignies vindrent à se joindre et se mettre dans celles de M. d'Estrozze, fors celles des vieilles bandes du Piedmont, qui pouvoient monter à dix ou douze seulement, lesquelles furent réservées et données au jeune conte de Brissac, lequel, pour la jeunesse, ne peut avoir toute la despouille de son frère; ains falut qu'il se contentast de celles du Piedmont, pourtant le titre de couronnel général des vieilles bandes du Piedmont, comm' il le porte encor; et fut maistre de camp La Rivière Puitailler l'aisné, et puis M. d'Aunous, qui mourut au siége de Poitiers, digne homme certes de sa charge (il le monstra bien lorsqu'il partit de Sainct-Maixans, et s'alla jetter dans Poitiers avec son régiment, qui vint bien à propos, et y entra en despit de l'ennemy,

---

1. Le 27 mai 1569.

2. On peut comparer la notice que Brantôme consacre ici à son ami Philippe Strozzi avec *La vie, mort et tombeau de haut et puissant seigneur Philippe de Strozzi*, par H. T. sieur de Torsay, Paris, 1608, in-8°; réimprimé dans le tome IX (première série) des *Archives curieuses de l'histoire de France*, p. 401.

3. Timoléon de Cossé, comte de Brissac, fut tué au siége de Mucidan, le mois même où mourut d'Andelot (mai 1569).

qui le tenoit tout circuit et environné), puis Autefort et autres.

Il y en a aucuns si ignorans, et mesmes je l'ay veu escrit dans un' histoire de nostre temps, qui disent et afferment que M. de Strozze eut l'estat de couronnel général après la mort du conte de Brissac, qui l'estoit alors. Voylà bien dict.

Quelz abuseurs et menteurs escrivains! Telles gens pour lors ne hantoient guières les armées ny les compaignies, parmy lesquelles on eust bien ouy les bandons faictz et se faire par M. d'Estrozze, couronnel général de l'infanterie de France, et M. de Brissac, couronnel général des vieilles bandes du Piedmont : et cela est très-vray, ce que je dis. Plusieurs capitaines et soldatz de ce temps, qui vivent encor, en diront de mesmes que moy.

Voylà donc M. d'Estrozze, ce coup, bien couronnel général, lequel, dans peu de temps, fit parestre à la Roche-la-Belye, en Lymosin, ce qu'il estoit; car, l'ennemy s'advançant là un matin pour forcer, s'il eust peu, le logis de Monsieur, frère du roy, nostre général, sans qu'on s'en donnast garde aucunement, ce fut au couronnel faire là tout l'effort; et ainsi qu'il alloit à eux d'un visage et courage assuré, il ouy quelque voix d'aucuns soldatz de M. de Brissac, et capitaines et tout, qui murmuroient bas et disoient : « Ah! où est M. de Brissac? » M. d'Estrozze, qui avoit l'ouye bonne, leur respondit : « Là où il est. Mort-Dieu! suivez-moy seulement, et je vous meneray en un lieu si chaud et si advant, que jamais le conte de Brissac ne vous y mena : suyvez! suyvez! » Ce qu'il fit; car il les mena dans une grosse trouppe de l'ennemy, et y soubstint une si furieuse escarmouche, qu'il y mourut sur la place vingt et deux de ses capitaines ou lieutenans, ou enseignes; comme fut le capitaine Sainct-Loup, brave gentilhomme, son lieutenant du pays d'Anjou, qui en criant : « Sauvez M. d'Estrozze! » et se mettant devant luy, reçeut le coup que l'on alloit donner à son couronnel, qu'il sauva, et luy mourut : digne office faict à son maistre et couronnel, certes très-louable.

Moururent aussi le capitaine Rocquelaure[1], Gascon, lieutenant d'une des couronnelles de Brissac; le capitaine Vallon, Provançal, fort aymé de Monsieur, frère du roy, son maistre; le capitaine Mignard, Basque, et un' infinité d'autres bons et vaillans capitaines, tant lieutenans, enseignes que soldatz, desquelz pourtant on n'eust eu si bon marché sans qu', ainsi qu'ilz estoient au plus chaud de l'escarmouche et combat, survint du ciel une si grande ravine d'eau, si espesse, si menue et impétueuse que, sur ce, M. de Mouy, bon capitaine certes, prenant l'occasion, chargea avec sa cavallerie si à propos ceste pauvre infanterie, qui ne se pouvoit plus ayder de leurs harquebuz, pour avoir les mesches estainctes et pour estre toute trempée de ceste eau, comme d'un coup du ciel, qu'on en eut bon marché, et les mit-on ainsi en pièces : dont on en blasma beaucoup de nostre cavallerie qui les secourut très-mal; pour le moins l'infanterie s'en plaignoit fort.

Le carnage y fut grand et cruel, et sans peu de rémission. Aussi, cinq mois après, à la bataille de

---

1. Jean-Bernard, seigneur de Roquelaure.

Montcontour, qui fut gaignée pour nous, on crioit par revanche parmy les bandes : « La Roche-la-Bellie! » comme d'un mot et signal pour tuer tout et n'en espargner aucun.

Ainsi la cruauté se récompanse par la cruauté. Et ne faut point doubter que là mondict sieur d'Estrozze n'eust passé par les pas des mortz comme les autres, sans qu'il y eut un honneste cavallier qui le sauva; et fut faict prisonnier et gardé fort honnestement, et rendu après pour M. de La Noue.

Sur ce discours, il ne falloit point que les soldatz de Brissac l'appellassent tant pour les mener au combat[1]; car il ne les y eust sceu mieux mener, ny là, ny ailleurs; car on ne sçauroit desrober cela audict M. d'Estrozze; qu'il ne fust fort courageux et vaillant, et l'homme du monde craignant le moins les harquebuzades et le plus assuré à elles, comme je l'ay veu souvant.

Bien est-il vray qu'il ne sçavoit pas faire la monstre ny la parade de ses vaillances qu'il a monstrées aux battailles, aux rencontres, aux siéges, aux assautz, où il s'est trouvé, que je dirois; mais je ne fairois qu'en parler tout un jour entier, tant il m'en donneroit le subject, et de plusieurs de telles factions.

J'ay eu cet heur de m'estre trouvé avec luy souvant; car il m'aymoit uniquement, et croy plus qu'homme de France. Je n'euz jamais charge soubz luy que deux ans, en capitaine de gens de pied; mais, par certain caprice, je quictay tout. Et, pour ce, je ne l'abandonnay jamais pourtant, fust à la guerre,

---

1. Voyez de Thou, livre XLV.

fust à la court, tant il m'aymoit et je l'aymois; et me disoit-on son compaignon et fidelle confidant. Dès le commancement du siège de La Rochelle jusqu'à la fin, je ne bougeay jamais d'avecques luy, bevant, mangeant, et couchant ordinairement chez luy et en sa chambre.

Je peux tesmoigner que là, ny ailleurs, je ne luy vis jamais faire aucun acte de laschetté, mais tout de prouesse, encor qu'il y fist là aussi chaud qu'en lieu où on ayt veu siège; et si m'assure que j'en y ay veu des plus fandans et eschauffez s'attiédir et baisser bas. Le jour du grand assaut, il y alla le premier sans marchander et peu suivy de ses gens, combien que M. de Montluc, qui ordonnoit l'ordre de l'assaut, luy avoit dict et prié de toucher ses gens devant luy[1] et qu'autrement tout n'iroit pas bien, et qu'il en avoit veu arriver de grandes fautes, et luy iroit après.

M. d'Estrozze luy promit, mais il ne luy tint pas; car, amprès que la mine eut joué, M. de Montluc, qui estoit dans le trou du fossé, commanda aussitost à M. de Gouas de donner et faire la première poincte avec ses gens, ainsi qu'il y estoit destiné et ordonné, et M. d'Estrozze devoit aller après avec son gros.

M. de Gouas fut aussitost blessé à la jambe, dont il mourut après par la cangrène qui s'y estoit mise, encor que le coup fust fort petit et ne touchast à l'os. Et, en s'en retournant, rencontra M. d'Estrozze qui s'en alloit viste à l'assaut; il luy dist : « Monsieur, ilz sont à nous. Donnez seulement, la bresche est très-

---

1. *Toucher ses gens devant luy*, c'est-à-dire les faire marcher devant lui.

raisonnable. » Mais il ne l'avoit pas recognue, car il avoit esté blessé en allant, et ne peut monter en haut. En quoy M. d'Estrozze l'en blasma après (je le sçay) sur son dire, encor qu'il fust un très-bon capitaine, et digne de foy en telles choses.

M. d'Estrozze s'advança, et sans dire gare, ny adviser à ce que M. de Montluc luy avoit dict, ny qu'il luy avoit promis, ny qu'il[1] le suivoit, marcha et monta. Il n'avoit avec luy gentilhomme voulontaire que moy; car il avoit esté deffendu, de par Monsieur, que nul gentilhomme y allast, craignant perdre la noblesse; mais à moy, comm'à son amy privé, la loy ne s'y addressoit.

M. d'Au[2] y estoit aussi, qui s'estoit desrobé, et estoit amy de mesmes dudict M. d'Estrozze, et le petit Chasteauneuf, de la maison de Rieux, dict M. de Sourdiac aujourd'huy[3], aussi que M. d'Estrozze l'aymoit, et luy donna amprès l'une de ses enseignes couronnelles; car M. de Lancosne le jeune en ce jour la portoit, qui estoit un autre brave gentilhomme.

M. d'Estrozze donc, ayant pris langue de M. de Gouas, sans marchander donna. Je luy dis: « Monsieur, vous ne faictes pas ce que M. de Montluc a dict. — C'est tout un, Branthome, me respondit-il. Allons: nos gens auront meilleur courage de venir, quand ilz me verront à la teste marcher le premier pour leur monstrer le chemin. » Ce qu'il fit. Mais il ne

1. *Ny qu'il le suivoit*, c'est-à-dire : *ny qui le suivoit.*
2. François d'O.
3. René de Rieux, seigneur de Sourdéac, marquis d'Ouessant, chevalier des ordres du roi, mort à Assé (Anjou) le 4 décembre 1628.

fut pas plustot à demy du haut, qu'il eut une grande harquebuzade dans la cuyrasse, qu'il en tumba de son haut dessus les pierres que la mine avoit enlevé, dont nous le tinsmes pour mort, et que l'harquebusade l'eust percé; mais il ne se froissa que les jambes et la teste : et là il fut trompé; car, pensant estre suivy de ses gens, il le fut très-mal. En quoy il eut mieux faict s'il eust creu M. de Montluc, de les toucher et voir aller devant, ainsi qu'il en parloit plus par pratique que par art.

Et, puisque nous sommes sur cet assaut, si en parleray-je ce mot : que Monsieur, frère du roy, nostre général, qui avoit tout veu ce que nous avions faict, il envoya quérir M. d'Estrozze, qui le vint trouver dans la tante du conte de Coconas, qui estoit là auprès, où il s'estoit retiré avec tout son conseil; et là y estant, et moy avec luy, tous armez, Monsieur luy dist : « Strozze, si vostre infanterie vous eust suivy comm'il avoit esté ordonné, et qu'ell' eust faict aussi bien que vous et ceux qui estoient avec vous, la place estoit prise, ainsi que j'ay peu voir; mais il faut encor recommancer l'assaut et faire aller vos gens devant, ainsi que M. de Montluc vous avoit dict, et vous après; et m'assure que nous les emporterons. »

M. de Montluc estoit là, qui dist aussitost : « Ouy, sire (car alors il estoit desjà roy de Pouloigne), nous l'emporterons : il est fort aisé, car la bresche est bonne et très-raisonnable. »

Alors je ne peuz m'engarder de parler, voyant que M. d'Estrozze ne parloit; car il estoit en ces choses quelquesfois crainctif devant Monsieur. « Il le vous semble, monsieur? lùy dis-je. Ell'est si raisonnable, que, par Dieu, je ne sçache homme icy qui ayt si bonnes jambes qui, en montant, ne tumbe quatre ou cinq fois, et sur le haut il se puisse tenir s'il est tant soit peu repoussé; ou s'y veuille tenir de pied ferme; car le tout est si raboteux, à cause des pierres que la mine a soubzlevées, qu'il est impossible s'y arrester bien pour combattre. Je le puis dire, car j'y ay esté, et l'ay très-bien essayé. Toutesfois, puisque le roy veut faire encor redoubler l'assaut, faire le peut. »

Et, ainsi qu'on l'arrestoit, survint le plus estrange acidant qui arriva il y a longtemps en armée, et sans aucun subject; car, tout à coup, voycy venir un'allarme par toutes les tranchées, que l'ennemy estoit sorty, et que l'on estoit desjà aux mains, et que le tout estoit faussé; si bien qu'il prit une si grande espouvante et effroy parmy nos gens de pied, et parmy plusieurs de la noblesse, que quasi la plus grand'part branlarent et ne sceurent que faire: et fut bien encores pis, que plusieurs eurent telle frayeur, qu'ilz advisarent à se sauver par les maretz, et aucuns s'y enfuyrent, qui furent amprès recogneuz par la boue qui en estoit emprainte en leurs chausses; et telz, qu'on tenoit bons compaignons, furent taschez de mesmes. Il y en eut pourtant plusieurs qui tindrent assurée contenance. Néantmoins, tout le monde ne sçauoit que c'estoit, sinon qu'il estoit tout en allarme et en rumeur si grande, que l'on ne vist jamais un tel désordre.

Nous estions en la tante du roy de Pouloigne pour lors, comme j'ay dict, qui sortismes de là avec la plus grand'presse et foule que je vis jamais, dont je m'en dois bien souvenir; car un honneste et brave gentilhomme qui estoit près de moy, que j'avois nourry, nommé M. du Breuil, en voulant sortir, il tumba derrière un coffre, pour la pesanteur de ses armes et la foule qu'y estoit, que je croy qu'il seroit encor là sans moy, qui luy prestis la main et l'en sortys, dont nous en rysmes bien après; car il estoit de bonne compaignie, et si luy effrayé de sa cheutte cuyda tuer dans la tante un gentilhomme des nostres, d'une courte dague qu'il avoit, pensant que ce fust l'ennemy, et que tout fust gaigné.

Enfin nous sortismes et courusmes au trou du fossé. M. d'Estrozze et moy tousjours avec luy, trouvasmes que ce n'estoit rien, et que l'ennemy seulement n'avoit pas comparu la teste du dessus du rampart, ny sorty par aucune porte, car il avoit assez affaire ailleurs, et à entendre à ses assautz, escalades et surprises.

L'on voulut sçavoir après d'où estoit sortie ceste allarme et telle rumeur. Les uns dirent que c'estoit quelque bruict que quelques traistres parmy nous avoient eslevé et faict courir à poste; d'autres disoient que de nous mesmes nous nous estions ainsi espouvantez et effrayez sans propos; d'autres, que cela estoit venu du ciel par quelque chastiment divin, ou que le tout avoit esté arrivé *divinitùs aut fato*[1]. Bref, on parloit en force diverses façons. Et sur ce dernier poinct, puis après, en discourant avec d'autres, je m'allay souvenir avoir leu qu'à la prise de

---

1. Par un effet de la volonté divine ou par accident.

Rome par M. de Bourbon, un alfier ou porte-enseigne romain, sur l'allarme de l'assaut, il luy prit une telle esmotion et action de corps et d'esprit (on l'appellera comm' on voudra), qu'avec son enseigne il descendit du rampart, s'en alla vers l'ennemy et s'en retourna en mesme appareil dans sa ville sain et sauve, sans autre mal. Il faloit dire que ce fust quelque terreur panicque, ou quelqu'ange bon ou mauvais qu'y opérast et le conduisist par la main. J'en laisse à discourir aux divins philosophes. Tant y a que cet acident que je viens de dire a esté trouvé très-estrange et bizarre.

Si faut-il que je die ce mot, que jamais je ne vis nostre roy de Pouloigne estonné, et ne vouloit que sortir : mais la foule estoit si extrême qu'on s'y estouffoit du chaud qu'il faisoit; car les uns vouloient sortir, les autres entrer, si bien que nous commancions à rompre les cordes de la tante pour passer par dessoubz.

J'auray esté, possible, par trop long en ceste digression.

Pour retourner donc à M. d'Estrozze, je peux dire avecqu'une très-grande vérité que c'estoit un très-vaillant homme de guerre, et que pourtant n'y a jamais esté blessé. En ce siège de La Rochelle, il receut quatre bonnes harquebuzades dans ses armes, sans qu'elles portassent jamais : en quoy il fut très-heureux, car ordinairement il estoit aux hasardz.

La première charge qu'il eut jamais fut aux premières guerres, qu'il eut une compaignie de gens de pied, laquelle seule fut destinée pour la garde du roy. Il avoit choisy un très-brave lieutenant, qui estoit le capitaine Bordas, de Dax; M. de Corbozon[1], de la maison de Lorges, pour son enseigne, qui pourtant le quicta et s'en alla à Orléans huguenot; et Martin Ozard pour son sergent, qui despuis fut lieutenant de l'une des couronnelles. Mais luy se faschant de demeurer ainsi arresté, et subject à une garde de corps, et oyant dire que tous ses compaignons menoient les mains de tous costez, il ne cessa jamais de prier le roy et importuner de luy bailler congé d'aller avec les autres; ce qu'il eut : et arriva devant Rouan, où il se monstra digne de sa charge; et puis, comme j'ay dict, il eut la charge de Charry, et de là fut couronnel aux secondz troubles, commandant à trois régimens menez par les trois maistres de camp Cossain, Charrou et Gouas, très-bons hommes qui méritoient bien ceste charge.

M. de Cossains estoit vieux soldat et capitaine, gentilhomme nourry page en Piedmont de M. de la Mothe-Gondrin, à ce que luy ay ouy dire. Il commanda à une compaignie de gens de pied en la guerre de Toscane : mais M. de Montluc la luy osta ignominieusement, et luy vouloit faire pis (je me passeray bien d'en dire le subject), et luy vouloit un mal extrême. J'ay bien veu despuis le contraire; car il l'a fort aymé, et luy ayda à espouser sa belle-sœur madame de Lyous[2]. Il suivit M. de Martigues au Petit-Lict, et y fit très-bien, sans aucune charge pourtant, sinon en capitaine entretenu du couron-

---

1. Courbouzon.
2. *N.* de Fagez, veuve (1567) de Joachim, seigneur de Leoux, frère de Monluc.

nel. Aux premières guerres civiles il eut une compaignie de gens de pied, laquelle il conduisit et employa très-bien à la prise de Blois. Il y eut une grande harquebuzade à travers le corps, qui le perça de part en part, et en fut guéry aussitost.

Je l'ay veu fort subject aux blessures, aussi les recherchoit-il voulontiers. Il commandoit de belle façon ; car il avoit le geste bon, et la parolle de mesmes. Aussi disoit-on *piaffe de Cossains* : il l'avoit de vray ; mais c'estoit en tout qu'il estoit piaffeur et en geste et en faict et en parolles. Il fut fort blasmé d'avoir esté un grand meurtrier à la Sainct-Barthélemy à Paris, aussi d'y avoir gaigné beaucoup ; car il avoit là toutes les enseignes des gardes du roy, dont il estoit maistre de camp, et les y fit là bien mener les mains.

Du commancement, quand le roy luy en descouvrit l'entreprise et sa voulonté, il y fit grand'difficulté et impossibilité, pour, avec si peu de gens, forcer un si grand nombre d'huguenotz qui estoient dans la ville ; mais le roy, et son conseil en cela, après luy en avoir ouvert les moyens et les intelligences, qu'il avoit toute la ville à soy, il y prit goustz et n'y espargna après le sang, dont on l'appelloit le principal boucher. Et bientost après en sentit son âme chargée, et mesmes quand il fut devant La Rochelle, où, quasi y présageant sa mort, monstroit ordinairement une tristesse et ennuy, et comm' un remordz de conscience, si bien que souvant (d'autant que j'estois son amy et que nous estions compères à cause de sa femme), en jouant, je luy disois quelquesfois qu'il y mourroit : « Ah ! ne me le dictes point, mon compère, « disoit-il, car je le sçay bien : que maudicte soit la

« journée de la Sainct-Barthélemy ! » Lorsqu'il fut blessé (dont il mourut après), je croy que de toute ceste nuict il ne fut pas tiré deux harquebuzades ; et encore celle qui luy porta fut tirée en un lieu si escarté, que guières souvant on y tiroit. C'estoit en un coing de maretz qu'il avoit dict à M. d'Estrozze aller recognoistre, pour y faire quelque petit retranchement. Soudain on nous vint dire qu'il estoit blessé ; nous y accourusmes, qui dist soudain que c'estoit rien ; et, addressant sa parolle à moy, me dist que, pour ce coup, ma prophétie seroit vayne et qu'il ne mourroit de ce coup. L'endemain nous le fusmes voir, qui en son semblant monstroit se porter bien ; mais le voyant un peu commancer à balbutier et béguayer, je dis à M. d'Estrozze soudain : « Il est mort, « monsieur, n'en faictes plus d'estat; allons-nous en. » Au bout de deux jours mourut, regretté certes d'aucuns, mais non pas tant de son roy comme s'il fust esté mort un an advant ; car, lorsqu'il en sceut la mort, il dist publicquement à son disner : « Cossains est
« mort ; mais que diriez-vous de luy, qui avoit si
« bien faict en beaucoup de lieux où il s'estoit
« trouvé, estant en ce siège de La Rochelle, il n'y a
« jamais rien faict qui vaille ? Il s'y est trouvé tout
« à coup si fort saisy de deffaillance de cœur, qu'à
« toutes entreprises pour prendre la place que mon
« frère luy a proposé, il y a trouvé tousjours des
« difficultez et y a tousjours répugné de toutes les
« opiniastrettez qu'il a peu, et n'y a monstré non
« plus de cœur qu'une putain, » usant de ces motz.

J'ay ouy dire qu'il y eut un gallant homme qui, oyant telz propos et les retenant, dist à un sien compaignon : « Marquez ceste chasse. Voylà que « c'est de faire service aux roys. Il ne faut qu'un « verre cassé pour tout perdre. »

Et certes, les difficultez que ledict Cossains faisoit estoient fondées sur des grandes fautes qu'on proposoit pour prendre ceste place, et malaisément pouvoit-il souffrir telles incongruitez ; car jamais on ne vist en place si grande confusion d'opinions frivolles qu'on vist là. Aussi les ennemis, lorsque nous bastimes du commancement le fort de Sainct-Martin, nous reprochoient que nous bastissions la tour de Babel[1]. Plusieurs des nostres prindrent argument là-dessus, de pronostiquer la confusion d'opinions qui s'engendra parmy nos princes, grandz et capitaines, à ne s'accorder pour bien assiéger et prendre ceste place. Aussi, pour dire vray, il y avoit trop de gens de conseil là assemblez. Feu M. de Lautrec et M. de Guyze n'eussent pas faict cela.

Voylà la mort de Cossains, à l'advancement de laquelle ayda beaucoup la cruauté dont il usa à la Sainct-Barthélemy, ce dict-on, comme de mesmes ell'en fit à M. de Gouas, son compaignon et intime amy. Hélas ! tous deux n'eurent grand loysir de jouyr à joye du butin beau qu'ilz avoient faict ; car, comme j'ay dict, Gouas y mourut : dont certes fut un très-grand dommage ; car c'estoit un très-bon capitaine et digne pour les gens de pied. M. de Montluc luy avoit mis les armes en main ; il le loue fort en son livre[2]. Il fut un des lieutenans de M. de Pienne au

1. Voyez tome IV, p. 37.
2. Voyez Monluc, tome II, p. 299.

voyage d'Italie. Il n'estoit pas si piaffant, ny si bravasche comme Cossains son compaignon, mais il estoit bien aussi mauvais garçon : et feu M. de Guyze l'estimoit fort, comme M. de Sarriou autre maistre de camp, lequel, pour estre parent de M. de Termes, le suivit en Corsègue, et là servit son roy et son général. A le voir on l'eust pris pour un homme fort ruraud; mais, estant en guerre, il sçavoit aussi bien commander, conseiller et exécuter que pas un de ses compaignons que j'ay dict cy-dessus, et estoit un très-homme de bien et d'honneur.

Bref, je n'aurois jamais faict si je voulois descrire tous nos maistres de camp. Il me suffira que je parle de *los majorales*, comme dict l'Espaignol, de leurs plus grandz, qui sont leurs couronnelz.

Pour retourner encor à M. d'Estrozze, je dis que, si M. l'admiral a raporté grand los et gloire pour avoir faict si belles ordonnances parmy l'infanterie et l'avoir si bien réglée, il faut louer M. d'Estrozze, et luy donner ceste réputation que ç'a esté celuy qui l'a si bien armée et qui luy a porté la façon et l'usage des belles harquebuz de qualibre qu'elle porte aujourd'huy. Bien est vray que M. Dandelot l'en façonna un peu, lorsqu'il vint de prison du chasteau de Milan, où il les apprit des Espaignolz ; car il n'y a nul vieil capitaine, ny rottier[1] fantassin de guerre, qui ne die que nostre harquebuzerie, le temps passé, n'estoit pas telle en armes comm'ell' a esté despuis : car ce n'estoient que petitz meschantz canons, tant mal montez, qu'on appelloit à la Lucquoyse, en forme

1. *Rottier*, routier.

d'un'espaule de mouton, et le flasque, qu'on appelloit ainsi, estoit de mesmes, voire pis, comme de quelque cuyr boully ou de corne; bref toute chose chétifve.

Du despuis, en Piedmont, ilz s'acommodarent des canons de Pignerol, que l'on fit et forgea là un peu plus renforcez, mais fort longs et menus, qui certes estoient bons pour ce temps.

Du despuis, nous nous en sommes servys pour la chasse, à cause de leurs bontez. Leurs flasquetz ne valoient guières non plus, du demeurant; la mesche de l'harquebuz se portoit par le soldat toute entortillée en rondeur dans le bras, fors le bout de la mesche que l'on tenoit en la main, pour la mettre au serpentin. Les jannissaires turcz du Grand-Seigneur n'en ont point encor oublié la coustume, qui portent encor ainsi leur mesche, qui, pour cela, ne se pouvoit si bien accommoder ny si proprement au serpentin, comme nous la portons aujourd'huy.

Du despuis, peu à peu, en Piedmont, ilz s'accommodarent des canons de Milan, qu'ilz recouvroient par quelques deffaictes et desvalisemens qu'ilz faisoient sur les Espaignolz; mais peu en recouvroient-ilz autrement par la traffique de Milan, qui estoit deffendue, des armes.

M. Dandelot vint donq de Milan, et en apporta quelques trois cens, à cause de la trefve, comme je luy ay ouy dire, et autant de fournimentz; mais les canons estoient petitz et peu renforcez, et les charges des fournimens pareilles.

Du despuis, s'en porta-il en France peu à peu, et peu à peu commanda à ses capitaines d'en fournir leurs bandes le plus qu'ilz pourroient; mais l'affluance du traffic n'estoit si grand' qu'on s'en peust armer grandement; si bien qu'il se faloit ayder des canons de Metz et d'Abbeville, et fourniment de Blangy; mais tout cela n'aprochoit point à ceux de Milan. Et me souviens qu'aux premières guerres, les compaignies nouvelles estoient au commancement très-mal armées, et bien heureux estoit le capitaine qui pouvoit dire avoir en sa compaignie vingt ou trente harquebuz et fournimens de Milan. Certes, ce n'estoit que grosserie[1]; mais peu à peu, on en fit venir, et M. de Guyze, qui estoit capitaine providant en tout, en fit venir.

Il y avoit bien les compaignies vieilles de M. Dandelot, et mesmes ses couronnelles en estoient très-bien armées; si bien que dans Rouan, l'une d'elles y estant, comm' elles tiroient de très-bonnes harquebuzades sur nous, plusieurs des nostres disoient : « Voyez « les marautz, la bonne poudre qu'ilz ont léans, et « que la nostre vaille si peu! »

M. de Guyze un jour le dist en soubz-riant, à un grand que je sçay, de quoy l'autre en rougist: « Ne voyez-« vous pas que ce n'est pas tant seulement leur bonne « poudre, mais ce sont les grandes charges de leurs « fournimentz, et leurs bonnes harquebuz qu'ilz ne « craignent de charger, voire de doubler la charge, « que M. Dandelot a ainsi bien armez? Nos soldatz « ne le sont pas ainsi encor; mais, avec le temps, ilz « le seront. Et voylà, disoit-il, nostre amy, la bonne « poudre qu'ilz ont! »

---

1. *Grosserie*, chose grossière, mal travaillée.

Or, M. d'Estrozze, qui dès son jeun' aage avoit plus aymé l'harquebuz que toutes autres armes de guerre, et surtout l'harquebuz à mesche de Milan, quand il vint à ces premières guerres à avoir sa compaignie, il fut fort curieux à avoir des armes de Milan, et en eut assez : pour le moins la moytié de sa compagnie l'estoit, qui en fut trouvée très-belle et rare, et M. de Guyze la loua fort à la voir. Je sçay ce que luy en vis dire.

Puis après, luy, venant à succéder à la place de Charry, il y observa une fort exacte curiosité et observation ; de sorte qu'il pria, voire quasi contraignit tous ses capitaines de n'avoir plus autres armes, tant harquebuz, fournimens, que corselletz de Milan. Et, pour ce, moyenna de faire venir à Paris un fort honneste et riche marchant, nommé le seigneur Negrol, et s'y tenir, qu'en moins d'un rien en fit venir beaucoup sur la parolle de M. d'Estrozze et qu'il les luy fairoit enlever : si bien que ledict Negrol, prenant goustz à ce premier proffit, il en continua l'espace de quinze ou seize années le traffic, qu'il s'y est rendu riche de cinquante mill' escus, voire davantage.

Tout le différant qu'avoit M. d'Estrozze avec ledict seigneur Negrol, c'est qu'il ne faisoit venir les canons si gros et renforcez comm' il vouloit, quelque lettre de prière qu'il escrist et fist à maistre Gaspard de Milan qui les forgeoit, qui a esté le meilleur forgeur et maistre qui jamais sera ; jusques à ce que, quand nous allasmes à Malte, M. d'Estrozze luy avoit escrit quelques mois advant qu'il luy forgeast quelques deux douzaines de canons, de la grosseur qu'il les devisa, et que luy-mesmes les iroit querir là[1]. Le bonhomme maistre Gaspard alors s'y affectionna si bien, que, quand nous fusmes arrivez à Milan, M. d'Estrozze les trouva tous faictz; et estoient selon son opinion, et en donna à ses amis, dont j'en euz une, et la garde encor dans mon cabinet : et soudain le bonhomme maistre Gaspard se mit à en faire si grande quantité, que tant qu'il en faisoit, autant il en vendoit aux autres François qui venoient après nous, et qui à l'envy de nous autres en prenoient, car nous estions allez et marchez des premiers.

Je ne veux oublier à dire que le bonhomme maistre Gaspard, lorsqu'il vist M. d'Estrozze, ne se peut saouler de l'admirer et l'aymer, et tous nous autres, et voulut de tous prendre le nom, disant que tous nous autres le faisions riche pour tout jamais. Je me fusse bien passé de dire cecy; mais tel souvenir et parler me plaisent.

Après donc ceste veue, maistre Gaspard continua à forger les canons de ce gros calibre; mais avec cela si bien forez, si bien lymez et surtout si bien vuydez, qu'il n'y avoit rien à redire; et estoient très-seurs, car il ne faloit point parler de se crever; et

---

1. « Il séjourna à Milan tant.... qu'il eut fait monter douze des meilleurs canons d'arquebuse de calibre, qu'il peut choisir, de la façon de maistre Gaspar de Milan (qui avoit réputation pardessus tous les autres), faisant graver sur iceux en lettres d'or cette inscription : *Philippe de Strozzi, maistre de camp de la garde du Roy*, qu'il distribua avec les fournimens (et la suite à l'avenant) à quelques soldats choisis de ceux qui l'avoient accompagné jusque là. » (*La vie et mort de Philippe de Strozzi*, p. 425.)

avec cela, nous fismes faire les fournimens beaux, et la charge grande à l'équipolant.

Voylà d'où premièrement avons eu l'usage de ces gros canons de calibre, que, quand on les tiroit, vous eussiez dict que c'estoient mousquetades; et un chascun nous admiroit partout où nous passions en Italie, et où nous faisions quelques salves. Mais il ne faut point doubter qu'il y en avoit plusieurs bien mouchez et ballaffrez, et par le nez et par les joues, d'autant que mesprisé et vilipendé estoit celuy grandement qui ne couchast en joue. Si bien qu'il y en eust eu plusieurs bien mouchez d'advantage, sans un honneste gentilhomme, que je ne nommeray point de peur de me gloriffier, qui trouva la façon à coucher contre l'estomach, et non contre l'espaule, comm' estoit la coustume alors : car la crosse de l'harquebuz estoit fort longue et grossière, et n'estoit comm' aujourd'huy, courte et gentile et bien plus aysée à manier.

La façon espaignolle estoit ainsi courte, mais non si bien apropriée que la nostre, d'autant que cela donna mieux le coup; et M. d'Estrozze le trouva bon, et s'en accommoda; car il s'y bridoit[1] bien quelquesfois, à cause des grosses charges; mais pourtant bien peu souvant, car il estoit des meilleurs harquebuziers du monde et des plus assurez, et tirant de la meilleure grâce.

---

1. *Se brider.* « Je ne scay ce que ce mot veut dire, » dit Sainte-Palaye, dans son glossaire manuscrit. Il signifiait : *se donner un coup*, et le sens de la phrase est que, malgré son adresse, Strozzi recevait un choc du tir de son arquebuse qui repoussait, comme on dit aujourd'hui.

Estant un jour à Malthe, devisant de ses armes à table, y estant M. le marquis de Pescayre, général de l'armée, Jehan-André Dorie, général des gallères, et plusieurs autres capitaines et seigneurs espaignolz et italiens, il leur en fit à tous leçon et les rendit tous estonnez que de son harquebuz il tueroit un homme de quatre cens pas, et leur monstreroit par expériance à un blanc; à quoy il fut prié de toute la compaignie de le leur monstrer : ce qu'il fit avecqu' une si belle façon et bonne grâce qu'il ne faillit à sa visée, dont tous s'en estonnarent, et mesmes luy estant si grand seigneur, disoient-ilz, faire ainsi si bravement et si assurément la faction de soldat, et manier si dextrement les armes du soldat et s'y adextrer[1] si gentiment; ce qu'il sçavoit très-bien faire certes, non qu'il l'eust appris du soldat, mais c'estoit luy qui l'aprenoit au soldat, comme je l'ay veu souvant luy monstrer ainsi qu'il se faloit garber[2] et se façonner en ses armes pour s'en ayder et en tirer; et prenoit un grand plaisir de les faire tirer, manier leurs harquebuz, voir de quelz calibres les uns estoient plus grandz que les autres, voir aussi leurs fournimens et leurs charges, aymant fort les soldatz qui avoient et s'aydoient de belles harquebuz et fournimens de Milan, desdaignant ceux qui se faisoient ailleurs, disant qu'en lieu de France jamais ouvrier n'avoit peu attaindre à la perfection de faire bien un fourniment à sa videure ny à sa charge, comm' à

1. *S'y adextrer*, s'y rendre adroit.
2. *Se garber*, probablement se donner bon air; de l'italien ou de l'espagnol *garbo*, bonne grâce, bonne mine.

Milan, ainsi qu'il est vray; car le François en toutes armes a très-bien imité l'estranger, fors qu'au fourniment de l'harquebuz. Il approuvoit fort les corcelletz gravez de Milan, et ne trouvoit point que nos armuriers parvinssent à la perfection, non plus qu'aux morrions; car ilz ne les vuydoient pas si bien, et leur faisoient la creste par trop haute.

Mais après, il cria tant qu'ilz y vindrent; et trouva un doreur à Paris, qui les dora aussi bien ou mieux, d'or moulu, que dans Milan, ce qui fut une grande espargne pour les soldatz : car, au commancement, il n'y avoit morrion ainsi gravé d'or, qui ne coustast dudict Negrot quatorze escuz. Je le peuz dire, pour en avoir achapté plusieurs de luy à tel prix, ce qui estoit trop. Mais après, M. d'Estrozze mit ordre qu'on achaptoit dudict Negrot le morion blanc gravé à bon compte, et puis on le donnoit à ce doreur de Paris, et ne revenoit qu'à huict ou neuf escuz. Du despuis, cela a si bien continué que plusieurs maistres s'en sont meslez à forger, dorer et graver, que nous en avons veu une très-grande quantité en France, et à bon marché. Aussi certes, faisoit-il très-bon alors voir les compaignies françoises, mieux qu'à présent, qui ont quicté les morrions; car, outre que c'estoit une chose fort nécessaire, tant à un assaut de ville à cause des pierres, qu'à des combatz à cause des coups d'espée dont le soldat se garentissoit, ell'estoit très-belle et espouvantable à voir.

Je me souviens qu'à la reveue que Monsieur, nostre général, fit au voyage de Lorraine, à Troye, il se trouva quarante mil hommes à pied françois, tant de M. d'Estrozze que de Brissac, dont il y avoit dix mille morrions gravez et dorez. Et si n'estoient alors si communs comme despuis. Aussi d'autant trouva-on la veue plus belle et admirable, et faut croyre là-dessus que M. d'Estrozze avoit esté curieux et pressant ledict Negrot de faire provision [de] ces belles armes le plus qu'il avoit peu, avec force beaux corcelletz gravez et bien completz.

Ç'a esté aussi le premier qui a mis l'usage des mousquetz en France, et certes avecqu' une très-grande peyne, car il ne trouvoit soldat qui s'en voulust charger : mais, pour les gaigner peu à peu, luy-mesmes au siège de La Rochelle en faisoit porter tousjours un à un page ou à un lacquays; et quand il voyoit un beau coup à faire, il tiroit, ainsi qu'il fit un jour à la première saillie qui fut jamais faicte-là, qui fut à La Font, où le capitaine Sainct-Geniers, guidon de M. de Biron, fut tué, et Le Fouillou, nepveu de La Haye, lieutenant de Poictou[1].

Je vis, et plusieurs avec moy, ledict M. d'Estrozze tuer un cheval, de cinq cens pas, avecques son mousquet, et le maistre se sauva.

Du despuis, il gaigna quelques capitaines entretenus des siens pour en porter; entre autres furent les capitaines Berre, Sainct-Denis, Callais et autres.

Il m'en avoit donné aussi un que je garde encores pour l'amour de luy; dont j'en tirois bien souvant

---

1. Jean de la Haye, baron de Couteaux, lieutenant du sénéchal de Poitou, condamné comme criminel de lèse-majesté, le 6 juillet 1575, et quelque temps après tué dans sa maison de la Bégaudière près Poitiers. L'année suivante Henri III réhabilita sa mémoire.

avec luy; et n'usois point encor de charges de bandollières, mais de nos fournimens seulement; au lieu d'une nous en mettions deux.

Et si ce brave M. de Guyze estoit en vie, que Dieu le voulust! il en sçaroit bien qu'en dire; car, un jour ainsi que nous estions dans la tranchée auprès de ces masures de pierres au commancement, il nous y trouva ainsi que nous en tirions, et me pria de luy prester le mien, car il m'aymoit fort, et qu'il vouloit essayer d'en tirer; ce qu'il fit par deux ou trois fois; et s'y pleust fort, me disant plusieurs fois despuis que j'avois esté le premier et la cause de quoy il avoit tiré du mousquet. Je ne veux pas dire seulement de luy; mais s'il plaist à nostre roy d'aujourd'huy se ressouvenir, estant roy de Navarre, audict siège de La Rochelle, la premiere harquebuz à mesche dont il tira jamais, je la luy donnay. Je m'en peuz vanter comme chose très-vraye, qu'estoit un' harquebuz de Milan, fort légère et douce et dorée d'or moulu, que M. d'Estrozze m'avoit donnée pour nostre embarquement de Brouage; et l'en vis tirer souvant et de fort bonne grâce.

Que c'est de la générosité d'un grand, qui veut sçavoir faire toutes choses généreuses, encores qu'elles ne touchent par trop à son exercice royal! mais pourtant, quel qu'il soit, touchant et apportant en soy de la vertu et de la générosité et de l'addresse, cela sied tousjours très-bien à un grand.

Ainsi, ces deux grandz princes se mirent à manier l'harquebuz à la soldadesque : en quoy il les faisoit beau voir, tant pour faire parestre une grâce gentile et guerrière que pour monstrer au soldat combien les grandz honnoroient leurs armes qu'ilz portoient; ce qui leur rapportoit une grand' gloire et contentement; et, de faict, plusieurs soldatz s'en esjouyrent dès-lors, et s'en tindrent advantagez, voyant ce grand prince M. de Guyze et couronnel tenir en main et en faction ces mousquetz, si bien qu'ilz ne les desdaignarent puis après. Que c'est que de donner exemple, et combien il importe que les grandz les donnent aux petitz! Et, dès-lors, si M. d'Estrozze en eust eu plusieurs, force soldatz s'en fussent chargez; car j'en vis plusieurs, qui en eurent envie à l'envy, mais il n'en avoit pas une douzaine, de quelques deux douzaines qu'il en avoit faict provision pour nostre embarquement.

Or notez que, tout ainsi que ledict sieur d'Estrozze aymoit les canons de très-gros callibres de l'harquebuz, il abhorroit bien autant ces gros de mousquetz que l'on a veu despuis; car ilz estoient si gros et si pesans et si desmesurez, qu'ilz estoient insupportables et irrecepvables partout et fort peu maniables; mais il les aymoit fort du vray callibre, ny trop gros, ny trop menu, qui se faisoient à Milan, et duquel s'aydent les Espaignolz.

Je me souviens que quelques temps après que ce grand duc d'Albe passa vers Flandres, et qu'il introduisist le premier et mena les braves mousquetaires, le roy Charles, qui estoit curieux de tout, dist un jour à M. d'Estrozze qu'il falloit, à ceste imitation, qu'il en fist avoir parmy ses bandes, et qu'il avoit commandé d'en faire à Metz une centaine, et qu'il vouloit que ses gardes les eussent. M. d'Estrozze respondit qu'il fairoit ce qu'il plairoit à sa Magesté.

Au bout de quelques temps, le roy, après les avoir receuz, non pas tous, les luy monstra; mais c'estoient de longs mousquetz par trop outrageusement, d'autres plus courtz un peu, mais si gros et renforcez qu'il estoit impossible au soldat de le porter et le manier. Si bien que, comm' il faut avoir mesure en toutes choses, il remonstra au roy qu'il n'y avoit nulle raison d'accabler le soldat soubz ce pesant fardeau, mais qu'il en fairoit apporter de Milan de ceux des Espaignolz, qui seroient plus aisez et plus propres : ce qu'il fit; et ce furent ces deux douzaines, pour les premiers que je vis, qu'il fit venir pour l'embarquement de Brouage, dont ce fut la première fois qu'il en accommoda quelques-uns, comme j'ay dict : et despuis se sont usitez et pratiquez parmy les bandes. En quoy du tout en faut sçavoir bon gré à M. d'Estrozze, qui fut le premier qui en fit la première institution et coustume, avec la difficulté que j'ay dict; et si despuis, nostre soldat, qui avoit entendu la grand' paye que tiroit le mousquetaire espaignol, et son gouyat pour le porter, vouloit fort participer à telle paye et party; mais, leur ayant monstré la voulonté du roy par ses commissaires n'estre telle, ilz se contentarent d'une paye assez grande et raisonnable.

Voylà comme M. d'Estrozze a accommodé l'infanterie françoise, et à luy seul la gloire est deue. S'il y en a eu quelques-uns qu'y ayent voulu trouver à redire et y augmenter, je m'en raporte à eux; mais je croy qu'il n'y sçauroit mieux faire, veu l'amour que portoit ce couronnel à ses armes, et principallement à l'harquebuz; car, n'estant que fort jeune et nourry enfant d'honneur du petit roy François second, estant M. le Dauphin, oyant dire qu'en Piedmont se faisoit de belles guerres, il se desroba avec deux chevaux seulement et son harquebuz de Milan à l'arçon de la selle; s'y en alla, ayant pour guide le bon rompu Jehan Daist[1], Allemand, que nous avons veu tant traisner en France, et, despuis peu de jours, pendu à Bloys, ayant eu l'ordre de Sainct-Michel quelques années beaucoup devant, qui luy conseilla, pour faire le voyage, de desrober quelque bassin, couppe et esguière d'argent à madame la mareschalle sa mère[2] : ce qu'ayant sceu M. le mareschal son

1. Jean d'Este. « Au commencement de décembre (1580), dit le *Journal* de l'Estoile, d'Este, Allemand, chevalier de l'ordre, qui en secondes noces avait épousé la trésorière Allègre (Aligre), fut pendu à Blois par jugement des chevaliers de l'ordre, qui lui firent son procès par lequel il fut convaincu et atteint d'avoir, l'été précédent, pris argent du roy pour aller en Allemagne lever quelques cornettes de reistres pour le service de Sa Majesté; néanmoins étant allé à cet effet, fut trouvé qu'il les avait levées et arrestées des deniers du roy, pour venir au secours du prince de Condé et de ses partisans, tenans la Fère et autres places contre le roy. »

2. Le fait se passa en 1556. Strozzi, qui n'avait que quinze ans, se trouvant sans cesse avec des gentilshommes revenus de l'armée de Piémont, et entre autres avec le chevalier de Batresse, se décida à accompagner celui-ci quand il retournerait en Italie. « Il se résolut de tirer de ses coffres un bassin, esguière, coupe, escuelle, cuiller et autre tel petit mesnage d'argent (qu'il avoit pour son usage, quand il mangeoit quelquefois retiré en son logis) et les faire vendre. Mais ce ne put estre si seurement que son gouverneur n'en eust le vent; qui, pour son devoir et pour plus honestement et asseurément rompre ce dessein, le fait entendre à la royne. » (*La vie et la mort de Philippe de Strozzi*, p. 411.)

père, et le subject pourquoy il l'avoit faict, dist que si ce fust esté pour autre subject que pour celuy-là, qui estoit honnorable et glorieux, et pour voir de la guerre, qu'il l'eust pendu; mais qu'il luy pardonnoit et luy pardonneroit quand il en pourroit prendre d'avantage, mais que ce fust pour un si valeureux subject.

M. d'Estrozze me l'a conté ainsi; et après, quand il[1] le vist, luy en fit très-bonne chère et s'en mit à rire devant sa mère qui en desiroit bien le chastiment, encor qu'il fust fort sévère de son naturel, et le rabrouast fort.

Il fut fort curieux de le faire très-bien nourrir, et surtout très-bien instruire aux bonnes lettres; et desiroit qu'il y sceust autant que luy; car il y estoit très-parfaict, mais pourtant son filz n'y pouvant approcher; si en sçavoit-il assez.

Je luy ay ouy conter qu'un jour, venant donner le bon jour à son père, il luy demanda ce qu'il avoit faict le matin. Le filz luy respondit qu'il avoit monté à cheval, joué à la paume, et puis, comme de besoing, qu'il avoit desjusné. « Ah! malheureux! luy
« dist-il, faut-il que tu ressasies le corps avant l'es-
« prit? Jamais cela ne t'advienne. Avant toutes
« choses, ressasie ton âme et ton esprit de quelque
« belle lecture et estude; et, après, faictz de ton
« corps ce que tu voudras. »

Voylà les bons enseignemens et nourriture que donnoit ce sage père au filz, dont despuis il s'en est très-bien prévalu; car, qui sondoit bien au vif le filz,

---

1. *Il*, le maréchal.

il l'eust trouvé aussi proffond en discours comme en vaillance. Encor que, despuis qu'il laissa les livres pour prendre les armes, je croy qu'en sa vie il n'y a pas consommé une demye-heure de jour à les lire. Il estoit un très-homme de bien.

Il y en avoit la plus grand'part qui le tenoient de légère foy. Ilz pouvoient penser à leur poste ce qu'il leur plaisoit; mais ilz ne luy sondarent jamais bien l'âme. Il n'estoit pas certainement bigot, hypocrite, mangeur d'images, ny grand auditeur de messes et sermons; mais il croyoit très-bien d'ailleurs ce qu'il faloit croyre touchant sa grand' créance; et, outre cela, il n'eust pas voulu faire tort à autre pour tout l'or du monde. S'il jasoit et gaussoit quelquesfois qu'il estoit en ses gouguettes, mesmes pour le purgatoire et l'enfer, il n'y faloit point prendre garde; car, certes, il croyoit l'enfer, mais non pas qu'il pensast et creust que ce fust, disoit-il, un grand dragon représenté par les painctres, qui ouvrant sa grand'gueule, engloutissoit et avalloit ainsi les âmes pécheresses. Pour fin, il disoit force choses dont il s'en fust bien passé; mais c'estoit plus par jaserie et gaudisserie, que pour autre chose de mal.

Quand à moy, je l'ay pratiqué fort famillèrement l'espace de trente ans ou plus; je peux dire qu'on ne luy eust rien sceu reprocher de grossière foy.

Il estoit très-bon François et point ingrat à sa France, qui l'avoit eslevé et nourry. Un jour la reyne-mère me faisoit cet honneur de m'en ouyr parler et m'en parler aussi; mais entr'autres parolles, elle me dist ces motz propres : qu'il estoit homme de bien, et très-loyal et bon François. S'il eust vescu, n'eussions (si croy-je) tant de guerres en France qu'avons eu. Son ambition a esté tousjours de l'oster de la France, et la traisner ailleurs : non qu'il hayst autrement l'Espaignol, encor qu'il en eust quelque subject à cause de la mort des siens, mais il vouloit oster le venin et la contagion de la France.

Il estimoit fort la nation espaignolle et surtout les soldatz, et en faisoit grand cas, et louoit fort leurs valleurs et leurs conquestes, et, pour ce, prenoit-il plaisir d'avoir affaire à eux.

Il y a eu force Espaignolz qui luy ont voulu mal, pensant que ce fust leur ennemy mortel. Ilz se trompoient, car il ne l'estoit point. Il aymoit trop leur valeur, leur façon de faire, et surtout leur gloire et leur superbetté et leur langage ; et cent fois m'a dict qu'il eust voulu avoir donné beaucoup, et sçavoir parler espaignol comme moy.

Jamais pauvre soldat espaignol ne s'addressa à luy demander la passade, qu'il ne luy ayt donné de bon cœur.

Pour fin, ilz l'ont tué ; et se sont esjouys de sa mort, non pour mal, comme j'ay dict, qu'il leur voulut de son naturel, mais qu'il luy plaisoit de faire la guerre à une nation si belliqueuse : il me l'a dict souvant. En son combat naval il fut très-mal assisté. Lorsqu'il vist venir à soy l'armée que conduisoit le marquis de Saincte-Croix, il eut telle envie d'aller à luy, plustost que le marquis à luy, qu'estant son navire lourd et mauvais voyllier (car c'estoit une grosse hurque[1] de Flandres), il s'en osta et se mit dans un

---

1. *Hurque*, barque.

vaisseau plus léger, où estoit M. de Beaumont, lieutenant de M. de Brissac, et avoit esté son gouverneur : et, sans autrement temporiser, vint cramponner l'admiral, et combatirent main à main longuement. Mais, estant blessé d'une grande mousquetade à la cuysse, et assez près du genouil, ses gens s'en effroyarent, et se mirent à ne rendre plus de combat : si bien que l'Espaignol entra dedans fort aisément, et s'estant saisy de luy, le menarent au marquis de Saincte-Croix, qu'on dict que, l'ayant veu en si piteux estat, dist qu'il ne fairoit qu'empescher et ensallir le navire, et qu'on le parachevast : ce qu'on fit, en luy donnant deux coups de dague, et le jettarent dans la mer.

Voylà sa fin : en quoy faut noter le malheur de ce pauvre seigneur, que luy, qui, l'espace de vingt ans, s'estoit tousjours affectionné à avoir quelque bon navire sur mer, qu'il envoyoit ordinairement busquer fortune (et de faict je luy ay veu de beaux et bons vaisseaux qui luy ont raporté quelque proffit), qu'à ce voyage et entreprise de telle importance, il ne se fust esquipé d'un plus beau et meilleur pour la guerre que ceste grosse vilaine hurque, plus propre pour la marchandise que pour un combat; si bien qu'il en falut emprumpter un autre à l'improviste, et s'y jetter dedans, lequel estoit bon et jolly, et assez grand, mais non pas suffisant pour attaquer cet admiral superbe espaignol.

L'autre malheur de luy, qui ayant faict à sa poste choix de ses capitaines et ses gens, tant mariniers que soldatz, ainsi qu'il luy avoit pleu, tant parmy les bandes que parmy les portz, il fut si mal servy et secouru d'eux, que nul ne luy assista que le conte de Brissac.

M. de Guyze et moy en fismes un jour le discours dans un' allée de son jardin en l'hostel de Guyze. Il y en eut un' qu'il avoit choisy pour un de ses grandz amis et confidans[1], le préférant à un' infinité d'autres qu'il avoit, qui fut blasmé de l'avoir très-mal secouru, et pour ce en fut mis en prison et accusé par la reyne mère et par madame la contesse Fiasque sa cousine[2], qui aymoit fort son cousin, sage, vertueuse et généreuse dame, s'il y en a eu de nostre temps, et luy grevoit fort de l'avoir veu ainsi perdu par faute de secours. Cet accusé estoit en grand' peyne et danger de la vie, sans qu'aucuns disent que son innocence fut vériffiée. D'autres disent que la faveur luy ayda fort. Je m'en rapporte à ce qui en est. Si l'ay-je veu pourtant en de bons affaires où il n'a jamais reffusé combat, mais très-vaillamment y est allé, et en a rapporté glorieusement des marques.

Il y en avoit aucuns qui accusoient ledict M. d'Estrozze, pour n'y avoir appellé d'autres de ses plus grandz amis et très-esprouvez en fidellité et en valeur, comme le jeune Lanssac, lequel certainement il appella au commancement, et le mit en grandz fraiz; mais, estant vers Bourdeaux, il luy trouva quelque querelle d'Allemaigne, aucuns disent venant

1. Sainte-Soline. Voy. t. IV, p. 23.
2. Alphonsine Strozzi, fille de Robert Strozzi et de Madeleine de Médicis, femme de Scipion de Fiesque, chevalier d'honneur de Catherine de Médicis et d'Élisabeth d'Autriche.

de luy, autres de la reyne mère, autres du mareschal de Matignon, autres du roy. Tant y a que ledict Lanssac le vouloit faire appeler pour se battre avec luy; mais cela fut interrompu, et puis M. d'Estrozze fit voylle sans luy.

Certes ce seigneur Strozze avoit réputation de n'estre mauvais ennemy ny bon amy. Aussi il me le fit parestre là mesme, comm' à Lanssac; car tout ainsi que je l'avois accompaigné en la pluspart de ses guerres et voyages, et en France et hors de France, vingt-cinq ans et plus, je ne me voulus retirer de celuy-là, luy m'en ayant prié, et me présentant bonne part de sa fortune et continuation de son amitié. Dont, pour ce, estant sur le poinct de me maryer en un bon lieu, qui m'eust rendu pour le reste de mes jours plus heureux que je ne suis, je rompis expressément le maryage; et, ainsi que je m'en allois tout droict le trouver à Bourdeaux, je trouvis qu'il n'y avoit pas quatre jours qu'il m'avoit donné le coup de pied de mullet, et faict un tour d'un amy ingrat ingratissime. Le discours en seroit long si je le voulois mettre par escrit. Suffira le monde de sçavoir que s'il ne m'eust usé de ce traict, sa mort me fust estée insupportable; ou, si je l'eusse suivy, pour le seur je fusse mort avecques luy. Je ne l'avois jamais désemparé d'un seul pas aux factions où il estoit, sans avoir eu jamais de luy bienfaict ny plaisir; mais telle estoit mon humeur, et de l'aymer. Force capitaines et soldatz qui vivent encor aujourd'huy le sçaroient bien dire.

Voylà donc ce pauvre seigneur mort, un aussi homme de bien qu'il en sortit jamais de sa nation ny sa ville de Florance. Comme j'ay dict, il n'avoit que cela de mauvais, qu'il estoit le plus froid amy que j'en vis jamais.

Un peu avant qu'il entreprist ce voyage par le commandement de la reyne, il fut prié et pressé de se deffaire de son estat de couronnel, luy allégant qu'il ne pouvoit tenir les deux estatz de général en ceste armée, et de couronnel en France. Ce fut une parolle qui luy fut ennuyeuse à l'ouyr, et aigre à la cracher. Toutesfois le roy, desirant faire M. d'Espernon grand, et le grattiffier de cet estat, auquel il aspiroit plus qu'à pas un de la France, ledict M. d'Estrozze fut contrainct de le laisser, fort à son trèsgrand desplaisir; car je sçay bien ce qu'il m'en dist alors, et qu'il mourroit à ceste entreprise, ou bien qu'il auroit un estat plus grand que celuy-là; et que nul n'oseroit jamais penser de luy oster ny d'y vouloir entreprendre.

Le roy luy donna cinquante mill' escuz pour récompense, lesquelz il convertit à l'achapt de Bressuire en Poictou; et ç'a esté ce qu'il a jamais laissé, luy et son père, de tant de biens qu'il porta en France, et à son service. Car j'ay ouy dire à plusieurs que, lorsqu'il y vint, il avoit un milion d'or, ou en bancque, ou en meubles et joyaux, ou argent monnoyé, jusques à sa librairie.

Voylà maintenant M. d'Espernon couronnel de France, de la façon que j'ay dict, et comme l'ayant aussi très-bien mérité, fust avant, fust après.

De descrire maintenant ses valeurs et ses faictz, ce seroit une chose très-vaine et superflue à moy que de m'y amuser, veu qu'ayant esté un favory de roy, le plus grand que jamais roy de France ayt eu, jusques-là que je l'ay veu qu'on ne l'appelloit à la court que *Monsieur* simplement, comme filz ou frère de roy, bien que M. d'Alançon vesquist; ne seroit-ce pas à moy superfluité donc d'en faire des discours, puisqu'il est vraysemblable qu'ayant esté si grand et tenu tel rang, qu'il n'ayt obligé pour le moins quelque bon escrivain qui ayt escrit ou escrive et publie ses louanges[1], ainsi que j'en ay veu quelques livretz qui ne sont pas mal faictz, qui font beaucoup pour luy et le nous font cognoistre pour tel grand personnage qu'il est[2]?

D'autres ont estez faictz contre luy. Mais les autheurs, ce dict-on, ont un peu parlé par passion; et ne faut pas croyre quelquesfois tout ce que l'on dict et escrist par mesdisances, comme celuy que l'on fit de luy, qui fut le Gavaston[3], et l'autre, dont l'on en fit une risée; car, estant faict nouveau gouverneur de Provance, il alla pour y mettre ordre, d'autant que la Ligue le troubloit un peu. Il se fit un livre à Paris par mocquerie de luy, qui se vendoit devant le Palais et parmy les rues, comme l'on

---

1. Sa vie a été écrite par Guillaume Girard, son secrétaire, 1655, in-fol. Elle a été plusieurs fois réimprimée.

2. Voyez entre autres: *Remontrance au roi par un vrai catholique romain, son serviteur fidèle, répondant à la requête présentée par la ligue, contre les sieurs d'Espernon et de la Valette*, 1588. La *Remontrance* et la *Requête* sont imprimées dans le tome II des *Mémoires de la Ligue*.

3. *Histoire tragique et mémorable de Pierre de Gaverston, gentilhomme gascon, jadis mignon d'Édouard II, roi d'Angleterre, dédiée au duc d'Épernon*, 1588, in-8°. (Voy. la *Biblioth. histor. de la France*, t. II, n°[s] 18753-56.)

en void des crieurs et vendeurs de plusieurs autres ; et s'intituloit ledict livre : *Les hautz faictz, gestes et vaillances de M. d'Espernon en son voyage de Provance.* Le titre le chantoit ainsi, et estoit très-bien imprimé ; mais tournant le premier feuillet et les autres en suivant, on les trouvoit tous en blanc et rien imprimez[1]. Les curieux, tant amis qu'ennemis dudict sieur d'Espernon, accouroient aux petitz porteurs de livres, pour voir que c'estoit, et en achapter ; lesquelz, voyans le titre, desbourçoient de leurs gibessières pour en faire l'achapt.

Aucuns en voyant le titre, et puis tournant le feuillet, et n'y voyant rien, se courrouçoient contre les vendeurs, disans qu'ilz estoient des abuseurs de monstrer par l'apparance du titre du livre et rien dedans : eux pour excuses respondoient : « Aussi « n'a-il rien faict, monsieur. Pourquoy voulez-vous « qu'on en imprime rien ? »

Autres, se contentans de la première suscription, sans arregarder dedans, y mettoient leur peu d'argent, et eux, arrivans à leurs logis, pensans faire quelque belle lecture après disner, y trouvoient *bianco*, et, bien faschez d'avoir si mal employé l'argent de leur baudrier. Aucuns se mocquoient d'eux-mesmes. Autres, plus raquedinares, se despitoient, et maudissoient et M. d'Espernon et son livre et ses gestes, d'y avoir mis et employé si mal leurs pièces, qui leur eussent servy d'ailleurs.

Si est-ce que, nonobstant ceste blancque, plusieurs

1. Suivant de Thou (liv. XXXVII), il y avait le mot *rien* écrit à chaque page en lettres initiales.

luy donnoient réputation d'y avoir pris une place inexpugnable et imprenable, comme Sorges[1], au milieu de l'hyver, des pluyes, des glaces et neiges, et monté et planté son artillerie pour faire sa batterie en un lieu si inassessible, que c'est tout que pourroient faire les chièvres que d'y aller. Il la prit pourtant, mais avec perte de force bons et honnestes hommes, tant gentilzhommes que capitaines et soldatz, et à la barbe d'un des braves et vaillans gentilzhommes que j'aye cognu, qu' estoit M. de Vins, qui luy donna bien des empeschemens, et luy en eust donné d'advantage s'il eust vescu.

En son second voyage qu'il y a faict après la mort de son frère M. de la Vallette, encor qu'il ayt trouvé de braves et gallans hommes, très-vaillans, qui luy ont bien faict teste, l'ayant empesché de prendre les meilleures villes du pays, que, s'il les eust peu empiéter, il ne les eust pas desmordues aisément; pour lesquelles attrapper, il n'y a rien oublié de toutes les sortes d'industrie ny de main; car il fit entreprise sur Marseille[2], de nuict, par le moyen des pettardz et quelque petite inteligence qu'on disoit avoir dedans.

Aucuns disoient et croyoient que ce n'estoit que vaine obstentation qu'on disoit l'avoir entreprise, et qu'on dist après, et publia-on par la France que M. d'Espernon avoit osé attenter avec deux mill' hommes sur la plus renommée et forte ville de la Gaule

---

1. Chorges (Hautes-Alpes). La ville fut investie par d'Épernon le 1ᵉʳ novembre 1586. Voyez de Thou, liv. LXXXVI.
2. En 1593.

du temps des Romains et autres empires et règnes, et que, de nos temps, MM. de Bourbon et marquis de Pescayre, si grandz et exellans capitaines, avoient failly, voire l'empereur Charles, en son voyage de Provance.

Voylà comment le monde discouroit sur ceste entreprise vaine de M. d'Espernon, la tenant pour vaine.

D'autres disoient et affermoient que c'estoit armé de bon et à bon escient, et que, sans un pettard qui tarda à venir, la ville estoit sienne; car desjà ell' estoit toute en peur. Je m'en rapporte à ce qui en est.

Un' autre belle expédiction qu'il a faict, c'est ceste citadelle, ou plustost bastille ou forteresse, ou blocqus (on l'appellera comm' on voudra, car c'est prévertir[1] autrement le nom de citadelle, qui le veut bien deschiffrer) qu'il fit devant Aix[2] : car, voyant ne la pouvoir avoir par force, à cause du peu de gens qu'il avoit pour expugner et assiéger une telle place, où il y avoit tant de gens de bien, d'honneur et de valeur dedans, il advisa d'y bastir et construire ceste citadelle, pour les tenir en bride, les affamer et faire venir à composition. Et de faict, la bastit à leur barbe, nonobstant les belles sorties que tous les jours ceux de dedans faisoient sur les siens : œuvre certes très-admirable, et qu'un plus grand et plus puissant que luy n'eust sceu faire. Et si ce grand empereur Fédéric[3] a esté loué et admiré pour avoir basty une

---

1. *Prévertir*, pervertir. — 2. En juin 1593.
3. L'empereur Frédéric II.

telle bride-place devant Parme, et l'appella *Victoria*, comme nous trouvons par escrit, il faut dire de mesme que cet œuvre de M. d'Espernon a esquipollé et parangonné celuy d'un des grandz empereurs et braves qui avoit esté despuis Charlemaigne jusqu'à luy. Et ce qu'il faut admirer est que, dès le commencement de ceste forteresse, il y fut très-griefvement blessé; car, ainsi qu'il estoit un' après-disnée retiré dans une tante, et qu'il jouoit pour passer le temps avec quelques gentilzhommes, fut tiré de la ville un coup de coulevrine, pensez par le rapport de quelque bon expion, qui luy emporta deux gentilzhommes auprès de luy, dont l'un fort son amy (quel secret de Dieu!) ayant la cuysse emportée et le bras; des os qui en sortirent vindrent donner contre le ventre et cuysses dudict M. d'Espernon, qui le blessarent tellement qu'on le tint pour mort longtemps; mais après il fut si bien secouru qu'il en est reschappé. Et, nonobstant sa blessure, jamais ne cessa sa fortiffication, et commanda continuer, tellement qu'il la mit en peu de temps inexpugnable et logeable de plus de douze cens hommes, tant à cheval qu'à pied, qui ordinairement donnarent si grand' fatigue à ceux d'Aix, que la ville s'en alloit à sa mercy, sans la révolte qui s'ourdist en la Provance, tant du costé de la noblesse que du peuple, et sans que, se remettans à l'obéyssance du roy, advisarent d'apeller M. d'Esdiguieres, un des grandz capitaines qui soit aujourd'huy en France, sans faire tort aux autres, ainsi que j'ay ouy dire à de plus entendus que moy, et que ses faictz le moustrent encores mieux, comme j'en parle en sa vie : et nul qu'un seul M. d'Esdiguières pouvoit faire ce coup; et nul, disoit-on, que M. d'Esdiguières se pouvoit opposer à luy, ny l'affronter, ny faire songer à sa conscience, et abbaisser sa cupidité et ambition. Aussi à bon chat bon rat, ce dict-on.

Veu les hasardz qu'a couru ce M. d'Espernon, il y a plusieurs gens qui ont opinion qu'il soit fée, ou qu'il ayt quelque démon ou esprit familier qui le guide; car, estant hay en France plus qu'homme qui fut jamais favory de roy (si croy-je), il a esté guetté, cavallé[1], vendu, attenté[2] et conjuré en toutes façons, et blessé, et pourtant eschappé jusques icy.

Il fut faict un' entreprise sur luy à Angoulesme[3], aussi bien tramée qu'il en fut jamais; mais les exécuteurs ne firent rien qui vaille; et, au lieu de le charger, s'amusarent à piller son cabinet, ses habillemens, et les jetter par la fenestre. Il y demeura deux jours et deux nuictz dans le chasteau, assiégé tellement que luy ny les siens n'avoient de la quicte eau pour boire : si bien qu'aucuns des siens, comme je leur ay ouy dire, furent contrainctz de boire de leur pissac; et tous s'en alloient mourir de soif (mort de Rolland), sans que les assiégeans se mirent à capituller et faire composition d'abollition du tout; mais despuis ilz l'ont bien payé.

Au bout de quelques temps après[4], tournant de son

---

1. *Cavallé*, poursuivi.
2. *Attenté et conjuré*, objet d'attentats et de conjurations.
3. En 1588. Voyez de Thou, livre XCII.
4. En 1588. Girard s'exprime ainsi au sujet de cette affaire : « Je ne puis dire tout ce que j'en sçai, pour ne réveiller point la mémoire d'une action qui fut blâmée du roy même en ce temps-

gouvernement de Bouloigne, et passant vers Montreuil, il deffit la garnison de cheval de là fort heureusement, et en prit prisonnier le gouverneur, et force autres gentilzhommes avecques luy ; et, venant passer et loger à Corbie, où estoit M. de Longueville[1], lieutenant général pour le roy en toute la Picardie, mondict sieur d'Espernon, ne sçachant pas, ou ne se souvenant, ou du tout ne le voulant point, ne présenta ses prisonniers audict sieur lieutenant général, comme la raison vouloit. A quoy M. de Longueville, prince d'honneur et de mérite, se sentant picqué, les luy envoya demander ce soir ; lesquelz luy estans reffusez de l'autre, M. de Longueville faict mettre tout le monde en armes, et bons corps-de-gardes et barriquades devant le logis de M. d'Espernon, qui eust subject de dire, comm' il a dict despuis à de ses amis, que jamais il n'eust si belle peur, ny pensa mieux mourir que là. Mais enfin M. de Longueville,

là, et qui ne seroit point approuvée en celui-ci. Il me suffit de dire que le duc ayant conduit ses prisonniers dans Corbie, ils lui furent demandez, et, qu'à son refus, on les retint par force. Cette affaire fut poussée avec telle chaleur que le duc faillit d'y perdre la vie, ne pouvant sans résistance souffrir cette injure. La partie était néanmoins si inégale qu'il ne pouvoit attendre qu'une mort certaine, si le sieur de Humières, lieutenant pour le roy dans la place, et le sieur de la Boisière, son beau-frère, n'eussent apporté du tempérament à la violence qui se préparoit contre le duc. Ils furent médiateurs d'un accommodement qui n'effaça pas le ressentiment de l'offense, mais qui empêcha que les choses ne fussent pas poussées dans la dernière extrémité. » *Histoire de la vie du duc d'Épernon*, édit. de 1730, tome I, p. 362.

1. Henri Ier d'Orléans, duc de Longueville, gouverneur de Picardie, mort le 29 avril 1595. Il était fils de Léonor d'Orléans, duc de Longueville, mort en 1573.

comme prince bon et courtois, à la mode de feu M. son père, qui l'estoit s'il en fut onc, se contenta de quelque honneste satisfaction, n'advisant pas tant à la convoitise ny au proffit. Si bien que le tout s'appaisa, et M. d'Espernon sortit l'endemain matin de la ville, bien aise, il ne le faut point demander.

Voylà un grand hasard pourtant. Que, s'il eust eu affaire avec un homme turbullant, rapineux et subject à la pince et à l'avarice, je sçay qu'il n'en fust pas esté quicte à si bon marché.

Je ne sçay comment ilz en sont, et s'ilz sont tousjours en querelle; mais plusieurs disent que M. d'Espernon ne luy doit rien demander, puisqu'estant en son pouvoir, ne luy ayant faict mal ny desplaisir, et luy en pouvant faire, s'en estoit allé ainsi. Je m'en rapporte aux grandz capitaines duelistes, qui ont là assez ample subject pour s'y esbattre de parolles. Ce seigneur escapa[1] pourtant là un grand hasard.

Il a esté aussi souvant blessé, et fort grandement, et mesmes à Pierrefont[2] d'une grand' harquebuzade à travers les maschouëres, dont n'y avoit ordre qu'il eschappast, non plus que d'un grand cerf en son ruth, qui luy donna des cornes à travers le corps, qui le porta à demy-mort par terre.

Force autres blessures qu'il a eu, et de fraiz de la fougade de Brignolle[3], qui a esté une grande esca-

1. *Escapa*, échappa. — Nous avons conservé le substantif escapade.

2. En 1588. Il fut blessé en visitant les tranchées avec le marquis d'Ornano qui assiégeait le château.

3. En 1595, un nommé Bigne fit, au moyen de sacs de poudre,

pade et hasard, dont il en est eschappé fort heureusement et par la grâce de Dieu, et par la bonne main de M. Sourlin[1], qui est prévost des bandes françoises, et un des meilleurs chirurgiens de la France; et très-heureux à l'endroict de M. d'Espernon et pas tant à d'autres.

Voylà pourquoy on ne sçaroit oster de l'opinion de plusieurs qu'il n'eust quelque démon qui le tint par la main, tant pour la vie que pour les biens, faveurs et grandeurs; car il a eu du roy son maistre tout ce qu'il a jamais voulu. Touchant l'or et l'argent qu'il en a jamais tiré, le monde en dict tant que je n'en peux croyre la moytié. Pour quand aux places et terres, il n'en a jamais eu que Espernon et Fontenay, et despuis peu Villebois et autres terres de M. de Montpensier en Angoumois, qu'il a achepté de ses propres deniers, et non de ceux du roy, comme Espernon et Fontenay; et n'a voulu faire comme un feu M. le connestable, M. le mareschal de Sainct-André, mareschal de Retz, Matignon et autres favorys de roys, qui se sont plus délectez à avoir et acquester de belles places. Mais cestuy-cy c'est advisé d'une certaine caballe d'œconomie, à laquelle les autres n'avoient jamais jetté l'œil, comm' on disoit à la court; car luy, détestant toutes ces possessions, domaines, propriettez et territoires, il s'est faict donner force beaux gouvernemens, qui luy va-

---

sauter une partie de la maison où se trouvait le duc d'Épernon à Brignolles (Var). Voy. Girard, t. II, p. 118 et suiv. De Thou (liv. CXIII) appelle ce paysan Barthélemy de Bergue.

1. Il était chirurgien du duc. Girard l'appelle Sorlin.

loient plus que tous les acquectz du monde qu'il eust sceu faire.

On l'a veu pour un coup avoir le gouvernement de Metz et pays Messin, de Bouloigne et Boulonnois, de Loches, du marquizac de Salluces, de Provance, d'Angoumois, Xaintonge, Aunis, Touraine, Anjers, et de la Normandie. Celuy-là, il ne le garda guières. Il le donna à M. de Montpensier [1], d'autant qu'il n'appartenoit de tout temps qu'au Dauphin de France, et, luy faillant et autre filz de roy, appartenoit de raison à un grand prince du sang. Ledict M. de Montpensier disoit lors : « Mon maistre, ce morceau « est trop gros pour vous; il vous estranglera si « vous vous meslez de le vouloir avaller. » Aussi le quicta-il.

Or, je vous laisse à penser comm' il a peu faire valoir le talant [2] de tous ces gouvernemens. Aussi sont-ilz estez cause du maintien de son estat et sa grandeur. Si que, possible, sans iceux le roy son maistre, qui l'avoit tant aymé et eslevé et puis s'en estoit refroidy, luy eust faict un mauvais tour, ainsi que le bruit commun de la court et de la France en trotoit.

Et si ces gouvernemens luy ont fort servy, l'estat de couronnel l'a fondé encores mieux, d'autant qu'il avoit soubz luy tant de compaignies à sa dévotion, tant de soldatz. Il les mettoit, il les ostoit, les faisoit, les deffaisoit, les renouvelloit, les transmuoit, les transportoit où bon luy plaisoit, en disposoit à sa

1. En 1588. Voyez de Thou, liv. XCI.
2. *Le talent*, la valeur, le rapport.

voulunté, les sarroit aux garnisons, faisoit des loix comm' il vouloit nouvelles, observoit les vieilles ainsi qu'il voyoit luy estre utiles; fit ériger cet estat en officier de la couronne de France, ce qui n'avoit jamais esté faict, et a esté le premier qui fit ce coup. Et, qui plus est, il estoit ordinairement mieux accompaigné que le roy mesme, car il avoit à sa suite plus de capitaines en chef, de lieutenans, d'enseignes, de sergens, de capitaines entretenus, de payes réales[1]. Bref, qu'estoit-il question de voir plus belle suitte et compaignie que d'un tel couronnel, qui le vouloit ainsi et le commandoit expressément.

J'ay ouy dire qu'au camp de Jalon, lorsque le roy François[2] manda querir ses vieilles bandes de Piedmont pour faire teste à l'empereur qui vouloit descendre en Champaigne, M. de Taiz vint faire la révérance au roy fort pompeusement, accompaigné de toutes ses bandes et capitaines victorieux, triumphans de ceste mémorable bataille de Cerizolles, où il y en avoit grande quantité; car il y avoit vingt-quatre ou vingt-cinq enseignes. Je vous laisse à carculer combien il y pouvoit avoir de capitaines, tant en chef que autres membres et capitaines entretenus; et Dieu sçait quelz hommes, tous cares[3] de princes, voire de plus. Le roy admira fort ceste trouppe, et dist après : « Foy de gentilhomme! voylà le plus bel « estat de mon royaume, et aussi suffisant pour se

---

1. C'est-à-dire payés par le roi.
2. On lit ici en marge, de la main de Brantôme : « Je croy avoyr cecy escrit alleurs cy-devant; par quoy ne fault plus le redyre. »
3. *Cares*, mines.

« faire accompaigner, craindre et respecter. Et m'es-
« tonne que beaucoup de mes petitz sotz fadz princes
« de mon royaume, qui font tant des grandz et glo-
« rieux, n'y ont jamais aspiré, qui se ruynent et eux
« et leurs moyens pour avoir des gens à se faire
« suivre, craindre et respecter, au lieu qu'à mes des-
« pans et qui ne leur cousteroit rien du leur, ilz
« seroient tousjours mieux accompaignez que moy;
« et par ainsi espargneroient le leur pour l'employer
« mieux à mon service. Je ne sçay s'ilz le font pour
« craindre, ou pour espargner leur peau ; car l'estat
« est fort hasardeux ; mais pourtant si en seroient-
« ilz bien plus heureux, honnorez et respectez ; et
« sont des petitz sotz qui le desdaignent. »

Je ne sçay si M. d'Espernon avoit pris langue de
là ; mais je trouve, et d'autres avec moy, que jamais
il ne fit mieux que de se pourvoir de cet estat,
qu'il n'a voulu jamais pourtant desmordre, quelque
solicitation que le roy d'aujourd'huy luy en aye
faict, desirant grattiffier M. de Chastillon ; d'autant
que le roy disoit que M. d'Espernon ne s'y rendoit
pas subject, et qu'il s'amusoit trop aux autres grandz
charges qu'il avoit touchant ses gouvernemens. Car,
quand tout est dict, le plus souvant qu'il l'a exercé,
il estoit, et lieutenant-général et gouverneur et cou
ronnel, exerçant tous les estatz ensemble, et s'en
acquictant très-dignement avec cela, et vaillamment
car on ne luy sçaroit reprocher qu'il ne fust très-
brave et vaillant, et avec cela fort accomply et uni
versel en tout, tant pour la court, pour la guerre,
pour affaires d'Estat, pour finances, pour discours,
pour gentilesses, pour les dames et l'amour, pour

plaisirs que pour tout ; si bien que ceux qui en voudroient escrire en ont ample matière et bien blanche carte : qu'ilz la noircissent bien s'ilz veulent.

Quant à moy, pour ce coup, je n'en passeray pas plus outre, pour ne luy avoir obligation à n'en dire bien ny mal, si est-ce que sa vertu m'a contrainct de dire cecy en passant. Par quoy je faictz fin à nostre discours de nos couronnelz de France. Et les voylà tous jusques icy, qui sont estez despuis leur première institution.

S'ensuit de parler des couronnelz du Piedmont qui ont estez, lesquelz je déchiffreray le plus briefvement que je pourray, affin de ne traisner tant ceste besoigne, qui possible pourroit ennuyer à plusieurs.

M. de Bonnivet[1] donc, comme j'ay dict, après la cassation et desapoinctement de M. de Taiz, fut faict couronnel des bandes du Piedmont. Encor qu'il méritast beaucoup, une dame luy ayda grandement, et, du temps du roy Henry, un' autre dame aussi, comme j'ay dict ailleurs. Il estoit très-beau ; de sorte que, quand on parloit de luy, on disoit tousjours « le beau Bonnivet. » Il estoit de fort bonne grâce, et tout luy séoit bien en tous ses exercices et actions.

J'ay ouy dire à la reyne mère, qui me faisoit cet honneur de m'addresser quelquesfois sa parolle, que le feu roy Henry avoit esté en sa jeunesse un des meilleurs sauteurs de la court, et mesmes au plein saut, et que nul ne luy tenoit pied que Bonnivet, et

---

1. François de Gouffier, seigneur de Bonnivet, mort en décembre 1556.

ne se pouvoient vaincre l'un à l'autre de deux doigtz, quelques fois l'un, et quelques fois l'autre, selon que les hommes sont journaliers; et mesmes qu'ilz se plaisoient fort à sauter des fossez de vingt-deux et trois piedz, qu'ilz franchissoient souvant; et ledict Bonnivet s'y fust noyé une fois dans un plein d'eau, sans que le roy son maistre le sauva.

Pour fin il estoit, de son temps, des gallans de la court. Lorsqu'il alla en Piedmont, plusieurs eurent opinion qu'il ne pourroit estre le très-bien venu parmy les capitaines et soldatz, d'autant qu'on le tenoit par trop dameret, et trop plus propre pour la court et les dames que pour la guerre et infanterie. Mais il n'y fut pas plustost qu'il s'y fit bien fort aymer, et gaigna fort le cœur de ses soldatz et capitaines; car il s'y rendit assez famillier et compaignon : non qu'il leur en laissast passer une seule à ceux qui failloient en leur devoir ny aux ordonnances; car il y estoit fort sévère quand ilz y délinquoient.

Au demeurant, il estoit fort libéral. Il tenoit ordinairement très-bonne et longue table, bien garnye, à tous venans; c'est ce que le soldat demande : et puis ordinairement cartes et dez, table de couronnel; aucuns disoient table de capitaine.

Il avoit avec luy force capitaines entretenus, et Dieu sçait quelz! Il eut au commancement deux membres de sa couronnelle, Villemaigne et Taix, cousins, braves gens et surtout grandz piaffeurs, et mesmes Taix, qui long-temps avoit pratiqué parmy les Espaignolz, et en parloit la langue comme le Gascon, d'où ilz estoient. Cossains me l'a conté ainsi;

et, pour ce, je luy faisois la guerre quelques fois d'avoir appris d'eux à estre ainsi grand piaffeur et bravasche surtout.

Ce couronnel estoit fort songneux et pressant à faire faire souvant monstre, et très-bien payer ses gens. Aussi ne voyoit-on rien si brave, si bien en poinct, ny si gorgias (ilz usoient de ce mot lors parmy les soldatz du Piedmont); car, quand à leurs armes, elles estoient la pluspart dorées et gravées : pour les accoustremens, ce n'estoit que tout soye, d'ordinaire.

J'ay ouy dire à un capitaine, qui n'estoit que soldat pour lors qu'aucunes compaignies partirent du Piedmont pour venir en Guienne avec M. le connestable pour la gabelle[1], on vist pour un coup au capitaine La Chasse, gentilhomme provançal, cinquante soldatz, qui tous avoient le bonnet rouge ou de vellours, ferré d'or, avec la chaisne au col faisant deux tours, avec le fourreau et l'escarpe[2] de vellours. Ainsi parloit-on ; car c'estoit une grande chose que d'avoir telle chaussure et le fourreau.

J'ay ouy dire que, pour un premier jour de may, un caporal de la couronnelle, nommé Alebret, comparut le matin à la messe, habillé tout de satin vert, et ses bandes de chausses toutes ratachées de doubles ducatz, d'angelotz et nobles, jusques à ses souliers.

1. C'est-à-dire pour la révolte de la Guyenne au sujet de la gabelle, en 1548.
2. *Fourreau*, probablement l'habillement étroit que l'on voit aux soldats dans les gravures du temps. — L'escarpe, comme nous l'avons déjà dit, était une espèce de chaussure.

Aussi j'ay ouy dire qu'en la couronnelle de M. de Bonnivet (car il n'en eu qu'une), il s'y est trouvé quatre-vingtz corcelletz de Milan, tous gravez et dorez, aux enseignes qu'à la teste de la compaignie marchoient MM. de Pienne, les contes de Charny et du Lude, qui tous, pour plaisir, avoient pris l'harquebuz, et entroient en garde et faisoient la faction, affin d'apprendre en jeunesse pour se faire capables après, ainsi qu'ilz ont estez; et celuy qui m'a faict ce conte, c'estoit un soldat, despuis capitaine, de nostre terre de Bourdeille, qui alors estoit soldat très-signallé de ceste compaignie et fort advantagé, qui faisoit le quatriesme avec ces trois seigneurs.

Bref, il n'y avoit que pompe et gorgiasetté parmy les soldatz du Piedmont alors : si bien que j'ay ouy raconter à plusieurs qui estoient tant courtisans, capitaines que soldatz, que, quand ce grand roy Henry alla faire son entrée parmy toutes ses villes du Piedmont[1], qu' estoit une belle chose aller si loing chez soy, sans passer ny s'engager en terre d'autruy, l'on ny vist rien si brave ny si bien en poinct qu'estoient les capitaines et soldatz qui se trouvoient aux entrées, chascun en sa garnison pour recepvoir leur roy, qui, bon prince et magnanime et magniffique qu'il estoit, se pleust fort en tel spectacle, et en admira ses gens. Mais M. le connestable, en desdaignant la superfluité par trop grande, le monstra au roy et advisa d'en faire plusieurs retranchemens sur les payes, les abbaisser et gaigner quelques jours sur les mois ; bref, y faire quelques petitz anicrochemens : si bien que

1. En 1548. Voy. de Thou, liv. V.

du despuis on y trouva un peu à redire d'auparavant; mais non pas qu'il y pareust guières; car certainement il à faict tousjours beau voir ces compaignies, et mesmes quand elles vindrent en Guienne pour ceste gabelle, que, passant par la France qu'on n'avoit accoustumé d'en voir de si belles, un chascun en entroit en admiration; aussi servirent-elles de beaucoup à rendre le peuple rebelle obéyssant à son prince; et M. de Bonnivet les mena tousjours.

Il ne prenoit pas plaisir de voir les querelles et supercheries parmy ses trouppes, et se plaisoit à les accorder, au moins les capitaines; et, s'ilz ne se vouloient accorder et le croyre, il leur permettoit le combat à part ou sur le pont du Pau, ou en quelqu' autre lieu à l'escart qu'ilz eussent voulu, ou bien luy-mesmes les faisoit battre devant luy, et, aprez s'estre tirez trois ou quatre coups d'espée, du moins ou du plus, comm' il voyoit estre besoing, et qu'un chascun des combattans se pouvoit contenter, et aprez mieux s'accorder, soudain mettoit la main à l'espée, et en criant *holà, holà* et se mettant entre deux, les séparoit : ayant introduict ceste coustume que, quand on crioit ces *holàs* de Piedmont et que c'estoient capitaines d'authoritez, il faloit s'arrester, sur la peine de la vie.

J'ay ouy encor raconter que le capitaine La Chasse, que j'ay cy-devant nommé, eut une querelle contre le capitaine Riolas, gascon, gentil soldat, que j'ay veu despuis suivre M. de Guyze qui l'aymoit fort, et se servoit de luy en fidellité. (Il fut fort blessé au siége de Rouan.) Leur différant fut à cause de la noblesse.

Riolas disoit qu'il estoit gentilhomme comme luy. La Chasse luy respondit que certes il estoit gentilhomme, à cause de son espée qu'il avoit au costé, dont il s'en estoit tousjours très-bien prévalu et acquicté; mais avoit ce poinct sur luy qu'il estoit gentilhomme de race, et de l'espée et tout, dont un chascun ne pouvoit ignorer. Ilz ne se peurent sur cela nullement accorder, et fallut qu'ilz se battissent et missent la main à l'espée devant M. de Bonnivet; et, après avoir tiré quelques coups, il mit la main à l'espée, et, criant *holà*, il les sépara, et puis les mit d'accord. Je sceuz ce conte d'un capitaine de foy.

De réciter les vaillances de ce couronnel, je m'en remetz aux vieux capitaines et soldatz qui ont estez soubz luy. Je diray ce mot, que Paradin, qui a esté de nostre temps, pour le bien louer, dist : qu'un jour il parut sur le haut d'un bastion, estant assiégé dans Saint-Ya[1], avecqu' un bouclier barcellonnois et l'espée au poingt, et y demeura longtemps là planté en contemplant la contenance des ennemis, sans jamais en vouloir bouger, jusqu'à ce que ses gens l'en ostarent[2].

1. Santia, pris par les Français en 1554, fut l'année suivante assiégé inutilement par le duc d'Albe.
2. Voici le passage de Paradin, qui ne nous semble pas justifier la boutade de Brantôme : « Pendant ce siége, le seigneur de Bonivet entreprint d'un courage invincible monter sur son bastion avec un bouclier barcelonnois en main, sous lequel il fut longue espace, considérant la contenance de l'ennemy, quelque fouldre d'arquebuzerie qui luy greslast sus sondict bouclier, et ne se vouloit bouger, jusques à ce que ses gens l'en tirèrent par force : qui est acte d'immortelle magnanimité et digne d'un chef

Voylà bien loué un couronnel! Car, et pour cela, et quelle plus grande vaillance y a-il estre en ceste posture et butte, et ne combattre rien, sinon avec l'espée trencher le vent, et faire le moulinet, et crier *çà! çà!* On a veu des simples soldatz, voire des pionniers et gouyatz, en faire de mesmes. Voylà pourquoy il y a des gens desquelz vaudroit mieux estre blasmez que louez, tant sçavent-ilz louer mal.

Il eust mieux valu qu'il l'eust loué, en disant, comm' il s'alla bravement et résolument jetter et précipiter dans ceste place, qui ne valoit guières et ne venoit que fraischement estre fortiffiée, tellement quellement, que le duc d'Albe, ce grand capitaine, avecqu' une grand' armée, menaçoit de prendre en deux jours, que d'aller excogiter et descrire ceste nouvelle sorte de louange; comme de vray il le faut louer en cela qu'il s'alla jetter courageusement dans ceste place. Aussi avoit-il avecques luy de très-bons confidans, qu' estoient Ludovic de Biragues, le capitaine Moret, Calabrois, et Théode Bedaine, Albanois, très-bons capitaines; et des meilleurs capitaines du monde de ses gens de pied, qui certainement firent tous là vaillamment, et monstrarent une belle contenance de recepvoir le grand assaut que leur préparoit le duc d'Albe. Que s'ilz se fussent le moins du monde estonnez, ilz estoient perduz.

J'ay ouy dire et raconter à M. du Gua l'aisné, qui lors estoit dedans, que, tant s'en faut que M. de Bonnivet monstrast le moindre semblant d'appréhen-

---

gardant une place contre les forces d'un grand empereur. » *Continuation de l'histoire de nostre temps*, 1556, in-fol., f° 425.

tion, que le jour du grand assaut qu'on attendoit, M. de Bonnivet fit venir derrière le rempart sa bande de viollons, qui montoient tousjours à une demye-douzaine (car il n'en estoit jamais despourveu) et les fit tousjours sonner et jouer, tant que l'allarme dura : soubz quel son, et des tambours et trompettes, tout le monde se tressailloit de joye, comme s'ilz fussent estez en une salle de bal, et n'avoit garde d'appréhender aucune peur. Aussi M. de Bonnivet joua un traict de très-habile couronnel, car il y avoit deux mille François (et Dieu sçait s'il avoit choisy des pires, puisque, comme couronnel, il y estoit à mesmes), outre deux enseignes de lansquenetz et Italiens et chevaux-légers.

Pour fin, M. de Bonnivet a esté un très-gallant et brave couronnel. Il a commandé à des meilleurs capitaines de la France, comme à M. de Montluc et à plusieurs autres. Par-tout où il s'est trouvé, il a tousjours bien faict. J'en ay ouy dire, et en Piedmont et en France, tant de bien de luy, qu'on ne le sçaroit assez louer.

Son malheur pour luy a esté qu'il n'est mort au Piedmont, ny aux factions, où il avoit souvant employé et hasardé sa vie. Ainsi sont mortz un' infinité de braves capitaines tant du vieux temps que du nostre. Ainsi mourut Pompée, ainsi Cæsar, ainsi Allexandre, bref plusieurs anciens. Ainsi est mort M. de Brissac, général dudict Bonnivet, et soubz qui il avoit bien appris et bien guerroyé. Ainsi sont mortz messieurs de Termes, d'Aussun, Montluc, et un monde d'autres ses contemporains et compaignons de guerre dudict Bonnivet, ausquelz le sort n'a permis de mourir parmy les battailles et les combatz qu'ilz ont rendu, et les assautz qu'ilz ont enduré, et aux lieux où ilz se sont trouvez.

Ce M. de Bonnivet donc mourut à Sainct-Germain-en-Laye, de malladie, aussi mal visité et en son mal et en sa mort que jamais homme fut; car ce fut lorsque M. le connestable estoit si desplaisant du mariage de M. de Montmorancy son filz et de madamoyselle de Pienne[1], de laquelle M. de Bonnivet estoit demy-frère, et par ce, M. le connestable n'en voyoit de bon cœur ny la race, ny tous ceux qui le visitoient, et le frère et la sœur, qui, pour quelque temps, à tort, fut recluse en un monastère, si bien que mal aisément on la pouvoit voir. Son frère fut veu et visité fort peu, voire secouru, dont dict-on qu'il mourut autant de regret que du mal, que luy, qui avoit tant bien servy le roy son maistre, à l'appétit de M. le connestable qui l'avoit pourtant aydé à advancer, il n'avoit esté visité de son roy ny de peu de gens de sa court.

Telle a esté sa fin, telle a esté sa mort. M. du Bellay en a faict un très-beau tumbeau en peu de vers, en latin et françois. On le trouvera en ses poésies latines et françoises[2].

1. La mère de Bonnivet, Louise de Crèvecœur, devenue veuve, s'était remariée à Antoine de Halluyn, seigneur de Piennes, père de la demoiselle de Piennes dont il est ici question.

2. La France et le Piémont et les cieux et les arts,
Les soldats et le monde ont fait comme six parts
De ce grand Bonivet; car une si grand'chose
Dedans un seul tombeau ne pouvoit estre enclose,
La France en a le corps qu'elle avoit eslevé;

Amprès M. de Bonnivet, fut mis en sa place M. le vidasme de Chartres[1], et fut couronnel général des bandes de Piedmont, comme l'autre. Il estoit digne certes de ceste charge, voire plus grande, tant pour le lignage, ses grandes richesses, que pour ses vaillances et illustres faictz, qui ont estez telz, que de

> Le Piémont a le cœur qu'il avoit esprouvé.
> Les cieux en ont l'esprit, et les arts la mémoire;
> Les soldats le regret et le monde la gloire.
> (*OEuvres françoises* de Joachim du Bellay, 1583, in-8°, f° 345.)

Des deux tombeaux en latin nous ne donnerons que le premier :

> Si cujus tumulum hic vides, viator,
> Hunc dicam Æacidæ parem fuisse,
> Seu spectes faciem, decusque formæ,
> Seu dextram indomitam, igneasque plantas.
> Quæ magno solita est haberi Homero,
> Fidem versibus hanc meis habebis.
> Atsi magnanimi esse Bonnyveti
> Hunc dicam tumulum : mihi, viator,
> Hochoc ipse mihi, ampliusque credes.
> (*Joachimi Bellaii Andini poematum libri quatuor*, Paris, 1548, in-4°; f° 59.)

1. François de Vendôme, vidame de Chartres.

« Le 1ᵉʳ janvier 1557, dit Boyvin du Villars, le mareschal (de Brissac) eut nouvelles de la mort de M. de Bonnivet, colonel général, son cousin germain, le plus gentil, débonnaire, vaillant et gracieux seigneur que je cogneus onc, et le plus favorisé des dames de la cour, aucunes desquelles le menèrent si rudement parmi les champs qu'il en perdit et l'amble et la vie tout ensemble. Cette perte l'affligea infiniment, mais bien plus encore quand il sceut que sa charge estoit tombée ès mains de M. le vicomte de Chartres, et non de M. de Dampville, comme il estimoit; et lequel vidame, luy donna depuis beaucoup de fascherie par la turbulence de son naturel. »

son temps on ne parloit que du vidasme de Chartres; et si on parloit de ses prouesses, on parloit bien autant de ses magnifficences et libérallitez.

Il fut si splandide et magniffique, qu'à ses propres coustz et despans il mena au combat en Italie Artiagues, avec cent gentilzhommes, en poste, tous vestuz d'une mesme parure et fort superbe, tant de la poste que de pied, et chascun une chaisne d'or au col faisant trois tours, car, pour lors, cela s'usoit et parressoit fort, et en faisoit-on grand' parade.

Cet Artiague estoit un Espaignol qui, ayant querelle contre un autre, et ayant ouy raisonner la renommée de M. le vidasme, tant de ses vaillances que de ses magnifficences, le vint trouver en France et le suplier de vouloir estre son parrin en un camp clos et deffy contre un autre, duquel bonnement ne me souvient du nom, pour n'avoir esté de ce temps, car j'estois trop jeune, mais pour l'avoir ouy dire à gentilzhommes qui estoient du convoy.

M. le vidasme, qui ne reffusa oncques personne de courtoisie ny de gentillesse et libérallité, accorda aussitost la prière de l'Espaignol, et le mena ainsi au combat, avec telle compaignie honnorable. Et luy seul fit les fraiz du combat, qui n'estoient pas petitz; car, en telles choses, les despans y sont grandz et excessifz, et bien souvant emportent leur homme et l'abbattent, comme j'ay dict ailleurs. En quoy l'Espaignol ne fut pas sot d'avoir choisy un si bon deffrayeur et si vaillant parrin. Aussi pour lors en France, Italie, Espaigne, ne parloit-on que de l'appareil et sumptuosité de ce convoy et voyage.

Qu'on m'aille trouver aujourd'huy de telles per

sonnes sumptueuses et libéralles, et mesmes à l'endroict d'un Espaignol, auquel il n'avoit aucune obligation comm' à un François. Aussi en fit-il de mesmes à Fandilles, duquel j'ay parlé au chapitre des combatz[1].

Il fust esté bien plus grand encor, et eust eu plus de moyens à despendre, s'il eust voulu espouser une fille d'une grand' dame de la court, que je ne nommeray point, qu'- est madame de Valantinois[2].

De plus, se peut-il rien parler de plus libéral, pompeuz et magniffique que les immences despenses qu'il fit en Angleterre, lorsqu'il y fut envoyé en ostage avec messieurs d'Aumalle et d'Anebaut, pour la paix jurée entre le roy Henry et le roy Edouard[3]? Entr' autres, il fit un festin au roy et aux dames de sa court, le plus superbe qu'il est possible d'ouyr parler. Les metz estoient servys tous par artiffices si bien faictz, et représentez et aplicquez, qu'on les voyoit venir du ciel, lequel estoit représenté ainsi dans la salle où se faisoit le festin. Cela se peut mieux dire et représenter par parolles, gestes, devisemens, que par escrit.

Quand ce vint au fruict des confitures, ce ciel, ainsi si artifficieusement faict et façonné, se mit à esclairer et tonner, gresler de telle façon et tempeste, que dans la salle on n'oyoit que tonnerre et esclairs,

---

1. Voyez le *Discours sur les duels*.
2. Diane de Poitiers eut deux filles de son mari, Louis de Brezé : Françoise, mariée à Robert de la Mark, duc de Bouillon, et Louise, mariée à Claude de Lorraine.
3. En 1550.

et au lieu de pluye du ciel et gresle, on ne vist que dragée de toutes sortes plouvoir et gresler et tumber dans la salle l'espace d'une demye-heure, et plouvoir amprès toutes sortes d'eau de senteurs, si bonnes, si odorifférantes et si souefves, que la compaignie en demeura en toute admiration d'une telle représentation et artiffice si splandide.

Le roy Edouard s'en tint extrêmement obligé à luy. Aussi l'aymoit-il autant ou plus que seigneur de son royaume; et le gouvernoit[1] comm' il vouloit; et luy donna ample liberté, sans aucun esgard de sa subjection d'ostage, de se pourmener par tout son royaume comm' il luy plaisoit, voire jusques en Escosse, et aux fins fondz des sauvages, et fut par-tout recuilly comm' un roy, admiré et aymé de tout le monde, tant il avoit l'esprit, la façon et la grâce pour sçavoir s'entretenir avec toutes manières de gens; car, estant parmy ces sauvages escossois, comme j'ay dict, il se fit aymer d'eux qu'il les gouvernoit comm' il vouloit.

Ilz luy dressarent un jour une chasse génuralle de bestes rousses et fauves, où ilz en prindrent si grande quantité que c'estoit une chose très-estrange. Et, ce qui plus sauvage estoit, comme je le tiens de M. de Montmorancy[2], qui vit encor, qui le tenoit de mondict sieur le vidasme son grand amy et confédéré, et nous le dist en Escosse, c'est qu'après la chasse ilz firent un festin de la moytié de leur chasse, et la mangearent sans cuyre, avec du pain; et toute crue,

---

1. Et le vidame le gouvernait.
2. Henri Ier, duc de Montmorency.

et n'avoient seulement que de petitz bastons de coudre¹, ou autre bois, et en pressoient fort la chair, d'où en faisoient sortir le sang, et en rendoient la chair si seiche, que parmy eux c'estoit un très-grand manger; et en conviarent M. le vidasme, qui en gousta et mangea un peu pour leur plaire, dont ilz luy en sceurent très-bon gré, et l'aymoient tous infiniment. Aussi, partout où il passoit, il laissoit de très-grandes marques de sa libérallité et magniffcence, lesquelles, si je voulois toutes descrire par le menu, je n'aurois jamais faict; comme celles qu'il a employé en la court de ses roys en habitz, en pompes, en combatz, en tournois, enfin en toutes gentillesses où les braves et gallans courtizans sçavent despendre.

Pour quant à la guerre, il faut demander à ceux qui ont veu ses compaignies, car il y en a encor d'assez vivans, quelles sont estées, tant ses compaignies de gens-d'armes que de chevaux-légers, de gens de pied que de cornette de général, comm' il a esté; ainsi qu'après je le diray, combien il les faisoit beau voir. S'il y avoit quelque gallant homme en France, il faloit qu'il l'eust, fust ou pour combattre ou pour embellir ses trouppes. Il aymoit fort, pour ses couleurs en ses trouppes et pour luy, le verd, et l'a bien fort faict valloir. On a voulu dire qu'il l'a aymé, chéry, et porté pour l'amour d'une plus que très-grande dame²; laquelle l'a tousjours aymé et porté jusqu'au jour de sa viduité, et donnoit-on alors à ce seigneur réputation de la servir; mais sur la fin il s'en trouva mal.

1. *Coudre*, coudrier. — 2. Catherine de Médicis.

Il faut passer cela pour dire qu'au siège de Metz ce seigneur se fit fort remarquer par les sorties qu'il y fit; et mesmes en une qu'il fit sur les Allemans du costé du Pont-aux-Mores, laquelle se trouve par escrit en l'histoire de nostre temps[1].

Si faut-il que j'aille remémorer une, à cause du stratagême gentil qu'il usa, ainsi que le camp de l'empereur deslogea de là devant et se retiroit avec sa très-grande perte, misère et confusion; car, ayant faict mener quelques barques sur le grand chemin de Théonville, et luy s'estant accommodé avec quelques autres en passager[2], luy, qui sçavoit parler espaignol comme son françois (et de ce temps rarement parmy nous ce langage estoit peu commung), comme pauvre basteiller convioit ces pauvres soldatz espaignolz de passer la Mosselle, leur faisant accroyre que le duc d'Albe l'avoit là envoyé et commis pour leur passage. Ces pauvres gens, las et harassez, le creurent, comm' il estoit aisé, et aussi qu'ilz eussent pris tel party qu'on leur eust présenté, tant ilz en avoient besoing; ainsi en passa-il pour le moins trois cens, ayant mis sa compaignie en embuscade de-là l'eau; et amprès, ayant faict le signal à l'impourveu[3], furent tous investis; mais à tous il leur fit mercy et grâce, et les envoya tous bagues sauves avec l'espée, fors l'arquebuz, et n'en retint aucun prisonnier, sinon un gentilhomme de la maison de l'empereur, et quelque page de sa chambre, et un

---

1. Voy. Paradin, *Continuation de l'histoire de notre temps*, 1556, in-fol. p. 209.

2. C'est-à-dire en passeur. — 3. A l'imprévu.

thrésorier du duc d'Albe, et quelques marchans d'Anvers, lesquelz il mena dans la ville pour en triumpher seulement, et puis les renvoya en toute courtoisie et honnesteté. En quoy il fut très-hautement loué, tant des nostres que des Espaignolz, qui tous, et principallement le duc d'Albe, luy envoyarent par un trompette le remerciement et mille honnestetez, et les soldatz disoient tous les biens du monde de luy. Certes, ce traict estoit brave et gentil. Je l'ay ainsi ouy conter à ceux qu' y estoient, et en fairois voulontiers le long discours; mais il faut vacquer ailleurs.

Or, amprès que ce seigneur eut longuement servy son roy aux guerres de France en gendarme et en cheval-léger, c'est-à-dire en capitaine de l'une et l'autre compaignie, et après en avoir eu l'ordre de son roy et faict pour ceste cause compaignon et confrère de son roy (voire en fort jeune aage, mais ses mérites l'avoient rendu vieil et meur en cela, car son premier commancement et le plus beau fut à la bataille de Cerizolles), il s'en alla en Piedmont, pour commander à l'infanterie, y succédant à M. de Bonnivet, comme j'ay dict, là où il servit son roy à pied aussi fidellement et vaillamment qu'il avoit faict à cheval, tenant du naturel de Cæsar, qui estoit et bon homme de pied et bon homme de cheval; ne mancquant d'apporter et hasarder sa vie en tous les lieux dangereux qu'il voyoit estre nécessaire pour son service, ainsi qu'il fit au siège de Conis[1], pour la se-

---

1. En 1557.—Suivant Boyvin du Villars, l'échec des Français à Coni fut dû au vidame de Chartres.

conde fois assiégée des François, mais failly par deux fois aussi, comm' estant place seule fée et fatale en ces pays-là contre la puissance françoise. Aussi qui est la chose qui puisse résister au destin?

M. le mareschal de Termes vint à perdre la bataille de Gravellines et y faict prisonnier, lequel avoit esté constitué par le roy gouverneur de Calais et pays aux environs. M. le vidasme de Chartres eust sa place, et y fut lieutenant général de Sa Magesté. Durant le temps qu'il y fut, il garda très-bien tout ce qu'on luy avoit donné en charge, et en fatigua fort l'enemy, et eut plusieurs fois revanche de la deffaicte de Gravellines; et de plus fit une très-belle entreprise sur Sainct-Omer[1]; mais elle faillit, et ne tint pas à luy : il s'en faut prendre à ceux qui en furent cause.

Pour avoir ce gouvernement et lieutenance-génerale, il quicta sa charge au feu prince de Condé, duquel il estoit fort proche parent à cause de la maison de Vandosme, de laquelle et l'un et l'autre estoient sortis; mais l'un s'appelloit René[2] de Vandosme; et le prince, Louys de Bourbon.

La paix s'en ensuivit du roy Henry et roy Philipe; la France mit bas les armes, ce qui fut cause des guerres civiles; car le François ne fut jamais qu'il n'aymast à mener les mains, sinon contre l'estranger, plustost contre soy-mesmes. Aussi le Bourguignon et le Flamant disent de nous que : *quand le François dort, le diable le berce.*

---

1. En 1558. Voy. de Thou, liv. XX.
2. François et non René.

M. le vidasme, concevant en soy ce qu' a esté despuis, se rendit oyzeux¹, et d'autant plus qu'on l'avoit veu autresfois gentil, gallant, courtisan et n'aymant rien tant que la court, il s'en retira après la mort du roy Henry son maistre; et estant en oysivetté, on conjectura que, grand homme qu'il estoit, ne pouvoit ainsi demeurer coy, sans projecter en son proffond de l'âme quelque chose de grand pour l'advenir. Il fut soubçonné, fust à faux ou à vray, d'avoir sceu quelque chose de la conjuration d'Amboise et d'autres menées qu'il faisoit avec le prince de Condé contre l'Estat, par quoy, le roy François second, estant à Fontainebleau, commanda à un capitaine de ses gardes de l'aller prendre prisonnier à Paris, et le mettre dans la Bastille. Ce fut lorsque feu l'admiral présenta au roy sa requeste pour ceux de la religion, et qu'il dist qu'il parloit de la part de plus de cinquante mill' hommes, et que ce grand M. de Guyze dist en plein conseil : « Et moy, avec « cent mille hommes, dont j'en seray le chef, je « leur rompray à tous la teste. »

J'estois lors à Fontainebleau; mais je puis assurer que M. de Guyze fut autant marry de la prison de M. le vidasme, qu'aucun qui fust en la court; car je le vis en son souper le louer en toutes sortes de louanges. Aucuns disoient que ce marrisson² ressembloit à celuy de Cæsar quand il vist la teste de Pompée, dont il s'en mit à pleurer. Si l'avoit-il bien servy à son siége de Metz.

1. *Oyzeux*, oisif.
2. *Marrisson*, doléance. Nous avons encore l'adjectif *marri*.

Une très-grande dame[1] fut fort blasmée de ceste prison, qui pourtant autresfois ne luy eust usé de ce tour. Mais qu'y scauroit-on faire? Quand une dame qui a aymé vient à hayr, elle en trouve toutes les invantions du monde pour bien hayr.

Ce seigneur demeura plus de six mois dans la Bastille. Puis, le roy estant mort, il en sortit fort mallade; dont il en mourut en un logis là auprès[2], aussi mal content de ceste dame qu'elle de luy, et en disant prou de mal, non de maltalent[3] aigre qu'il luy portast, mais d'un jaloux despit, ainsi qu'est le naturel de plusieurs amans, que celle qu'ilz ont aymé esperdument n'ahissent jamais à l'extrémité de l'inimitié de la mort et de la vie, comme l'on dict.

Voylà la fin de ce grand seigneur, qui, pour un des seigneurs mondains de la court, se retira et se reserra si estroictement, que sur la fin de ses jours on n'eust dict jamais de luy que c'estoit ce brave vidasme de Chartres qui avoit esté d'autresfois, et bien changé de ce brave Hector qui avoit tant paru en son monde, et auquel de son temps, ny en la court de son roy, ny de l'empereur, nul n'osa comparoir pour le parangonner, fors M. de Nemours, le non-per pour lors de la chrestienté, qui l'a surpassé en tout; et s'il eust eu les moyens de M. le vidasme

---

1. Catherine de Médicis.
2. François II mourut le 5 décembre 1560, et le vidame quelques jours après, au palais des Tournelles, à trente-huit ans. C'est la date qu'on trouve dans de Thou, l'Estoile et Castelnau; le P. Anselme donne par erreur celle du 7 décembre 1562.
3. *Maltalent*, mauvais vouloir.

et ses richesses, encor qu'il en eust assez, il surpassoit tout le monde ensemble.

Si diray-je encor ce mot de ce seigneur, M. le vidasme, que luy, qui avoit servy en son temps tant de belles, grandes et honnestes dames, et assez bien desiré d'elles, il se mit sur ses jours à aymer une More, qu'il ayma et la tint en ses délices, de telle sorte qu'il desdaigna toutes autres beautez et toutes autres dames honnestes, jusques à sa femme[1], qui estoit une très-honneste et sage dame, estant de la maison d'Estissac, de qui j'estois fort proche. Que c'est, quand une personne se change en un poinct il change aussi en plusieurs autres; ainsi qu'il fit en ses despenses, sumptuositez et superfluitez, desquelles il se retrencha du tout; si bien que de grand et splandide seigneur qu'il estoit paradvant, il ne paroissoit que comme simple gentilhomme, encor qu'il luy restast plusieurs belles et grandes maisons, richesses et moyens pour en faire de mesmes, car, les héritiers, qui en sont venus, en ont eu de très-bonnes pièces et frians morceaux. C'est assez de luy.

Après luy, vint en sa charge de couronnel de Piedmont M. le prince de Condé[2], lequel n'eut grand temps ny loisir de faire valoir beaucoup sa charge, d'autant qu'il l'eut sur le déclin de la guerre, car la paix bientost s'en ensuivit. Si est-ce que, pour si peu

---

1. Jeanne d'Estissac. On lui avait refusé la permission de voir à la Bastille son mari avec qui elle avait voulu s'enfermer. Voy., sur l'affaire du vidame, de Thou, livre XXV et XXVI.

2. Louis de Bourbon, premier du nom, prince de Condé, tué à Jarnac.

qu'il fut en guerre, il s'acquicta de sa charge dignement.

Or, de louer ce prince, c'est autant de mocquerie à moy, d'autant que messieurs de la religion, desquelz il a esté le grand général et protecteur, ne l'ont point oublié en leurs escritz, et Dieu sçait s'ilz sçavent bien dire et mal dire aussi tout ensemble, quand ilz veulent. Il leur faut donner ceste gloire, que ce sont estez les premiers de la France, comme je tiens de bon lieu, qui ont commencé à des mieux et mal dire et escrire, et qui ont monstré le chemin aux autres.

Voylà pourquoy j'en remetz pour ses louanges messieurs qui en ont dict ce qu'il en faut, et n'ont pourtant touché beaucoup de gentilesses, nobles particularitez qu'il a faictes, que j'escrirois voulontiers; mais l'on m'a nommé un honnest' homme qui en a faict un livre à part non encor imprimé. Voylà pourquoy je m'en tays, et aussi que j'en ay parlé un peu cy-devant ailleurs en un discours à part.

Or mondict sieur le Prince ayant eu par M. l'admiral son oncle le gouvernement de Picardie, qui, d'assez longue anciennetté, et dès la mort de M. de Pienne[1], du temps du roy Louis XIIe, appartenoit à ceux de la maison de Vandosme, et luy ne pouvant tenir deux telz estatz qu'estoient ce gouvernement et celuy de couronnel des bandes de Piedmont, et aussi pour l'amour de la guerre civile, le roy en gratiffia M. le mareschal de Brissac, pour son filz

---

1. Louis de Halluin, seigneur de Piennes.

aisné le conte de Brissac, encor qu'il fust bien jeune[1]; mais ayant esté nourry, eslevé et instruict d'un tel père si grand guerrier, il s'en rendit bientost très-capable.

Son père luy fit donner par nom de baptesme celuy de Tymoléon, encor qu'il ne fust nom chrestien, mais de payen, touteffois à l'imitation des Italiens et des Grecz, qui ont emprumpté la pluspart des noms payens, n'en sont corrigez pour cela et n'en font aucun scrupule. De sçavoir les raisons pourquoy le père luy donna ce nom plustost qu'un autre, ne se peut dire; et mesmes d'autresfois en privé en avons conféré ensemble ledict conte et moy; car il y a eu tant de braves et vaillans capitaines, tant Grecz que Latins, desquelz les noms estoient plus propres audict conte, et les gestes plus dignes et grandz à luy imiter que Tymoléon, mesmes que ledict conte ne le trouvoit si beau que d'un Scipion, Cæsar, Anibal, et un' infinité d'autres; de façon qu'il avoit ceste opinion, que son père luy avoit donné ce nom par humeur; et que venant à lire la vie de Tymoléon, elle luy pleust, et pour ce en imposa le nom à son filz, présageant qu'un jour il luy seroit semblable. Et certes, pour si peu qu'il a vescu, il luy a ressemblé quelque peu; mais s'il eust vescu, il ne l'eust pas ressemblé en sa retraicte si longue et temporisement si tardif qu'il fit et si longue abstinance de guerre, ainsi que luy-mesme le disoit souvant, qu'il ne demeureroit pour tous

---

1. Timoléon de Cossé, comte de Brissac, fils aîné du maréchal, fut tué à vingt-six ans au siége de Mucidan, en 1569.

les biens de monde retiré si longuement que fit ce Tymoléon[1].

Estant en aage d'estudier et d'apprendre, M. le mareschal luy donna Buccanan[2], Escossois, l'un des doctes et sçavans personnages de nostre temps. Pour son ame je n'en parle point; il l'a monstrée à l'endroict de la pauvre reyne d'Escosse. Ce Buccanan instruisit si bien son disciple, qu'il rendit assez sçavant pour un homme de guerre. Il eut un fort honneste gentilhomme de gouverneur, qui fut M. de Cigougne[3], qui a esté despuis gouverneur de Diepe.

Madame la mareschalle sa mère, de la maison d'Estellan en Normandie[4], fort sage, honneste et très-spirituelle dame, fut en mesme curiosité que le père pour bien faire instruire le filz, et bien souvant avoient, le mary et la femme, contention pour ceste

---

1. Voyez sa Vie dans Plutarque et dans Cornelius Nepos.
2. Georges Buchanan. Il fut précepteur de Timoléon de Cossé jusqu'en 1560. Dans son Histoire d'Écosse, il s'est montré l'ennemi acharné de Marie Stuart.
3. Charles-Timoléon de Beauxonnes, seigneur de Sigongnes, vice-amiral de Normandie, mort le 16 avril 1611. Il fut inhumé dans la chapelle de la Vierge de la paroisse de Saint-Remi de Dieppe, et sur son tombeau on lisait cette épitaphe :

> J'eus mes honneurs guerriers en Piémont et en France,
> Mes grades à la cour et à Turin mon los;
> La Beauce a eu mes biens, mes parens, ma naissance.
> Et Dieppe mon conseil, mes labeurs et mes os.

Gouverneur de Dieppe en 1603, il fut disgracié l'année suivante, lors de l'arrestation de la marquise de Verneuil. Il avait assez mauvaise réputation, et, dans un pamphlet en vers, *Les comédiens de la cour* (octobre 1603), il est représenté comme ayant « de nature un aspect de faquin. »

4. Charlotte d'Esquetot, dame d'Estelan.

instruction; mais M. le mareschal l'emporta, disant
à sa femme qu'elle instruisist ses filles, et qu'il fairoit
bien instruire le filz : comme certes elle s'en est
très-dignement acquictée à l'endroict de ses deux
filles, Diane et Jehanne, l'une contesse de Mansfeld,
et l'autre dame de Sainct-Luc, toutes deux fort sages,
honnestes, vertueuses et très-habiles et sçavantes
filles et dames; mais madame de Sainct-Luc en a
emporté le dessus, encore qu'elle fust la puisnée.
Aussi l'aisnée n'eut tant de loysir de vivre pour
mettre en maturité ses vertuz comme l'autre; et ce
conte appelloit ceste sœur *ma sœur Jehanne*, et l'aymoit plus que l'autre; et M. de Guyze, à son imitation, l'appelloit aussi *ma sœur Jehanne*, ou *Jehanne*
simplement.

Or le conte de Brissac estant soubz le fouet et
gouvernement de ses maistres, tout jeune qu'il estoit,
il monstra tousjours quelque chose de gentil et de
grand un jour, et prest à porter les armes. Pour sa
première guerre, il vist le siège de Rouan et ce qui
se fit devant Paris aux premières guerres; car je
n'appelle pas cela siège; ceux de dehors estoient
quasi plustost assiégez qu'assiégeans.

En ces deux factions on notoit tousjours en ce
jeun' homme une fort grande curiosité d'apprendre
et de sçavoir quelque chose, et se tenoit subject à
M. de Guyze, dont M. de Guyze luy en sçavoit bon
gré; et bien souvant voyois-je M. de Guyze luy
parler et luy monstrer, et luy faire force caresses.
Aussi M. de Brissac le père luy avoit commandé de
se tenir subject à ce grand capitaine, et expier ses
actions, et les apprendre et imiter; si bien que M. de

Guyze l'en estimoit beaucoup de ceste subjection et soucy, et disoit souvant (car je l'ay veu) : « Ce « jeun'. homme sera un jour un gentil garçon et « homme de guerre. » Et en quoy il le prisoit le plus, c'estoit qu'il ne s'amusoit point à petites choses et follastreries, ainsi que les autres enfans d'honneur comme luy qui estoient avec le roy Charles; et encor que plusieurs fussent plus vieux que luy, ne venoient que fort peu souvant aux trenchées, et luy tous les jours estoit et voyoit tout, et n'avoit peur de rien.

Ayant veu ces deux factions, falut qu'il allast faire sa charge de couronnel, car ses bandes y estoient; et alla trouver M. de Nemours, qui estoit lieutenant général du roy vers Lionnois, Forestz et Dauphiné. Il se fit une entreprise pour surprendre Lion [1], toute par la menée et industrie de M. de Soubize, très-habil' homme; mais c'estoit pour appaster les gens du roy et catholiques; si bien qu'ell' estant double, elle se tourna à la confusion des nostres, desquelz en estans montez près de quatre cens sur le bastion de Sainct-Just, auquel se bastissoit la trame, ceux de dedans commançarent à jouer leur jeu, et à mener les mains, et à tirer sur les nostres, qui rendirent du combat autant qu'ilz peurent; dont y

1. La tentative eut lieu le 7 mars 1563. Un nommé Marc Herlin, fait prisonnier par les catholiques, n'obtint la vie qu'en promettant de leur livrer une des portes de Lyon. Il prévint Soubise qui commandait dans la ville, et les troupes qu'il introduisit en plein jour dans les faubourgs éprouvèrent une défaite sanglante. Voyez de Thou, liv. XXXIV, et un cantique célébrant cette victoire dans la seconde partie (p. 220) du *Chansonnier huguenot* publié par M. Henri Bordier, 1870, 2 vol. in-16.

demeura aucuns sur la place, et autres furent repoussez du haut du bastion en bas, dont le conte de Brissac, qui avoit luy-mesme mené ses gens, fut contrainct d'en faire de mesmes et de se précipiter.

Ceste si mauvaise curée pour le commancement n'empescha pas pourtant qu'en tous les lieux, puis après qu'il en pouvoit trouver l'occasion, qu'il n'en eust sa revange; et tout jeune garçonnet qu'il estoit, donnoit à tout le monde une très-admirable et bonne opinion de luy.

La paix s'en ensuivit. Nous fismes le voyage de Malte, où il n'avoit point charge autrement, mais pourtant on luy déféroit, au moins aucuns gratuitement; car nous estions tous à nous et à nos voulontez, et à nos despens, dont j'en ay parlé assez.

La seconde guerre civile vint, en laquelle, comme j'ay dict cy-devant, commanda à trois régimens; mais tousjours en titre de couronnel général des bandes de Piedmont, et ne le faut croyre autrement : et qui le voudroit débattre, s'il est de ce temps, certes il monstreroit qu'il n'estoit pour lors nourry par les bandes en ceste guerre; et les bandons se faisoient ainsi de par luy, *couronnel général des bandes de Piedmont*. J'ay veu cela mille fois.

Ces deux armées, tant d'un costé que d'autre, firent peu de factions, sinon le siège de Paris, où le conte de Brissac en plusieurs escarmouches commança à se faire valoir; puis à la battaille de Sainct-Denis, où il fit très-bien; en après au voyage de Lorraine[1], où s'aydant quelquesfois de son infanterie,

---

1. En 1567. L'armée protestante, suivie par les catholiques,

quelquesfois de sa compagnie de gensdarmes et de la noblesse vouluntaire de la court, alloit à la guerre et en retournoit tousjours avecqu' une très bonne fortune et réputation. Entre autres factions, il deffit dans Sainct-Florent[1] en Champaigne deux compaignies d'huguenotz; l'une de M. de Tors[2], de la maison noble de Montberon en Angoumois, brave, vaillant et gentil compaignon de guerre, ainsi que ses braves prédécesseurs; l'autre du baron de Brion[3], brave et vaillant aussi, et fort habile huguenot, et ce à la teste de toute l'armée huguenotte; et si luy n'avoit pas la moytié d'hommes que les autres; et outre cela, falut forcer le bourg, gardé de plus de trois cens harquebusiers et deux cens gensdarmes huguenotz.

La petite paix se fit, qui ne dura pas guières, et pour ma part, comme l'on dict.

La troisiesme guerre se suscita, en laquelle nulle occasion se présenta de mener les mains, que ledict conte ne s'y trouvast et s'y fist très signaler; et quand elle luy mancquoit il la sçavoit bien aller quérir, fust de loing, fust de près, où il faloit. A la battaille de Jarnac, lorsqu'il falut faire la charge de son estat de couronnel, il la fit très-bien mais fust devant, ou après qu'il vist qu'il n'y estoit point nécessaire, il fit tousjours faction d'homme de cheval,

---

allait en Lorraine au-devant des secours qui lui étaient amenés d'Allemagne.

1. A Sarry, suivant de Thou, liv. XLII. Le fait eut lieu en 1567.

2. René de Montberon, seigneur de Thors.

3. Le manuscrit porte par erreur *Biron*.

et ne fit, comme M. de Taix, tuer ses bons chevaux[1], car il voyoit bien que jamais on ne présumeroit de luy qu'il s'en voulust ayder pour s'enfuyr, chascun de l'armée le jugeant très-mal propre pour faire ce traict, et aussi que de son costé il s'assuroit bien de son cœur et sa résolution. Par quoy, ceste battaille faicte, et qu'il n'y avoit nulle apparance plus de recombattre en battaille rangée, il monta à cheval pour suivre la victoire, laquelle certes il poursuivit très-bien.

Il y en avoit aucuns qui dirent (et y en peut avoir encor) qu'il ne le devoit pas faire (les Espaignolz seront de cet advis), ains il se devoit tenir tousjours lié et obligé en sa charge, de peur de quelque inconvénient nouveau; mais ce jeun' homme estoit si ardent aux combatz, qu'il eust mieux aymé de faillir en sa charge par faute d'ordre et debvoir, que de mancquer en aucune faction par faute d'ardeur et de courage qui le menoit : car il faut dire que c'estoit le jeun' homme qui aymoit autant à mener son espée et en tirer du sang, et un peu trop certes, ainsi que je l'ay veu, et aucuns de nous autres ses amis, qui luy disions; car il estoit trop cruel au combat et prompt à y aller et à tuer; et aymoit cela jusques-là qu'avec sa dague il se plaisoit de s'acharner sur une personne à luy en donner des coups, jusques-là que le sang luy en réjallyssoit sur le visage. Cas estrange pourtant, que ce brave Brissac se monstrant doux par son visage, beau, délicat et féminin, estoit dans le cœur si cruel et altéré de sang.

1. Voyez plus haut, pp. 3 et 12.

Bien contraire à ce vaillant Strozze, qu'à voir son visage quasi barbare, reffroigné et noiraud, n'estoit guière remply de cruauté, fust ou de ses mains ou par la justice, ainsi que je l'ay cogneu tel; et peu souvant l'ay-je veu commander à son prévost de camp de rigoureuses justices. Mais pourtant il en fit une qui surpassa toutes celles que fit jamais Brissac; car après les troisiesmes guerres et la troisiesme paix faicte, que le roy se retira à Angers, et que les trouppes qui estoient en Guienne falut qu'elles repassassent la rivière de Loyre par ledict M. d'Estrozze, voyant ses compaignies embarrassées par trop de garces et putains des soldatz, et en ayant faict faire plusieurs bandons de les chasser, et voyant qu'ilz n'en faisoient rien, ainsi que l'on les passoit sur le pont de Cé, il en fit jetter pour un coup du haut en bas plus de huict cens de ces pauvres créatures, qui, piteusement crians à l'ayde, furent toutes noyées par trop grande cruauté, laquelle ne fut jamais trouvée belle de nobles cœurs, et mesmes des dames de la court, qui l'en abhorarent estrangement et l'advisarent longtemps de travers. Je sçay bien ce que je luy en dis advant et après; mais, persuadé et pressé d'aucuns de ses maistres de camp, et mesmes de Cossains, et capitaines, il fit faire le coup; et peu s'en falut, si l'on n'y eust mis ordre, que force soldatz, amis de leurs garces, ne s'amutinassent. Du despuis, ledict Strozze s'en repentit fort, comm' il me dist, s'excusant sur la pollice qu'il faloit observer. Si est-ce que ny luy ny ses autheurs ne firent guières bien leur proffit despuis; et tout ainsi qu'ilz avoient aymé et pourchassé la mort de ces pauvres créatures, de mesmes Dieu leur envoya la leur, qui, bien qu'il deffende fort ce vice de paillardise, il abhorre ce vilain genre de mort ; car possible aucunes se fussent converties et eussent servy Dieu, comm' il s'en est veu force; et ledict Strozze la paya aussi despuis. Que les maistres de camp des Espaignolz fussent un peu allez faire ce traict à leurs Espaignolz! qui leur permettent leurs garces sans leur oser rien dire, autrement ilz révolteroient tout le monde; car ilz les ayment, traictent et chérissent comme princesses, ainsi que je l'ay descrit ailleurs. Quand le duc d'Albe passa en Flandres pour la révolte, qui les leur permit comm' ilz vouloient, et la pollice pour elles n'en alla plus mal : aussi s'y sçavent-ilz mieux et plus sagement gouverner que nous autres. Toutesfois ceste cruauté que je viens dire se devoit mieux modérer.

Pour tourner encor à ce brave Brissac, M. l'admiral le voyant tel et si chaud à la guerre (car ordinairement il estoit sur ses bras ou des siens [1]), comme prophétisant bientost sa mort, il dist un jour : « Je « le veux tel et ainsi courageux, car il n'en durera « guières, et bientost nous le perdrons, et ne l'aurons « plus sur nos gens qu'il vient à toute heure fatigúer. » Aussi n'y faillit-il pas; car, estant venu au siège de Mussidan, Monsieur, son général, ne le voulant et tenant ceste place indigne d'y envoyer ses couronnelz [2], tous deux y allarent à l'envy l'un de l'autre; et le conte s'apprestant pour l'assaut, armé de toutes pièces, car il ne desdaignoit point aucunement les

---

1. C'est-à-dire : ou sur les bras des siens.
2. Brissac et Strozzi.

armes, qui estoit signe qu'il en vouloit manger à bon escient, il eut un coup en la teste près les deux yeux, encor qu'il eust son casque très-bas et fust fort couvert; il en mourut.

Un bon soldat périgordin le tua, qui estoit dedans, qu'on appelloit Charbonnière, lequel avoit esté à moy et de ma compaignie, et estoit un des meilleurs et plus justes harquebuziers qu'on eust sceu voir, et ne faisoit autre chose léans, sinon qu'estant assis sur un petit tabouret (et la pluspart du temps y disnoit et souppoit), regardant par une canonnière[1], que tirer incessamment; et avoit deux harquebuz à rouet et une à mesche, et sa femme et un vallet près de luy, qui ne luy servoient que de charger ses harquebuz, et luy de tirer, si bien qu'il en perdoit le boire et le manger. Il fut pris; Monsieur, frère du roy, le voulut voir, et pour avoir tué un si grand personnage commanda qu'il fust pendu. J'avois grand' envie de le sauver (mais je ne peuz, encor que je l'eusse faict esvader une fois par une fenestre, mais il fut repris), bien que j'eusse un très-grand regret dudict conte, car je l'aymois bien : aussi m'aymoit-il.

Mais en cela qu'en peut mais un soldat, puisqu'il faict l'office du soldat? Il est bien vray, quand il se vante du coup et s'en gloriffie, un tel despit et une telle vanterie faschant, et tel mespris; et pour ce la penderie en est très-bonne, ou le massacre. En quoy le soldat y doit bien estre advisé de ne se vanter de telz coups, car cela vient à conséquance pour luy;

---

1. *Canonnière*, embrasure de canon.

ainsi qu'on dict d'Alexandre, de deux soldatz qui se vantoient d'avoir tué Darius, lesquelz il fit mourir; ainsi que fit le marquis del Gouast, qui fit pendre le soldat qui avoit tué François, marquis de Salusse. Il y a un' infinité d'autres exemples, tant du passé que des nostres.

On disoit aussi que ce soldat avoit tué l'aisné Pompadour[1] auparavant, lequel estoit très-brave et vaillant gentilhomme, et que le conte de Brissac aymoit bien fort : et ledict Pompadour avoit commandé audict soldat, et l'aymoit et l'avoit mené à Madère. Voylà comment nous sommes bien souvant traictez de ceux que nous aymons.

Ainsi mourut le conte de Brissac, certes en tout vray conte de Brissac; et croy que s'il eust vescu, il eust changé de nom et en eust pris d'autre plus grand que de conte, ainsi que je l'ay veu discourir bien souvant parmy nous autres garçons quand nous discourions ensemble. Il ne se projectoit pas moins que d'un royaume, fust en quelque part que ce fust; et avoit résolu d'en conquérir quelcun, fust en Levant, fust en Occident, ou possible dans le cœur de sa patrie, et n'estoit nullement despourveu de dessains et d'entreprises. Bref, il estoit très-ambitieux, et en aucuns lieux où il ne devoit, sans avoir aucun respect à ses amis.

Il avoit aymé mon frère d'Ardelay autant qu'amy qu'il eust. Il avoit résolu, s'il fust sorty du siége de

---

1. Jean de Pompadour, tué aussi au siége de Mucidan. Il avait fait partie d'une expédition dirigée en 1568 par Pierre-Bertrand de Monluc qui fut tué dans une descente à Madère.

Chartres, de se battre contre luy, ou qu'il quictast l'enseigne blanche du régiment des Gascons dont il estoit couronnel, et avoit esté successeur du chevallier de Montluc[1], certes très-digne et gallant jeune homme, qui ayma mieux quicter sa charge que son enseigne couronnelle, ny que d'obéyr à d'autre couronnel, puisque tel il avoit esté esleu de son père, et en estoit party de Gascoigne, comme je le vis. Certes, si mon frère ne fust mort en ce siège, il ne faut point doubter qu'ilz ne se fussent batuz, car il n'eust pas quicté ce qui luy avoit esté donné de son roy, et le tenoit desjà en main. Mesmes que ledict conte me disoit souvant, car il m'aymoit fort : « Il ne faut « point mentir ; j'en suis bien marry, me disoit-il ; « quand vostre frère sera sorty de là, nous nous bat- « trons s'il ne quicte cela ; » et moy en riant je luy respondois : « Il n'en faut pas doubter ; mais dequoy « vous importe cela? Vous n'avez rien affaire en « France touchant vostre estat ; vous n'estes que cou- « ronnel du Piedmont. »

Mais après je descouvris qu'il avoit gaigné M. d'Estrozze, et l'avoit faict jurer que jamais il n'y auroit qu'eux deux couronnelz, ny enseigne blanche en France que les leurs ; ce que je trouvay très-mauvais à M. d'Estrozze, car il faisoit grand estat de mondict frère, et luy estoit obligé ; et je sçay bien ce que j'en dis audict sieur Strozze. Or ny l'un ny l'autre

---

1. Jean de Monluc, troisième fils du maréchal, chevalier, puis commandeur de l'ordre de Malte. Il embrassa l'état ecclésiastique et reçut (1571) l'évêché de Condom dont il se démit avant d'avoir été sacré.

n'eurent pas grand peine d'en quereller mondict frère, car il mourut à Chartres très-vaillamment et honnorablement, y ayant esté tué pour le service de son roy et la protection de sa place, qui luy avoit estée donnée en garde soubz le commandement de M. de Lignières[1], lieutenant du roy léans, très-vaillant et très-sage capitaine.

Or il ne se faut esbayr si M. d'Estrozze fit ce traict à mon frère, auquel, comme j'ay dict, estoit obligé, puisqu'il en fit un pareil à son beau-frère, M. le conte de Tande[2], certes très-digne, vaillant et sage capitaine, et qui avoit servy très-fidellement et vaillamment le roy aux premières guerres en Provance : pour lors ne l'appelloit-on que M. le conte de Sommerive, car son père le conte de Tande n'estoit pas mort. Ce M. de Sommerive en ceste troisiesme guerre emmena au roy trois mil hommes de pied provançaux, aussi braves soldatz et aussi bien armez que l'on eust sceu voir; et portoit l'enseigne blanche, et entra ainsi dans le camp. Qui fut despité? Ce fut le conte de Brissac. Et ayant gaigné M. d'Estrozze, pour serment faict dès long-temps entr'eux, en fit parler au conte de Sommerive, le remonstra à son général, luy en demandant raison, et qu'il ne pouvoit plus supporter à sa veue le drappeau blanc. Pour tout, ayant esté remis de jour en jour, et ne pouvant plus patienter, il envoya un jour l'un de ses maistres de camp, qu'on appelloit le gros La Berthe, appeller

---

1. Antoine de Fignères.
2. Honorat de Savoie, comte de Tende, fils de Claude de Savoie et mari de Clarisse Strozzi, sœur de Pierre Strozzi.

ledict conte de Tande et luy dire qu'il l'attendoit au bout du grand parc de Verteuil[1], qu'on appelle La Tremblay, en Angoumois, qui est au conte de La Rochefoucaud, où pour lors estoit Monsieur et toute son armée : mais cet appel ne se peut faire si secrettement que le marquis de Villars[2] son oncle n'en sceust le vent, et qu'il ne courust après son nepveu, qu'y alloit résolu; et force autres, voire Monsieur s'y acheminoit; si bien que les deffences du combat furent faictes et la partie rompue. A quoy puis après Monsieur y remédia, qui fit que le conte de Brissac, haut à la main, mutin, bravasche, bravoit et menassoit qu'il quicteroit son estat, ou le drappeau blanc ne comparestroit plus. Enfin, le tout bien poisé et disputé, que nul plus grand affront et despit n'est à un couronnel général que de voir un autre se vouloir parangonner à luy et porter ceste enseigne blanche, il fut arresté que ledict drappeau se plieroit. M. le conte de Tande, souffrant cela impatiemment et ne voulant, luy qui s'estoit veu premier en soy et n'estre commandé que de soy-mesme, encor qu'il ne commandast seulement à ceste infanterie, mais à la belle cavallerie qu'il avoit menée de Provance, obéyr au conte de Brissac, ny à son beaufrère M. d'Estrozze, ne se pleust guières à l'armée, et tost après r'emmena la pluspart de ses gens. Voylà la contention qui fut entre ces deux grandz, et tout pour un morceau de taffetas blanc.

1. Verteuil-sur-Charente (Charente).
2. Honorat, marquis de Villars, maréchal de France, frère de Claude de Savoie.

Il en avoit faict de mesmes quasi un peu auparavant à M. de Sarlabous le jeune, qui avoit emmené son régiment, establyen Languedoc, en l'armée, le plus beau aussi qu'on eust sceu voir, et le mieux armé, et le mieux en poinct et aussi complet. Il y eut aussi de la contention grande; mais le tout s'appaisa par la voulonté du roy, en faisant esvanouyr cet arbre blanc.

Il y eut force personnes qui blasmarent M. d'Estrozze d'avoir esté adjoint et complice en ce faict du conte de Brissac contre son frère, qui avoit espousé sa sœur, la segnore Clerice Strozze[1], l'une des belles et honnestes dames de France, et qui n'aymoit rien tant que son frère; mais lors ell' estoit morte, un an avant ou plus; au surplus qui estoit la plus altière femme du monde, et qui l'eust sceu bien reprocher par emprès à son frère, si ell' eust esté vivante. Voylà pourquoy il eut tort de se bander ainsi contre son beau-frère, encor qu'il laissast jouer tout le jeu au conte de Brissac : toutesfois, puisque luy estoit couronnel-général en France, M. de Brissac n'y avoit pas beaucoup à voir; mais en cela il avoit gaigné M. d'Estrozze, et le possédoit, comme je l'ay veu, et s'y laissoit fort aller.

Pour quant à M. de Sarlabous, encor qu'il fust un grand homme pour les gens de pied et qu'il eust gaigné ses charges pour sa valeur, si est-ce qu'un chascun disoit qu'il ne se faisoit point de tort d'obéyr à M. d'Estrozze et M. de Brissac, seigneurs de si bonne part et si bon lieu, de mérite et va-

1. Voyez plus haut p. 137, note 2.

leur qu'ilz estoient ; enfin, j'en vis faire tant de disputes qu'elles seroient trop longues à escrire : je m'en remetz à ceux qui les ouyrent, estant de ce temps là, ou qui les peurent ouyr alléguer. Ledict Sarlabous enfin quicta ce drappeau blanc : ainsi la raison le vouloit de luy, mais non du conte de Sommerive, disoit-on lors.

Voylà les ambitions que ce brave conte avoit en ces choses là, qu'il y pouvoit bien avoir, puisqu'il volloit bien plus haut; mais il ne vouloit rien laisser passer devant luy qui luy touchast le moindre scrupule de son honneur.

Certes, s'il eust vescu il fust esté un très-grand personnage, très-grand, dis-je, en toutes façons. Outre ses belles vertuz et vaillances de guerre, il avoit de très-belles parties de courtisan, pour bien parestre en tout. Il estoit très-beau, et avoit le visage féminin, et si pour cela il estoit homme en tout; il avoit sa mine fort douce.

J'ay veu que tout un temps, en son jeune aage, nous l'appellions *pigeon*, d'autant qu'il avoit sa petite façon douce et bénigne comm' un pigeon. Il sçavoit toutes sortes d'exercices, et en tous il estoit fort addroict, comme à bien tirer des armes, qu'il avoit appris du Jule, Milannois, au commancement, et puis rendu parfaict par Aymard, enfant de Bourdeaux, qui, pour avoir demeuré dix ans en Italie, n'avoit son pareil. Il jouoit fort bien à la paume; il estoit bon à la lutte, encores qu'il se monstrast très-foiblet; mais il sçavoit l'addresse, si bien qu'il emportoit par terre de plus grandz, plus hautz et plus robustes que luy; et en avoit appris l'addresse d'un Ferrarois qu'on appelloit Cole, qui estoit venu à la court de France exprez pour s'esprouver, dont on n'en vist jamais un pareil, et n'en desplaise aux Bretons, car il portoit par terre tant qu'il en venoit, tant il estoit addroict; et avoit ainsi dressé ce conte.

Il dansoit des mieux qu'on n'en avoit veu à la court jamais; car, outre la disposition très-grande qu'il avoit, il avoit la plus belle grace que jamais courtizan despuis nul n'y a peu attaindre, fors le jeune La Molle, ainsi que je l'ay veu juger à seigneurs et dames de la court; encor La Molle n'y advenoit qu'assez près. Et n'estoit ledict conte propre pour une seule dance, comme j'en ay veu aucuns nez et addroictz, les uns pour l'une, les autres pour l'autre; mais ce conte estoit universel en toutes, fust pour les branles, pour les gaillardes, pour la pavanne d'Espaigne, pour les canaries[1]; bref pour toutes.

Il me souvient qu'après la seconde guerre civile, et durant la petite paix, le roy Charles vint à estre mallade à Madrid[2]. Un jour, après qu'il eut disné, il commanda à tout le monde de se retirer, puis commanda à messieurs d'Estrozze et Brissac de demeurer; à M. d'Estrozze il luy fit donner un luth par Losman, jeun' homme chantre de sa chambre et très-bon joueur de luth, et dist audict M. d'Estrozze qu'il en jouast, car c'estoit le seigneur et gentilhomme de France qui en jouoit des mieux; et puis commanda

1. « En cette danse des Canaries, dit le *Dictionnaire de Trévoux*, on s'approche et on se recule les uns des autres, en faisant plusieurs passages gaillards, étranges et bizarres qui représentent des Sauvages. »
2. Au château de Madrid, construit par François Ier.

à M. de Brissac de danser soubz luy, qui n'y faillit point, car ce prince sur tout vouloit estre fort obéy : si bien que l'un et l'autre ne faillirent de jouer et danser, et principallement la gaillarde et les canaries, qui pour lors avoient grand' vogue. Le roy y prit son plaisir, et à tel spectacle et à telle ouye assez longtemps, et puis il dist à aucuns que nous estions là, mais fort peu (et le roy m'avoit commandé de demeurer entre autres capitaines et gentilzhommes que nous estions peu là restez) : « Voylà comme « après que j'ay tiré du service de mes deux couron- « nelz à la guerre, j'en tire mon plaisir à la paix. » Et certes il avoit raison, car c'estoit une belle chose de voir ces deux couronnelz si parfaictz en deux telz divers exercices.

Quand aux vertuz de l'ame de ce conte, il estoit sçavant, et lisoit tousjours peu ou prou. Il parloit bien, et concepvoit en soy de grandz discours et dessains.

Il aymoit l'amour, et la faisoit fort gentiment et excortement. Il ayma à la court une très-grande dame, princesse vefve, certes une très-honneste et belle dame. Elle luy fut implacable, d'autant qu'elle ne se vouloit remaryer; et luy, pour avoir son cœur très-haut, ne tendoit pas à moins qu'à un très-haut et grand maryage; et aussi que ceste dame, abhorrant par trop le sexe masculin et par trop aussi aymant le sien, adhéroit et aymoit un' autre grande dame, et ceste grande dame estoit esperduement amoureuse d'elle; si que le conte, désespéré du fruict de son amour, avoit un jour résolu d'escaller[1] en pleine

---

1. *Escaller*, escalader, de l'italien *scalare*.

court de son roy la chambre de sa maistresse, qui ne l'ahissoit pourtant trop, et passer par la fenestre, et la nuict entrer dedans et en jouyr, fust par force ou par amour. Et certes elle ne fust estée par trop gastée de se laisser vaincre à un si brave et doux ennemy que celuy-là ; mais ell' en sceut le vent par quelcun qui luy descouvrit, et pour ce la partie en fut rompue et remise par ledict conte où il eust peu prendre l'occasion. Voyez quell' hautainetté de courage et présumption de soy! La dame pour cela ne luy en fit mauvais semblant; mais elle mourut quelque temps après, pour n'estre trop forte, ains trop foible aux assautz de ses plaisirs vénériens de *donne con donne* qu'ell' aymoit.

Ce conte ayma autres honnestes dames, et mesmes une fort honneste dame de Guienne maryée et grande, que j'ay cognue, et très-belle et fort aymable; mais il n'y parvint que des yeux : aussi n'eut-il grand loysir de la servir; et, despuis, M. d'Estrozze prenant ses erres l'ayma, et estant venue vefve la vouloit espouser; mais il mourut sur ceste voulonté. Ceste dame fut ainsi subjecte d'estre aymée de couronnelz.

Il faut maintenant finir son tableau, lequel j'ay faict au plus petit volume que j'ay peu; car l'estendre à un plus grand, je n'eusse jamais peu, d'autant que l'œuvre mérite un plus parfaict et suffisant ouvrier; possible en parleray-je ailleurs. Bref, ce conte de Brissac a esté l'un des plus parfaictz et accomplys seigneurs que j'aye point veu en nostre court. Je n'en ay guières veu qui en leur jeunesse n'aye faict et en sa vie quelque tour de sottise; mais jamais celuy-là n'en a faict. A la court ordinairement on a de coustume de faire la guerre aux jeunes gens à leur commancement de leur advènement, et les harceller et harauder[1]; mais jamais on ne s'est addressé à luy pour jouer de ces tours, tant il estoit gentil, faisant et disant toutes choses de bonne grace et à propos, et aussi que malaisément il souffroit en jeu, quand on le vouloit picquer ou par trop agasser; et, estant venu en plus haut aage, il n'en falloit point parler; car il avoit très-bonne espée trenchante.

Je coignois un très-brave et vaillant gentilhomme de nostre court, une fois estant en devis parmy nous autres, et que nous discourions de M. de Bussy, il y eut quelqu'un qui alléga M. de Brissac et luy demanda quel il estimoit le plus des deux; il respondit : « Par Dieu! Le conte de Brissac! d'autant que « je ne crainctz nullement Bussy et j'ay crainct M. de « Brissac. » Ceste rodomontade estoit belle, faisant tant pour celuy-là qui la profféroit que pour le conte.

Après sa mort, M. de Brissac qui est aujourd'huy, son frère[2], eut son estat de couronnel, encor qu'il ne fust qu'un enfant; comm' estoit bien raison que, pour les services du père et du frère, il se ressentist de quelques biens-faictz de son prince, et aussi qu'on voyoit en luy desjà quelques signes, et en sa face et façons, de ressembler un jour le père et le frère, sinon à la perfection, au moins à l'approche; et quand pour la vaillance, on ne luy sçaroit oster qu'il n'en

---

1. *Harauder*, railler.
2. Charles II de Cossé, comte, puis premier duc de Brissac, pair et maréchal de France, mort en 1621.

ayt approché au frère, car il est vaillant, mais non pour sa fortune. Il fut choisy de la reyne mère pour aller avec M. d'Estrozze en Portugal, et tenir le premier rang après luy; car, outre qu'elle s'assuroit qu'il fairoit, comme elle le dist, quelque chose pareille à ses prédécesseurs, il avoit du fondz et de quoy à enfoncer à l'appoinctement et despans, et pour ce elle le choisist. Aussi y fit-il belle despanse, et que c'estoit son advènement. Voylà comment il faut attrapper les jeunes à leur advenue, quand ilz ont force moyens, et leur faut mettre le cœur au ventre ainsi. Il y combatit si bien que, si tout le monde eust secouru M. d'Estrozze comme fit le conte, sans point de doubte l'armée d'Espaigne estoit totallement deffaicte; car il se cramponna de son costé si bien, et vint si bravement et sans marchander aux mains, qu'il donna un terrible affaire à ses ennemis; et sans qu'il fust assailly et combatu longuement et par trop opiniastrement d'autres navires que d'un, il en eust eu bientost raison; mais, se voyant mal assisté et M. d'Estrozze deffaict, contrainct de céder à la force, se deffit, descramponna et désinvestit bravement de l'ennemy, se sauva avec beaucoup de gloire; et fut luy le premier qui en apporta les nouvelles de la deffaicte : ce qu'il ne devoit faire pourtant, car le premier qui porte telles nouvelles n'est en cela si honnoré comme le dernier en telles factions.

Cela est bon pour un petit courrier, mais non pour un grand, ainsi que fit d'Escars[1], qui porta le

---

1. Jean des Cars.

premier les nouvelles de la routte de Sainct-Quantin. Aussi ne fut-il pas bien venu, ny M. du Rubempré, qui porta les nouvelles aussi de la battaille de Gravellines. J'estois lors à la court quand ledict Brissac y arriva. Plusieurs pour cela luy en voulurent prester des charitez, comme je vis, et de quoy principallement il faisoit le rapport le premier, et devoit laisser l'ambassade à un' autre, comme je le viens de dire.

M. de Guyze, qui m'a faict cet honneur de me vouloir tousjours bien, me prit par la main ceste fois, et me mena en la ruelle du lict de la reyne, à Sainct-Mor, et me dist : « Voycy ce jeun' homme à
« qui on veut prester une charité de court; je ne le
« veux permettre, car j'ay tant aymé son frère que
« je veux prendre la parolle pour luy, ainsi qu'il en
« donne beaucoup de subject d'avoir très-bien faict.
« Il a combatu très-vaillamment; Cæsar n'eust sceu
« mieux faire, ny son frère quant il fust esté. Il n'a
« failly que pour estre venu en France et icy, le pre-
« mier, porter les nouvelles de sa routte, et devoit
« rechercher le reste de son armée et la r'assembler.
« Ce n'est que la faute de quoy il n'est pas encor
« bon courtisan, ny pratic. Par quoy qui en parlera
« il luy faut clorre la bouche. » Et puis me dist :
« Ne me voulez-vous pas ayder en cela? » Alors je luy respondis qu'une sienne parolle des siennes foudroyeroit plus tous ceux qui en parleroient, que moy pour toutes celles que je sçaurois alléguer ny rapporter. M. le conte qui vit aujourd'huy[1] se pourra

---

1. Le comte Charles de Brissac qui, comme nous l'avons dit, ne fut créé duc qu'en avril 1611.

souvenir s'il ne trouva pas là M. de Guyze bon amy, encor qu'il n'eust grand' peine de le favoriser; car la reyne et toute la court sceurent après bien au vray comm' il avoit très-vaillamment combatu, et faict très-bien en capitaine et soldat. Il se peut souvenir ce que nous en dismes un jour, luy et moy, en allant voir en ce lieu mesme M. du Mayne qui estoit mallade, en montant un degré; et me dist qu'il voudroit avoir donné beaucoup et que je fusse esté là; possible M. d'Estrozze fust esté mieux secouru, et ne luy eust si mal basté.

Partout où il s'est trouvé il a tousjours monstré qu'il avoit le cœur très-généreux et vaillant, comm' il a faict en ses guerres; mais il y a esté malheureux, ou pource que la fortune ne le vouloit du tout faire esgal à son frère, ou qu'il n'eust pas ses gens près de luy comm' avoit son frère, qui eut cet heur, tant qu'il a vescu, d'avoir de bons capitaines et soldatz à luy; desquelz s'il en eust veu aucuns le moins du monde lentz et reffroidys, il leur sçavoit très-bien reprocher et menasser; car en guerre il commandoit fort impérieusement et hautement. Non que je veuille taxer et dire que ce conte n'ayt eu de vaillans hommes auprès de luy, mais en ces guerres civiles on s'est tant aydé de toutes sortes de gens, et n'en a l'on peu faire les eslections comme l'on eust bien voulu; et parmy force braves et vaillans ont passé tant de mauvais, par bardot, que c'est pitié. Si est-ce que ce conte monstra bien dernièrement à Poitiers, dont il estoit gouverneur pour la Ligue, combien il avoit de braves hommes et comme il en fut bien assisté, et combien il estoit brave et vaillant; car

M. de Malicorne[1], lieutenant de roy en Poitou, ayant assemblé toutes les forces de Poitou, qui estoient belles et grandes, et ayant avecqu' elles comparu devant la ville (aucuns disent que c'estoit pour un' entreprise, mais faillie), M. de Brissac sortit dehors avec forces si peu esgalles aux autres qu'on n'oseroit dire, et fit une si belle charge, luy le premier, et s'y mesla si advant et si vaillamment, qu'il y fut fort blessé en un bras d'une pistollade, et porté par terre; et sans un vaillant gentilhomme qui l'ayda à monter, il estoit pris ou perdu, et puis se retira avecques sa trouppe, laissant en doubte le gaing du combat; car et d'un costé et d'autre il y en demeura, et mesmes un capitaine de chevaux-légers, nommé Espanes[2], autrement le jeune Bougoin, que M. de Savoye avoit nourry, à qui madame de Dampierre ma tante l'avoit donné, au moins à feu madame sa mère, qui aymoit madicte tante extrêmement; et parce qu'il luy appartenoit elle l'avoit recommandé à monsieur son filz, qui pour ce le prit en telle amitié, que s'il eust demeuré auprès de luy tousjours, il eust advancé plus sa fortune qu'en une simple compaignie de chevaux-légers. En quoy il ne fut pas sage, car, là où est la bonne fortune, là il la faut prendre sans respect de rien, comme l'on dict : *Là où la chièvre est attachée, il l'y faut laisser brouster.* On dict que ledict conte et luy s'affrontarent tous deux, et assez de temps se

1. Jean Chources de Malicorne. Le combat en question, où les ligueurs furent défaits, eut lieu le 10 août 1591. Voyez, à cette date, d'Aubigné, *Histoire universelle*, liv. III, ch. XII.
2. Espane « à qui l'honneur de cette journée appartenait, » dit d'Aubigné.

combatirent bien ensemble ; tant y a que l'un et l'autre y acquirent beaucoup de réputation ; mais l'un mourut quelque jour après, et le conte eschappa de sa blessure[1].

Il a faict en ce gouvernement très-bien la guerre, et bien servy son party, qui pour ce le fit mareschal de France et gouverneur de Paris[2], où il a conduict sa réduction au service et obéissance du roy, si sagement et excortement avec M. le prévost des marchans et aucuns eschevins, que jamais on n'ouyt parler d'un tel cas : prendre Paris qui est un petit monde d'hommes, et outre renforcé de garnisons espaignolles, braves, vigilantes, vaillantes et bien ordonnées, le peuple bandé du tout contre son roy et luy voulant mal mortel, et la faire rendre et prendre à son roy sans sang, sans sac, ny sans scandalle le moindre du monde. Parce que c'est une chose bien ressente, publiée et divulguée par toute la chrestienté, voire toute l'Europe aujourd'huy, je m'en déporte d'en parler, sinon qu'il y en a plusieurs qui ont loué le conte beaucoup, tant pour ce beau traict que pour avoir à la fin recogneu son roy et luy faict un si bon service, encor que le roy l'eust tenu et pris prisonnier dans Fallaize auparavant[3], et ne luy eust faict tant de bons traictemens comm' il eust voulu, en le mesprisant fort ceste fois, voire luy disant quelques parolles de charité et d'oprobre, ce disoit-on

1. Le comte de Brissac avait reçu trois coups d'épée.
2. Créé gouverneur de Paris par Mayenne, Brissac prêta serment au parlement le 24 janvier 1594, et le 22 mars suivant introduisit dans la ville les troupes royales.
3. En 1589. Voyez de Thou, liv. XCVII.

lors au camp. D'autres disent qu'il fit très-mal, pour avoir ainsi quicté son party et à luy faict ce traict sans luy[1] en avoir donné l'occasion de mescontentement, ains l'avoir honnoré de tous les honneurs du monde, comme l'avoir faict mareschal de France et gouverneur de la plus belle et grande ville du monde, et le blasment en cela d'avoir commis trahison.

Aussi madame de Montpensier dist après au roy : « J'avois bien ouy dire, sire, que Brissac estoit poltron, mais non jamais trahistre. » Certes, pour recognoistre et servir son roy cela ne se peut dire trahison : tant s'en faut; c'est un acte très-magnanime, et dont ledict conte en doit estre très-loué. Je m'en rapporte en cela aux mieux discourans, et mesmes à luy qui en sçaura très-bien débattre sa cause, car il est des mieux disans et des sçavans seigneurs de France; seigneur l'appellé-je (car outre ses grades il est tel), pour avoir ouy tenir ceste maxime à feu M. le connestable, à propos du feu conte son frère[2], sur quelque subject qui seroit long à dire : que quiconque le gentilhomme de France qui a et passe trente mille livres de rente, il se peut appeler seigneur, quand il n'auroit aucuns grades ny charges.

Ce conte donc est un seigneur de grand esprit, de sçavoir, et bien disant. Il fut député par les estatz à Bloys[3] de porter la parolle pour toute la noblesse de France, dont il s'en acquicta très-bien; toutesfois

---

1. C'est-à-dire sans que son parti lui eût donné....
2. Le frère du comte de Brissac, Timoléon.
3. Les seconds états de Blois en 1588.

aucuns disoient qu'il ne devoit point avoir pris ceste charge au jeune aage où il estoit, estant plus propre à un jeun' homme de se mesler des armes et autres exercices guerriers, que non d'un' ambassade, ou de l'estat d'un sénateur et orateur; encores que l'on peut alléguer que feu M. de Nevers, du temps du roy Henry II⁰, après la bataille de Sainct-Quantin, fut prié de toute la noblesse de porter la parolle pour elle, ce qu'il fit très-bien et au proffit du roy; dont le roy s'en trouva très-bien et luy en sceu un très-bon gré.

M. de Rocheffort, de la maison de Roche-Guion, et Rochepot[1], fut aussi député pour la noblesse aux estatz d'Orléans, et s'acquicta fort bien de sa charge. M. le baron de Senessé[2] en fit de mesmes aux premiers estatz à Bloys. Cela estoit bon à eux, car ilz estoient gens meurs, posez et advant en l'aage; mais le conte de Brissac estant jeune, encor que de soy il fust sage et posé, il devoit, ce disoit-on, prendre charge plus gaillarde, plus active et plus propre à son aage que celle-là. Aussi disoit-on que son feu frère ne s'en fust nullement chargé, et n'eust pas faict ce coup, aymant plus à traicter les affaires de guerre que celles de l'Estat, ausquelles son jeune frère y est fort attentif, bien rompu et bien entendu. Ce qui me faict souvenir comme l'on voit aucuns architectes excellans : les uns s'adonnent à bastir des palais superbes de roys, de villes, de commu-

---

1. Antoine de Silly, comte de Rochepot.
2. Claude de Bauffremont, baron de Senecé. On a de lui : *Harangue aux états de Blois à Henri III*, en 1577; 1587, in-8°.

nautez, et maisons plaisantes des champs; aucuns se plaisent à bastir et construire des forteresses de guerre, des fortz, des bastilles, des citadelles et villes fortes. Ainsi se peut-il dire de l'humeur de ces deux frères.

Je n'ay jamais veu feu M. de Brissac[1] guière affectionné aux affaires d'Estat; et s'en mocquoit, et peu voulontiers alloit-il au conseil lorsqu'il pensoit qu'on en traictoit, mais ouy bien à ceux de guerre, là où il opinoit très-bien, et en faisoit honte aux plus vieux capitaines, prenant grand plaisir de les contredire et les braver : car dès-lors qu'il commança à sentir son cœur, après le voyage de Malte et Hongrie, où il alla trouver M. de Guyze, quand il vist que le siège ne venoit point à Malte, et après le voyage de Lorraine, il voulut s'esgaller aux grandz, voire jusques à desdaigner aucuns princes, tant il avoit d'ambition et surtout de l'æmulation contre les plus vaillans. Jamais il ne se peut bien accorder avec M. de Martigues qui estoit un autre vaillant comme luy.

Ce conte icy, son frère, encor qu'il soit aussi vaillant que luy (on ne luy sçaroit desrober cela), il est plus compatible[2] et de plus douce humeur; bref il n'auroit besoing que la renommée luy fust aussi favorable, et qu'elle fist raisonner ses vaillances comm' à son feu frère; mais la fortune ne le veut pas et en retient le vent. A ce raisonnement faut noter que ce M. le conte de Brissac n'a nullement quicté son nom, son titre, ne sa charge de couronnel des bandes de

1. Timoléon.
2. *Compatible*, sociable, facile à vivre.

Piedmont ; pour le moins la met-il tousjours en tous ses titres et passeportz en ces guerres. Il a raison, certes, de ne le quitter, car il est très-beau ; mais le malheur est que nous ne l'avons plus ce Piedmont ; nous l'avons perdu, *por mal aventura*, dict l'Espaignol. Encor de toute sa belle et riche despouille nous restoit le marquisac de Saluces, où l'on y pouvoit et devoit-on entretenir tousjours les vieilles bandes piedmontoises. Mais, pour avarice ou nonchallance, disoit-on, ou pour autre subject, ce pays s'en trouva desgarny : et là-dessus ce grand duc savoysien y prenait l'occasion, et le voyant si mal gardé, l'empiéta et le garda très-bien pour lui[1] ; dont la perte nous en rapporte plus grande conséquence que l'on ne pense. Nostre roy d'aujourd'huy, le grand, pourtant en ha bien eu sa revanche ; car il l'a contrainct jusques-là de luy donner la Bresse en récompanse, autrement il s'en fust mal trouvé. Ce pays là de Piedmont, le temps passé, s'appelloit l'escolle de la noblesse et jeunesse de la France ; mais aujourd'huy il n'y faut pas aller, ny passer les Alpes, pour y apprendre les leçons de la guerre ; car à nos portes les escolles y sont assez ouvertes pour y exercer les jeunes gens. Nos guerres civiles leur en ont osté le mestier et la pratique ; car les vieilles bandes du Piedmont, ny les vieux soldatz, n'ont point faict de honte aux nostres de deçà.

Je me souviens qu'aux secondz troubles, M. de

1.. Charles-Emmanuel s'empara en novembre 1588 du marquisat de Saluces, dont le traité de Lyon (17 janvier 1601) lui assura la possession en échange de la Bresse, du Bugey, du Valromey et du pays de Gex qu'il céda à Henri IV..

Nevers en emmenant aucunes de là en l'armée de Monsieur, dans laquelle ilz s'y jettarent à Vitry-le-Bruslé, Monsieur les voulut aller voir; et pour luy faire honneur luy firent une salve fort belle et se mirent entr'eux à faire quelque petite escarmouche, à la mode du temps passé du Piedmont; mais, il ne faut point mentir : tous dirent qu'ilz n'y procédoient si gallamment, ny ne parurent si gentiment comme nos bandes de deçà, encor qu'ilz vinssent de quelques sièges que M. de Nevers avoit faictz, et mesmes sur Mascon[1], qu'il emporta avecqu'une très-grande gloire; car il y avoit force gens de bien huguenotz dedans, et pour leur gouverneur le sieur de La Cliète[2], brave et vaillant gentilhomme, vieux et gallant courtisan, de bonne et grande maison, d'où estoit sorty d'autresfois le bastard de La Cliète, qui fut jadis lieutenant de cent hommes d'armes de feu M. de Bourbon, connestable de France; ce qui fut un grand honneur à ce bastard; et faut bien dire qu'il fust brave, vaillant et en belle estime, pour avoir telle charge si belle. M. de Muns, bon capitaine et vieux soldat, en estoit maistre de camp; et le capitaine La Rade, brave et gentil soldat, enseigne couronnelle.

Ceste susdicte escarmouche, ny la salve, ne pleurent trop au conte de Brissac leur couronnel, et ne les trouva à son gré, ny mesmes les soldatz si lestes que les nostres; et luy vis dire que dans peu de jours il leur fairoit bien changer de cadence et les r'abilleroit. Voylà comment l'escolle du Piedmont s'estoit

1. En 1567.
2. Marc de Chantemerle, baron de la Clayette, gouverneur du Charolais.

changée, ou bien corrompue par trop d'oysivetté. Que pleust à Dieu fust-il encor à nous, à peine qu'on y deust remettre les escolles aussi bien que devant! Je pense qu'il y a des maistres aujourd'huy, qui par bons exercices les auroient bientost redressées. Davantage, quel plaisir seroit-il que d'y voir encor' en vogue le jargon françois, et la fleur de lys paroistre? Au lieu que de tant de conquestes que nous avons faictes despuis cent ans en cà, de-là les monts, il ne nous y reste aucunes places où nous y puissions voir aucun escu ny une seulle armoyrie de France. Encor ceste noble et loyale ville de La Mirande emporte-elle ce los par dessus toutes de par de-là, où l'on y voyoit le nom françois gravé et les fleurs de lys hautes eslevées par dessus les portes et cantons de la ville, et une garnison de François entretenue et payée aux despans de France soubz le capitaine Lendrevye. Je ne sçay si elle dure encor. Et de tant de villes, chasteaux et places que nous avons tenus en Piedmont, au diable l'une y a-il qui porte ceste marque. Ce n'est pourtant que le pays ne le voulust ny ne le desirast extrêmement. La noblesse s'en tiendroit plus forte, plus fière et plus agrandie, comme elle faisoit alors, se sentant subjecte à un grand roy plutost qu'à un duc. Et la justice, quoy! se voyant maniée et exercée par un grand parlement semblable à ce grand de Paris et autres de la France, combien la faisoit-il plus beau voir que celle qui est aujourd'huy! Le peuple, combien seroit-il riche, opulant et remply de finances, qui leur iroient ordinairement de la France comm' alors que nous le tenions! Sur quoy je fairay ce petit incident:

La dernière fois que j'allys en Italie, qui fut en nostre voyage de Malte, passant par Piedmont, j'y vis un changement aussi estrange qu'il estoit possible; car, estant à Turin, je passay par devant la boutique d'un courdonnier qui m'avoit servy là d'autresfois, lequel s'appelloit maistre Blaize, de la Réole, mais acasé[1] à Turin. Soudain il me vint embrasser; et moy, contemplant sa bouticque, où il n'avoit qu'un chétif vallet, et luy qui travailloit à de gros soulliers de vasche pour les paysans, je luy dis : « Et quoy, maistre « Blaise, qu'est cecy à dire? Est-ce la boutique que « j'ay veu d'autresfois, où vous aviez d'ordinaire une « douzaine de valletz, les uns plus braves que les au- « tres, qui ne travailloient qu'en vellours et toutes « sortes de marroquins et cabrons[2]? Qu'est devenu « tout cela? Où est ce changement? » Il me respondit seulement, la larme à l'œil, avecqu'un grand souspir : « Hélas! monsieur, les François n'y sont plus; « l'argent de France ne vient plus à nous; aussi « sommes-nous tous pauvres, et ne pouvons plus « faire ce que nous avons faict. »

J'ay bien opinion qu'en foy et conscience si on demandoit aux Piémontois s'ilz voudroient estre encores soubz la domination françoise, et qu'il ne fust qu'à crier *vive le roy et la France*, ilz l'auroient tost faict, et surtout ces belles et gentiles dames piedmontoises, qui, abhorrant les subjections que les marys et parens italiens imposent à leurs femmes et parentes, seroient fort aises de jouyr de ceste belle liberté françoise qui

---

1. *Acasé*, établi, domicilié.
2. *Cabron*, mot espagnol qui signifie bouc.

est une chose si douce. Mais l'on me dira : « Qui a ruyné les François aux royaumes de Scicille, Naples et Lombardie, sinon les amours que les François faisoient aux dames? » Ouy, cela est vray ; mais c'estoient des insolens et indiscretz, qui ne sçavoient présenter leurs services aux dames qu'à la grossière mode, et en tirer des jouyssances si indiscrettement que les hommes en perdirent patience. Mais qu'on advise despuis au Piedmont si telz scandales sont arrivez, bien que les François fissent d'ordinaire l'amour aux dames, mais c'estoit avec toutes les belles discrétions du monde, tous respectz, toutes belles servitudes, humilitez et libertez : car, en servant ainsi une dame, et qu'elle me veuille gratiffier de mon service, qui est-ce qui m'en pourroit reprendre, si ce n'estoit sur le faict? Ainsi que j'ay veu les François les bien servir à Turin et autres places, comme à Mondevy, les belles et gentiles *dames de la place*, qu'on nomme là ainsi, pour estre logées tout à l'entour de la place. A Cazal aussi, j'y ay veu qu'il y faisoit bon.

Voylà comment nos François se rangearent gentiment soubz les lois de l'amour honneste : aussi avoient-ilz un général, qui estoit M. le mareschal de Brissac, qui avoit d'autresfois sceu si bien servir les dames à la court, là où est toute honneste discipline de l'amour, qui voulut que de mesmes on les servist en Piedmont ; dont luy-mesmes en donna l'exemple à sa belle maistresse, la signore Novidale, l'une des belles dames du Piedmont, qu'il servoit et l'honnoroit comme une princesse ; et en eut d'elle une très-belle fille et semblable à sa mère, qu'on appella madame

Novidale[1], estant religieuse; et despuis est abbesse d'une abbaye en Anjou, ou en Bretagne, comme j'ay ouy dire.

Or je fays fin, en disant que ce conte de Brissac a faict le dernier couronnel des bandes de Piedmont; et croy que, si Dieu ne nous ayde, que jamais plus n'y en verrons, sinon par fantasies ou apparances, ainsi que despuis peu le roy a faict M. d'Espernon couronnel du Piedmont encore, et en a un régiment qu'on appelle régiment de Piedmont, dont je m'estonne qu'on n'y mette encor le régiment de Milan, de Naples, de Toscane et Corsègue, pays, terres et réaumes que nous avons longtemps tenuz; car nous y avons autant en l'un qu'en l'autre : et si ne sommes pas prestz d'y estre, ny de reconquérir ces pays, parce que quand nous les conquismes nous en eusmes bon marché, et les places n'estoient si fortes de beaucoup, comme nous les avons rendues du tout imprenables, si ce n'estoit qu'il y eust en France une demye-douzaine de messieurs d'Esdiguières pour les reconquérir, voyre la duché de Milan : lequel despuis peu[2] a faict grand peur au Piedmont; mais cela n'a duré guières, car il y a tout perdu par la division des serviteurs du roy. Je croy que s'il n'eust eu affaire ailleurs et n'y fust esté appellé, il luy eust faict la peur entière, tant il est grand capitaine, et encor s'est-il faict demander trefves. Quel honneur à luy!

Or, pour fin encor, voylà tous les couronnelz du Piedmont, despuis qu'ilz y sont estez introduictz, desquelz j'eusse parlé et de tous les autres, plus

---

1. Voyez t. IV, p. 81. — 2. En 1593.

amplement, si je n'eusse eu d'autres discours à faire.

D'autres couronnelz y-a-il eu françois, mais commandant ailleurs qu'en France, comme M. le mareschal d'Estrozze; car, encor qu'il fust natif florentin, il le faut advouer comme naturel françois, pour la fidelle loyauté qu'il a porté à la France et les bons services qu'il y a faictz; aussi qu'il y estoit du tout habitué. A la guerre de Parme [1], ledict seigneur Pierre Strozzi fut couronnel de l'infanterie, et le duc de Castres de la cavallerie légère. Il ne faut point s'enquérir comment ce seigneur fit bien sa charge, car il l'entendoit bien, d'autant qu'en capitaine simple, en couronnel et mareschal de camp, il l'avoit très-bien faicte du temps du roy François, et en Italie et en France; et aussi que, par l'art et les lettres qu'il avoit, il sçavoit et vouloit fort pratiquer ce qu'il avoit leu des guerres anciennes, tant romaines que autres. D'avantage il estoit un très-bon mathématicien et ingénieux, qui est bon à un couronnel pour prendre places.

En ceste guerre là, il s'y conduisit bravement et en brave couronnel, et n'y manquoit en chose du monde de son devoir; aussi avoit-il avec luy de très-bons capitaines, lesquelz, tant à pied qu'à cheval, y servoient bien le roy, comm' estoit le seigneur Cornelio Bentivoglio, le seigneur Paulo Baptiste Fregouse, et les seigneurs Santo-Petro Corso [2] et le brave vaillant Jehan de Turin; ces deux là faictz de la main de M. d'Estrozze et menez en France par luy. Ce bon

---

1. En 1550. — 2. Il en sera question plus loin.

homme Jehan de Turin, n'oublyant rien de son ancienne guerre et ne succombant au faix de la vieillesse, estant à la guerre en Corsègue, il fut tué misérablement par un des nostres, ainsi qu'il vouloit envitailler Sainct-Florant; mais aussitost le soldat fut passé par les picques, encor qu'il ne l'eust pas faict à son escient, tant estoient despitez les capitaines et soldatz de la mort d'un si vaillant homme.

Pour fin, Parme n'avoit garde d'estre prise ny forcée, puisqu'il y avoit tant de braves et de vaillans généraux dedans. L'un estoit le duc Octavio, prince et duc de ladicte place et de Plaisance, et M. de Termes, et deux si vaillans couronnelz, l'un de pied, l'autre de cheval, à ce que j'ay ouy dire à plusieurs vieux capitaines et soldatz. Mondict sieur d'Estrozze aymoit l'infanterie plus que la cavallerie, et s'y plaisoit plus en faire l'estat.

Luy estant lieutenant de roy en Toscane, et pressé par le marquis de Marignan vers l'Apennin de Florence, et mesmes pour les vivres, dont au devant de luy il avoit le fleuve d'Arno, qui estoit si impétueux qu'il donnoit terreur de le passer, voire de le regarder, toutesfois ce seigneur, ayant recognu un endroit où il pouvoit avoir le moins d'eau, et l'ayant par deux fois luy seul essayé, mettant pied à terre y estant arrivé, se mit le devant; et passa toute son infanterie à gué, saine et sauve, sans en perdre aucun, ayant mis pourtant deux grosses aesles de cavallerie entre deux, pour rompre le fil et le torrent de l'eau. C'est un beau traict et de capitaine romain : voylà à quoy luy servit ce qu'il en avoit leu autresfois.

C'estoit l'homme du monde qui estoit plus digne

de loger un' armée, fust en leur assiette de logis, fust en campagne pour battaille, et qui arangeoit et qui ordonnoit mieux les battailles et battaillons en toutes formes, et le plus soudainement, et qui les sçavoit mieux loger et à son advantage. Aussi dans les armées royalles, bien souvant a-il esté prié de son roy de faire estat de maistre de camp et de mareschal de camp, au voyage de Cambray et Vallanciannes ; ce qu'il faisoit voulontiers, tant pour gayetté de cœur que pour plaire à son roy.

Il n'aymoit nullement les soldatz de sa nation, et ne les estimoit pas, ainsi que ce grand marquis de Pescayre en faisoit de mesmes. Car, bien que ses prédécesséurs[1] fussent venus d'Espagne, et luy né au royaume de Naples, il maudissoit l'heure *algunas vezes, de que sus antepassados habian tomado, y ello mismo, leche en Italia, que producia soldados que fussen tan para poco; por quales palabras se ganò segreto odio entre Italianos;* « quelquefois de quoy ses prédécesseurs, voire luy-mesme, avoient pris du laict en Italie qui produisoit de si mauvais soldatz; pour lesquelles parolles il en engendra une segrette hayne entre les Italiens. » Ces mesmes propos sont ainsi escritz en sa vie[2]. Son père, Allonso d'Avalos, faisoit le contraire, voire les hayssoit.

Ce marquis, luy italien et né en Italie, il les desdaignoit tellement qu'il ne parloit jamais à eux qu'en espaignol[3] : ce qui le faisoit de l'autre costé aymer

---

1. *Ses prédécesseurs*, c'est-à-dire les prédécesseurs du marquis de Pescaire.
2. Dans Vallès. — 3. *Ibid.*; f° 17.

des Espaignolz ; aussi l'adoroient-ilz. L'empereur Charles ne les ayma guières non plus, et s'en desgousta fort à son premier voyage de Hongrie, où y ayant laissé quelques régimens italiens que le Gouast et le cardinal de Médicis y avoient menez, n'y voulurent demeurer, ains se desbandarent et s'en tournarent tous. Toutesfois à ce grand assaut de Sainct-Disier, qu'il y perdit environ cinq cents Espaignolz, ils se repentit fort qu'il n'eust amené en ceste guerre quelques régimens italiens pour ayder aux Espaignolz aux assautz et prises de villes, qu'y eussent peu servir. Mais aucuns disoient qu'il ne les souhaitoit, sinon pour participer à humer la fricassée que ces pauvres Espaignolz avoient tous seulz humée et mangée. Si en eut-il quelque bonne opinion à Duren, où il les vist bien faire. Et certes il y a parmy eux de bons soldatz, et l'Italie en nourrist et produict beaucoup d'aussi bons que jamais : mais d'y en avoir ordinairement et communément, comme sont les François et Espaignolz, je dis pour bien faire la guerre, il n'y en a pas. Aussi ay-je ouy dire que le pape Paulo Carraffe, lorsqu'il estoit à demy assiégé du duc d'Albe, et que les François de Toscane l'allarent secourir, un jour les voyant entrer en garde dans Sainct-Pierre, se plaisant à les voir, il se mit à dire : *Questi Francesi gasconi parescono veri instrumenti mandati da Dio per far guerra :* « Ces François « gascons paroissent de vrayz instrumens envoyez « de Dieu pour faire la guerre. » Ce n'est pas peu de louange, puisqu'elle vient du plus grand homme de la chrestienté.

M. d'Estrozze estoit de cette mesme opinion ; et

ay ouy dire qu'il eust fort desiré parler bon gascon pour parler aux soldatz gascons, et en trouvoit le langage fort soldadesque.

Or ce seigneur n'estoit tant addonné pourtant à l'amour de l'infanterie qu'il n'aymast la cavallerie, mesmes qu'il se délectoit à avoir de beaux chevaux. Il s'est veu pour un coup avoir vingt pièces de grandz chevaux, les uns plus beaux que les autres ; et le seigneur Hespani les luy gouvernoit, qui estoit son escuyer ; et, despuis la mort de son maistre, M. de Guyze le prit à son service. Il tenoit quasi tousjours ses chevaux à Seme, qui est un fort beau chasteau et belle maison près du Port-de-Pilles[1], qui avoit esté à M. de Taix et M. le mareschal l'avoit encor mieux accommodée, où il se tenoit pour l'amour d'une dame vefve et belle qui estoit là auprès, de laquelle il estoit fort amoureux ; car le bon seigneur, encor qu'il semblast, par son visage rubarbaratif[2], furieux et austère, si estoit-il à l'amour subject aussi bien qu'un autre ; et y a-il une très-grande dame[3] par le monde qui ne l'a pas hay, mais fort aymé ; et estoient parens ; et aymoit la femme d'autruy autant que la sienne, voire plus.

Sur quoy j'ay ouy faire ce conte à son filz, que quand il espousa la sienne[4] ; qui estoit fort belle, aymable, sage et honneste dame, de la maison de Médicis, fort proche de la reyne mère, il luy portoit avant telle ardeur d'amour que l'espace d'un mois

---

1. Dans le département de la Vienne, arrondissement de Châtellerault.
2. *Rubarbaratif*, rébarbatif. — 3. Catherine de Médicis.
4. Laudamine de Médicis.

il ne bougea d'avecqu'elle, à la caresser, l'accoller et coucher avecqu'elle si ordinairement et sans en bouger d'auprès ny desmonter, que par petites et courtes pauses, que luy, s'en ressasiant son benoist saoul pour un coup, se partit de là, et n'en fit plus jamais tant de cas, ny luy fit tant de caresses ny d'accollades ordinaires comme l'espace de ce mois, et s'en reffroidist bien fort après (M. d'Estrozze me l'a dict ainsi); à quoy il avoit tort; car, quand ce seroit la meilleure et la plus délicatte viande du monde, ne la mangeant et prenant de telle satiété jusqu'à crever, l'on l'en a puis après en très-grand' horreur, et tousjours sur le cœur. Il en devoit tousjours gouster en appétit, et faire comme l'on faict aux dogues en Angleterre, lesquelz leurs maistres ne laissent jamais encharner[1] sur la beste qu'ilz ont attaquée, mais les en retirent aussitost qu'ilz les voyent acharnez et par trop aspres. J'ay parlé ailleurs de ce seigneur, il m'en suffit.

Il faut parler d'un autre couronnel, qui fut le capitaine Valleron[2]; lequel fut envoyé par le roy Henry à la guerre de Sienne; et M. l'admiral d'autant qu'il avoit esté son lieutenant et l'avoit bien servy, et l'avoit cognu fort brave et vaillant et sage capitaine, et l'aymoit d'autant plus, voulant eslever sa créature, le nomma au roy Henry qui l'honnora de ceste charge de mener les trouppes en Toscane; dont M. l'admiral luy donna douze enseignes des siennes vieilles qu'il avoit, ensemble permission d'arborer

---

1. *Encharner*, se repaître.
2. Marc-Antoine Viarron, seigneur de Velleron.

l'enseigne blanche aussitost qu'il seroit hors de France, mais non plus tost. Je l'ay ouy dire ainsi à d'aucuns vieux capitaines.

Certes, le roy et M. l'admiral avoient raison d'honnorer cest homme de ceste charge, car il en estoit bien digne, et servit très-bien le roy, tant en la guerre de Sienne que de Corsègue, mais non pas longuement, n'en ayant longtemps loysir; car il mourut à ceste maudite routte de Sienne de M. d'Estrozze, là où les François, commandez par leur brave couronnel M. de Valleron, et les lansquenetz, commandez par le Rincroq, firent si bien et combattirent si oppiniastrément, se voyantz abandonnez de toute la cavallerie, qui ne combatit jamais, qu'aucuns fort péu, encor qu'il en demeurast sur la place de mortz plus de cinq mille; et si peu qui en restarent se retirarent dans Sienne où ces belles dames et honnestes Siennoises n'oublyarent rien de tout devoir de piété envers eux, car elles les secoururent de tout, et pensarent elles-mesmes de leurs belles mains les playes des pauvres blessez, encor qu'il ne soit le plus expédient d'estre pensé d'une belle femme, car elle rengrège[1] un' autre playe. Je le puis ainsi assurer par un accidant d'un' harquebusade que j'euz dans le visage une fois à Portefin près de Gênes, dont j'en demeuray aveugle six jours sans rien voir. Là se trouva une fort belle dame de là mesmes, très-belle certes, honneste et fort charitable, qui sçachant guérir du fœu, auquel le laict d'une femme est très-propre, ell' entreprit ma guérison; et me jettoit

---

1. *Rengréger*, faire empirer.

dans les yeux du laict de ses beaux et blancz tetins, car elle n'avoit que trente ans, et de ses blanches mains me oignoit le visage de quelque graisse composée par elle, me tenant compaignie et de beaux discours. Mes gens me disoient bien sa beauté, mais après que j'accommençay à voir d'un œil, je cuyday mourir la voyant si belle; mais elle me disoit tousjours que je fusse sage, car ell' estoit fort femme de bien; et si ne voulut jamais me laisser aller que ne fusse du tout guéry; et m'en partys avec ses bonnes grâces, et la larme à l'œil d'elle et de moy.

Or ce M. de Valleron mourut sur la place, qui fut fort regretté. M. le mareschal luy assista fort en tout ce qu'il peut, et à son infanterie; mais, estant fort blessé et couvert tant de sang, il falut qu'il se retirast. Il avoit du commancement rompu l'advantgarde, mais le marquis de Muns arrivant avecqu' un gros de cavallerie et de son infanterie espaignolle, il mit tous les nostres en routte, c'est-à-dire la cavallerie, qui ne fit point de résistance; mais l'infanterie, en combattant vaillamment, fut deffaicte, qui fut plus grand' gloire à elle de mourir ainsi qu'à la cavallerie de se sauver. En quoy on donna ce jour grand' gloire d'avoir très-bien faict au couronnel Valleron. Aucuns disent et l'escrivent : *le capitaine Valleron* seulement; mais pour cela il n'y a pas plus grand honneur en l'un qu'en l'autre; car le plus grand que l'on puisse donner à un grand homme de guerre, c'est de l'appeller *capitaine*. Voylà M. de Bayard, qui a esté si grand, que la plus grand' part de la France ne l'appelloient que *le capitaine Bayard*; fust ou qu'on ne se pouvoit désaccoustumer de luy oster ce nom brave qu'il avoit acquis en ses jeunes guerres, ou fust qu'on le trouvast pour lors très-beau et très-honnorable : mesmes les Espaignolz ne l'appelloient que simplement *el capitan Bayardo*, et dans leurs livres [1] vous verrez comme M. de Lautrec lieutenant de roy, l'appellent : *capitan Lautreço, capitan La Pallissa, capitan La Trimoulla, capitan Aubigny*; la pluspart ainsi de nos capitaines les appelloient-ilz et les leurs, comme *el capitan Allarcon*, qui avoit eu si grandes charges. Aussi le capitaine La Lande, qui avoit esté lieutenant de roy dans Landrecy, tenant le siège contre l'empereur avec M. d'Essé, on ne l'appella jamais que *le capitaine La Lande*, encor estant maistre d'hostel de roy. Et mesme estant mort, ayant esté tué dans Sainct-Dizier, compaignon de M. le conte de Sanserre, n'a esté appellé que tousjours *le capitaine La Lande*. Mais aujourd'huy le moindre qui commandera à un chétif régiment de pied, ou chétive compagnie de chevaux-légers, il le faut appeler *Monsieur*, et non point *Capitaine*. Seroit luy faire tort, disent-ilz. De sorte qu'il faut dire à plusieurs : *Adieu, monsieur, qui n'estes pas capitaine*, à propos d'un à qui l'on dist une fois : *Adieu, mon capitaine*, il respondit, pensant estre offancé : *Je ne suis pas capitaine, je suis gentilhomme*. L'autre luy replicqua : *Adieu donc, mon gentilhomme, qui n'estes pas capitaine*. Celuy-là ne ressembloit pas un gallant gentilhomme de par le monde (qui est moy qui escritz cecy), qui, prenant un grand playsir ordinairement à la guerre de porter l'harquebuz à mesche et

---

1. Dans Vallès, *passim*.

son beau fourniment de Milan, monté sur une belle haquenée de cent escus, et en faire la proffession, menant tousjours six ou sept gentilzhommes et soldats bien signallez, armez et montez de mesmes, et bien en point sur bons courtaux : un jour, et du commancement, entrant dans l'armée du roy à La Rochelle, il trouva un capitaine nouveau, qui venoit d'estre nouvellement emmollé[1]; et ne cognoissant point ledict gentilhomme, qui d'ailleurs estoit assez cognu et amy de tous les vieux et signallez capitaines, le capitaine donc nouvellet demanda au gentilhomme, qui paroissoit par dessus tous les autres, et estoit brave et marchoit le premier, parce qu'il le voyoit ainsi porter l'harquebuz, il luy demanda donc : « A qui estez-vous, soldat ? » L'autre luy respondit : « Mon capitaine, nous sommes à nous-mesmes, et « ne cherchons que party à la solde, si vous nous la « voulez donner bien bonne. » L'autre, à voir encor sa mine et de ses compaignons, pensa que c'estoit quelque chose de bon et qu'ilz n'estoient pas gens de petites payes, leur respondit : « Possible, pourriez-« vous tant demander qu'il ne seroit raisonnable de « vous donner ? »—« Or bien, mon capitaine, respon-« dit l'autre, je vois bien que vous ne nous voudriez « donner ce que nous voudrions; nous vous baisons « les mains. Nous en allons trouver M. d'Estrozze « ou M. de Cossains : d'ailleurs nous sommes à « vostre service. »

---

1. *Emmollé*, émoulu. Ce mot, que je n'ai trouvé nulle part, a probablement été forgé par Brantôme du verbe espagnol *amolar*, émoudre.

Le capitaine demanda après à quelqu'un de ses lacquays qui estoit demeuré derrière, quelz gens estoient ceux-là. Il luy dist le nom du gentilhomme. Qui fut estonné? ce fut luy, disant : « Telz soldatz « sont de trop hautes payes pour moy »; et despuis le gentilhomme luy fit ressouvenir du tout. A quoy le capitaine luy porta grand honneur et tout respect despuis, car il le vist au logis du couronnel, M. d'Estrozze, qui aymoit le gentilhomme autant que soymesmes, car il le valoit[1].

Je ne me sçarois passer de me divertir[2] quelquefois et bien souvant de mon grand chemin; mais pour tel divertir bien souvant on rencontre mieux.

Je retourne encor à nos couronnelz, comme vous pourriez dire de M. de Givry[3], lequel fut couronnel de l'infanterie françoise en Toscane. C'estoit un seigneur de très-bonne part, de grand' valeur et de très-belle façon et bonne grâce. Il avoit commandé auparadvant en l'armée du roy vers la Picardie, et à la frontière, à des chevaux-légers, et avoit choisy pour son lieutenant un brave gentilhomme de Périgord, le jeune Ferrières[4], dict autrement Sauveboeuf, et fut tué devant Vallanciannes en un' escarmouche qui fut attaquée, et M. de La Vallette (despuis fort renommé) sa cornette. Puis ledict M. de Givry quictant la cavallerie, il commanda à ceste infanterie de Toscane, où il acquist très-belle réputation. Il fut cu-

---

1. Car il le méritoit. — 2. *Divertir*, détourner.

3. René d'Anglure, seigneur de Givry, tué à la bataille de Dreux (1562).

4. Jean de Ferrières, seigneur de Sauveboeuf.

rieux d'avoir, entr'autres ses capitaines, trois braves gentilzhommes que feu M. de la Chastaigneraye, mon oncle, avoit nourry pages; et disoit que s'il en eust peu composer tous ses capitaines de ceste nourriture, que voulontiers il l'eust faict, tant la trouvoit-il bonne et brave, venant d'un si vaillant seigneur que feu mondict oncle; comm' il eut pour son lieutenant M. de Puydanche, de Poictou, brave, vaillant et sage gentilhomme; et puis fut son maistre de camp, et mourut à Chiusi en Tuscane, d'un puresi qu'il prit passant un ruysseau en quelque combat qui se fit là; comm' il eut aussi le capitaine Chanterat[1], de Périgort, vaillant gentilhomme, et despuis aux premières guerres fut l'un des capitaines de M. de Grammont qu'il mena à Orléans, et des mieux aymez de luy et des plus signallez. Il fut tué à un' escarmouche de devant Corbeil, et se trouva avoir sur luy trois mill' escuz cousus dans son pourpoinct; mais le corps demeura à ceux de son party et à M. de Grammont, et vis puis après mondict sieur de Grammont à Paris nous en faire de grandz regretz.

M. de Givry eut aussi le capitaine La Cave, Gascon, qui fut tué en Gascoigne aux guerres de M. de Montluc, parmy les huguenotz: il estoit très-brave soldat et bon capitaine. M. de Montferrant[2], despuis lieute-

---

1. Probablement Guillaume de la Cropte, dit le capitaine Chanteyrac, cinquième fils de Louis de la Cropte, seigneur de la Barde et de Chantérac, et de Jacquette de Taillefer, sa première femme. (*Note fournie par M. le marquis de Chantérac*). L'escarmouche où ce capitaine huguenot fut tué nous paraît être l'attaque de Corbeil faite par les calvinistes en novembre 1562.

2. Charles de Montferrand.

nant de roy dans Bourdeaux, devoit aller aussi avecques luy en ce voyage de Toscane; mais il tumba mallade. Tous ces quatre feu mondict oncle avoit nourrys pages, avecqu' une trentaine d'autres que je nommerois, qui ont estez très-braves et vaillans gentilzhommes, si cela servoit; mais ces quatre là M. de Givry fut soigneux les retirer à luy. Il eut pour son enseigne couronnelle, sur la fin de la guerre, le seigneur de Sainct-Gouard qu'on nomme aujourd'huy le marquis de Pisany[1]. Feu mon oncle ne l'avoit pas nourry, car il estoit desdié à l'esglise et longtemps a-il porté le nom et le titre de maistre-escole[2] de Xainctes, qui est une dignité canonniale; mais il quicta la robbe longue pour aller en ceste guerre avecqu' un sien frère, après qu'ilz eurent perdu leur aisné[3], que feu mondict oncle avoit aussi nourry page; lequel mourut en Flandres prisonnier, ayant esté pris dans Hedin, où le capitaine Bourdeille mon frère, qu'y fut tué, l'avoit mené avecques luy.

Or M. de Givry se fit beaucoup renommer en Toscane par ses vaillances et ses trouppes, qui estoient belles et bien conduictes de bons capitaines; et l'ennemy ne gaigna guières sur eux tant qu'ilz y furent. La paix s'ensuivit; tout fut envoyé querir pour retourner en France et les casser : aucuns s'embarquarent sur les gallères; autres ne le voulurent; et ce furent ces braves dont j'ay parlé cy-devant, lesquelz,

---

1. Jean de Vivonne, marquis de Pisani, seigneur de Saint-Gouard, le père de la célèbre marquise de Rambouillet.
2. *Maistre-escole*, écolâtre.
3. Arnaud de Vivonne.

pour l'esmeute qu'ilz avoient faict dans Grossette[1], craignans la réprimande trop sévère en France, se mirent à la solde du roy d'Espaigne, et firent si bien avec aucuns qu'y estoient du Piedmont (mais la plus grand' part estoient de Toscane), à la bataille des Gerbes.

La guerre civille venue, M. de Givry en combattant très-vaillamment mourut à la battaille de Dreux, non sans un extrême regret de M. de Guyze, qui l'aymoit fort et le loua (je le vis) comme il méritoit, et luy-mesmes en fit son épitaphe à la mode antique françoise, et selon son humeur, comm' il fit des autres qui sont enterrez dans Dreux; et quiconque les lira, qu'il croye hardiment qu'ilz sont venus de la main et style de feu M. de Guyze, s'il n'y en a esté faictz d'autres après plus pindarisez.

Ce M. de Givry laissa un filz[2] après luy, fort jeune; je pense qu'il ne pouvoit pas avoir plus haut de quatre ou cinq ans; mais estant à ast'heure parvenu à son bon aage, il a monstré et monstre tous les jours qu'il est bien fils de père, et qu'il ne dégénère en rien en toutes sortes de perfections du père; et, si j'ose dire sans offancer les mortz, il l'exède en aucunes. J'en parleray ailleurs.

M. de Guyze venant à faire son voyage en Italie et de Naples, M. de Nemours, comme j'ay dict cy-devant, fût faict couronnel général de l'infanterie de France au royaume de Naples, qui est un beau titre

---

1. Grosseto, en Toscane.
2. Anne d'Anglure de Givry, tué au siége de Laon en juillet 1594.

celuy là, si la conqueste nous fust estée aussi bien asseurée comme espérée, et si le pape eust assisté M. de Guyze des moyens qu'il avoit promis. Jamais il ne se parla tant du nom de Nemours comme cestuy-cy eust faict espandre le sien vers Italie et royaume de Naples; car il faut dire que ce prince a esté le surpassé de tous les princes qui ont jamais estez en France; car si les autres ont eu quelques vertus particulières, cestuy-cy les avoit en soy toutes accumulées et assemblées, tant a-il esté universel et parfaict (j'en ay parlé cydevant en sa vie[1]); et ne se contenta pas d'avoir mené les armes à cheval, mais, voulant et osant tenter tout, il se mit à pied. Le malheur fut pour luy que les occasions ne se présentarent guières grandes et fréquentes, pour monstrer ce qu'il valoit et qu'il couvoit; car en tout ce voyage il ne se présenta que deux beaux sièges, qui furent celuy de Valance en Piedmont et celuy de Civitelle[2] vers le Royaume.

Que si feu M. de Guyze, après Valance prise, eust poursuivy ses coups vers Milan, la conqueste en estoit très-seure; mais, pour complaire au pape, pour le secourir, il falut l'aller trouver et se priver d'un bien qui venoit à nous, ainsi que fit M. de Lautrec de mesmes, lorsqu'il laissa l'estat de Milan, desjà assuré, pour aller secourir Sa Saincteté. Il ne faut demander si l'armée de M. de Guyze estoit belle, car pour gendarmerie, cavallerie et infanterie, il ne s'en pouvoit trouver de plus belle, ny plus délibérée, ny

---

1. Voyez t. IV.
2. Civitella, dans le royaume de Naples.

plus gaye à faire ce voyage, et surtout de bons chefz et capitaines.

Pour quand à l'infanterie, quand on ouist raisonner qu'un tel prince que M. de Nemours en estoit couronnel, les soldatz et capitaines à l'envy se mettoient aux champs pour estre soubz luy; et sans une ruse que fit M. le mareschal de Brissac, après Valance pris, qui fit passer ses gens de-là l'eau et semblant de faire monstre, il demeuroit fort court de bons soldatz; car ilz se desroboient tous pour suivre M. de Nemours. On le cognut après, car les forces de France se deffirent fort alors, disoit-on. On le cognut bien à Sainct-Quentin; mais quoy! et qu'en pouvoient mais les chefz qui les avoient soubs eux? Car si un gallant homme me veut suivre, un brave capitaine, un soldat, un gentilhomme, seray-je si fat de ne le recepvoir ny de le regester[1]? Tant s'en faut; que je le chériray et luy fairay toutes les caresses du monde. Je dis cecy parcequ'aucuns ont voulu taxer M. de Guyze d'avoir emmené les forces de la France. Ilz sont bien de loysir d'aller dire ces choses-là. N'estoient-ilz pas assez d'autres forces restées en France pour battre toutes celles du roy d'Espaigne, si un chacun eust voulu faire son debvoir, et combattre comm' il devoit! Voylà ce que j'en ay ouy dire à de grandz personnages de guerre qui estoient de ce temps là. Encor mondict sieur de Guyze ne vint-il pas bien à poinct, et ses forces, pour restaurer la perte par les prises de Callais, Guynes et Thyonville, et puis la belle armée d'Amians, et la belle conte-

1. *Regester*, rejeter.

nance et envie qu'on avoit de combattre là, où encores arrivarent nouvelles forces d'Italie qui estoient dix ou douze compaignies de gens de pied, qu'aucuns appelloient, pour monstrer qu'ilz avoient veu le monde et avoient appris quelque chose de nouveau de l'Espaignol, le *terze* ou le *tiers* de l'Italie? Mais, pour mieux parler, il faut dire le *terze* à la mode espaignolle, et non point le traduire en françois *le tiers*; car ce mot là ne vaut rien et ne sonne pas bien.

Ces compaignies estoient demeurées du reste des bandes de M. de Nemours à Ferrare, à Modène, à Rège, à Rubière[1], et autres places dépendantes de la duché, pour assister à M. le duc de Ferrare qui estoit menassé, voire bien fort; car à bon escient on lui faisoit la guerre pour avoir esté toujours très-bon et très-loyal François, sans avoir faict jamais aucun acte digne d'infidellité. En quoy la France doit aymer et honnorer ceste brave et noble maison à jamais. M. de Guyze, son gendre, lui avoit laissé ses compaignies qui lui servirent très-bien. M. de Montluc en parle en ses Commentaires[2].

Ces compaignies estoient soubz la charge de M. de La Molle, Provançal, père du dernier mort et exécuté à Paris[3]; et lesdictes compaignies estoient celles du capitaine Monestier, du Dauphiné, bien hay despuis des huguenotz en ce pays-là; du capitaine Bourdet, de Xaintonge, brave et vaillant gentilhomme et

1. Rubiera, dans le duché de Modène.
2. Tome II, p. 241, 253.
3. Jacques de Boniface, seigneur de la Molle.

beau; mais en ce pays-là il s'y brusla tout le visage de poudre, et depuis l'appelloit-on Bourdet le Bruslé; très-brave et vaillant gentilhomme certes, il faut que je le die par deux fois. Il se rendit huguenot aux premières guerres pour un certain despit, en quoy il fit grand tort à sa fortune, car il fust esté grand. M. de Guyze et M. de Nemours l'aymoient fort, et l'avoient en très-belle estime. Il avoit aussi le capitaine Collincourt[1], le capitaine Jaunay, le capitaine Mazay, le capitaine Beguin, qu'on disoit avoir esté lacquay de M. de Nemours; je l'ay veu parmy nos bandes un bon, sage et advisé capitaine. Il fut tué au siège de La Rochelle, la première fois que nous entrasmes dans le fossé. Je le vis blesser tout auprès de moy dans une cuysse, qui luy froissa l'os, et mourut dans quatre au cinq jours. Il avoit aussi la compaignie du capitaine La Chappelle, qui avoit esté tué près Ferrare. Il y avoit le capitaine Barthelomi, Provançal. Il y avoit aussi le capitaine Vallefrenières, qui avoit esté lieutenant du baron de Vantenat, et puis du chevallier d'Achon. Ce Vallefrenières estoit un gentil capitaine. Il mourut despuis à Bourg-sur-Mer; j'en ay parlé ailleurs. Il y avoit aussi pareillement la compaignie du petit baron d'Orades[2], fort brave et gallant gentilhomme gascon, et qui avoit esté l'un des lieutenans de M. de Nemours, et M. de Lévy l'autre, de la maison du Cursol[3], très-noble famille, et de la

1. Caulaincourt, quatrième du nom. Il se fit huguenot.
2. Frédéric-Alain d'Ornesan, baron d'Auradé, chevalier de l'ordre du roi, mort à Limoges, le 3 juillet 1569.
3. Jean de Crussol, seigneur de Lévis, écuyer de l'écurie du

maison de Levy, extraicte de celles de ceux des enfans d'Israël. Il mourut despuis au Havre, huguenot.

M. de La Molle estoit couronnel de toutes ces compaignies, et en portoit le titre et l'enseigne; et furent trouvées très-belles; et les faisoit-on beau voir quand elles arrivarent et entrarent dans l'armée à Amiens, comme n'estant peu de chose de voir venir ces vieilles bandes du terze d'Italie. Ce M. de La Molle méritoit de leur commander, car il en estoit digne, et brave homme de sa personne. Voycy encor d'autres couronnelz, car Monsieur en a eu aussi bien que les roys ses frères.

Le premier couronnel qu'eust Monsieur fut M. de Bussy[1], duquel estendre ses louanges plus avant qu'elles sont, il me seroit impossible; car elles le sont assez partout.

Pour son premier coup d'essay, lorsqu'il le fut, il commança à faire des siennes, car il cuyda, en l'armée de Monsieur, *rebolver todo el mundo*[2] (comme dict l'Espaignol) à Moulins.

Il faut donc sçavoir que M. de Turaine, venant trouver Monsieur vers Moulins[3], il y emmena de ses forces; entr'autres, il mena quelques douze cens harquebuziers telz quelz, soubz la charge de M. le visconte de Lavedant[4] qui en estoit le couronnel, et entra ainsi, et avec son drapeau blanc, dans le camp.

roi, mort en 1562. — On sait que jadis la maison de Lévis avait la prétention de descendre de la tribu de Lévi.

1. Bussy d'Amboise.
2. Troubler le monde entier.
3. En 1575.
4. Anne de Bourbon, vicomte de Lavedan.

M. de Bussy, qui estoit de soy assez umbrageux, sans que ceste enseigne blanche luy portast d'advantage d'umbre, il en parla à Monsieur pour la faire cacher, autrement il fairoit quelque désordre, d'autant que cela luy touchoit par trop. Monsieur le pria de temporiser un peu, et qu'il ne faloit pas mescontenter M. de Turaine, qui estoit un seigneur d'honneur et de moyens, et qui vouluntèrement l'estoit venu servir. M. de Bussy temporise deux et trois jours; enfin, perdant patience, se résolut, luy avec douze honnestes hommes, braves et bien choisys et déterminez, montez sur de bons chevaux d'Espaigne, de prendre et arracher et envahyr ce drapeau des mains du porte-enseigne-couronnelle à la teste des trouppes, ainsi qu'elles marchoient en campaigne, et le rompre à leur veue. Il ne faut point doubter qu'il ne l'eust faict; car qu'est la chose impossible à une douzaine de compaignons braves, vaillans, résoluz et jurez[1]? Monsieur en sceut le vent, qui s'en fascha à M. de Bussy, d'autant que l'escandalle estoit irréparable et irréconcillable s'il s'en fust ensuivy; et puis accorda le tout.

J'ay ouy raconter ainsi ce faict à aucuns des jurez et déterminez de la compaignie, lesquelz je ne pourrois pas tous nommer, car il ne m'en souvient plus; mais, entr'autres, il y avoit le baron de Vitaux[2], l'un des plus déterminez, dangereux et assurez pour faire un coup, qu'homme de France, comm' il en a faict d'autres plus hasardeux. Il avoit le brave chevallier

---

1. *Jurez*, conjurés.
2. Il en sera parlé longuement dans le *Discours sur les Duels*.

Breton, Piedmontois, vaillant au possible, et qui de fraiz estoit venu de Piedmont pour avoir faict un coup résolu en tuant son ennemy : il a faict despuis de très-belles preuves de sa personne et de sa vaillance. Il y avoit Sayceval[1], homme d'affaire et de main, encor qu'il n'eust qu'un bras; il mourut despuis à Anvers, à la feste et festin de Sainct-Anthoine[2], qu'il avoit aydé en partie à préparer et dresser. Il avoit aussi le jeune La Guyonniere, jeun' homme, mais vaillant et asseuré. Il y avoit le capitaine Berthelomé, jeun' homme; il s'appelloit le capitaine Provançal, mais je ne l'appellois jamais autrement, car il estoit filz de ce brave capitaine Barthelomé, provançal, qui estoit l'un des vieilles bandes d'Italie, que M. de La Molle emmena de Ferrare, comme j'ay dict cy-devant. Les autres qui estoient avec mondict sieur de Bussy me sont oubliez, dont j'en suis bien marry, car leur nom méritoit bien d'estre dict et loué. Et affin que je n'esgare ma mémoire dudict capitaine Barthelomé, il faut qu'en me destournant je face ce petit conte de luy.

Il avoit esté à feu M. d'Aramont, et alla avec luy en Levant, lorsqu'il y fut envoyé du roy Henry, en ambassade, qui fut receu et bien venu aussi honnorablement que jamais fut ambassadeur; car le Grand Seigneur, faisant le voyage de Perse, voulut qu'il vint avec luy, ce qu'il fit; et pouvoit avoir avec luy cent honnestes hommes, capitaines ou soldatz, bons et signallez François, desquelz le Grand-Seigneur

---

1. René de Senicourt, seigneur de Sesseval.
2. Le 17 janvier 1583.

voulut qu'il en arborast une cornette aux armories de France, à laquelle il vint avoir cet honneur qu'elle marchoit à la droicte. Quelle gloire pour cet ambassadeur et pour sa nation françoise, de tenir tel rang auprès du plus grand monarque du monde!

Après que Tauris, la principale ville de Perse, fut prise, et que le Grand-Seigneur eut à plein jouy de sa victoire, il s'en retourna à Constantinople, et d'Aramont luy demanda congé pour aller faire son vœu au sainct-sépulchre de Hiérusalem; ce que le Grand-Seigneur très-voulontiers luy accorda; et luy donna gens et genissaires de sa garde pour le conduire assurément. Estant en Hiérusalem, il y accomplit sainctement son vœu, et y demeura quelques jours; et tous ceux de sa trouppe, à son imitation, visitarent ledict saint-sépulchre le plus dévoctieusement qu'ilz peurent, fors le capitaine Barthelomé, lequel estoit pour lors un jeune homme fou, bizzarre, assez libertin et grand dériseur de nos vœuz et de nos cérémonies chrestiennes; et pour ce ne fit comme les autres. M. d'Aramont l'en pria souvant d'y aller, mais il promettoit beaucoup, et rien; et en faisoit beaucoup accroyre; enfin, un jour, M. d'Aramont l'en pria et l'en sollicita tant que pour l'amour de luy il y allast, s'il ne le vouloit faire pour d'autre occasion ou subject, et qu'il l'en aymeroit toute sa vie, et qu'il s'en trouveroit très-bien; ce qu'il fit; et M. d'Aramont l'y mena luy-mesme, où estant entré, ledict Barthelomé dist qu'il sentit en soy aussitost l'ame attaincte d'une telle dévoction et religion à son Dieu, qu'il alla oublyer toutes les derrisions qu'il avoit faictes; se prosternant devant son Dieu, fit ses prières et repentances si fervantement, qu'oncques puis il ne sentit de ces erreurs et follies, et remercia cent fois M. d'Arramont qui estoit cause d'un tel bien pour luy.

Ledit Barthelomé m'a faict ce conte, lequel, encor qu'il fust de bonne humeur et gaillarde, si estoit-il bien changé à ce qu'il avoit esté, comm' il le disoit luy-mesmes à d'autres qui l'avoient veu, et ne se ruoit plus tant sur la religion ny ses derrisions comm' il avoit faict.

Son filz estoit gallant comme luy, et se disoit huguenot; mais quel refformé! Tant y a, que c'estoit un des vaillans jeunes hommes et déterminez qu'on eust sceu voir.

M. de Grillon l'advança en la court, et me le fit cognoistre; et, parce que j'avois cognu et aymé le père, je ne l'appellois que le capitaine Barthelomé, et m'aymoit fort. M. de Bussi le prisoit fort, et se fioit fort à son espée.

Pour tourner encor à M. de Bussi, cest estat de couronnel luy estoit bien deub, car il estoit un très-vaillant homme; aussi ne faut-il pas qu'un poltron prenne ceste charge, ny aucune de gens de pied, pour bien s'en acquitter au moins; car il y en a force qui l'ont qui ne valent pas grand cas.

Il y en avoit plusieurs qui disoient qu'il se pouvoit faire une riche comparaison de M. de Brissac et de luy, et certes elle se pouvoit en plusieurs choses; mais d'autres croyoient que M. de Bussi ne fust esté jamais si grand capitaine comme M. de Brissac : je m'en rapporte aux raisons qu'on y pourroit alléguer. Pour quant aux vaillances, elles estoient esgalles et quant à leurs ambitions aussi, qui estoient telles, que s'ilz se fussent trouvez en un mesme temps à une court ou à une armée, jamais ne se fussent accordez, et se fussent trouvez souvant aux mains, ny plus ny moins que deux furieux lions ou hardys levriers d'attache qui s'en veulent coustumièrement ; aussi n'a-on veu deux Cæsars bien compatir¹ ensemble. Si est-ce que je ne trouvois pas M. de Brissac si querelleux que l'autre, sinon en matière qui luy importast beaucoup : l'autre pour un rien querelloit.

J'estois avec luy lorsqu'il querella M. de Sainct-Fal à Paris ; nous estions chez les commédians, où il y avoit bonne trouppe de dames et gentilzhommes. Ce fut sur un manchon de broderie de jayet² où il y avoit des XX. M. de Bussi disoit que c'estoit des YY : dès-lors il vouloit passer plus outre que de parolles ; mais une dame que je sçay, sur qui³ elle avoit puissance grande, commanda de se taire et ne passer plus advant, craignant un scandale arriver si près d'elle, qui luy importeroit de beaucoup. La chose supercéda⁴ jusques au l'endemain, qu'il alla quereller ledict Sainct-Fal en la chambre de sa maistresse, que M. de Bussi avoit fort aymée, et luy avoit conseillé de se remarier, car ell' estoit vefve. C'estoit madame d'Assigny⁵,

1. S'accorder. — 2. *Jayet*, jais.
3. *Sur qui elle avoit* c'est-à-dire qui avait sur Bussi. Il s'agit certainement de Marguerite de Valois.
4. *La chose supercéda*, fut retardée.
5. Jeanne du Plessis, femme de Jean d'Acigné, mère de Judith, dame d'Acigné, première femme de Charles de Cossé, deuxième du nom, duc de Brissac et maréchal de France. Elle épousa en effet François de Vaudrey, marquis de Saint-Phal.

mère de la première femme du mareschal de Brissac, de présent l'une des belles de la France ; et elle ayant choisy cestuy-cy, M. de Bussi en conceut quelque jalouzie, se repentant de son conseil, et ne l'avoit pas pris pour luy, ny elle et tout, car ell' estoit très-riche ; et pour ce querella l'autre sur un pied de mouche, comm' on dict, de ce manchon. Estans donc sortis de la chambre ilz se battirent en trouppe, car M. de Bussi avoit cinq ou six honnestes et vaillans hommes, dont le chevallier Breton en estoit l'un, M. du Gla et le jeune La Guyonnière, et autres. M. de Sainct-Fal, qui se doubtoit, avoit avec luy cinq ou six Escossois de la garde, d'autant qu'aucuns des siens en estoient venuz. Ilz se battent ; deux de ces Escossois avoient des pistolletz, qui les dessarrarent, et l'un blessa M. de Bussi au bout du doigt. M. de Sainct-Fal, le voyant blessé, se retira.

Arriva lors M. de Grillon, son amy intime, lequel M. de Bussi pria soudain de l'aller appeller en l'isle du Palais, où il l'alloit attendre. Par cas, M. d'Estrozze et moy nous vinsmes à passer par là, et le vismes tout seul en l'isle, qui attendoit son homme, et les deux guetz[1] bordez d'une infinité de monde. Nous trouvasmes M. de Rambouillet[2], qui estoit lors capitaine des gardes, en quartier, qui nous pria d'aller ensemble dans mesme bateau pour engarder[3] ceste batterie ; et, allans prendre terre, M. de Bussi s'escria à M. d'Estrozze : « Monsieur, luy dist-il, je vous suis

---

1. *Guetz*, quais.
2. Nicolas d'Angennes, seigneur de Rambouillet.
3. *Engarder*, empêcher.

« serviteur, je vous honnore fort; je vous prie ne me
« divertir point de mon combat; vous venez pour
« cela, je le sçay. » Et à moy il me dist seulement :
« Cousin, je te prie, va-t'en; » car il m'aymoit fort.
Et à M. de Rambouillet il dist: « Monsieur de Ram-
« bouillet, je ne fairay rien des commandemens de
« vostre charge, retournez vous-en; » et le dist d'une
furie, l'espée en son fourreau et en la main. Il m'a
dict despuis qu'il estoit si despité de se battre et
enragé, que si nous n'y fussions estez M. d'Estrozze
et moy, il eust faict un mauvais tour à M. de Rambouillet, car il n'avoit avec luy qu'un seul archer.
Enfin M. d'Estrozze et moy prismes terre les premiers, et remonstrasmes à M. de Bussi le tort qu'il se
faisoit de désobéyr ainsi à un capitaine des gardes
parlant de par le roy, aussi que le roy dès-lors commançoit à le desgouster[1]. Pour tout, nous luy don-
nasmes tant du bec et de l'aesle, qu'il nous creust,
remettant la partie à une autre fois, et s'en tourna;
et trouvasmes Monsieur, frère du roy, qui commançoit alors l'amitié extrême qu'il luy a porté despuis,
et qu'i couroit, et l'emmena en sa chambre. M. de
Rambouillet vit encor; s'il s'en souvient, il pourra
tesmoigner si je mentz. Et le roy vint après, qui s'estoit allé pourmener dehors, qui commanda aux gardes de se saisir de l'un et de l'autre, et aux uns et
aux autres de ne se battre. M. de Bussi demeura
dans l'hostel de Monsieur, l'autre ailleurs; et puis
commanda à messieurs de Nevers et mareschal de
Retz de les accorder.

1. *Le desgouster*, le prendre en dégoût.

M. de Bussi demandoit tousjours le combat en camp-clos. Je sçay qui luy donna le conseil, qui fut moy, sans me vanter, et d'autant qu'en France il ne se pouvoit donner sans la permission du souverain, qui ne le vouloit jamais, ny la reyne sa mère, pour l'amour du feu roy Henry, son seigneur, qui avoit faict serment de n'en donner jamais, despuis celuy de feu mon oncle. Il fut arresté qu'on iroit à Sedan, où M. de Bouillon donneroit le camp. Je puis assurer que M. de Bussi m'en pria des premiers pour y aller avec luy, car il me tenoit alors pour l'un de ses grandz amis, cousins et confidans. Enfin tout fut rompu, et le roy voulut résolument qu'ilz s'accordassent ; et, estant venu M. de Bussi devant M. le mareschal de Raiz, il luy dist que le roy luy avoit commandé de l'accorder, et qu'il le faloit. M. de Bussi luy respondit froidement : « Monsieur, le roy le veut-il ? je le
« veux donc aussi ; mais, dictes-moy aussy, mon-
« sieur, en accord faisant Sainct-Fal mourra-il ? —
« Nenny, dist le mareschal. Et pourquoy ? ce ne se-
« roit pas un accord. — Je ne veux donc point d'ac-
« cord, monsieur ; car Bussi dict qu'il ne sçaroit
« s'accorder si Sainct-Fal ne meurt. » Pour fin, après avoir bien contesté et débattu, l'accord se fit, et ne se demandarent jamais rien plus.

Je croy que le combat en fust esté furieux, car Sainct-Fal estoit un brave gentilhomme ; il est vray qu'il estoit jeune, et alors ne commançoit qu'à venir. J'avois oublié à dire que, lorsque M. de Bussi entra dans le Louvre pour faire cet accord, il estoit accompaigné de plus de deux cens gentilzhommes que nous estions. Le roy estoit en la chambre de la reyne, qui nous vist entrer. Il en porta jalousie, et dist que c'estoit trop pour un Bussi ; et se fascha de quoy l'on n'avoit faict l'assemblée de l'accord ailleurs que léans. S'il fut là bien accompaigné, il le fut encor mieux au bout d'un mois là mesmes à Paris, où il cuyda estre tué la nuict, sortant du Louvre, et se retirant chez luy, en la rue des Grenelles[1], à la Corne-du-Cerf, où il estoit venu loger exprès pour l'amour de moy, où j'estois tout auprès. Il fut assailly de douze bons hommes, dont j'en nommerois aucuns, montez tous sur des chevaux d'Espaigne qu'ilz avoient pris en l'escurie d'un très-grand[2] qui leur tenoit la main. Tous chargearent au coup, et tous tirarent leurs pistolletz et en firent une escouppetterie sur luy et ses gens ; mais, cas admirable ! il ne fut ny blessé ny frappé, ni aucun de ses gens, fors qu'un qui eut un coup de pistollet au bras. Luy soudain commança à songer en soy, voyant que ses gens s'escartoient ; et à la faveur de la nuict, car ses flambeaux s'estoient aussitost estainctz, se retira tout bellement, et approchant d'une porte toute poussée, pourtant s'y voulant tapir affin que les autres qui le poursuivoient ne le peussent voir, la fortune fut si grande pour luy que la porte ne se trouva point fermée, mais poussée seulement ; par quoy il se coula tout bellement dans la maison, et poussa toute la porte, et la ferma très bien sur luy : en quoy il monstra bien qu'il n'avoit faute de jugement ny l'avoit perdu, ny qu'il fust poltron, car en telles choses les poltrons l'y perdent, et ne sçavent nullement leur party prendre

---

1. La rue de Grenelle-Saint-Honoré. — 2. Henri III.

pour se sauver, quand la partie n'est pas bien faicte pour eux, ou que la grand' appréhention et craincte du mal qu'ilz ont leur faict hébetter les sens, qu'ilz ne sçavent qu'ilz font, non plus que nyaiz ou enfans ou insencez, ainsi que j'en nommerois bien aucuns ; en quoy faut louer M. de Bussi. Dont bien luy servit ; car autrement il estoit mort, d'autant que les autres le suivoient et cherchoient à cheval, et par ainsi il esvada. J'estois lors mallade d'une grosse fiebvre tierce, et, oyant ceste escouppetterie, je creus que c'estoit la garde qui estoit là assise, et dis en moy-mesme que telles gens estoient indiscretz et mal créez de tirer ainsi de nuict. Toutesfois j'envoye sçavoir que c'estoit, car j'ouy une grande rumeur. Mes gens trouvarent M. de Grillon avec cinq ou six de ses gens, et un bon espieu en la main, qui cherchoit M. de Bussi, lequel s'estoit retiré, après que les autres s'en furent allez, chez M. Drou, capitaine des Souysses de Monsieur, où il l'alla trouver, et le ramena à son logis sain et sauve ; et m'envoya de ses recommandations, et me manda comm' il l'avoit eschappé belle.

L'endemain, luy, ayant sceu d'où estoit venu le jeu, commança à braver, à menasser de fendre nazeaux, et qu'il tueroit tout ; mais amprès, il fut adverty de bon lieu qu'il fust sage, et fust muet et plus doux, autrement qu'on joueroit à la prime[1] avecques luy, car de très-grandz s'en mesloient ; et de bon lieu fut adverty de changer d'air et de s'absenter de

---

1. *Qu'on joueroit à la prime avecques luy*, c'est-à-dire qu'on prendrait les devants, qu'on le préviendrait.

la court pour quelques jours, ce qu'il fit avecqu' un très-grand regret; et ce fut alors qu'il sortit de Paris, très-bien accompaigné d'une belle noblesse et bien montée, car toute celle de Monsieur y estoit, à laquelle il avoit commandé expressément de l'aller conduire; et nul gentilhomme de ceux du roy n'y alla, que MM. de Grillon, de Neufvic et moy, encor que j'eusse la fièbre, mais ce n'estoit pas mon jour; dont le roy n'en fut contant puis après; mais je m'excusay qu'il estoit mon parent et mon amy, et mesmes qu'on nous avoit assuré qu'on le vouloit tuer par les rues, où nous pensions nous battre à chasque canton¹; à quoy le roy m'excusa fort facilement, car il me portoit lors bon visage. C'estoit le jour des nopces de Chemeraut² que je luy en parlis, à sa première pause du bal, ainsi qu'il menoit la maryée. Je conterois là dessus force particularitez gentiles, mais elles seroient trop longues; si diray-je ceste-cy : c'est qu'ainsi que nous marchions par cette ville, M. de Grillon, le brave, prit sept ou huict bons hommes avec luy pour marcher debvant, et comme menant les courreurs. Quand il fut à la porte de Sainct-Anthoine, se doubtant que la garde qu'y estoit ne nous voulust empescher la sortie, M. de Grillon faict ferme sur le pont avec deux ou trois, et les autres les advance vers la bacule. Cependant il faict semblant s'amuser à parler à un, à faire bonne mine, en attendant que le gros arrivast et que la

---

1. *Canton*, coin.
2. Méry de Barbezières, seigneur de Chemerault, chevalier des ordres du roi, marié à Claude de l'Aubespine, mort le 5 mai 1609.

garde ne prist allarme. Cependant nous arrivasmes, et sortismes si excortement, que jamais ne s'ensuivit aucun bruict. MM. les mareschaux de Montmorancy et Cossé estoient sur le haut des tours de La Bastille, prisonniers, se pourmenans, qui advisoient le jeu et eussent fort voulu, comm' ilz dirent despuis, que ce fust esté pour eux. Quand nous fusmes au Petit Sainct-Anthoine[1], nous fismes alte; la plus grand' part s'en retourna dans la ville, voyant qu'il n'y avoit plus de danger, dont j'en fus un de ceux-là, à cause de ma fiebvre ; et en disant tous adieu audict sieur de Bussi, il me pria tout haut par sus tous, comme son bon cousin, que quand je serois au Louvre, que je portasse la parolle pour luy : « Qu'on avoit faict un affront à Bussi, dont il s'en ressentiroit avant que mourir, et bientost, contre quiconque fust, et qu'on se guardast de luy; » et puis me pria de porter ses humbles recommandations à une dame de laquelle il portoit deux faveurs sur luy, l'une à son chappeau et l'autre à son col, car il portoit un bras en escharpe, et que les faveurs seroient bien cause qu'il en tueroit quelques uns avant qu'il fust longtemps, et que l'affront qu'on luy avoit faict seroit vangé par plus de sang qu'on ne luy avoit voulu faire perdre. Je ne faillis de dire le tout et m'en acquicter, comme je luy avois promis.

Despuis, il ne comparut à la court que quelques années après, que Monsieur eut faict son accord avec le roy, qui avoit les armes contre luy. Monsieur se

---

1. Couvent situé rue Saint-Antoine et qui était habité par des hospitaliers de l'ordre de Saint-Augustin.

tint à sa court mieux que devant, en bonne union avec luy; Bussi y vint aussi trouver son maistre, qui[1], ne se pouvant contenir et portant envie à M. de Quiélus, grand favory et aymé de son roy, falut qu'il se prist à luy, et le querellast; mais le roy leur fit commandement à tous deux sur la vie de ne se demander rien. Par cas, au bout de deux jours, M. de Bussi, tournant des Tuylleryes, monté sur une bonne jument d'Espaigne, ayant le capitaine Rochebrune, de Lymosin, avec luy, près la Porte-Neufve sur le quay, se rencontra à M. de Quiélus, qui alloit d'où il venoit, accompaigné de M. de Beauvais-Nangi et deux autres. M. de Quiélus, le voyant en beau jeu, perdit patience, et oublia le commandement de son roy, ou plustost s'assurant de son vouloir, chargea M. de Bussi, qui, voyant la partie toute faicte sur luy (car il le voyoit venir le long de ce quay), bravement se desmesla d'eux et gentiment se sauva, et s'en alla au pont Sainct-Clou, où de là escrit une très-belle lettre au roy. La substance est qu'il mande l'affront que Quiélus luy a faict, et s'en plainct à luy, ne luy demandant autre justice ny raison, sinon qu'il le supplie de vouloir pardonner audict Quiélus et luy donner grâce, d'autant qu'il a viollé son commandement, et pour ce est criminel, et, estant tel, il ne le veut ny peut combattre, car il se fairoit tort, pour le peu de gloire qu'il y auroit; mais, ayant esté pardonné de luy et en sa grâce et remis de son crime, alors il le combatra sans aucun scrupulle, car résollument il faut qu'il se combatte contre luy. Le roy

---

1. *Qui*, Bussi.

voulut que les choses n'allassent plus advant, et
M. de Bussi se retira de la court[1].

Si je voulois raconter toutes les querelles qu'il a
eues j'aurois beaucoup affaire : hélas ! il en a trop
eu, et toutes les a desmeslées à son très-grand honneur et heur. Il en vouloit souvant par trop à plusieurs, sans aucun respect : je luy ay dict cent fois;
mais il se fioit tant en sa valeur, qu'il mesprisoit tous
les conseils de ses amis. S'il fust esté plus respectueux, on ne luy eust suscité le cruel massacre où il
a tumbé ; car, faisant l'amour à une dame, il y fut
attrappé[2]. Aussi dict-on de luy : que les deux dieux
qu'il avoit ses plus aymez et qui le tenoient le plus
chéry, le firent mourir. L'on fit de luy force épitaphes à la court et en France, dont j'en recueilli

---

1. « Le samedi 1ᵉʳ février (1578), dit l'Estoile, Quélus, accompagné de Saint-Luc, d'Arques et Saint-Mesgrin, près la porte Saint-Honoré, hors la ville, tira l'épée et chargea Bussy d'Amboise, qui, monté sur une jument bragarde (*vigoureuse*) de l'écurie du roy, revenoit de donner carrière à quelque cheval dans les corridors des Thuilleries, et fut la fortune tant propice aux uns et aux autres que de plusieurs coups d'épée tirés, pas un ne porta, fors sur un gentilhomme qui accompagnoit Bussy, lequel fut fort blessé. » — Voyez dans le volume CX de la collection Dupuy, f° 93, la lettre (en copie) de Bussy demandant au roi le combat contre Quélus. Elle est datée du 3 février, c'est-à-dire du surlendemain de l'attaque dont il avait failli être la victime.

2. Il était l'amant de Françoise de Maridor, femme de Charles de Chambes, comte de Montsoreau, chambellan et grand-veneur du duc d'Anjou. Henri III dévoila cette intrigue au mari, et celui-ci força sa femme de donner un rendez-vous à Bussy, qui y fut assassiné avec son confident, le lieutenant criminel de Saumur, le 19 août 1579. Voyez l'Estoile à cette date, et de Thou, liv. LXVIII.

deux, que je trouve bons et dignes d'estre mis icy, l'un en latin et l'autre en françois, qui sont ceux-ci :

BUSSII VIRI FORTIS. FORMOSISS. NOBILISS. EPITAPHIUM.

Formosæ Veneris, furiosi Martis alumnus,
   Nobilium terror, Bussius hic situs est.
In Monsoranis castos turbans hymenæos,
   Incautus crebris ictibus occubuit.
Insidiis periit furtivo Marte peremptus ;
   Non potuit solum solus habere parem.
Usus erat semper Veneris Martisque favore ;
   Sed Mars hunc tandem prodidit atque Venus.
Hinc sacros violare thoros dedicite, mœchi ;
   Sanguine puniri debet adulterium.

AUTRE.

Passant, tourne le monde et va chercher Bussi ;
Son cœur, plus grand qu'un monde, a mis son corps icy :
Tu as veu d'autres mortz, tu n'en vis jamais une
Qui ayt si peu laissé mourir pour le trespas.
Son plaisir fut sa mort, ses plaisirs ses combatz.
Il fut crainct du Soleil, bien aymé de la Lune [1],
Délaissé seulement de l'ingratte fortune,
Qui ne l'avoit aymé, car il ne l'aymoit pas.
Son âme brave encor le plus brave du ciel,
Et ce que j'en escritz d'une plume attrempée [2],
Au lieu du papier blanc, il escrivit au ciel.
Son ancre fut son sang, sa plume son espée.

Dieu ayt son ame ! mais il mourut (quand il trespassa) un preux très-vaillant et généreux. Aux guerres, partout où il s'est trouvé, il a très-bien combattu. A la prise de Bains [3] en Flandres, il n'y oublia rien de sa

---

1. *Le soleil*, Henri III. — *La lune*, Marguerite de Valois.
2. *Attrempée*, modérée. — 3. Bins, en 1578.

charge de couronnel, qu'il ne s'en acquittast très-vaillamment. A la prise de la ville de Fontenay en Poictou[1], estant maistre de camp, ainsi que le régiment qui estoit commandé pour y aller estant en garde, M. de Bussi le prévint, et marchant devant, y cuyda faire une grande sédiction pour la précéance. Au siège de Lusignan, il combatit et emporta[2] les marques. A celuy de Saint-Lô, il n'y fut pas blessé, mais il ne laissa à l'assaut de faire toutes les preuves d'armes qu'il est possible, aussi bien que ceux qui furent blessez. Si bien que celuy qui en porta les nouvelles de la prise à la reyne régente pour lors (je ne le nommeray point), qui louant extrêmement M. de Lavardin[3] qui avoit esté griefvement blessé, M. de Bussy le voulut quereller et luy faire un affront très-grand et le tuer, sans une personne que je sçay; et l'appelloit larron d'honneur, d'autant qu'il avoit parlé par trop sobrement à la reyne de luy, et par trop haut loué l'autre. Or, c'est assez parlé de luy; j'en parleray encor' ailleurs.

Après luy mort, M. de La Rochepot[4], gentilhomme de grand'maison et bonne valeur, eut sa place de couronnel, et Monsieur la luy donna pour le cognoistre tel, qui luy donna de la gloire et de l'exercice en

1. En septembre 1574.
2. *Emporta*, en rapporta.
3. Jean de Beaumanoir, marquis de Lavardin, maréchal de France (1595), mort à Paris en novembre 1614. Il se fit catholique après la mort de son père, qui avait été massacré à la Saint-Barthélemy.
4. Antoine de Silly, comte de la Rochepot, gouverneur de l'Anjou. Voy. p. 151.

la guerre de Flandres que son maistre y a faict, et qui a commandé à de très-belles trouppes et à de très-bons et vaillants maistres de camp et capitaines. Ce fut luy qui commança dans Anvers à cellébrer la feste de sainct-Anthoine, où s'estant saisy d'une porte, donna le premier d'un coup de tracquet[1] dans le corps d'un bourguemaistre de la ville, et le tua tout roide mort. On dict que si tous les François de la porte eussent faict de mesmes que luy, et chascun eust tué son homme, la porte estoit à eux, et par conséquant les forces de dehors dans la ville, et la ville prise. Despuis, ledict M. de Rochepot a tousjours très-bien servy son maistre jusques à la mort. Il fut gouverneur d'Anjou, et tousjours en belle réputation. Venons à d'autres couronnelz.

Le roy de Navarre, en sa guerre huguenottique, a eu ses couronnelz aussi bien comme les autres. Il a eu le premier M. de Lavardin qu'il avoit nourry et eslevé dès son enfance, et estoient tous deux pareilz d'aage et de religion. Il sçavoit sa portée. Il l'avoit veu en affaires et le cognoissoit pour fort vaillant. Aussi le tenoit-on plus garny de vaillantises que de conduicté. Mais, soit ce qu'il fust, il n'a point eu de reproche en sa charge.

En la dernière guerre de la Ligue, il quicta sa charge, et tint le party contraire à celuy du roy de Navarre, qui l'avoit créé, et de faict, estant dans Niort avec M. de Malicorne son oncle, luy faisoit fort la guerre, à bon escient. En quoy on le tenoit très-ingrat, et le susdict roy luy en portoit grand' hayne,

---

1. *Tracquet*, poignard.

mais non si cruelle qu'il ne luy envoyast tousjours quelque bon mot de guerre gentil, ou recommandations, et qu'il l'avoit nourry, et qu'il sçavoit ce qu'il portoit avec soy. Aussi, hors le cul sur la selle, il luy faisoit toutes les courtoisies qu'il pouvoit, et à ses gens.

Aucuns le tenoient ingrat; mais qui voudra considérer l'obligation qu'il avoit à son roy naturel, et celle qu'il avoit au roy de Navarre, il ne le trouvera si tasché de ce vice d'ingratitude qu'on diroit bien; car, outre le devoir naturel qu'il devoit à son roy, il luy estoit grandement tenu et obligé de la grâce qu'il luy avoit donné de la mort du jeune Randan[1], qu'il avoit tué un peu trop promptement et légèrement, ce disoit-on; aussi pour tel bienfaict servit-il bien le roy, et ferma les yeux à tout.

Avant ceste guerre de la Ligue, il estoit allé servir Monsieur en Flandres avecqu'une très-belle trouppe, et s'y fit fort remarquer. Pour fin, partout où il s'est trouvé il a faict très-bien; il avitailla Vitray[2] en Bretagne, assiégé de M. de Mercure; il y avoit près de neuf mois qu'il n'en pouvoit plus et estoit prest à se rendre. Il y entra dedans avec forces fort heureuse-

---

1. « En ce mois de may 1578, dit l'Estoile, Lavardin, à Lucey en Vandomois, tua de sang froid le jeune Randan qui faisoit l'amour à la jeune dame de Lucey, riche veuve que ledit Lavardin aimoit pour l'épouser; et, après ce meurtre si barbare, se retira en Gascogne vers le roy de Navarre, son maître. »

2. *Vitray*, Vitré. Mercœur assiégea Vitré deux fois; la première fois en 1588, la seconde en 1589. C'est à ce dernier siége que fait allusion Brantôme. Le duc fut obligé de le lever le 4 août, après être resté non pas neuf mois, comme le dit Brantôme, mais quatre mois et demi devant la ville.

ment et vaillamment ; et puis (ce qui est le plus beau), après y avoir mis les gens qu'il faloit et pourveu à tout, il en sortit, luy guetté et attendu par toutes les portes, et empesché de barricades, de corps-de-garde, de fossez, bref de tout; mais il sortit par la bresche en menant les mains, luy et ses gens, comme un piffre. Enfin Vitray, qui s'en alloit perdu et exposé entre les mains de M. de Mercure dans peu, se sauva ainsi par le moyen dudict sieur Lavardin. Bref, je ne sçarois dire tant de bien de luy qu'il y en a, par lesquelz despuis il a esté faict mareschal de France. Puis il y a tant d'escrivains aujourd'huy, je leur en quicte la plume. Si diray-je encor comm' il fut blasmé à la bataille de Coutras. Après avoir faict la première charge, il ne tourna au combat. Il n'estoit pas possible de mieux faire qu'il fit; car y estant mareschal de camp, et faisant la première poincte, il chargea si vaillamment et si furieusement, qu'il mit la cavallerie légère du roy de Navarre en routte, et, poursuivant son ennemy fuyant jusques à Coutras, et voulant tourner ne trouvant plus à combattre, retourna à son gros; il vit son général deffaict et mort, par quoy ce fut à luy à songer à se sauver à Aubeterre, comme les autres.

Il fut aussi blasmé de n'avoir bien recognu son champ de bataille, ny assis ses bataillons, ny rangé, ny logé ses gens, comm' avoit faict ce brave, vaillant et expérimenté M. de Favas. A cela, comme j'ay dict, il estoit plus meslé de vaillance que de conduicte. Mesmes les huguenotz s'en esmayoient[1] qu'on

---

1. *S'en esmayoient*, s'en étonnaient.

l'avoit créé tel, car ilz le tenoient tousjours pour fort vaillant, mais non si sage et advisé comm' il estoit requis en une telle charge. Sur quoy je me souviens qu'au siège de La Rochelle, comme vous sçavez qu'en telz endroictz et rencontres il y en a tousjours quelqu'un qui dict le mot, le capitaine Normand, qui estoit l'un des principaux chefs de léans, encor qu'il ne fust noble de lignée, mais fort de l'espée, car force l'avoient veu aux premières guerres goujat du sergent Navarre, d'une des couronnelles de M. Dandelot, il nous dist un jour en gaussant : « Vous n'a-
« vez garde, vous autres messieurs, de vous fascher
« tant que nous, d'autant que vous avez avec vous
« le fol et bouffon de la Cause, qu'est le jeune Des
« Pruneaux[1]; et la petite monine[2] de la Cause, qu'est
« Lavardin, qui est brave et vaillant; mais ilz vous
« donnent mille petitz passe-temps, et font mille
« petites gentillesses et singeries pour vous resjouir,
« comm' ilz faisoient à nous autres, avant que vous
« nous les eussiez substraictz. » Je vis Des Pruneaux fort en collère de ces petitz brocards, voulant appeller au combat le capitaine Normand; et en consulta avecqu' aucuns de ses amis, dont j'en estois l'un, à qui je dis en riant que c'estoit un abus de le faire appeller là, car il n'y viendroit jamais, acquérant plus d'honneur et de gloire léans, dont il en estoit tout saoul et replet, que se battre à luy : et quant bien il y voudroit venir qu'on l'en engarderoit dans la ville, pour en avoir affaire ailleurs. Par quoy il

1. Roch de Sorbière, seigneur de Pruneaux.
2. *Monine*, guenuche; de l'italien *monnina*.

désista de cet appel ; car je cognoissois ledict capitaine Normand pour un gosseur qui se mocqueroit de luy. Par quoy il me creust et d'autres. Il est encor vivant, il le peut dire ainsi ; car M. d'Estrozze et moy l'avions ainsi ensemble conféré.

Quand à M. de Lavardin, il n'en fit que rire, et ne s'en formalisa point autrement, sinon que, s'il l'eust trouvé, il luy eust bien faict sentir ; mais au revoir il l'attrapperoit. Nottez que les huguenotz vouloient grand mal à ceux qui les avoient quictez ; et M. de Lavardin ne pouvoit pas mieux faire, car il avoit veu son père jetter dans l'eau et noyé[1], et que sans madame de Dampierre qui le garda dans sa garderobe caché, il estoit mort et noyé comme le père. En quoy despuis ne le recogneut en son endroict, et de sa fille[2] madame la mareschalle de Raiz, comme je les en ay veu plaindre.

Ce fust esté grand dommage si ce brave seigneur fust esté traicté ainsi comme son père ; car despuis il a faict de si grandz et signallez services à la France, qu'après la mort du mareschal d'Aumont, il a eu son estat, qui est des vieilles places, et se peut dire vray mareschal de la France, et non pas de la recreue des autres. Or ce conte de luy, et puis plus :

Comme j'ay dict cy-devant, M. de Bussy faillit à estre tué à Paris en rue de Grenelles ; il sceut despuis que M. de Lavardin estoit le chef de ces douze tueurs ; par quoy il résolut de le tuer, et luy rendre

---

1. A la Saint-Barthélemy.
2. *En son endroict, et de sa fille*, c'est-à-dire en l'endroit de Mme de Dampierre et de la fille de celle-ci.

ce qu'il luy vouloit prester, ou le combattre. Luy, après avoir esté longtemps en Gascoigne avec le roy de Navarre, vint en Anjou. Après longues allées, venues, entremises, menées et difficultez recherchées, il fut concerté que, pour la seuretté du combat, ilz s'en remettroient et fieroient du tout à M. le conte du Lude, qui a esté certes en son temps l'un des honnestes, braves et vaillans seigneurs de la France, et autant homme de bien, et a servy ses roys aussi bien et noblement en soldat à pied, en cheval-léger ou capitaine de chevaux-légers, de gens d'armes, de gouverneur de provinces et lieutenant de roy, qu'aucun son pareil

Le conseil donc faict tel, et le jour arresté et venu, arrivarent au Lude[1] l'un après l'autre. M. du Lude, sans autre cérimonie, les prit tous deux par la main, les enferma tous deux dans son jardin, et puis les laissa faire. Les uns disent que M. du Lude prit parolle de tous deux de ne mettre point les armes en main, qu'ilz n'eussent parlé ensemble et advisé de se contenter de parolles; autres disent que l'un et l'autre avoient commandement d'autres grandz de ne se battre, ains de se faire des satisfactions très-honnestes, comme en telz cas pareilz se doibvent faire entre cavalliers gentilz comme ceux-là. Tant y a, après avoir faict plusieurs tours d'allées dans ce beau jardin du Lude, s'estre contentez et embrassez et faictz bons amis, ilz vindrent à la porte du jardin prier qu'on leur ouvrist. M. du Lude, qui les y attendoit, n'y faillit pas, et les mena tous deux

1. Le Lude, dans la Sarthe, arrondissement de la Flèche.

soupper et coucher ensemble, et faire mille follies, et toute la nuict en place et en chemises tirer leurs espées nues l'un contre l'autre, et faire mille jeunesses sans venir à mal; ainsi que M. de Lavardin luy-mesmes me l'a conté, au bout de quelques temps[1], en la chambre de la reyne-mère, à La Réolle, lorsqu'elle mena la reyne sa fille au roy de Navarre son mary. Il vit encor, il s'en peut souvenir. Qui lira et sçaura ce conte le trouvera par trop estrange, que deux si braves, vaillans, escallabreux et poinctilleux gentilzhommes, ayent passé leur différant de telle façon. Or, c'en est assez parlé; venons à d'autres.

Durant ceste dernière guerre civile de la Ligue, M. de Lavardin ayant quicté le party du roy de Navarre, et s'estant bandé contre luy, M. le conte de La Rochefoucaud[2] eut sa place de couronnel, et le roy de Navarre la luy donna; non qu'il la pourchassast aucunement, car il n'avoit aucune envie de tenir ce party, ains celuy de M. de Guyze, lequel il honnoroit beaucoup, et desiroit courir sa fortune, tant parce qu'il avoit cet honneur de luy appartenir à cause de Ferrare et Mirande, deux maisons alliées, et sa mère estoit de la Mirande[3], et aussi qu'il m'a dict cent fois que c'estoit son humeur d'aymer et estimer M. de Guyze plus que seigneur du monde, à cause de ses mérites. Il n'en faut poinct doubter, car je le sçay mieux qu'homme du monde, et ce que

---

1. En 1578.
2. François, quatrième du nom, comte de la Rochefoucauld, tué à Saint-Yrier-le-Perche, le 15 mars 1591.
3. Silvie Pic de la Mirande.

nous en conférasmes ensemble, esgarez dans des bois à un randez-vous, affin qu'on ne nous soupçonnast.

Si M. de Guyze eust adverty M. ledict conte seulement de ses dessains quinze jours advant, Angoulesme, Sainct-Jehan, Xainctes et Cougnac estoient à sa dévoction; car ce seigneur estoit l'un de la Guienne qui le pouvoit mieux faire, et qui avoit autant de créances dans ces villes et parmy la noblesse et le peuple du pays. M. du Mayne se peut ressouvenir de ce que luy en dis, quand il vint en Guienne avec son armée.

Cependant le roy de Navarre ne chauma pratiquer et gaigner ce seigneur; et pour ce luy donna cest estat de couronnel, qu'il exerça fort dignement jusqu'à ce que le roy de Navarre parvint à la couronne; lequel à son évènement[1], ne voulant rien innover, ains confirmer tous les estatz, M. d'Espernon continua le sien. Du despuis ce pauvre conte estant appellé pour aller lever le siège de Sainct-Yriers, vraye bicoque en Lymosin, que M. de Pompadour, brave et vaillant seigneur, avoit mis devant pour la Ligue, et dedans estoit M. de Chambret[2], brave et vaillant gentilhomme, et très-advisé, ce seigneur conte y alla soudain; car il estoit très-vouluntaire à monter à cheval pour ses amis. Où estant, fut donnée une petite bataille ou rencontre, là où ceux du party du roy eurent du pire et furent très-bien battuz. Ceux

---

1. *Évènement*, avénement.
2. Louis de Pierre-Buffière, sieur de Chambret, lieutenant général du Limousin (1594).

qui opiniastrèrent en ce combat furent tuez, comme ledict conte, et force honnestes autres braves gentilzhommes avec luy, comme fut La Coste Mézières[1], gouverneur de la Marche, et Fredaignes, enseigne du mareschal d'Aumont, et force d'autres vaillans, lesquelz je passeray pour ce coup par la plume.

On dict que ledict conte fut tué de sang froid; quoy ny comment il a esté tué, ç'a esté un très-grand dommage, car c'estoit un brave seigneur et un très-homme de bien, qui estoit le meilleur.

Le roy, voyant que M. d'Espernon estoit par trop occupé à ses gouvernemens de Xaintonge et d'Angoumois, et pour ce ne pouvoit pas vacquer à son estat de couronnel, ou qu'il le voulust autrement, desiroit fort qu'il se deffist de sondict estat de couronnel pour en honnorer M. de Chastillon[2]; mais M. d'Espernon n'avoit garde de s'en deffaire, tant s'en faut; il en porta quelque jalouzie sourde et hayne à M. de Chastillon, encor qu'il fust fort proche de madame d'Espernon[3] sa femme.

Certes, le roy avoit raison de desirer cest estat à M. de Chastillon, car il en estoit très-capable, fust en vaillance, fust en conseil et conduicte; car il estoit très-sage, tout jeune qu'il estoit, et tout vaillant et hasardeux, qu'on n'en eust sceu trouver d'autre qui le fust plus que luy. Il représentoit en tout le

---

1. Gabriel de Rye de la Coste-Mézières.
2. François de Coligny, seigneur de Châtillon-sur-Loing, amiral de Guïenne, mort en 1591.
3. Marguerite de Foix, fille de Henri de Candale et de Marie de Montmorency, cousine de Châtillon.

père par le visage fort, mais la mère[1] (qui estoit petite, sortie de la maison de Laval et du Lude) en petitesse. Je laisse donc à penser comment l'extraction de ces braves races de Chastillon, Laval et Lude, luy aydoient à le faire vaillant comm' il estoit; et fort froid avec cela comme le père, et point esmeu, sinon sur l'heure du combat. Au reste, qui est le bon, il estoit homme de bien et de claire vie[2], craignant Dieu. M. l'admiral l'avoit faict, avec ses deux frères autres, très-bien et vertueusement nourrir, si bien que tous avoient très-bien retenu de leur nourriture. Aussi tous les trois frères ont esté fort honnestes et braves seigneurs. Ilz furent pourtant habandonnez bientost de leur père, qui, après sa mort, furent contraintz se sauver à la fuite dans la ville de Basle, où les habitants, pour l'honnorable mémoire du père, les receurent en toute courtoisie et honnestetez; et y demeurarent assez de temps, au moins les deux, avec madame de Thelligny[3] leur sœur, despuis princesse d'Orange ; laquelle (cas estrange), en ce pays barbare et rude, prit telle grâce et telle habitude vertueuse et si agréable, qu'estant en France de retour, elle se rendit admirable par ses vertus et belles et bonnes grâces, et donna au monde occasion de s'esbahir et de dire pour l'amour d'elle : que les pays durs et agrestes et barbares rendent bien quelquesfois les dames aussi accomplies et gentilles que

1. Charlotte de Laval, morte en 1568. Elle était fille de Gui, comte de Laval, et d'Antoinette de Daillon.
2. *Claire vie*, vie à découvert.
3. Louise de Coligny, femme 1° de Charles de Téligny; 2° de Guillaume de Nassau, prince d'Orange.

les autres pays doux, courtois et bons ; non que je veuille dire que le pays de Basle soit tel, car il produict force personnes et choses bonnes, mais non pas les femmes si advenantes, coinctes[1] et agréables comme les autres pays. Mais on dira bien aussi que ladicte princesse avoit pris sa première habitude en France, et coustumièrement retient-on mieux les premières et plus jeunes impressions.

Leur jeune frère ne les peut suivre, qui est M. Dandellot[2] d'aujourd'huy, lequel fut précipité du haut d'une tour en bas, mais Dieu le sauva ; et demeura longtemps perclus de ses membres ; mais il s'est très-bien remis despuis, de sorte qu'il est de très-belle taille, et brave et vaillant gentilhomme, et point huguenot.

On en eust faict de mesmes à ses frères si l'on les eust peu empoigner, par la grand' haine qu'ilz[3] portoient à M. l'admiral. Ce fut esté dommage ; mais plus grand dommage a esté de M. de Chastillon, car, s'il eust vescu, il fust esté l'un des grandz personnages un jour de son temps, et n'eust faict déshonneur au père. Il aymoit fort l'infanterie et s'y accommodoit très-bien, et aspiroit fort à cest estat de couronnel ; et bien souvant combattoit-il avecqu'elle, comm' il a faict en plusieurs lieux, et mesmes au siège de Chartres, où il alla à l'assaut, et eut un grand coup de cartier[4] sur la teste, et sans le casque

1. *Coinctes*, prévenantes, aimables.
2. Charles de Coligny, marquis d'Andelot, mort le 27 janvier 1632.
3. *Qu'ilz*, les catholiques.
4. *Cartier*, quartier de pierre. — « Peu de temps après ce

il estoit mort tout roide; mais le coup luy en demeura si sourd et si dangereux, que, n'en faisant de cas et ne gardant ny lict ny chambre, car il n'estoit autrement vanteur de court, au bout de quelques jours le mal longtemps couvé vint à jouer son jeu, et emporta avec luy le renom d'un des parfaictz seigneurs de la France.

Messieurs de la Ligue ont encor eu leur couronnel comme les autres, comm' a esté M. le chevallier d'Aumalle[1]; lequel a esté un très-brave et vaillant jeun' homme; et si ceux de la Ligue en eussent eu une demye-douzaine de pareilz, assurez-vous que leurs affaires en fussent mieux allées; car il estoit fort entreprenant et hazardeux, et le monstra à l'entreprise de Sainct-Denys. Que si tous eussent faict comme luy, la place estoit gaignée; aussi le monstrarent-ilz bien, car, luy mort, estendu sur le pavé, tout le reste se retira à sauve-qui-peut. La règle faillit en luy, que aucuns ont dict : que quiconque veut estre bien nourrisson de Mars, il faut dès l'enfance tetter du lait de la déesse Bellonne. Mais celuy, comme force autres, n'en allaicta jamais, car il avoit esté desdié à l'Église, et longtemps l'ay-je veu qu'on l'appelloit M. l'abbé du Bec. Mais je vous assure que ç'a esté un très-bon et vaillant homme de guerre; et, s'il eust vescu longuement, il eust esté un très-

---

siége, dit Palma Cayet (année 1591), M. de Chastillon, estant allé en sa maison qui est sur la rivière de Loin, devint malade, dont il mourut.... C'estoit un seigneur brave et vaillant, et surtout bien entendu aux mathématiques. »

1. Claude de Lorraine, dit le chevalier d'Aumale, tué à l'attaque de Saint-Denis, le 3 janvier 1591.

bon et dangereux capitaine contre les partisans royaux.

Il faut encor savoir ceste chose : qu'est quand les Poullonnois esleurent nostre roy dernier pour leur roy, entr'autres condictions qu'ilz luy imposarent, fut qu'il emmeneroit en leur pays six mille Gascons, pour faire la guerre aux Tartares, et les y entretiendroit et raffreschiroit tous léans, à leurs despans pourtant, qu'ilz promettoient fort bien de les bien payer et soldoyer.

Le roy, qui aymoit fort M. du Gua[1], et qui luy avoit veu fraischement très-bien faire à l'assaut de l'Evangille[2] à La Rochelle, et y estre fort blessé à un bras, après avoir accordé ce party aux Poullonnois, fit M. du Gua dès-lors son couronnel général de ses trouppes, lequel, après luy en avoir rendu très-humbles grâces, luy demanda congé pour s'en aller à Paris parachever à se faire guérir, et cependant faire provision et cabinet d'armes, comme je l'ay veu beau à son hostel d'Anjou.

M. de Bellegarde, prenant l'occasion au poil, voyant Le Gua absent, brigue cet estat, tant par les moyens du roy et de la reyne mère que d'autres; si bien qu'il en estoit quasi esbranlé, sans que M. du Gua, ayant veu, de retour, son maistre à Paris, qui rompit et renversa tout ce que l'autre avoit basty; et le roy son maistre luy conta toutes les menées qu'on avoit faict contre luy, ainsi qu'est le naturel des princes de dire tout, voire plus qu'il n'y a; car ilz sont hors de combat.

---

1. Voy. t. V, p. 198 et suiv. — 2. Du bastion appelé *l'Évangile*.

M. du Gua fut en collère, ne faut point dire comment, pour voir M. de Bellegarde courir sur son marché, qui[1] l'avoit mis en grâce avec son maistre et fort advancé envers luy, encor que d'ailleurs et de soy-mesme et du mareschal de Retz, duquel il[2] avoit esté lieutenant en sa faveur[3], s'estoit fort faict paroistre pour très-gallant homme qu'il estoit; si bien que le voylà ennemy mortel de Bellegarde. Je sçay après ce qu'il m'en dist comme à son très-grand amy; je sçay après ce que j'en dis à M. de Bellegarde, que moy venant de la court en poste, et luy y allant de mesmes, nous nous rencontrasmes dans la forest de Chastelleraud, qui estoit assez tard, et la nuict approchoit. Soudain nous nous embrassâmes, et mismes à causer l'espace d'une grosse demye-heure, tant que la nuict nous surprit. Après avoir devisé des nouvelles communes un peu et non guières, il me demanda de M. du Gua, et si je luy avois ouy parler de luy : je luy dis que ouy, et qu'il alloit assez à poinct et assez viste en poste pour estre querellé de luy. Alors il m'alla discourir, après m'avoir ouy, comme il n'avoit raison d'estre si mal content de luy, et m'en fit tout le discours. Après nous nous despartismes.

Luy arrivé à la court, Monsieur, leur maistre, leur commanda de ne se demander rien, mais jamais despuis ne furent amis, comme j'ay dict cy-devant, et pense avoir faict le discours mesmes, ailleurs; mais c'est tout un, et tout m'est pardonné, pour n'estre

---

1. *Qui*, lui (du Gua) qui. — 2. *Il*, Bellegarde.
3. *En sa faveur*, lors de la faveur du maréchal de Retz.

bon et mémoratif[1] escripvain. M. du Gua pardonnoit malaisément de telz traictz.

Pour ceste fois, le coup fut rompu de ne mener ces Gascons, car la partance du roy estoit hastéé; et fut remis quand il seroit là, qu'il auroit veu les choses et affaires à l'œil, et pour autres raisons que dirois bien. En ce faict, une chose est fort à considérer de ces Poullonnois et de leurs demandes de ces trouppes gasconnes, qui est, comme ce nom de soldat gascon s'estoit espandu parmy la chrestienté, voire une partie du monde, que tout soldat françois, mais qu'il fust vaillant, on le tenoit pour Gascon. Cela me faict souvenir de ce que j'ay leu dans Paule-Æmile en son histoire de France, que : durant la guerre saincte, tous les bons hommes et braves et vaillans gentilzhommes, chevalliers, soldatz et gens-d'armes, on les disoit tous François; et avoient beau à estre Anglois, Allemans, Flamans, Espaignolz, Italliens, Hongres et autres nations, ilz estoient toujours dictz François, mais qu'ilz fussent vaillans et qu'ilz eussent faict quelque bel acte de guerre. Si bien que le nom françois, ce dict Paule-Æmile, estoit un nom de vaillance et non de nation.

Quelle gloire pour les François de ce temps-là, et une grand' æmulation pour ceux qui sont à venir! De mesmes est le nom des soldatz gascons, et principallement en Italie, où les guerres ont esté despuis cent ans, car la pluspart des soldatz françois qu'y ont passé, repassé et combattu, ont estez tousjours nommez Gascons.

---

1. *Mémoratif*, qui a de la mémoire.

M. de Montluc, dans son livre, lorsqu'il dist au roy François, pour l'animer à la battaille de Serizolles, qu'ilz estoient en Piedmont pour gaigner la battaille six mille Gascons desquelz il faisoit bon[1]; il l'entendoit et le parloit ainsi comme les autres le plus usagement; mais de tous ces six mille tous n'estoient pas Gascons, car il y en avoit force bons Provançaux et braves Dauphinois et autres, voire François[2], fourrez parmy eux; car les capitaines, qui n'estoient pas tous Gascons, le monstrarent bien, et aussi comme je l'ay ouy dire à plusieurs qui estoient de ce temps-là; mais il faut pardonner et excuser la frase d'iceluy temps. Toutes les trouppes qui passarent en Italie soubz Valleron, Givry et M. de Nemours, on les disoit tous Gascons. Je ne veux pas parler du temps passé, car ce parler estoit commun, de dire : « sont tous Gascons, » et avec cela très-redoubtez, tant pour vaillances que pour leurs ravages et pilleries, à quoy ilz sont estez toujours fort subjectz. De sorte qu'en Italie règne encor ce mot : quand on veut donner quelque mallédiction à un autre, on dit : *Que te posso vedere centi Gasconi allogiati en tua casa*[3]! les nombrant, tant du plus ou moins, selon le grand et petit maudisson qu'ilz veulent donner.

La première fois que je fus en Italie, je fus à Nostre-Dame-de-Laurette, où je recognus entr'autres un tableau où estoit painct un pauvre diable, pasle, transi, entre les mains d'un soldat advanturier, fu-

---

1. « Sire, nous sommes de cinq à six mil Gascons comptés. » (*Commentaires* de Monluc, t. I, p. 246).
2. *François*, c'est-à-dire du pays de la langue d'oui.
3. Puissé-je voir cent Gascons logés dans ta maison!

rieux, habillé à la pendarde, qui luy tenoit l'espée à la gorge, luy demandant la bource que l'autre avoit en la main; et le tableau portoit son petit escriteau tel : *Voto d'uno qu'escapò de la man d'un Gascon*[1]. Il ne fut jamais que les Gascons n'aymassent la pille[2], ainsy que j'ay leu dans Froissard.

Quand le roy de Castille[3] vint demander secours au prince de Galles contre le bastard[4] qui luy tenoit son royaume, que Bertrand du Gasclin, avec les braves François, luy avoit conquis, entr'autres belles persuasions, il alla engeoller avec son bel *hablar*[5] castillan luy et ses Anglois et Gascons qui estoient avec luy, qu'il les fairoit tous riches, et les assuroit et promettoit telz sur gros thrésor d'or, ce disoit-il, qu'il avoit caché en un lieu que nul ne sçavoit que luy-mesmes. Quand ces Anglois et Gascons ouyrent parler de ce grand thrésor, ilz y prestarent aussitost l'oreille, « car voulontiers, dit Froissard[6], Anglois et Gascons sont convoiteux; » et estans telz il ne se faut esmerveiller s'ilz font des ravages; mais avec cela ce sont de trèsbons soldatz; et ne se faut esmerveiller si de longtemps quelque bon soldat qu'il soit, on l'ayt appellé Gascon, encor qu'il ne le soit point, mais qu'il en face la faction avecqu' un petit *cap de diou* tant seulement, et quelque peu de mine; comme j'en ay veu plusieurs qui n'estoient Gascons, ains les contrefai-

---

1. Vœu d'un homme échappé de la main d'un Gascon.
2. *Pille*, pillerie.
3. Pierre le cruel. — 4. Henri de Transtamare.
5. *Hablar*, parler.
6. Voyez Froissart, année 1366, liv. Ier, part II, ch. cxvii; édit. du *Panthéon*, t. I, p. 509 et suiv.

soient, et estoient natifz de Sainct-Denys en France, ou d'ailleurs; mais voylà! ilz ne pensoient estre estimez vaillans, s'ilz n'estoient Gascons ou les contrefissent; mais, ma foy! aujourd'huy ceste graine de vaillance s'est espandue par toute la France, que de toutes nations vous trouvez des soldatz très-vaillans, hardys et déterminez. Et ne faut point emprumpter le nom des Gascons, encor que nostre roy d'aujourd'huy, Henry IVe, les estime fort et en veuille fort auprès de luy, et pour cent François il en voudroit cinquante Gascons. Il s'entend bien en gens de guerre; voylà pourquoy il le faut croyre, encor qu'il parle tousjours de sa nation. Nous avons les Espaignolz : on peut parler de mesmes d'eux, car, encor qu'il y ait parmy eux force soldatz estrangers et point espaignolz, ilz sont Espaignolz mais qu'ils sachent parler espaignol et en faire la piaffe.

J'ay veu autresfois dans les terces de Naples, Scicille, Lombardie et autres, plus de douze ou quinze cens François; mais la pluspart Gascons et autres nations, mesmes François, tous estoient dictz Espaignolz; mais quelz François et Gascons estoient-ce! C'estoient tous vieux soldatz espaignollisez, parlans l'espaignol mieux que leur langage, s'accommodans du tout à la façon espaignolle, *las bigotas relevadas*, « les moustaches relevées, » leurs gestes bravasches; si bien qu'ilz estoient tous Espaignolz, et les eust-on jugez tous telz. Et qui croyroit une chose? qu'il y a environ dix ans, il s'est trouvé parmy les commédians des *Gelosi*[1] celuy qui faisoit le brave ou le

---

1. « En ce mois de février (1577), dit l'Estoile, les comédiens

capitan espaignol, c'estoit un François qui, s'estant longtemps raffiné parmy les bandes espaignolles, en parloit le langage et en avoit les mesmes gestes et mesmes *trajes*[1], comme dict l'Espaignol, qui est la même façon et guarbe.

Il y a quelque temps que de Bourdeaux partit un filz de madame la présidente Poynet, qui s'appelloit Binet, et s'en alla voir le monde. Il pratiqua si bien les bandes espaignolles, qu'il parloit la langue mieux que la sienne; et y est tellement parvenu que le roy d'Espagne le cognoit et luy a baillé à Naples une compaignée de gens de pied; et se faict appeler *Carlos de Villamor*, ce m'a dict M. de Lanssac; et le roy d'Espaigne luy en parla estant en Espaigne, luy disant la nourriture dudict Binet; mais avant il avoit esté avec moy. Que c'est du noble François, qui est né à tout quand il veut!

D'autres couronnelz nos roys ont eu : comme fut François, marquis de Sallusses, que le roy François, avoit honnoré de l'estat de couronnel général de l'infanterie italienne qu'il eut en ses guerres; mais après il le quicta mal à propos.

Comme fut aussy le duc de Somme[2] grand seigneur et prince du royaume de Naples, et banny pour estre bon François; lequel a porté titre de couronnel de l'infanterie italienne, estant au service et à la solde du roy de France, et a très-bien et dignement

italiens appelés *Li Gelosi* que le roy avoit fait venir de Venise.... commencèrent à jouer leurs comédies dans la salle des États à Blois. »

1. *Trajes* ou *trages*, tournure, air.
2. Jean Bernard de San-Severino, duc de Somma.

exercé cest estat aux guerres de Toscane et de Corsègue. Sa façon belle, et haute taille, avec sa noble race, monstroient bien qu'il avoit quelque chose de généreux en soy-mesmes. Aux premières guerres, au siège de Rouan, avec sa vieillesse s'y trouva, et feu M. de Guyze en faisoit grand cas et le consultoit. Il a gardé tousjours ce nom et titre de couronnel jusqu'à sa mort, et son estat fut donné au conte Gayazze[1], qui en portoit aussi le titre; mais c'estoit tout aussi, car d'exercice point, d'autant qu'il n'avoit point de bandes italiennes pour l'exercer; et s'il en eust eu, il s'en fust aussi bravement et vaillamment acquicté comme les autres couronnelz, ainsi que partout il a monstré sa vertu et sa valeur où il s'est trouvé, et surtout aux guerres de Sienne et Toscane. M. de Montluc ne l'oublie pas dans son livre; ce que j'ay veu, qu'il en disoit force bien quand nous estions au siège de La Rochelle, où il faisoit estat de mareschal de camp avec M. de Puy-Gaillard[2]; et bien souvant M. de Montluc et luy parloient de ceste guerre de Sienne, et les faisoit-on beau ouyr en parler, et se remémorer des exploictz qui se firent là. Il estoit fort entendu et sage capitaine; et paroissoit bien qu'il avoit bien veu et retenu, et si avec cela ne s'espargnoit point aux coups, encor qu'il fust estropiat d'un bras, pour une harquebusade qu'il avoit en partage de ses guerres de Sienne.

Il y a eu aussi le seigneur Adrian Baillon, vaillant

1. Jean-Galeas de San-Severino, comte de Cajasso (voy. Monluc, t. II, p. 6).
2. Jean de Léaumond de Puy-Gaillard, mort en décembre 1584.

gentilhomme romain, fort sage, brave, et qui a commandé à des trouppes italiennes en Toscane, et y a faict très-bien, mesmes au siège de Monticello[1] : aussi estoit-il de ceste race noble et brave des Baillons, d'où sont sortis force braves et vaillans personnages. Cestuy-ci fut fort aymé du roy Henry IIe, et pour ses services et valeurs fut faict gentilhomme de sa chambre. C'estoit le plus doux homme que jamais j'aye veu, pour estre si brave et vaillant : il estoit très-bon François, et vint encor' en nos guerres civiles servir le roy Charles.

Avant tous ces messieurs italiens, le seigneur Rance de Cere, gentilhomme romain, avoit esté couronnel des bandes italiennes du temps du roy François, en ses premières guerres, et fut fort estimé pour un brave et vaillant homme, et qui servit bien le roy en l'estat de Milan et Italie, au royaume de Naples et en France, où il se trouva bien à propos tournant de la routte de l'admiral Bonnivet de-là les montz, dans Marseille, avec le reliqua de ses gens, comme j'ay dict ailleurs[2].

Force autres seigneurs italiens ont commandé en couronnelz; qui seroit trop long de les remémorer, sinon San-Petro Corso[3], lequel a faict tant de beaux faictz d'armes et si déterminez, qu'il ne seroit possi-

---

1. En Corse.
2. Voy. t. III, p. 195.
3. Sampietro, dit *Bastelica*, né en Corse, colonel général des Corses en France, assassiné en Corse en janvier 1567. Il avoit épousé en 1546 Vannina d'Ornano qu'il étrangla à Marseille en 1556, pour la punir d'avoir voulu aller à Gênes solliciter la clémence du gouvernement génois.

ble de les raconter, ainsi qu'il estoit brave et vaillant et déterminé pour ne les faire autres que telz; ainsi qu'il le fit cognoistre à l'assaut du premier siège de Conys, où feu mon oncle de la Chastaigneraye et luy s'estans donnez la main, comme bons amis et compaignons, et montés en haut sur la bresche, combattans vaillamment, ledict San-Petro fut bouleversé du haut en bas et blessé, et feu mon oncle blessé d'une grande harquebuzade qui luy persa le bras, dont j'en parle ailleurs de ses vaillantises. Je conteray cestuy-cy, que j'ay ouy raconter à M. le cardinal du Belay, l'un des grandz prélatz qui ayt esté de son temps.

Lorsque l'empereur Charles tourna de sa conqueste de la Goullette, il ne faut point demander s'il en vint orgueilleux, comme certes la victoire estoit très-glorieuse. Arrivant à Rome, ayant sceu la conqueste de Savoye, et d'une partie du Piedmont que le roy François avoit faict, il se plaignist griefvement au pape et à tout le clergé de cardinaux, où estoit mondict sieur le cardinal. On sçait aussi comme il brava et menassa la France à fœu et à sang, et surtout le roy; si que ces parolles hautaines et rodomontades braves donnoient un grand effroy partout où le nom françois estoit recognu. Par cas, San-Petro Corso se trouvant à Rome, qui estoit tout bon François, s'en vint trouver M. le cardinal, et luy dist que s'il luy vouloit tenir la main et le faire approuver au roy, qu'il fairoit un beau coup de sa main, dont il en avoit toutes les tentations du monde, qu'estoit de tuer l'empereur. Ainsi qu'il passeroit sur le pont Sainct-Ange, il viendroit à luy; et, en faignant luy parler et présenter quelque requeste, luy donneroit un grand coup de dague, estant tout à cheval, et aussitost se précipiteroit du cheval du haut du pont dans le Tybre, où estant dedans, luy, qui sçavoit nager comm' un poisson, nageroit si bien entre deux eaux, qu'on ne le verroit point; ains penseroit-on que comme un désespéré auroit faict le coup, et après, desirant la mort, se seroit ainsi précipité et noyé; et cependant, tout le monde en ceste opinion et effroy et recherchant son corps dans l'eau, coulleroit et nageroit gentiment entre deux eaux coyement jusques bien bas, et fort loing iroit sortir, où là, dans une maison apostée et préparée changeroit d'habitz et prendroit là un bon cheval turc, et, mettant relaiz d'un autre en autre lieu, se sauveveroit ou à Venise ou en Suysse, ou par voye de la mer en Constantinoble, mais qu'il ne vouloit rien entreprendre qu'il ne fust ou soubstenu du roy ou conseillé dudict cardinal, et que résolument sur sa vie il fairoit le coup, car il ne vouloit demeurer perdu le reste de ses jours comme fit celuy qui avoit tué Allexandre de Médicis, duc de Florence[1]. M. le cardinal presta l'oreille à ceste résolution, mais non pourtant sans la poiser et penser; à quoy fut d'advis d'en advertir le roy par un courrier en extrême diligence, qui tardant trop, l'empereur partit de Rome et le coup fut faillly; mais pourtant le roy n'y voulut entendre, disant que le coup estoit de par trop grande conséquance, et que de ceste façon il ne se falloit deffaire des grandz, bien qu'ennemys, et qu'au-

---

1. Voyez t. II, p. 13 et suiv.

tant luy en pendoit, par la permission divine, s'il y consentoit.

Qui lira ce conte le trouvera fort déterminé et faisable, mais non à tout le monde sinon audict San-Petro Corso seul. Et tel me fut-il confirmé de madame de Dampierre ma tante, laquelle estoit lors à la court, et me le dist sur un subject un jour qui se présenta, qu'estoit, que ledict San-Petro Corso luy avoit escrit une lettre de Corso[1], par laquelle la supplioit et la conjuroit, par la grand' amytié que feu mon oncle de la Chastaigneraye, son frère, luy avoit porté en France, de vouloir prier Leurs Magestez pour luy, et luy servir de bonne dame et amye : car il faut sçavoir que ce brave capitaine, la paix entre les deux roys chrestien et catholique faicte, un chascun r'entreroit en ses biens. Le seigneur San-Petro jouyst aussi malaisément du bénéfice de ceste paix qu'aucun seigneur et capitaine; et pour ce luy a-il falu longtemps, et a esté contrainct de faire la guerre en Corso très-cruelle contre les Genevois, et avoir par la poincte de l'espée ce qu'il a peu, de sorte qu'il leur a bien faict du mal; aussi luy en firent-ilz bien. Et sur ce subject prioit madame de Dampierre d'intercéder pour luy envers Leurs Magestez, affin de parfournir le reste de ses jours caducz en tranquilité. Madicte dame et tante me monstra la lettre et à d'autres, qui disnions un jour avecqu' elle, nous demandant à deviner à tous qui luy pourroit escrire, nous disant tousjours que c'estoit un très-grand et vaillant capitaine qui luy escrivoit. Mais nous luy en nommasmes

1. *Corso*, Corse.

assez; mais nous ne peusmes jamais songer à celuy-là; et puis nous donna à lire la lettre, qui estoit très-bien faicte, de cavallier et de gallant homme. Sur quoy madame de Dampierre, qui estoit très-bonne amie quand elle vouloit, aussi très-grand' ennemie et dangereuse, ell' advisa à faire tous les plaisirs qu'elle luy peut, mesmes de luy servir de solliciteuse à l'endroict de Leurs Magestez, lesquelles elle pria humblement pour luy qui, d'autant qu'elles l'aymoient, honnoroient et la croyoient beaucoup, advisarent à faire parestre la bonne voulonté qu'elles avoient à l'endroict dudict San Petro Corso. Et ne faut doubter nullement qu'encor que ses services peussent beaucoup, si est-ce que la sollicitation de madicte dame luy servit infiniment, et surtout de faire venir en France le seigneur Alfonce Corso son filz, avecqu' un régiment de Corses[1].

[Il] vint à la bonn' heure en France, car il l'a servie très-vaillamment et fidellement en tous les endroictz de guerre où il s'est trouvé, comme en Dauphiné, en Languedoc, en Provance et autres provinces, et mesmes dernièrement à la deffaicte des Suysses, qui venoient pour ceux de la religion[2]; car il fit la première et principale charge, et M. de la Vallette

---

1. Alfonse d'Ornano, fils de San-Pietro et de Vannina d'Ornano, colonel général des Corses, chevalier des ordres du roi (1595), maréchal de France (1595), mort à Paris le 21 janvier 1610, à soixante-deux ans.

2. Le 19 août 1587, dix compagnies de Suisses amenées en Dauphiné, au secours des protestants, par Guillaume Stuart de Vezines et Cugy, furent complétement défaites par la Valette sur les bords du Drac et de l'Isère. « Alfonse d'Ornano, colonel des

après, puis en la recouvrance de ceste belle et bonne ville de Lyon et réduction en l'obéyssance du roy. Il est très-brave et vaillant, et n'en doibt rien au père; très-loyal de mesmes que le père, et fort affectionné au service du roy. Il est très-sage, bien advisé et grand pollitic, et rigoureux à chastier ses gens quand ilz faillent. Aussi à telles gens faut-il un tel censeur, car ilz sont forts scalabreux. Il en est couronnel et en porte le nom et le titre. Despuis a esté faict mareschal de France par bon mérite, et l'appelle-on le mareschal d'Orlano et lieutenant du roy en Guienne, fort déterminé et résolu en un faict; et pour ce le feu roy dernier l'aymoit fort, et dict-on qu'après la mort de M. de Guyze, il avoit entrepris de tuer M. du Mayne pour servir son roy; je ne sçay ce que c'en est. Le roy d'aujourd'hui [1] a occasion grande de l'aymer aussi, car il le sert tous les jours très-bien. Sa trouppe de Corses est petite, mais il mériteroit d'en estre couronnel d'une plus grande, car c'est un très-honneste et très-pertinent homme.

Or, comme de François et Italiens nous avons eu des couronnelz, nous en avons eu aussi d'Allemans, très-bons, braves et vaillans, pensionnaires et gaigez ordinairement de nos roys, comme fut le conte Guil-

---

Corses, dit de Thou, se trouva à cette action, et, comme il n'avait pas peu contribué au succès, il fut indigné que la Valette s'en attribuât toute la gloire. Il se rendit en poste à la cour, où il fut fort bien reçu du roi, qui ne voulait pas donner de mécontentement à un brave officier comme d'Ornano, dont la fidélité était connue, et qui récompensa libéralement le service qu'il avait rendu en cette occasion. » (De Thou, liv. LXXXVIII.)

1. Henri IV.

laume de Saxe,[1] qui longtemps demeura en France couronnel de cinq mille lansquenetz; et advant luy M. de Guyze, Claude de Lorraine, fut couronnel d'autant, en la bataille de Marignan et au camp de Fontarabie et de Navarre. J'en parle ailleurs.

Il y eut aussi le bon capitaine Sébastian Belgeberq qui avoit très-bien servy le roy François; et au commancement du règne du feu roy Henry[2], pensant aller jusques en sa maison en Allemaigne, et jouyr du bénéfice de la paix, l'empereur, qui mortellement hayssoit ceux qui servoient la France, le fit prendre prisonnier, et publiquement luy fit trencher la teste à Auguste[3], en présence des ellecteurs et grandz d'Allemaigne, pour avoir esté au service du roy; et prononça après publicquement le bourreau, tenant sa teste en la main et l'espée sanglante en l'autre, que l'empereur en fairoit faire de mesmes à quiconque iroit servir le roy. Ce fut un très-grand dommage, et le roy le regretta grandement, car il l'avoit tousjours très-bien servy en titre de couronnel de cinq enseignes de gens de pied.

L'empereur en eust bien faict de mesmes au conte de Reintgrave[4], s'il l'eust peu attrapper, mais il s'engarda bien d'y aller, et puis se marya en France à la femme de feu M. de Cursol, vefve très-belle, sage et honneste, grande et fort riche, estant sortye et par-

---

1. Jean-Guillaume, duc de Saxe-Weimar, mort le 2 mars 1573.
2. Henri II.
3. *Auguste*, Augsbourg.
4. Jean-Philippe Rhingrave, marié à Jeanne de Genouillac, veuve de Charles de Crussol, vicomte d'Uzès.

tagée tant de la maison d'Acier, du grand escuyer Galliot, que de la maison d'Archiac, d'où est issue madame de Bourdeille d'aujourd'huy, qui en est le chef. Ce dict conte, despuis qu'il fut au service de la France, n'a jamais failly à la bien servir très-fidellement. Il s'est trouvé tousjours en tous les voyages et guerres, et mesmes à la première qu'il fit en Escosse, qu'ont faict ses roys, jusques à sa mort, et a eu tousjours de très-belles enseignes et bien complettes. Aux premières guerres, encor qu'il fust de la religion et en aymast fort les religieux, jamais pourtant il ne voulut estre contre son roy; ains, ayant esté despesché en Allemaigne pour faire une levée, emmena six mill' hommes de pied et une cornette de reistres, tous gens aussi bons qu'on eust sceu voir. Je me souviens que le roy les fut voir auprès du pont Charanton, et toute la court avec luy. Il trouva ses gens en un battaillon quarré, qu'en le tournant de tous costez on n'y trouva rien à dire de bonne façon d'hommes et de bien armez. Et à la teste estoit ce bon vieillard, en forme de couronnel, armé de toutes pièces, la picque sur le col, et marchant de très-bonne grâce; et le roy alant à luy, luy et ses compaignons de loing, ayans baizé la terre, et en jetté chascun une poignée derrière les espaules à leur mode, commançarent aller à luy la picque basse et branlante, comme qui va au combat; et estans près, luy et ses gens alors baissarent la picque en signe d'humilité, et les enseignes aussi, et après firent une très-belle salve. Et puis falut boire à la bouteille, à la mode du pays, et le bon conte présenta sa bouteille au roy, qui beut le premier, et tous les autres après. Il n'y en eust ny d'un costé ny d'autre qui s'y faignist¹, car il faisoit un très-grand chaud ce jour là. Il fut envoyé en Normandie, où, quand nous y allasmes pour assiéger Rouan, nous l'y trouvasmes, qui servit de beaucoup, mais surtout au Havre-de-Grâce, lequel il tint bloqué et serré et contrainct, ne se pouvant l'Anglois estendre à son aise sur terre; si bien que, quand nous y allasmes, l'on trouva qu'il y avoit servy beaucoup, et son séjour n'y avoit point esté inutille, et nous en facilita fort la prise, car les Anglois sont grandz remueurs et gaigneurs de terre; si bien que s'ilz ne les eussent empeschez, ilz se fussent esgembez² sur nous mieux qu'ilz ne firent. Bref, ce bon vieillard a servy très-bien la France. Il fut pris à la journée de Sainct-Quantin. Un chascun pensa qu'on le fairoit mourir; mais il y trouva des amis de sa nation; et aussi que la guerre ne [se] faisoit plus contre l'empereur, mais le roy d'Espaigne : et pour ce n'estoit lié de serment, et en estoit du tout désobligé³. A quoy le roy d'Espaigne y eut esgard, qui ne voulut pour ce respect⁴ souiller sa conscience pour le faire mourir, encor qu'il y eust plusieurs vieux capitaines de l'empereur son père qui luy conseillassent. Ledict M. le conte me l'a ainsi conté, lequel m'aymoit fort, car madame la contesse sa femme et moy estions fort proches; et pour ce ne m'appelloit jamais que son nepveu, ny madame de Bourdeille que sa niepce. Si nos histoires de France ne parloient de ce brave seigneur, certes,

---

1. *Qui s'y faignist*, qui s'y épargna.—2. *S'esgember*, s'étendre. 3. *Désobligé*, délié d'obligation. — 4. *Pour ce respect*, pour cette considération.

j'estendrois ma plume plus avant pour le bien louer, si tant est qu'elle le peust bien faire; aussi qu'il faut faire une fin à ce livre.

Il y a eu aussi le conte Roquandolf[1], qui a esté un très-bon capitaine de son temps, et qui a bien servy le roy; mais, pour avoir esté par trop prodigue, et despendu par trop excessivement, il est venu et descendu à la fin en une telle disette, que je l'ay veu à la court fort pauvre et misérable; si bien que, de tant de biens, moyens et argent qu'il avoit eu d'autresfois, il ne luy estoit pas resté qu'une seule petite maison vers la Normandie, qui ne luy pouvoit pas fournir à vivre pour luy et à deux ou trois valletz; et s'il n'eust esté voysin à M. de l'Archant, qui est tout noble et courtois, qui le secouroit et assistoit tousjours de quelque peu, ma foy, il fust mort il y a longtemps soubz le faiz de la pauvretté. Quel changement de fortune! Luy si grand, extraict d'une si grande maison d'Allemaigne, avoir eu tant de moyens, en avoir tant consommé en son pays, en France et jusques en Constantinoble, qu'on ne parloit que de la despance et magnifficence du conte Roquandoff, et le voir maintenant réduict à tel poinct! Non pourtant qu'il se soit laissé aller de cœur, car il en monstre encor quelque belle marque. Sa façon est fort belle, car il est beau et haut personnage de taille; sa conversation très-bonne et agréable, et qui raconte bien ce qu'il a veu, et l'en faict bon ouyr parler; point importun autrement, sinon aux roys et grandz, et mesmes aux financiers quand il leur demandoit ce

---

1. Christophe de Roggendorf.

qu'on luy devoit, car il disoit qu'on luy devoit beaucoup de ses services passez et de ses deniers advancez. Ainsi aucuns s'enrichissent au service des roys, aucuns s'y apauvrissent. Il eust mieux valu pour luy qu'il n'eust bougé de sa patrie, de sa maison, et n'eust esté tant advanturier comme d'autres, et luy et eux s'en fussent mieux trouvez.

Nous avons eu aussi le couronnel Rincroq[1], qui emmena ses compaignies en Toscane, dont la moytié furent deffaictes à la routte de M. d'Estrozze, et l'autre moytié, tant de fraiz que de blessez, se sauvarent à Sienne, où elles se trouvarent pour quelques mois au siège. Mais M. de Montluc et les habitans s'en trouvarent par trop chargez, importuns et soupçonnez à faire quelque révolte : aussi M. de Montluc s'en sceut-il bien deffaire gallantement, ainsi que le trouvez escrit dans son livre[2]; mais il ne s'en deffit pas à la mode d'Anthoine de Lève assiégé dans Pavie, qui bailla le petit boucon gallant au couronnel, principal mutin, et puis après disposa des autres tellement quellement, encor à grand' peyne. Comme aussi firent les huguenotz au duc des Deux-Ponts[3], quand vint en France pour leur secours. J'ay ouy dire à de grandz capitaines que telles manières de gens lansquenetz ne vallent rien dans une place assiégée, car ilz sont fort subjectz à se mutiner, s'ilz n'ont tout ce qu'il leur faut, sont grandz despensiers, malaisez à entretenir, grandz ravageurs et dissipeurs.

1. Georges Rincrock. — 2. Voyez t. II, p. 65 et suiv.
3. Wolfang de Bavière, duc des Deux-Ponts. Il mourut non de poison, mais de fièvre, à quarante-trois ans, le 11 juin 1569, à quelques lieues de Limoges. Voyez de Thou, liv. XLV.

Lorsque le prince d'Orange les tint enserrez dans Naples, au siège de M. de Lautrec, il y avoit dans la ville des vivres pour nourrir tout ce qui estoit dedans, et mesmes du vin pour plus de deux ans, tellement que les canailles de lansquenetz en moins d'un rien eurent tout dissipé et ravagé, ainsi que j'ay ouy dire dans Naples à aucuns qui estoient vivans de ce temps là ; et eut-on toutes les peines du monde à les ranger en une bonne pollice.

J'ay ouy aussi dire à de vieux capitaines et gens-d'armes que, le temps passé, dès lors qu'une ville estoit assiégée, et aussitost que la batterye estoit accommancée et le canon avoit joué, il estoit permis (sotte et mauvaise coustume) à ceux de dedans, tant estrangers qu'autres, vivre à discrétion, ravager, piller et prendre vivres partout où l'on pouvoit ; et par ainsi les vivres se gapailloient[1] en un rien. Aussi les villes se prenoient dans ce temps là *à coupz de bonnetz de nuict*, comme l'on disoit ; et estoient par delà le pain tout aussitost, et la fain les faisoit soudain rendre.

Feu M. de Guyze observa bien autre pollice dans Metz pour les vivres, qui a esté aussi belle qu'on en ayt jamais veu : aussi engarda-il bien qu'on ne pratiquast la coustume sotte que je viens de dire après le canon joué. La pollice aussi de M. de Montluc dans Sienne fut belle, et de force grandz capitaines, tant françois, italiens, que espaignolz qui ont tenu des places. Aussi voit-on bien comm' ilz les débattent encor et opiniastrent autrement que lansquenetz. Et

---

1. *Se gapailloient*, se gaspillaient.

c'est pourquoy l'empereur Charles en un rien eut tost pris les villes d'Allemaigne. Voylà pourquoy force grandz capitaines ne les y veulent point pour toutes ces raisons, outre qu'ilz sont sallautz et ne se tiennent si propres que les autres nations. En la campaigne tant qu'on voudra, encor qu'ilz ayent faict beaucoup de fautes, comme à la battaille de Dreux et Montcontour; mais il les faut très-bien choisir, et, pris de longue main et aguerrys, ilz sont très-bons.

Du temps du roy Louys XIIe, il y avoit à son service le capitaine Jacob, qui commandoit à une troupe de lansquenetz qui le servirent bien et vaillamment, et mesmes en la battaille de Ravanne, où ledict couronnel, ou, pour mieux parler de ce temps, ledict capitaine Jacob, en combattant très-vaillamment et très-fidellement pour son roy, qui luy bailloit solde (et n'en fut point ingrat nullement ny infidel, ains très-fidel et homme de bien), mourut vaillamment; car, quelques jours avant ladicte battaille, l'empereur Maximilian, qui branloit dans le manche pour quicter l'alliance et l'union françoise, luy avoit mandé qu'il ne faillist à s'en tourner avec toutes ses trouppes. Ce bon homme vint à monstrer la lettre à M. de Nemours en cachette, et pour ce qu'il s'advançast de donner la battaille, car si ses compaignons en sentoient le vent, ilz s'en iroient et le laisseroient là, et seroit autant affoibli; ce qui fut en partie cause de la livrance de la battaille, et aussi du gaing, car ilz y firent très-bien. Les lansquenetz aussi de l'empereur firent bien à la battaille de Cerizolles; aussi estoient-ilz choisys.

Or je n'aurois jamais faict si je me voulois estendre

plus advant sur ceste matière de couronnelz, et mesmes si je voulois alléguer aussi nos couronnelz suysses qui sont estez au service de nos roys, comme cest honnorable vieillard, le couronnel Fourly, qui a tousjours si bien et fidellement servy, et combattu tant déçà que delà les montz. Vous verrez son épitaphe aux Cordelliers à Paris, qui est gravé en bronze[1].

Il y a eu aussi le couronnel Toquenet[2], très-bon compaignon et fidel à ses roys, et mesmes au roy Charles neufviesme dernier, qui en porta bon tesmoignage à sa mort, et comm' il le recommanda à sa mère la reyne, et de s'en servir; aussi l'avoit-il honnoré d'une place de gentilhomme servant, dont il l'en servoit la pluspart du temps.

Nous avons eu aussi le couronnel Galatys[3] en ces dernières guerres, fort renommé parmy nous et ceux de sa nation, ainsi qu'il en a faict la preuve.

Il y en a eu aussi force d'autres desquelz je parleray en un endroict où je veux parler et traicter des faictz braves de ceste nation de Suysses, et de leurs vaillances et des services qu'ilz ont faict à la France,

---

1. Frœhlich, mort à Paris le 4 décembre 1562, à soixante-dix ans, fut enterré dans le chœur de l'église des cordeliers. « Ce tombeau, dit Sauval (liv. IV, t. I, p. 448) est fort remarquable par un buste de marbre que l'on croit être un des bons morceaux de Paris. » — Quant à l'épitaphe dont parle Brantôme, on la trouve à la page 350 du tome III de l'*Histoire militaire des Suisses*, de Zurlauben.

2. Guillaume Tuggener, neveu de Frœhlich, mort à Soleure, le 22 mai 1591, à soixante-cinq ans. — Voyez Zurlauben, t. III, p. 404 et suiv.; et 531.

3. Gaspar Gallaty, du canton de Glaris, mort à Paris en juillet 1619. Voy. Zurlauben, t. I, p. 136.

et de plusieurs fautes qu'ilz ont faict aussi; car il ne faut celer les véritez. Outre qu'ilz ont leurs couronnelz de leur nation, ilz en ont un de la nostre, lequel le jour d'une bataille est à la teste comme chef et couronnel, et l'honnorent comme ceux de leur nation. M. d'Anville, aujourd'huy admiral de France, qu'on appelloit M. de Méru, tiers fils de feu M. le connestable, a esté leur couronnel longtemps, lequel ne dégénère en rien de valeur ni de vertu à ceux de sa race.

M. de Sansy[1] l'est aujourd'huy, comme l'on m'a dict. Feu M. le conte de Tande, le bonhomme, le fut aussi au royaume de Naples et au camp d'Avignon. M. d'Estampes le fut au camp de Parpignan, fort aymé d'eux, car il estoit très-magniffique et splandide en sa table, aussi qu'il estoit très-sage et très-advisé, et fort discret à leur commander. Advant tous eux, Engilberd de Clèves commanda aux Suysses à la brave bataille de Fornoue.

Le baillif de Dijon[2] commandoit aussi aux Suysses qui estoient avec M. d'Orléans, despuis notre roy Louys XIIe, lorsqu'il deffit l'armée de mer du roy de Naples.

M. le marquis d'Albeuf[3] le fut au voyage de M. de Guyze, son frère, en Italie[4], et ainsi force autres.

M. le mareschal de Biron, lorsqu'il alla en Flandres trouver Monsieur, et qu'il commança à passer le pas

1. Nicolas de Harlay, baron de Maule, seigneur de Sancy et de Grosbois, mort le 17 octobre 1629. Il fut créé colonel général des Suisses, le 12 avril 1596, après la démission de Dampville.
2. Antoine de Bessey, baron de Trichastel.
3. René de Lorraine, marquis d'Elbeuf. — 4. En 1556.

de Gravellines, pensant combattre, bailla aux Suysses qu'il y mena son filz aysné (qui est aujourd'huy par ses vaillantises, certes par trop extresmes, mareschal de France) pour couronnel; et en fit l'estat estant à la teste avecqu'eux, et eux l'aymant et honnorant très-fort et se fiant en luy, en son port et en son assurance, encor qu'il fust très-jeune et n'eust peu avoir alors que dix-huict ans.

Or, faisons fin de ces messieurs les couronnelz, lesquelz pourtant advant auront cest advertissement de fort grandz capitaines et généraux, et mesmes de feu M. de Guyze : qu'ilz ne soient tant curieux ny désireux avoir leurs charges, qui sont si belles, qu'ilz n'advisent à les bien conserver et garder en toute réputation, car la charge en est fort scalabreuse. Je le vis dire audict feu M. de Guyze, le soir de la battaille de Dreux, lequel, estant retiré en sa chambre, ainsi qu'il en devisoit en sa chaire, voycy venir le capitaine Burée, gentilhomme de Périgord, de la maison d'Aubusson[1], bonne et très-ancienne maison, qui luy porta une enseigne blanche qu'il avoit gaignée dans le champ de la battaille, et luy dist : « Monsieur, « voylà que j'ay gaigné aujourd'huy de tout mon bu-« tin; je le vous présente et donne comme à mon « général, à qui il appartient. » M. de Guyze, qui n'en avoit encor eu pas une, la prit et l'advisa. « C'est une enseigne blanche, capitaine Burée, dist-

---

[1]. Jean de la Fillolie, seigneur de Burée en Périgord. Je ne sais s'il était de la maison d'Aubusson, comme le dit Brantôme; mais il avait épousé Françoise d'Aubusson, fille de Jean d'Aubusson, seigneur de Villac.

« il ; voylà un très-beau présent et rare ; il mérite
« bien d'estre récompansé ; je ne faudray en adver-
« tir le roy, et de là vous faire récompanser comme
« vous méritez ; » et puis demanda de qui elle pourroit estre. Il luy dit qu'ell' estoit de M. de Fontenay[1],
le jeune Rouan, qui estoit l'un des couronnelz, car il
fut faict couronnel des bandes qui vinrent de Dauphiné (car il y avoit M. de Grammont et M. Dandellot), et qu'un soldat des siens luy avoit dict. Alors
M. de Guyze se leva et dist : « C'est une chose qu'un
« couronnel surtout doit adviser, de bien contre-
« garder son drappeau et ne se perdre point, encor
« que tout capitaine en doibve faire de mesmes ;
« mais pourtant c'est un plus grand reproche à un
« couronnel, et en est l'importance plus grande qu'on
« ne pense, » Alors il prit ladicte enseigne et la mit
près de son lict à son chevet. Au bout de quelques
jours, il fit donner deux cens escus audict capitaine
Burée, et luy fit despuis bonne chère et le caressa
fort, encor qu'il l'eust cognu fort advant. Ce capitaine Burée avoit esté en Toscane avec M. de Valle-
leron, et estoit l'une de ses payes réalles, et paradvant avoit suivy le capitaine Bourdeille, mon frère,
en Piedmont, et me vint saluer après qu'il eut parlé
avec feu M. de Guyze, me cognoissant, me dist-il, à
la phizionomie dudict capitaine Bourdeille ; et s'offrit
à moy, ne m'ayant jamais veu ny cognu, ny moy luy.
Il mourut despuis à la prise de Chastelleraut[2], aux

1. Jean de Rohan, seigneur de Fontenay.
2. Châtellerault, assiégé inutilement en 1569 par le duc d'Anjou, se rendit sans coup férir quelque temps après la bataille de
Moncontour. Voyez de Thou, liv. XLV et XLVI.

troisiesmes troubles, estant commissaire de l'artillerie.

Or il est temps que je face fin, ou jamais non. Si j'ay erré, je prie ceux qui me voudront corriger me pardonner, ne pensant avoir rien dict que ne l'aye veu ou appris de plus grandz que moy, et emprumpté de bons lieux. Possible que ceux qui me voudront corriger pourront dire que je puis avoir dict beaucoup de petites choses légères et frivolles, et avoir nommé force personnes basses, dont je m'en fusse bien peu passer, et les lecteurs aussi de les lire. Toutesfois je ne l'ay pas faict pour l'amour d'eux, car je sçay bien qu'il est impossible de contenter des oreilles délicattes d'aucunes personnes ausquelles rien ne se peut raisonner que très-grand et très-haut. Je m'en contenteray pourtant moy seul quand je les liray, et m'en plairay en moy-mesme, en me ressouvenant de messeigneurs et bons amis et de leurs beaux faictz. Cependant je fais là fin. Que pleust à Dieu messieurs les mareschaux d'Estrozze ou de Montluc, de Biron ou autres grandz capitaines, eussent entrepris cet œuvre! Nous y apprendrions trestous, et y verrions de plus belles choses et enrichies qu'il n'y a icy. Or c'est assez.

FIN DES COURONNELS FRANÇOIS.

DISCOURS

SUR

LES DUELS[1].

J'ay entrepris ce discours sur ce que j'ay veu souvent faire cette dispute parmi de grands capitaines, seigneurs, braves cavalliers et vaillans soldats; sçavoir mon si l'on doit pratiquer grandes courtoisies et en user, parmy les duels, combats, camps-clos, estaquades[2] et appels? Aucuns les ont fort approuvées,

---

[1]. Ce *Discours sur les duels*, pour lequel nous n'avons pu trouver aucun manuscrit, a été imprimé pour la première fois en 1722, en Hollande, sous le titre de *Mémoires de messire Pierre de Bourdeille, seigneur de Brantôme, contenans les Anecdotes de la cour de France, sous les rois Henri II, François II, Henri III et IV, touchant les duels*. A Leyde, chez Jean Sambix le jeune, à la sphère; in-12. C'est le texte de cette édition où nous avons dû corriger plus d'une faute qui a été adopté depuis par les différents éditeurs de Brantôme, et, faute de mieux, nous le reproduisons ici.

Dans toutes les éditions on a mis en note, au bas des pages, des additions que Brantôme avait écrites à la marge, en revoyant son manuscrit. Nous avons replacé ces additions dans le texte.

[2]. *Estaquade*, enceinte entourée de palissades.

et sont estez d'advis d'en user, d'autres non. Ceux et les premiers qui ont mis les camps-clos et combats à outrance en leurs plus grands vogues, sont estez les Danois et Lombards, et qui les premiers leur ont imposé les loix rigoureuses[1] que autresfois ont estées observées parmy nous autres chrestiens par trop cruellement, et principalement du temps de Charlemaigne qui mesme en fit des loix, et depuis fort usitées parmy les François et Italiens, plus parmy eux que par autres. Il ne falloit point parler de courtoisie nullement, sinon qui entroit en camp-clos, falloit se proposer vaincre ou mourir, et surtout ne se rendre point, car le vainqueur du vaincu (par ces loix lombardes et danoises) en disposoit tellement qu'il en vouloit et bon lui sembloit, comme de le traisner par le camp ainsi qu'il lui eust pleu, de le pendre, de le brusler, de le tenir prisonnier, bref en disposer mieux que d'un esclave, car tel estoit le vaincu du vainqueur. On dit que les Danois et Lombards sur cette ignominie de traisner par le camp, en prirent leur exemple d'Achilles, lequel (ainsi que récite Homère) après qu'il eut vaincu Hector, l'attacha tout mort à la queue de son chariot ou cheval, et le traisna trois fois par le camp en signe de triumphe et de victoire très-noble.

J'ay ouy parler d'un grand, brave et vaillant seigneur despuis cinquante ans[2], qui entrant ainsi en camp-clos, avoit résolu d'en faire tout de mesme de son ennemy qui n'estoit nullement esgal à luy en

---

1. Voyez Canciani, *Leges barbarorum antiquæ*, t. I.
2. Son oncle de la Chastaigneraie.

force ni prouesse ; mais Dieu tenant le party du foible, ne permit la victoire au vaillant, mais la donna au foible, qui ne la pouvoit tenir de luy, mais de Dieu ; et par ainsi la volonté du vaillant ne prit feu sur son exécution proposée de victoire.

Il y eut du temps du feu roy Henry II, à l'advènement de sa couronne, un combat à Sedan, entre le baron des Guerres et le seigneur de Fandilles[1], pour une querelle qui leur survint le propre jour que sadite Majesté fit son entrée à Paris[2] ; le subjet en est fort salle, car il touche la sodomie. Ce Fandilles estoit un jeune gentilhomme bravasche et fou, qui suivoit feu le vidasme de Chartres qui alors estoit à la cour la gentillesse de toute chevallerie. Le baron des Guerres estoit un seigneur que le roy François avoit nourri page de sa chambre, et qui estoit de Lorraine, ses prédécesseurs estans pourtant sortis de Basque ou de Biard[3], car (comme dit M. de Montluc en son livre) le roy René de Scicille, duc de Lorraine et d'Anjou, aimoit fort les Gascons et gentilshommes de ce pays là-bas, et s'en servit fort, si bien qu'il y en eut quelques uns qui s'y accazèrent, dont en est sorti despuis d'honnestes gens, ainsi que nous avons veu de nostre temps le seigneur de Rouly Gonty, basque, brave et vaillant, tenant grand rang en cette maison de Lorraine. Ces deux braves gentilshommes donc, pour

---

1. Voyez *Le Combat des sieurs d'Aguerre et de Fendilles, accomply à Sedan par la permission du roy et de monseigneur le duc de Bouillon ; imprimé sur les originaux*, 1621, in-8°. — Voyez l'*Appendice*.
2. Le 16 juin 1549.
3. *Biard*, Béarn.

vuider leurs querelles (car par accord ne se pouvoit-
elle, d'autant qu'elle touchoit trop au baron des
Guerres et à son honneur) demandèrent le camp au
roy Henry lequel par le serment qu'il avoit fait de
n'en donner jamais despuis celui de feu M. de la
Chastaigneraye mon oncle, pour le regret extrême
qu'il porta de sa mort, leur reffusa tout à plat. Ils
eurent leur recours à prier M. de Bouillon[1], pour le
leur bailler à Sedan, comme estant souverain en ses
terres, qui leur accorda librement; et au jour assigné
ne faillirent à comparoistre très-bien accompagnez
de leurs parens et amis, parrains et confidans, avecque toutes ces cérémonies en ce requises, très-bien
observées, que les loix anciennes des duels avoient
ordonné; et entre autres, ledit sieur de Fandilles ne
voulut jamais entrer dans le camp (tant il estoit bravasche et fendant) qu'il n'eust veu un feu allumé et
une potence dressée pour y attacher et brusler son
ennemy après sa victoire, tant espéroit-il en avoir
bon marché; mais pourtant la fortune luy changea
et luy rompit son dessein, car il ne surmonta son
ennemy ainsi qu'il pensoit, et toutesfois aussi ne
fut-il tant vaincu qu'il y allast tant du sien qu'on
diroit bien. Leur corps estoit couvert, et pour armes
offencifves le baron des Guerres avoit choisi pour
toutes une espée bastarde[2] qu'il avoit fort bien à la
main, pour la leçon que lui en avoit donné un prestre qui en estoit très-bon maistre; et pourtant M. le
vidasme, qui estoit parrain dudit Fandilles, disputa
cette arme, d'autant que l'article du duel porte

1. Robert de la Mark. — 2. Epée large et courte.

armes usitées[1] parmi cavalliers et gens d'honneur; mais il fut respondu que les Suisses, qui sont si braves gens de guerre, n'en usent point d'autres. Pour fin, feu M. le vidasme ne passa point plus avant, s'assurant de la vaillance de son filleul, qui de son costé n'en fit nulle altercation. Les voilà donc entrez dans le camp, toutes solemnitez et criées faites et requises. De premier abord, Fandilles donna un grand coup de son espée à travers la cuisse dudit baron, qui luy fit une telle ouverture, à cause de la largeur de l'espée, que le sang en sortit en si grande abondance qu'il commençoit desja à diminuer de la force du baron qui, en prévoyant son inconvénient, s'advisa d'aller aux prises et la lutte, y ayant esté très-bien dressé par un petit prestre bretton, qui estoit aumosnier de M. le cardinal de Lenoncourt son parent; et ayant aussitost porté son homme par terre et le tenant soubs luy, n'ayant ne l'un ne l'autre nulles armes offencifves, car elles leur estoient désemparées des mains pour mieux se servir de la lutte, se terrasser et porter par terre, par quoy le baron eut recours aux mains et aux poings dont il en donnoit de très-grands coups à son ennemy, et le plus qu'il pouvoit, et cependant cela n'estoit rien, et de tant plus s'alloit-il affoiblissant de sa playe et de son sang qui luy couloit fort tousjours. La fortune voulut que le combat estant en tels termes de suspension, un eschaffaut qui estoit là tout auprès du camp, vint à se rompre et tumber, où il y avoit force dames et damoiselles, gentilshommes et autres qui

---

1. Le texte porte à tort *visitées*.

s'y estoient mis pour voir le cruel passe-temps; de sorte que la confusion s'en ensuivit si grande, tant par la cheute dudit eschaffaut, et par les crys, les plaintes et le mal que se faisoient et enduroient les damoiselles et gentilshommes, si bien qu'on ne sçavoit à quoy s'amuser, ou de voir la fin du combat, ou aller secourir ces pauvres créatures se blessans, se pressans et s'estouffans si misérablement les uns les autres. Cependant sur ce grand esclandre, tintamarre et trouble, y eut quelques-uns des amis et parens du baron des Guerres qui prenant l'occasion à propos, se mirent à crier : « jettez-lui du sable dans les yeux et la bouche », ce qu'ils n'eussent osé faire sur la vie sans cet escandale de cet eschaffaut rompu, d'autant que par les loix du camp cela est fort deffendu, et par le bandon qui se fait sur la vie de ne rien dire, non pas parler, tousser, cracher, moucher, ni faire aucun signe qui peust porter ou paroistre. Pour fin le baron, qui n'en pouvoit plus pour les grands efforts qu'il faisoit à sa playe et à en jetter sang, entendit fort bien l'advertissement, et amassant du sable duquel le camp estoit aplanny pour favoriser les deux combattans, s'il fust esté raboteux, ne faillit d'en jetter dans les yeux et la bouche de son ennemy, si bien qu'il fut contraint de se rendre, ce disent les partisans du baron, dont crièrent : « Il se rend. » Ceux de Fandilles disent que non; et parce que le grand bruit et grosse rumeur de cet eschaffaut rompu et de l'escandale arrivé continuoit tousjours, on ne peut rien ouyr de ce que disrent les combattans. M. de Bouillon, comme juge, ordonna qu'ils fussent séparez, et soudain le baron se leva, et se mit à faire estancher sa playe et se penser, car il n'en pouvoit plus; et ainsi qu'il vouloit disposer de son ennemy à sa volonté, et luy faire pastir la mesme peine que l'autre luy avoit préparée et assignée, il y eut une très-grande altercation entre les parrains, d'autant que M. le vidasme parrain de Fandilles, disoit et affermoit tousjours qu'il n'avoit jamais ouy la voix de son filleul, ny la parole qu'il se rendist. Le parrain du baron (il me semble avoir entendu que c'estoit M. de Pavan[1], de Lorraine, brave et vaillant gentil-homme) affermoit tousjours le contraire, et vouloit que son filleul triomphast et usast des loix du camp, qu'il avoit acquises justement; mais M. de Bouillon, prenant advis de soy et d'autres grands capitaines, ordonna que les choses n'iroient plus avant, et se contenteroit le baron de la raison, d'autant qu'il y avoit fort à disputer là-dessus, pour le doute qu'on avoit de la redition qu'on n'avoit peu avoir ouy clairement. Pour fin les deux combattans firent très-vaillamment, et le vaincu par emprès ne laissa à se trouver en de bons lieux pour le service du roy, et mourut honnorablement à l'assaut de Caunis[2] assiégé par M. le mareschal de Brissac, et y fut remarqué pour avoir monté des premiers à la bresche, et tué au plus haut. J'ay esté, possible, trop long en ce conte, mais parce qu'il est beau, je n'y ay rien voulu oublier, l'ayant ouy conter à feu M. le vidasme et à d'autres honnestes gentils-hommes partisans tant d'un costé que d'autre. Par ainsi voyons-nous les misérables et

---

1. Charles de Contes de Pavant. — 2. *Caunis*, Coni, en 1557.

ignominieuses peines que les vainqueurs donnoient aux vaincus, car ne faut point doubter que si la chose ne fust estée un peu doubteuse en ce combat, que ledit baron n'eust fait brusler son homme ainsi qu'il avoit raison, aussi que Dieu, possible, ne voulut pas pour sa querelle injuste.

Messire Ollivier de la Marche en son vivant gentil chevallier certes et fort accomply pour les armes et pour la plume, premier maistre d'hostel de l'archiduc Philippes, comte de Flandres, raconte en ses Mémoires[1] un combat qui fut fait de son temps à Valanciennes devant le bon duc Philippes, qui est certes plaisant pour la forme des armes par lesquelles il fut mené, et pour aucunes cérimonies badines qui y furent observées, car autrement il fut tragicque; car le vaincu fut tué et pendu. Le subject estoit fondé sur un privilège que les empereurs et comtes de Haynaut donnèrent jadis à ladite ville de Valanciennes, que quand un homme avoit tué un autre de beau fait (il use ainsi de ce mot qui n'est point mauvais), qu'est à dire en son corps deffendant et sans supercherie ny advantage, il pouvoit venir demander sa franchise de Valanciennes, et qu'il vouloit maintenir à l'escu et au baston qu'il avoit tué fort bien son homme sans advantage et en homme de bien, et sur ce lui estoit accordé sa franchise, et nul ne luy pouvoit rien demander pour cette querelle, sinon qu'on la prist et maintinst à l'escu et au baston, et donnant la loy de la ville; ainsi parle-il. Advint qu'un Ma-

---

1. Liv. I, ch. XXXII; tome II, p. 213 de l'édition de la collection Petitot.

huot avoit tué un parent de Jacotin Plouvier, et fut poursuivy ledit Mahuot devant la loy de Valanciennes, et disoit Jacotin qu'il avoit tué son parent de guet-apens, non pas de beau fait; et pour ce le combat fut accordé par ceux de la ville et qui estoient juges, et non le duc Philippes, pour ne déroger à la loy, bien qu'il fust leur souverain et y fust présent. Il s'y trouva aussi grand peuple, mais sur la vie il n'osoit dire mot, ni faire un seul bruit, et celuy qui leur commandoit avoit un baston, et leur crioit *gare le ban;* si qu'un chascun se tenoit coy, craignant la justice et la perte de la vie. Le camp-clos estoit tout rond, où il n'y avoit qu'une entrée et deux chaires mises l'une devant l'autre, toutes deux couvertes de noir (notez ce point) pour y faire assoir les combattans attendant l'heure. Cependant avant combattre fut apporté le livre messel[1] sur lequel prestèrent serment l'un l'autre; cela s'usoit fort anciennement. Ils avoient tous deux semblables habillemens de cuir boully cousu sur eux fort estroictement, tant aux corps, bras que jambes, les testes rases, les pieds nuds, les ongles coupés des mains et des pieds aussi; cela se faisoit à cause des prises, et m'estonne qu'il ne parle de la barbe, car la prise y est très-bonne quand elle est fort longue et de grande estofe, comme de ce temps-là elle se portoit, et aujourd'huy en acommence-on à reprendre la coustume. Pour armes deffencives, ils avoient un escu, la pointe dessus et en haut, d'autant qu'en bas n'apartenoit qu'aux nobles à l'y porter, ce qui est à

---

1. *Livre messel,* missel.

noter. Pour offencives, ils avoient un bon gros baston de meslier[1] d'une mesme mesure, ce bois est fort dur; aussi les bonnes boulles de parmaille[2] se font à Naples de ce bois : le baston de la croix de frère Jehan des Entommeures dans Rabelais, dont il se servoit si bien, estoit de cormier qui est un bois aussi bien fort et dur. Avant qu'ils s'allassent affronter, ils demandèrent trois choses : sucre, cendres et oincture. Aussitost leur furent apportez deux bassins pleins de graisse (quelle cérimonie!). Les luicteurs de Turquie oignent ainsi le corps de graisse ou d'huile pour faire mieux glisser les prises. Après leur furent apportez deux bassins de cendres pour oster la graisse de leurs mains, et qu'ils peussent mieux tenir leurs escus et leurs bastons : voilà pour la seconde cérimonie; et pour la troisième, fut mise en la bouche d'un chascun d'eux une portion de sucre, autant à l'un comme à l'autre (pensez encore qu'elle fut pesée) pour recouvrer et entretenir leur haleine et la salive; voilà un plaisant mystère! En Turquie les messagers et laquais usent de ces sucres ainsi en leurs bouches quand ils vont par pays à faire grande diligence pour pareille raison; notez aussi que de chascun trois mets en fut fait essay devant eux comme l'on fait devant les roys et princes (quel essay!). Venant doncques aux mains, pour abréger mon conte, Mahuot amassa du sable dont le camp estoit semé, et en jetta aux yeux et visage de Jacotin, et

---

1. *Meslier*, néflier.
2. *Parmaille* ou *pale-maille*, jeu de mail, de l'italien *palamaglio*.

en mesme instant luy donna encore un vilain coup de son baston sur le front, dont il en fit playe et sang; mais Jacotin qui estoit plus puissant que l'autre, poursuivit si bravement sa bataille qu'il abat Mahuot par terre, bouche contre bas, et aussitost luy sauta sus et luy creva les yeux, et puis luy donna un si grand coup de son baston, qu'il l'assomma et le mit soudain hors de la lice (il use de ce mot pour dire hors du camp) et puis fut[1] condamné par les juges à estre mené au gibet, et là pendu. Ainsi fut ce combat qu'on verra plus au long escrit dans lesdits Mémoires dudit messire Ollivier.

Nous lisons dans les annales de France[2], que du temps du roy Charles VI, le seigneur de Carrouges par arrest de la cour de parlement de Paris, à faute de preuves du crime, combattit en camp-clos un gentilhomme nommé le Gris, pour l'honneur de sa femme que ledit Gris avoit forcée en son absence, luy estant allé outre-mer en Terre Saincte. La dame estant venue à l'espectacle du combat, dans un charriot, le roy l'en fit descendre l'en jugeant indigne, puisqu'elle estoit criminelle (grande pitié pourtant) jusques à la preuve de son innocence, et la fit monter sur un eschaffaut, attendant la miséricorde de Dieu, et la faveur des armes qui lui furent et à l'un et à l'autre si secourables, que le sieur de Carrouges vainquit son ennemy et luy fit le tout confesser, et aussitost le fit pendre à une potence qui estoit là dressée, et la dame absoute et fort glorifiée. J'ay veu

---

1. *Fut*, c'est-à-dire Mahuot.
2. Voyez Froissart, année 1386, liv. III, ch. XLIX.

ce combat représenté dans une vieille tapisserie tendue dans la chambre du roy à Bloys, des vieux meubles de léans, et la première fois que je l'y vis, le roy Charles IX, qui estoit fort curieux de toutes choses, la contemploit et se faisoit expliquer l'histoire. Leurs armes estoient qu'ils estoient couverts tout le corps, et pour les offencives, avoient des masses ny plus ny moins que celles que portent les cent gentilshommes qu'on nomme *Becs de corbin*[1], et une forte courte espée en façon de grand' dague qui couloit le long de la cuisse.

Nous lisons dans les *Histoires tragiques* de Bandel[2], que le seigneur de Mandozze ayant combattu vaillamment pour l'honneur de la belle duchesse de Savoye, en fit de mesmes au comte de Pancallier qui l'avoit accusée malheureusement, et lui fit pastir la peine qu'il avoit préparée à la pauvre duchesse avant qu'entrer dans le camp, car la potence et le feu y estoient dressez pour l'y mettre, sans sa juste cause et la bonne espée dudit Mandozze, lequel, ayant fait confesser à son ennemy sa meschancetté, le fit mourir comme il avoit mérité. L'histoire en est très-belle, et peu y en a-il semblables à elle.

Il se lit aussi[3] du temps du roy Louys le Bègue,

---

1. Gentilhommes ordinaires de la maison du roi. On les appelait ainsi à cause des haches qu'ils portaient et dont le fer présentait par un côté une pointe recourbée en forme de bec de *corbin* ou faucon.

2. C'est la sixième des *Histoires tragiques* de Bandello.

3. Voyez, dans l'*Histoire aggrégative des Annales et Croniques d'Anjou* de Bourdigné (édition de 1529, f°ˢ 47 et suiv.), le chapitre xvi de la deuxième partie : *Comment.... Ingelgerius*

que Ingelgerius, comte de Gastinois, une nuict estant couché avec sa femme, trespassa auprès d'elle qui ne s'en apperceut aucunement jusques au matin qu'elle le trouva tout mort auprès d'elle ; c'est à sçavoir, si fit aussitost appeller tous les gentilshommes, chevalliers, dames et damoiselles pour leur montrer à tous ce piteux spectacle, dont elle en fit un très-grand deuil. Il y eut un gentilhomme du lignage du comte, qui s'appelloit Gontran, qui en accusa la comtesse, et de la mort et d'adultère, et qu'elle s'estoit meffaicte en mariage envers son mary, et que, pour mieux maintenir et à son aise sa vie lubricque, elle avoit meurtry son seigneur. De ce débast fut adverti le roy Louys le Bègue qui devant luy fit venir la comtesse et Gontran, car il aymoit fort le comte trespassé. Leurs raisons ouyes tant de l'un que de l'autre, et qui ne gissoient guières bien en preuves apparentes, Gontran jetta son gage contre la dame ou autre qui voudroit sa querelle soustenir ; la dame faisoit serment solemnel que l'accusation estoit fausse. Messire Gontran, ne se contentant de cela, offrit en champ de bataille contre tout homme son dire soustenir et prouver par son corps, qu'ainsi estoit. Si fut la matière assez longuement desbatue des barons par plusieurs raisons alléguées d'un costé et d'autre, mais enfin fut déclaré (eu esgard à la coustume observée en France) puisque l'accusateur vouloit par bataille prouver son dire et jetter son gage, que la dame se devoit pareillement deffendre par un champion qui le combat pour elle

---

deffendit la dame de Gastinoys, sa maraine, des crimes de adultère et homicide.

entreprist. De cette sentence ladite dame fut fort estonnée, laquelle regardant beaucoup de ses parents, amis et gentilshommes de sa maison piteusement, n'en trouva aucun qui s'offrist, non qu'ils doubtassent de sa juste querelle, mais ils redoubtoient de la vaillance et force dudit Gontran; mauvais et poltrons parens estoient. Par cas, se trouva en cette assemblée Ingelgerius comte d'Anjou, jeune prince qui n'avoit encore atteint seize ans, lequel ladite comtesse avoit tenu sur les saincts fons de baptesme et luy avoit donné le nom propre de son mary, et par ainsi estoit son filleul. Luy voyant sa marrine à si mauvais point réduite, il vint se présenter pour la deffendre et se jetter à genoux devant le roy pour accepter le combat et gage de Gontran pour la querelle de sa marrine (quelle bonté de filleul, et à propos, et quelle vertu de baptesme!) et aussitost contrejetta son gage à Gontran qui le recueillit et le prist: car telle estoit la coustume que celuy qui appelloit jettoit un gand pour gage, et l'appellé le levoit, et si quelquesfois tous deux bailloient le gage, et s'appelloit gage de bataille (comme devant le roy Charles cinquiesme firent Jehan de Guistelles de Haynaut, et Pierre de Bournezel qui leva le gage jetté par l'autre). Le roy en voulut divertir ledit comte Ingelgerius tout ce qu'il peut, en lui usant de ces propres mots dits en l'histoire : « mon fils, jeunesse et peu d'advis font aucunes fois
« à ceux dedans lesquels se logent entreprendre si
« hautes choses, que puis après ils succombent soubs
« le faix; pour ce pensez-y, et que vous estes un peu
« trop jeune pour combattre un tel chevallier comme
« Gontran. D'autre part vous commencez vos pre-

« mières armés par un champ de bataille mortelle, et
« pourtant, mon fils, pensez mieux à vos affaires. »
Nonobstant cette belle remonstrance, le petit comte
tout courageux persista en son dire et sa résolution,
dont toute la cour avoit pitié de luy, disant que c'estoit grand dommage d'envoyer un tel et si bel enfant
à la boucherie et à la mort. Qui fut bien aise d'autre
part, ce fut la comtesse sa marrine qui l'en remercia
et festoya grandement, luy remonstrant le tort de son
accusation, et de combattre hardiment, car c'estoit
sur une vraye vérité et bon subject. L'endemain au
matin à heure de dix heures la bataille fut assignée ;
le comte ayant salué et pris congé de sa marrine, et
ayant ouy sa messe, se recommandant à Dieu, et ses
aumosnes et offertes[1] distribuées, et s'estant garni du
victorieux signe de la croix, monta à cheval et entra
dans le champ de bataille où il trouva son ennemy
Gontran tout prest de l'assaillir. La dame comtesse
de Gastinois fût mandée, et furent les sermens accoustumez pris d'un costé et d'autre, puis les deux
champions s'entrecoururent fort rudement. Gontran
atteignit le jeune comte sur son escu, si qu'il le fauça
tout outre, et le comte le frappa si impétueusement,
que ni escu, ni harnois ne le peurent empescher qu'il
ne lui passast la lance tout au travers du corps, et
l'abbattit de son cheval par terre. Lors le comte descendit et luy coupa la teste laquelle il présenta au
roy qui l'accepta de bon cœur, et en fut très-joyeux,
comme s'il luy eust fait présent d'une cité. La comtesse fut soudain mise en pleine délivrance, laquelle

---

1. *Offertes*, offrandes.

humblement remercia le roy, et puis vint devant tout le monde baiser et accoler de bon cœur son filleul, auquel le lendemain, en récompense du très-agréable service qu'il luy avoit fait, luy donna par la volonté du roy, la seigneurie de Chasteau-Landon et plusieurs beaux fiefs et chastellenies en Gastinois, desquelles ledit comte dès lors en fit au roy hommage, et elle vesquit religieusement en jeusnes, prières, aumosnes et œuvres vertueuses le reste de ses jours. C'est à sçavoir si, premièrement ou après, elle ne luy fit quelque petite courtoisie de son corps, pour telle obligation de vie et d'honneur, qui ne se pouvoit récompenser si bien par cette donnation de son bien, comme par un honneste amour et belle charité de sa chair; et quel mal pour cela! Le refus en fust esté par trop ingrat.

De cette histoire, bien que l'aye abrégée le plus que j'ay peu, se peut recueillir et noter l'usance antique qn'il y avoit en France de ces combats et jettemens de gages, et comment les chevalliers y estoient receus quand ils vouloient accuser ou deffendre par bataille de leur corps, et mesmes pour la deffence de l'honneur et de la vie des dames, et croi (comme j'ay ouy dire à de gallans hommes et que j'en ay veu l'institution qui le porte ainsi) cette coustume avoir estée venue et introduicte par le roy Artus de la Grande-Bretagne, lequel lorsqu'il fonda l'ordre des chevaliers de la Table-ronde, parmi leurs plus belles institutions et ordonnances, ils estoient tenus et estroictement liez de combattre pour les dames, et soustenir leurs vies, biens et honneurs, ainsi que nous en voyons une infinité d'exemples dans nos vieux romans; entre lesquels le plus beau, si me semble, c'est de ce brave Renaud de Montauban, lorsqu'arrivant en Escosse, à Saint André (j'ay veu la place), y envoyé par l'empereur Charlemaigne, pour quérir secours, il délivra de mort et de feu la belle Genièvre qui s'en alloit du tout perdue, et fit porter à son meschant accusateur la peine qu'il vouloit faire sentir à cette belle créature; car de miséricorde il n'en falloit point parler; il falloit ou mourir sur le coup, ou se rendre; et estant rendu, la condition en estoit encores pire que la mort, car l'ignominie en estoit plus grande; et outre, le vainqueur en pouvoit disposer comme il luy plaisoit, ou le tuer, ou le tenir prisonnier, ou s'en servir d'esclave, ou le louer, ou le vendre, engager ou donner, ainsi que j'en ay discouru dans le chapitre de la reyne Jehanne de Naples[1], et que le vénérable docteur Paris de Puteo[2] qui a gentiment escrit des duels, traite que cette belle et généreuse reyne tenant un jour, entre ses plus grandes festes et magnificences, le bal ouvert dans la grande salle de son chasteau de Gayette, elle

1. Voyez sa vie dans un des volumes suivants.
2. L'ouvrage de Paris de Puteo, publié à la fin du xve siècle sous le titre de *De re militari*, a été réimprimé plusieurs fois au siècle suivant et, entre autres, dans le tome XVI du grand recueil : *Tractatus illustrium in utraque tum pontificii tum cæsarei juris facultate jurisconsultorum*, Venise, 1583-85, 28 vol. in-fol. Le tome XII du recueil contient d'autres écrits relatifs au duel, savoir : *De Duello*, Joannis de Lignano. — *De Duello*, Jacobi de Castillo. — *De singulari certamine*, Andreæ Alciati. — *De Duello*, Julii Ferretti. — *Contra usum duelli*, Antonii Massæ. — Le traité de Paris de Puteo a été traduit en italien, Venise, 1521, in-8°, et c'est de cette traduction que Brantôme s'est servi.

prit pour la mener dancer le seigneur Galeazzo de
Mantoue, gentilhomme fort accomply de ces temps;
et la dance finie, il luy fit une grande révérence, le
genouil en terre, et la remerciant très-humblement
de l'honneur, qu'elle luy avoit fait. Ne sçachant en
quoy la recognoistre par aucun service condigne, luy
fit vœu d'aller errant qui çà, qui là, parmy le monde,
et tenter tous hazards et faits chevalleureux, à toutes
heures et rencontres de chevalliers errans, jusques
à ce qu'il auroit vaincu et conquis par armes deux
vaillans chevalliers, et les luy eust amenez à ses pieds
pour luy en faire présent, et d'en disposer comme
bon luy sembleroit. Telles courtoisies se rendoient
le temps passé parmy les chevalliers envers les
dames, selon l'usance des chevalliers errans. La fortune fut si grande pour ce gentilhomme, que dans
l'an il fit et s'hazarda tant, qu'il conquit en la Bourgoigne, en Bretaigne et Angleterre, sa proyè, et
accomplit son vœu envers la reyne, et amena ses prisonniers; mais elle très-gentile, bonne et très-cour-
toise, aussi estoit-elle pour lors la plus belle princesse du monde et la meilleure, et estoit-elle aussi
sortie du noble sang de France, ne voulut envers
eux user d'aucun privilège cruel pratiqué de ces
temps envers eux, pour les retenir en vile et serve
condition comme esclaves, mais les receut très-
humainement, leur fit une très-bonne chère, leur
donna congé et liberté tout ensemble, les renvoya
avec quelques présens encore, et s'en allèrent ainsi
très-contens d'avec elle, grand mercy à sa bonté,
beauté et générosité; car elle en pouvoit faire comme
il luy eust pleu; j'en fais ce conte mieux en sa vie.

Voilà pourquoy ce docteur Paris a raison de louer ce trait, et désapprouver celuy des chanoines de Saint Pierre de Rome. Sur ce ledit vénérable docteur Paris de Puteo se met à exalter (comme de raison) cette généreuse reyne, pour ce beau trait, en déprimant et meslouant[1] fort celuy que firent lesdits chanoines de Saint-Pierre de Rome à l'endroit d'un pauvre diable de chevallier, lequel ayant esté vaincu par un autre qui l'avoit voué pour pénitence et donné ausdits messieurs, les chanoines l'acceptèrent de très-bon cœur, sans luy faire aucune grâce ny courtoisie libre, ains le menèrent et le contraignirent là qu'il se pouvoit aisément et librement se pourmener dans l'église comme bon luy eust pleu, et de se présenter devant la porte et d'adviser le monde de là en hors, mais l'outrepasser d'un pas seul, non, tant il estoit encore plus misérable; et le gardèrent ainsi longtemps en cet estat misérable, certes pire que la mort. Voilà pourquoy le vénérable docteur a raison d'exalter ladite reyne Jehanne et déprimer messieurs lesdits chanoines[2]. Bref, selon les loix lombardes et anciennes coustumes, les conditions des vaincus estoient fort viles, sordides et fort misérables. Si y en a-il eu pourtant de nos temps ou de nos pères, de ces combattans à outrance et vainqueurs, qui ont estez modestes, et qui en leurs victoires ont adoucy les rigueurs de leurs loix et dispositions de droits.

1. *Meslouer*, blâmer.
2. Voyez Paris de Puteo, dans le *Tractatus illustrium.... jurisconsultorum*, t. XVI, fol. 423, col. 2. Cf. p. 249, note 2.

Il se fit un gentil combat au siège de Florance, ordonné par ce grand capitaine le prince d'Orange (Paulo Jovio en fait le conte, mais non si gentiment comme je l'ay leu en un livre espaignol[1], et ouy raconter dans Fleurance autresfois). Le siège y estant doncques, comme chascun sçait, plus par leurs divisions, partialitez, que autres choses, il y eut un combat représenté par quatre jeunes hommes florantins; les deux estoient dans la ville assiégez, et les deux autres assiégeans hors la ville, ainsi que coustumièrement se voit en guerres civiles. Ceux de la ville furent ceux qui de gayetté de cœur ou d'animosité, ou despit, envoyèrent le cartel au camp du prince d'Orange, et luy demander le combat contre deux autres de leurs concitoyens qui estoient en son armée. Soudain ils furent pris au mot par autres deux vaillans jeunes hommes de la ville, qui estoient hors pourtant, dont ce combat fut accordé et assigné par ledit prince, au lendemain, avec toutes seuretez et belles paroles données. Estans donc tous quatre entrez dans l'estaquade ou le camp qui estoit environné d'une grosse corde que les lansquenets gardoient environnez tout autour avec leurs piques, les solemnitez et cérimonies y requises bien observées, n'ayans nulles armes deffencives, tous en pourpoinct, sinon offencives, qui estoient *espadas muy affiladas y agudas*[2], il pleut ainsi à la fortune de Mars de leur vouloir estre esgalle à l'un et à l'autre party, car un de

---

[1]. Voyez dans Vallès, fol. 316 : *Desafio notable de quatro Florentines, en presencia del principe de Orange.*

[2]. Épées bien affilées et pointues.

ceux de dedans fut vainqueur, et l'autre vaincu; et de mesmes ceux de dehors, après avoir chascun fort et très-vaillamment combattu, et d'un hardi courage, sans oublier rien du devoir de hardys combattans dont, entre autres, il y en eut un de ceux de dedans qui vint à estre blessé à la mort, et rendant force sang, qui le débilitoit beaucoup, celuy de dehors luy dit alors qu'il se rendist. L'autre n'en pouvant plus et abhorrant ce mot pourtant de se rendre à son ennemy, luy respondit seulement et advisément pour mieux garentir son honneur : « je me rends à monsieur le prince ». Soudain son ennemi lui réplique : « il n'y a point ici autre prince que
« moy, et je n'y cognois point dans ce camp aucun
« que moy, et faut que tu le croyes, et qu'il n'y a
« nulle grandeur et authorité icy que mon espée,
« par quoy rends-toy à moy et non à d'autre. » Sur ces paroles l'autre tumbant en terre, donna signal qu'il estoit vaincu, non par faute de courage, mais par désastre de la guerre. Toutesfois l'ennemy fut honneste, et se sépara ainsi la victoire esgalle en perte et en bien. Telle brave response firent ces deux braves cousins Espaignols (desquels j'en parle ailleurs) à Scipion l'Affricain en Espaigne[1], lesquels tous deux contendans à une mesme seigneurie que tous deux disoient leur appartenir, concertèrent ensemble de la débattre par les armes, et entrer en camp; et ainsi que Scipion (tout courtois et bon qu'il estoit) leur pensa remonstrer qu'estant si proches, il valloit

1. Voyez Plutarque, *Vie de Scipion l'Africain*, chap. XII, et Tite-Live, liv. XXVIII, chap. XXI.

mieux s'en remettre à des arbitres et juges, sans en venir là : « non, non luy, respondirent-ils, en cela « nous ne voulons recognoistre autres dieux ny autres « juges que le dieu Mars et nos espées. » Or d'autant que ce combat de ces Florantins est signalé, j'ay bien voulu mettre leurs noms, tant des vaincus que des vainqueurs, car les uns et les autres sont dignes à louer. De ceux de dedans, l'un se nommoit Dante Castellan[1], et contre lui combattoit par ceux de dehors, Bertinello Ballandin[2], qui combattoient d'un costé du camp : de l'autre costé combattoit le compagnon de Dante, du dedans, Ludovico Martelly, contre son adversaire Juan Bombin. Pour fin, Dante vainquit Bertinello, et sans disposer en rigueur de sa personne, le laissa là et s'alla assoir; ne luy estant loisible d'aider à son compaignon, (ce qui est à noter) il s'assit fort bien pour voir le jeu et pour se reposer. Cependant le prince (par la permission du vainqueur) fit jetter hors du camp le jeune homme Bertinello, et commande le faire penser. Ludovico Martelly combattit Juan Bombin, lequel il mit à tel point qu'il luy tint les propos que j'ay dit de se rendre : mais Bombin faisant sa responce précédente fut vaincu, et pourtant gracieusement traité de son victorieux, sans le faire passer soubs les loix rigoureuses des Lombards, pour ces duels. Ce combat fut beau et galland, et qui le voudra considérer sur aucunes particularitez n'en faira pas mal son profit.

Lorsque M. de Nemours, Gaston de Foys, lieute-

---

1. Castellon, suivant Vallès. — 2. Balandi, suivant Vallès.

nant de roy en Italie, estoit à Ferrare[1], il y eut deux braves et galants capitaines espaignols, lesquels par le grand renom de la valleur, grandeur et gentillesse, prudhommie et vertu qu'ils avoient senty de ce brave prince, ayans une grande querelle ensemble, s'advisèrent et s'accordèrent de luy demander le camp, ce qu'il leur accorda fort librement et courtoisement, pour le grand honneur qui luy en redondoit; l'ayant préféré aux Espaignols à luy grands adversaires et à force potentats d'Italie, voire à leur roy Ferdinant. Le jour estant assigné, les deux combattans ne faillirent à y comparoir avecque leurs parens et amis, parrains, confidans, et toutes solemnitez faites. Madame la duchesse de Ferrare[2] s'y voulut trouver, laquelle pour lors estoit des plus belles et accomplies princesses de la chrestienté, fust pour le corps, que pour l'esprit, qui parloit force belles langues : aussi M. de Nemours pour sa perfection en estoit espris un peu beaucoup, et en portoit ses couleurs gris et noir, comme dit le conte, et une faveur qu'il avoit sur soy le jour de la bataille de Ravanne. Le combat ayant esté donc entrepris et vaillamment exécuté, l'un des deux combattans vint à estre si fort blessé que, le sang luy coulant en grande abondance, luy vint à faillir et pour ce tumber en terre. Son ennemy le pressa aussitost de se rendre, l'espée à la gorge ; sur quoy madame la duchesse qui estoit aussi bonne et courtoise, comme belle et vertueuse,

---

1. Le récit de ce combat est tiré du XLVII° chapitre de la Vie de Bayard, par le Loyal Serviteur.
2. Lucrèce Borgia, femme d'Alphonse d'Este, duc de Ferrare.

touchée de pitié, pria à joinctes mains M. de Nemours qu'il fist despartir le combat¹, et que l'autre ne poursuivist point son ennemy jusques à la mort; mais M. de Nemours luy respondit à cela : « Madame, « vous ne doubtez point combien je vous suis serviteur, et qu'il n'y a chose au monde que je ne voulusse faire pour vous rendre marque très-asseurée de ma volonté; mais en cecy je n'y puis rien, et ne puis nullement offencer la loy du combat, ny honnestement prier le vainqueur contre la raison, ny luy oster ce qui est sien par l'hazard de sa vie. » Toutesfois ce fait se termina par une gentille invention, car son parrain s'advança et dit : « Señor Azevedo, (car ainsi s'appelloit l'un des combattans, et l'autre le capitaine Sainte-Croix) « je cognois bien au cœur « du capitaine Sainte-Croix qu'il mourroit plustost « que de se rendre, mais voyant qu'il n'y a point de « moyen en son fait, je me rends pour luy, » et ainsi demeura victorieux Azevedo, et en rendit grâces à Dieu, et fut emporté du camp avec grandes resjouissances, pompes et magnificences ; et fut soudain pensé Sainte-Croix, et estanché le sang de sa playe, et ses gens l'emportèrent avec ses armes lesquelles Azevedo s'estant oublié dès le camp de les emporter avec luy, envoya demander (comme à luy appartennantes) pour s'en triumpher : mais on ne les voulut rendre ; dont les plaintes en estant venues à M. de Nemours, M. de Ferrare, par M. de Bayard qui en avoit esté le mareschal de camp, luy fit donner commission d'aller dire à Sainte-Croix qu'il eust à

---

1. *Despartir le combat*, séparer les combattants.

les rendre; que s'il y contredisoit, que M. de Nemours le fairoit rapporter dans le camp où luy seroit la playe descousue, et le mettroit-on en la mesme sorte et mesme estat que son ennemy l'avoit laissé quand son parrain s'estoit rendu pour luy. Quoy voyant Sainte-Croix qu'il estoit forcé par les loix du combat de le faire, et qu'il n'en pouvoit plus, les rendit à M. de Bayard qui les rendit au vainqueur, ainsi que la raison le vouloit. Il est vray qu'il y a des gens pontilleux qui pourroient arguer là-dessus, car puisqu'il avoit laissé les armes dans le camp, fust ou par oubly, ou par ignorance de son devoir, ou pour autre subjet qui s'allégueroit bien là-dessus meshuy, il n'estoit plus receu de droit de redemander ne retirer ce qu'il avoit laissé en place. Je m'en rapporte au dire des grands capitaines, et quant à moy, je y penserois en faire là-dessus un discours plein d'argumens et raisons, et qui seroit beau.

A ce que conte l'histoire, le capitaine Sainte-Croix eut un tel coup sur la cuisse, qu'il en eut tout le haut coupé jusques à l'os, dont en saillit aussitost si grande abondance de sang, qu'ainsi qu'il cuyda marcher pour se venger, il tumba; quoy voyant, Azevedo luy dit : « Rends-toy, Sainte-Croix, ou je te tueray. » Mais il ne luy respondit rien, ains se mit sur le cul, tenant son espée au poing et faisant ses exclamations, délibère plustost mourir que de se rendre. Alors Azevedo luy dit : « Lève-toy donc, Sainte-Croix, « car je ne te frapperay jamais ainsi; » aussi il y faisoit dangereux, dit le conte, comme à un homme désespéré et de grand cœur; puis il se releva et marcha deux pas, et tumba pour la seconde fois quasi le visage contre'erre, et eut Azevedo l'espée levée une fois pour luy couper la teste, ce qu'il eust bien fait s'il eust voulu, mais il retira son coup; et pour tout cela ne se voulu jamais rendre, et ce fut lors que la duchesse pria M. le Nemours pour luy, car il n'en pouvoit plus, et s'l eust demeuré guières plus ainsi perdant son sang, il estoit mort demeurant sans remède. Cette invention du parrain fut très-gentille; toutesfois l'on y peut là-dessus disputer beaucoup de beaux traits, à sçavoir si le parrain se pouvoit rendre pour son filleul, et s'il n'y alloit point de l'honneur du filleul, et pour autres choses que je laisse aux plus gentils et habiles duellistes à débattre et décider cela. Cet Azevedo fut fort honoré des François et mené en triumphe avec trompettes et clairons au logis de M. de Nemours qui le festoya avec grand honneur, qu'il recogneut pourtant très-mal despuis, à ce que dit le conte, qui luy fut une grande laschetté; il n'en dit le sujet, mais est à présumer qu'il porta les armes contre M. de Nemours après, et se banda formellement contre les François. Azevedo estoit l'assaillant et avoit son parrain Fédéric de Bozollo, de la maison de Gonzague, et ne sçachant de quelles armes avoit à combattre, s'estoit garny de tout ce qui luy estoit nécessaire en homme d'armes, à la genette et à pied, et en toutes les sortes qu'il pouvoit imaginer qu'on sçeust et deubst combattre. Peu après Azevedo s'estant entré dans le camp, le prieur de Messine vint porter deux segrettes[1] et deux rapières bien trenchantes (j'useray

---

1. *Segrete* ou *secrete*, l'espèce de casque qu'on appelait pot de fer.

ainsi de ces mots du temps passé pour suivre le texte et mieux observer et honnorer l'antiquité) et deux poignards, lesquels il présenta au seigneur Azevedo pour choisir, et qu'il prist ce qui luy estoit besoing; et ce fait se mit Sainte-Croix dans le camp, tous deux se jettèrent à genoux pour faire leurs prières à Dieu. Après furent tastez par leurs parrains, sçavoir s'ils avoient nulles armes ni charmes soubs leurs vestemens et sur eux. Ce fait, chascun vuida le camp, qu'il n'y demeura que les deux combattans, les deux parrains et le bon capitaine Bayard qui par M. de Nemours et le duc de Ferrare, et pour plus l'honnorer et aussi qu'il n'y avoit homme qui s'entendist mieux à ces affaires, fut ordonné maistre et garde du camp. Le héraut commença à faire son cry tel qu'on a accoustumé faire en tel cas, que nul ne fist signe, crachast, toussast, fist autres choses dont nul desdits combattans peust estre advisé. Ce fait, marchèrent l'un contre l'autre; Azevedo prit son poignard en une main et sa rapière en l'autre; mais Sainte-Croix mit son poignard au fourreau, et tint seulement sa rapière. Il ne faut doubter si le combat devoit estre mortel, car ils n'avoient nulle armes pour se couvrir; parquoy après plusieurs coups tirez, arriva ce qui a esté dit. Par ainsi le combat fut finy, lequel certes fut beau et signalé, et auquel et en celuy des quatre Florantins se doivent plusieurs choses observer : l'une, comme j'ay dit, c'est la reddition du parrain pour le filleul, et si elle porte coup, laquelle certainement le peut porter grand si l'on doit prendre au pied de l'escriture les loix des Lombards sur ce fait, ainsi que j'ay ouy dire à beaucoup de gallands hommes et capitaines à la sentence desquels je m'en rapporte mieux qu'à mon advis, pour estre plus suffisans cent fois que moy. L'autre chose qui est à notter, est les courtoisies que ces gallands hommes combattans s'usèrent les uns aux autres, ne se privilégeans nullement des loix rigoureuses permises en ces faits, et se contentans seulement de la reddition et non de la vie, ni de la servitude et autres conditions viles et ignominieuses qu'ils leur pouvoient imposer; et certes Azevedo fut encore plus courtois que tous. Il est bien vray qu'il y en a aucuns qui, voyans leurs ennemys de grand cœur et désespérez, craignent de les poursuivre chaudement, car c'est chose qu'on doit autant[1] craindre qu'une personne blessée à la mort, car vous la voyez faire des efforts et des violences et se lancer contre son ennemy comme lion enragé: voilà pourquoy les plus advisez et fins s'en tiennent loing, et ne les approchant voluntiers de peur de leur dernière rage et vaillance, ainsi que fit le seigneur de Jarnac à feu M. de la Chastaigneraye mon oncle, qu'il ne voulut approcher de près lorsqu'il luy eut donné le coup de jarret, car il le cognoissoit de longue main pour un des plus vaillans et déterminez hommes du monde, et qui ne faudroit d'exercer sa dernière furie déterminément[2], ainsi qu'il se lança sur luy par deux fois, ce que craignant l'autre, temporisa tousjours et eut loisir d'attendre que le roy eust jetté le baston. La troisiesme chose qui est à notter, sont les mots que dit le Florantin à l'autre,

---

1. *Autant*, grandement.
2. *Déterminément*, avec détermination.

qu'il ne recognoissoit aucun prince dans le camp que luy, et ce que dit M. de Nemours à madame la duchesse, s'excusant qu'il n'avoit là aucune puissance sur le vainqueur; ainsi qu'il est vray, selon les anciens articles de la loy du duel.

Mais il y a eu despuis des roys, princes et seigneurs, souverains et leurs généraux qui voyans les abus et les cruautez en cela par trop grandes, lorsqu'ils ont accordé les camps, se sont réservez des puissances et autoritez pour en disposer comme bon leur sembleroit, et comme grands juges et souverains magistrats, ainsi que fit le roy François au combat de Cersay et Vigniers[1], qui fut fait à Moulins au retour du camp de Piedmont; car ne voulant voir le dernier hazard de la fortune en ce combat, jetta le baston et en décida, ainsi que le conte en est bien escrit dans les mémoires de M. du Belay, lequel je me passeray de le transcrire icy, puisqu'il est très-bien et à plein escrit dans ce livre, et l'ay ouy ainsi raconter à feu M. le connestable dans Moulins, et en ce lieu mesme, dont il s'en devoit bien souvenir, car ce fut là, et lors qu'il fut fait connestable, le disoit-il. De mesme façon, jetta-il aussi le baston à Fontainebleau, pour le combat de Juillem Romero et de l'autre espaignol[2], plus certes

---

1. Helyon de Barbanson, sieur de Sarzay, et François de Saint-Julian, sieur de Venyers. — Voy. *Mémoires de* M. du Bellay, année 1538; *L'Ordre au combat de deux gentilshommes faict en la ville de Moulins*, goth., in-4°, s. d.; et l'ordonnance de François Ier à ce sujet, dans le ms. 272 de la collection de Mesmes, f° 144.

2. Julien Romero était un capitaine espagnol fort renommé, qui, après avoir servi François Ier, se mit à la solde de l'évêque

parce qu'il voyoit qu'ils ne faisoient rien qui vaille, sinon badiner de paroles, de gestes et de démarches, que pour autre subject, comme j'ay ouy dire à ceux qui y estoient.

Le roy Henry son fils en fit de mesmes au combat de M. de la Chastaigneraye, jetta de mesme le baston, mais trop tard, et ce jettement de baston que leurs Majestez tenoient en la main, et le tiroient, portoit telle loy en soy si rigoureuse, qu'aussitost qu'il estoit tiré, il ne falloit sur la vie que pas un des deux combattans passast plus oultre, ains qu'il cessast et retirast aussitost son coup, quand bien il l'auroit tout prest de le faire, et puis soudain les juges mareschaux et gardes du camp survenoient, qui séparoient le tout.

M. le grand maistre de Chaumont, lieutenant du roy en l'estat de Milan, accorda un combat à deux Espaignols aussi à Parme, qui luy en avoient requis[1], l'un se nommoit le seigneur Peralte, qui autresfois avoit esté au service du roy de France, et fut tué d'un

de Liége, et fut fait prisonnier lors de la prise de Dinant par les Français, en 1554. Il s'était autrefois, dit de Thou (liv. XIII), battu en duél à Fontainebleau, en présence de François Ier, contre un autre Espagnol. « Le roy, dit Mergey, leur avoit donné le camp, avec toutes les fanfares et formalitez en tels cas requises; mais les deux champions estant mis dedans le camp par leurs parins, la partie de Julian ne voulut point venir aux mains, et tournoiant autour du camp, ne faisoit que cryer à son ennemy qui le suyvoit : *No te quiero, Juliano;* proverbe qui a longtemps couru en France. » (*Mémoires de Jean de Mergey*, collection Michaud et Poujoulat, première série, t. IX, p. 559.)

Romero mourut à Crémone en 1578, étant premier mestre de camp général de l'armée espagnole (voyez Strada, liv. IX).

1. Voyez le *Loyal Serviteur*, chap. XLVII.

coup de faucon (je parle à l'antique) au camp de la Fosse, ainsi que le seigneur Jehan-Jacques[1] chassoit l'armée du pape; et l'autre Espaignol s'appelloit le capitaine Aldano; leur combat fut à cheval à la genette et à la rapière, et le poignard (ainsi parloit-on alors) et chascun trois dards à la main. Le parrain de Péralte fut un autre Espaignol, et celuy d'Aldano fut le gentil capitaine Molard. Il avoit tant neigé que leur combat se fit en la place de Parme où on l'avoit relevée, et n'y ayant autres barrières que de neige. Chascun des deux combattans fit très-bien son devoir, et enfin le seigneur de Chaumont qui avoit donné le camp, et en estoit juge, les fit sortir en pareil honneur. Voilà comment aucuns roys, princes et juges de camps, se sont attribuez ces prééminences et authoritez pour mieux en adoucir les rigueurs; et ne les faire venir à leurs extrémitez; aussi avoient-ils raison, car cela ne sent point son prince ny son seigneur chrestien d'aller paistre et souler ses yeux humains d'un spectacle de telles cruautez inhumaines jusques à l'extrémité; car le lion, le plus fier et cruel des animaux, quand il a vaincu et porté par terre son ennemy, le laisse là et s'en va.

Parmy les faits mémorables de M. de Bayard, il se parle d'un beau combat de luy qu'il fit au royaume de Naples, contre un galand capitaine espaignol qui se nommoit Dom Alonzo de Soto-Maior[2]; lequel ayant

1. Le maréchal de Trivulce. Brantôme veut probablement parler de la défaite des troupes de Jules II devant Bologne en 1511.

2. Le récit de ce combat est, comme le précédent, emprunté, et souvent textuellement, au *Loyal Serviteur*, ch. xxi et xxii.

esté prisonnier de guerre de M. de Bayard, et en ayant pris quelque mescontentement, publiant qu'il l'avoit très-mal traité, et non en cavallier qu'il devoit estre, c'estoit pourtant contre raison qu'il disoit cela, car au monde il n'y eut plus courtois que M. de Bayard. Parquoy, luy bien ennuyé des propos qu'en tenoit l'Espaignol, l'envoya desfier de sa personne à la sienne en camp-clos ; ce que l'autre accepta, fust à pied, fust à cheval, et brava fort, et qu'il ne se desdiroit oncques de ce qu'il avoit dit de luy. Le jour donc assigné estant venu, M. de la Palisse, accompagné de deux cens gentilshommes, emmena M. de Bayard son champion monté sur un beau coursier, habillé de blanc, par humilité, dit le conte, pensant combattre en cet estat; mais Don Alonzo à qui appartenoit l'élection des armes, dit qu'il vouloit combattre à pied, tant parce qu'il n'estoit, faignoit-il, si adroict à cheval que M. de Bayard, que ce jour-là c'estoit son excez[1] de fiebvre quarte qu'il avoit gardé deux ans, et par ce en estant plus foible, en pensoit avoir meilleur marché. M. de la Palisse et autres ses confidans luy conseilloient pour l'amour de sa fiebvre, s'excuser et combattre à cheval ; mais M. de Bayard tout plein de courage, et qui jamais n'en reffusa homme, ny voulut point contredire, ny faire nulle difficulté ny dispute, se résout combattre à pied, ce qui estonna Don Alonzo, pensant que son ennemy n'y condescendist jamais, mais il n'estoit plus temps ae s'en desdire, car la bégace[2] en estoit bridée,

---

1. *Son excez*, l'accès de fièvre de Bayard.
2. *Bégace*, bécasse.

comme l'on dit. Le camp avoit esté dressé seulement de quelques grosses pierres mises l'une sur l'autre. M. de Bayard se mit à l'un des bouts du camp, accompaigné de plusieurs bons et vaillans capitaines, comme de messieurs de la Palisse, d'Oroze, d'Imbecourt[1], de Fonterrailles, du baron de Béard, et autres qui tous prioient pour leur combattant. Don Alonzo se mit à l'autre bout, accompagné du marquis de Licite, de Dom Diego de Guignonnes lieutenant du grand capitan Gonzallo Hernando[2], Dom Pedro de Balde[3] et Dom Francisque d'Altemeze, et puis envoya à M. de Bayard les armes qui estoient un estoc et un poignard, eux armez de gorgerin et segrette. M. de Bayard ne s'amusa point à autrement choisir : son parrain estoit un Bellarbre qui estoit son compaignon ancien d'armes; et pour la garde du camp, M. de la Palisse qui très-bien s'entendoit en ces choses-là. De l'Espaignol et pour sa garde du camp, Dom Francisque d'Altemeze. Tous deux en tel estat entrez dans le camp, chascun se mit à genoux pour prier Dieu; mais M. de Bayard se coucha de son long pour baiser la terre, et en se levant fit le signe de la croix, puis marcha droit à son ennemy, aussi asseuré comme s'il fust esté dans un palais à dancer parmy les dames, ainsi que dit le conte. Dom Alonzo, de son costé, ne se monstra pas aussi estonné[4] et vint droit à son ennemy, et luy demanda : *Señor Bayardo, que*

1. Imbercourt.
2. Gonsalve de Cordoue.
3. De Valdes, suivant le *Loyal Serviteur*, édition de 1650.
4. C'est-à-dire Don Alonzo, lui aussi, ne se montra pas étonné.

me quereys? Il luy respondit : « Je veux deffendre mon honneur »; et sans plus de paroles s'approchèrent et se ruèrent tous deux chasque un merveilleux coup d'estoc, dont de celuy de M. de Bayard fut un peu blessé Dom Alonzo au visage en coulant. Si se ruèrent plusieurs coups sans auttrement s'attaindre. M. de Bayard cogneut la ruse de son ennemy qui, incontinant ses coups ruez, se couvroit le visage, de sorte qu'il ne luy pouvoit porter dommage, et pour ce s'advisa d'une finesse; c'est, ainsi que Dom Alonzo leva le bras pour ruer un coup, M. de Bayard leva aussitost le sien, mais il tint l'estoc en l'air sans jetter son coup, et, comme asseuré, quand celuy de son ennemy fut passé, et il peut choisir à descouvert, luy va donner un si merveilleux coup dans la gorge, que nonobstant la bonté du gorgerin, l'estoc entra dans la gorge quatre bons doigts, de sorte qu'il ne le peut retirer. Dom Alonzo se sentant frappé à mort, laissa son estoc et saisit au corps M. de Bayard qui le prit aussi comme par manière de luicte, et se pourmenèrent si bien que tous deux tumbèrent à terre l'un prés de l'autre; mais M. de Bayard diligent et soudain, prit son poignard et le mit dans les naseaux de son ennemy, en luy escriant : « Rendez-vous, « Señor Alonzo, ou vous estes mort. » Mais il n'avoit garde de parler, car desjà estoit trespassé. Alors son parrain Dom Diego de Guignonnes commença à dire : *Señor Bayardo, es muerto; vincido haveys*[1]; ce qui fut trouvé incontinent, car plus ne remua pieds ne mains. Qui fut bien desplaisant, ce fut le bon

---

1. Seigneur Bayard, il est mort. Vous avez vaincu.

chevallier Bayard, car s'il eust eu cent mille escus (ce dit le conte) il les eust voulu avoir donnez, et qu'il l'eust peu vaincre vif : ce néanmoins, en recognoissant la grâce que Dieu luy avoit fait, se mit à genoux, le remerciant très-humblement, puis baisa par trois fois la terre. Après tira son ennemy hors du camp, et dit à son parrain : « Seigneur Dom Diego, en ay-je assez fait? » lequel respondit piteusement : « *Harto y de ma fiado, Señor Bayardo, por l'honra d'Espagna*[1]. — « Vous sçavez, dit le chevalier Bayard, qu'il est à « moy à faire du corps à ma volunté; toutesfois je « le vous rends, et vrayement je voudrois, mon hon- « neur sauvé, qu'il fust autrement. » Brief les Espaignols emportèrent leur champion en lamentables pleurs, et les François emmenèrent le leur en joye avecques trompettes et clairons, jusques en la garnison de M. de la Palisse, où avant que faire autre chose, le bon chevalier alla à l'église remercier Nostre-Seigneur, et puis après tous firent grande joye, non sans louer grandement M. de Bayard, lequel, non des François seulement, mais des Espaignols, fut estimé par tout le royaume de Naples l'un des accomplis gentilshommes qu'il en fut point.

Or en ce combat, il y a plusieurs choses à noter : l'une, la courtoisie que fit M. de Bayard de rendre le corps de son ennemy au parrain et n'user de la rigueur permise envers le corps, lequel (comme il dit,

---

1. Assez et trop, seigneur Bayard, pour l'honneur de l'Espagne. — Cette phrase est un peu arrangée par Brantôme. Le texte du *Loyal serviteur* porte : *Tropo, seignor Bayardo, per l'ondre d'Espaigne.*

et qui est à noter, selon comme nous en avons dit cy-dessus) estoit en sa libérale et plénière puissance et disposition d'en faire ce qu'il luy plairoit : faut noter aussi comme il sortit le corps hors du camp, sans le laisser là, observant en cela quelque peu de la loy rigoureuse. Il le pouvoit bien laisser là dans le camp, estandu mort, se contentant de cela, et le donner au parrain, plustost que de le traisner par un bras ou une jambe ignominieusement comme un tronc mort ou un chien jusques hors du camp. Mais en cela M. de Bayard, ou il le faisoit pour plus grande ostentation de victoire, ou, possible, qu'il n'estoit pas assez assovy[1] de la vengeance, ou pour monstrer qu'il n'estoit point ignorant des loix du combat, qu'on luy eust peu inculper s'il ne les eust ainsi observées. Tant d'autres raisons se peuvent là-dessus alléguer, qu'on n'y sçauroit fournir : je m'en rapporte aux grands cavaliers et capitaines en dire là-dessus leur opinion, mieux que je ne sçaurois jamais dire.

Une autre chose est aussi fort à noter et à discourir, à sçavoir si M. de Bayard eust peu bonnement avec son honneur refuser le combat le jour qu'il comparut, puisque c'estoit son jour de fiebvre quarte, et qu'il n'estoit nullement en estat de combattre. Certes qui veut peser et balancer justement les loix rigoureuses de ces combats, il n'y a nulle excuse quand une fois le jour du camp est assigné, si ce n'estoit qu'il fust attaint de maladie extrême, à la mort, dans un lict; encore faudroit-il qu'il fust visité fort exquisement[2] des médecins expers et chirurgiens,

---

1. *Assovy*, assouvi. — 2. *Exquisement*, soigneusement.

voire mesmes des confidans, mais pour une fiebvre quarte, l'excuse n'estoit nullement valable; aussi M. de Bayard ne l'alléga nullement. Bien est vray que si quelques jours avant son combat, il fust allé à la guerre, et qu'il y fust esté blessé à la mort, ou cassé un bras, une jambe, ou qu'il eust esté fait impotant de son corps en cette expédition, ou fait prisonnier de guerre, bref, s'il fust intervenu un si grand accident, dont il s'en peut nombrer une grande quantité, ausquels le diable mesme ne sçauroit fournir, pour cela M. de Bayard, ny tout autre en cas pareil, ne sçauroit estre vaincu, ny tumber en déshonneur; mais pour ce petit accident de fiebvre, il ne devoit refuser, comme il ne fit, et ne voulut guières débattre. Aussi son ennemy le pensant bien prendre au pied levé de son advantage, renvoya bien loing les raisons de M. de la Palisse et autres ses confidans et parrains, n'estant pas si sot de donner l'advantage à son ennemy, puisqu'il avoit le choix des armes, et le voyant foible et débile, ne voulut combattre à cheval pour l'advantager sur luy, mais à beau pied, s'en sentant mieux prévalu et sa partie mieux faite, ce qui advint autrement. Mais pourtant faut avoir esgard sur cet exemple, de n'eslargir aucun point de courtoisie, ny le moins du monde, à son ennemy tant qu'il a les armes au poing, jusqu'à ce qu'on le void soubs soy et à ses pieds. Je m'asseure que plusieurs capitaines et cavaliers seront de mon opinion en cela, ne la tenant pas pourtant de moy toute, mais de plus grands que moy; et voilà pourquoy feu mon oncle de la Chastaigneraye fit une grande faute, et ses confidans et parrain, qu'à luy appartenant l'élection des armes de juste droit, librement et volontairement la laissa aller au seigneur de Jarnac son ennemy; mais il se sentoit si brave, et vaillant et courageux et mesprisant son ennemy, qu'il luy voulut tout céder sans nul contredit. Toutesfois le malheur de Mars luy fut tel, qu'il y perdit la vie, non pas l'honneur, ainsi que dit M. de Montluc en son livre[1], luy qui avoit tant aymé feu mondit oncle, et que mesmes (je ne luy feray point de tort de dire cela ainsi que j'ay sceu tant des miens que d'autres gentilshommes) feu mondit oncle avoit aydé à le pousser et faire valloir beaucoup à la cour, et bien cognoistre ses vaillantises, encore qu'il dise que madame d'Estampes[2], belle-sœur de M. de Jarnac, luy fust contraire, parce qu'il estoit amy et grand confidant de feu mon oncle; mais pas maille pour cela, car il[3] le fit autant aymer et cognoistre à la cour qui estoit toute à la disposition de mondit feu oncle, et mesme après la mort du roy François; aussi qu'à tout y a commencement, et les nouveaux venus sont tousjours faits et cogneus par les vieux là où ils vont. Davantage, en ce temps on eust eu beau à estre vaillant et faire autant de braves exploits de guerre comme un Cæsar, si l'on n'estoit cognu à la cour, ou quelqu'un ne le poussast,

---

1. « Une babillarde causa la mort de M. de la Chastaigneraie. S'il m'eust voulu croire et cinq ou six de ses amis, il eust démeslé sa fusée contre M. de Jarnac d'autre sorte; car il combattit contre sa conscience, et perdit l'honneur et la vie. » (*Commentaires*, t. III, p. 138-139.)

2. Anne de Pisseleu, duchesse d'Étampes, maîtresse de François Ier. Sa sœur, Louise de Pisseleu avait épousé Jarnac.

3. *Il*, la Chastaigneraie.

c'estoit peu de sa fortune : ainsi mesmes que de mon temps j'ay veu de mes propres yeux plusieurs braves capitaines avoir fait le diable à la guerre, et venir à la cour; s'ils n'estoient advancez et poussez par quelque courtisan, ma foy, ce n'estoit rien d'eux. Je ne pense point faire de tort à feu M. de Montluc de dire que feu mon oncle ne luy a point nui en son temps, mais beaucoup servy; car j'ay veu des petits courtisans faire de bons offices à des grands, tant de guerre, qu'autres, que pour un seul rapport qu'ils faisoient, ou une petite sollicitation, en moins d'un rien les voilà sur le haut de la fortune, jusques à estre aucuns chevalliers de l'ordre. Ceux qui ont veu nos cours de France seront de mon advis. Voilà pourquoy je ne pense point faire de tort à M. de Montluc de dire que, nonobstant ses longs services, vaillances et hauts faits, il eut besoing des faveurs, supports et bons offices de ses amis; car mesmes je l'ay veu en ses plus grands advancemens d'estat et de charges, autant affamé et nécessiteux de faveur qu'un autre, pour les charitez que j'ay veu moy-mesmes et ouy à la cour luy prester. Voilà pourquoy je m'estonne encore un coup que luy, ayant trouvé un si bon et franc amy que feu mon oncle à la cour, et tel qu'il estoit très-favory du roy et de M. le Dauphin, ses maistres, et de tous les plus grands, ne devoit après sa mort avoir passé ce mot d'avoir perdu l'honneur; car nul ne le perd en ce jeu, s'il ne se rend comme un poltron pour sauver sa vie; mais il ne se rendit jamais, disant tousjours : « tuez-moy »; et fit-il bien plus; car ainsi qu'on le pensoit, de despit s'arracha ses emplastres et rendit ses playes plus grandes qu'elles n'estoient, par ses mains, ses doigts et ses ongles, contre la force et le gré de tous ceux qui le tenoient et de ses chirurgiens. Feu M. de Guise, dit lors M. d'Aumalle, son parrain, fit faire son tumbeau tel et digne de la valleur de son filleul, qui dit autrement que M. de Montluc. Il est à la mode antique romaine, en latin, que je ne mettray icy selon son original[1], pour fuyr une longueur, mais selon sa version.

AUX MÂNES PIES
DE FRANÇOIS DE VIVONNE, CHEVALLIER FRANÇOIS TRÈS-VALLEUREUX.

Passant, afin que tu ne sois le seul passant sans avoir regardé la larme à l'œil, et d'un regret relligieux, le deuil d'un roy et de tout un royaume envers François de Vivonne, l'un des premiers chevalliers d'une des premières familles de France, sçache que, favorisé des heureux auspices et veuilz[2] de Henry II, roy de France très-auguste, mais pourtant par fortune adverse il combatit armé en un combat singulier, qui sans ses armes n'eust cédé à son ennemy. Ah! quel malheur, et quel sort misérable des humains et indigne vicissitude des choses, que celluy qu'on prettend avoir esté vaincu l'ayt esté tout armé, que désarmé il estoit invincible! L'empeschement des armes et l'art l'ont ainsi voulu. Je te conjure donc par les dieux et par les hommes, toi passant et natif de la France, que tu ne dédies à un' ingratte oubliance, par un je ne sçay quel petit combat légier, la mémoire de tant de beaux faicts d'armes dont autresfois ce valleureux chêvallier luy vivant en a donné tant de preuves pour le service de son roy et du bien public; si que les biensfaicts ne s'oublient pour si peu de chose, ny pour un tel désastre, et afin que tu ne croye pour chose feinte et fabuleuse ce que je t'en dicte, un grand prince lorrain et françois, et très-excellent chevallier, grandement triste et fasché d'un tel advènement inopiné, a dédié ce tumbeau aux mérites de ce brave et vaillant chevallier poitevin. Voyez, vivez, et à Dieu.

---

1. C'est-à-dire selon le texte latin. — 2. *Veuil*, bon vouloir.

Pour parler de cet empeschement d'armes et en esclaircir ce qu'en dit ce tumbeau, il faut sçavoir que M. de la Chastaigneraie fut de son temps l'un des plus forts et adroits gentilshommes de France, en toutes armes et façons; et pour la lutte, il n'y avoit aussi si bon lutteur breton, ou autre fust-il, qu'il ne portast par terre; car outre sa force, il y avoit une grande adresse. Il estoit de moyenne taille, et de la belle, fort nerveux et peu charnu. Le seigneur de Jarnac et luy s'estoient fort souvant esprouvez du temps qu'ils estoient compaignons d'armes et de cour, bien qu'il fust plus haut et grand que mondit oncle de deux grands doigts, et plus vieux de dix ans, car mon oncle n'avoit que vingt-huit ans lorsqu'il mourut. M. de Jarnac donc, craignant qu'on ne vinst aux prises, y pourveut fort bien, par l'advis et invantion (que trouva le capitaine Caize, Italien, qui luy aprennoit à tirer des armes pour ce combat) d'un certain brassard tout d'une venue, qui ne plioit nullement, ains faisoit tenir le bras gauche du bouclier tendu et roide comme un pau; ce qui fut un grand désadvantage pour mondit oncle, d'autant que de son bras droit de l'espée il estoit aucunement estropié, au moins peu remis encor, à cause d'une grande harquebusade, qu'il avoit receu à l'assaut de Conys en Piedmont, y estant allé des premiers, car il estoit à tout, lorsqu'il fut assiégé par M. l'admiral d'Anebaut[1]. Voylà donc mondit oncle ainsi empesché et gesné de ses deux bras, comme vous voyez; en quoy M. d'Aumalle son parrain et messieurs ses confidans

---

1. En 1543.

eurent très-grand tort de ne débatre point ce brassard gesnant et empeschant ainsi son bras, puisqu'il avoit esté dit expressément par les cartels, de combattre avec armes usitées parmy gentilshommes, ce qui n'a jamais esté veu ni pratiqué parmy gentilshommes ny nos gensdarmes, capitaines et soldats, de porter brassards de telle sorte; et devoient ces messieurs rejetter cette forme d'armure comme fauce monnoye descriée et point de mise, et ne falloit passer plus outre, ains les contester par vives et bonnes raisons. Mais ces messieurs s'excusèrent et remirent le tout sur l'ardeur du courage de mondit oncle, qui vouloit combatre en quelque façon que ce fust, et s'opiniastra à recepvoir tout ce qu'on luy présentoit, et fust-il chaud comme feu, en quoy ils eurent encores tort; car comme non seulement parrain et confidans, mais comme vrays curateurs de sa personne, ne le devoient hazarder ainsi mal à propos, et ne le laisser aller à son opinion et son ardant courage, ains le devoient contraindre et réduire à la leur et à la raison. Cette faute ne se sçauroit aucunement excuser, et ne sçache guières jeune homme, pour si peu d'armes qu'il eust pratiqué, qu'il n'eust débatu cela jusques à la mort. L'on disoit aussi que ledit parrain et confidans se laissèrent aller un peu trop à la sentence des juges du camp, ce qu'ils debvoient contr'eux contendre aussi opiniastrement que l'on fait contre nos juges de justice, quand ils donnent quelque mauvaise sentence contre tout droit : veu aussi que ces juges du camp estoient bien aises de voir la mort de mondit oncle; je n'en diray point les raisons. L'envie fait beaucoup de choses. De plus, le roy mesme pour qui mon oncle en partye combattoit (le discours en est trop long) devoit avoir là-dessus donné sa sentence et en corriger les juges, puisqu'il aymoit et favorisoit tant mon oncle; mais ce coup il n'eut pas la tenue bonne sur ce poinct. Dieu est juste juge du tout; aussi tous deux sont morts en combat singulier, ainsi que j'en parle en la vie du roy. Tant y a que si mondit oncle ne fust esté ainsi gesné par telles armes, l'on eust veu autre forme de combat, et, possible, autre yssue. Encor cet empeschement d'armes n'engarda pas le seigneur de Jarnac qu'il ne donnast deux dagues, l'une fort longue, pendante sur la cuysse, et l'autre courte, fichée dans la bottine, et tout pour l'appréhention de la prise, et en prist autant pour luy. Il n'en faut plus parler : le destin en avoit jetté son sort. De discourir de la forme du combat, je n'y touche point, car tel parler et souvenir m'est par trop odieux. Telle fortune de combat fut si inopinée et inespérée de plusieurs personnes de la France, qu'en beaucoup d'endroicts deux mois après n'en peurent jamais croire la mort de mondit oncle; mesmes en Piedmont il y eut deux soldats signallez qui s'assignèrent le combat, et combattirent sur ce subject, que l'un le disoit mort, l'autre non, affermant qu'il n'estoit pas possible qu'un si brave et vaillant homme eust finy ses jours de cette façon. Quell' humeur brave de ce soldat ! Tous deux sur ce faict en demeurèrent fort blessez[1], sans que le dieu Mars eust esgard qui avoit tort ou droict; telle est son hu-

1. Voyez tome V, p. 82.

meur quelquesfois en plusieurs autres et pareils combats.

Pour venir encor à ce qu'en a dit M. de Montluc, si ne puis-je croire pourtant que ledict M. de Montluc aye franchy ces mots, veu qu'en ce aussi luy ay ouy dire de mondict oncle force bien comme de raison, et le tant louer et exalter sur tous les vaillans hommes du monde, à luy (estant généreux) ne fust esté séant de détracter de son pareil. De plus mondict oncle le prist pour un de ses quatre confidans, et le mit au rang de M. d'Estampes, de M. de Sansac, et du seigneur Aurelio Fregose; c'estoit beaucoup. Mais je croy que quelque malhabile de correcteur ou animé[1] d'imprimeur ont adjousté à la lettre, lesquels je donne au diable, avec leurs impostures, menteries et animositez et sotises et imprimeries. Bien est vray que souvant M. de Montluc m'a dict que la gloire l'avoit faict perdre et la trop grande outrecuydance qu'il avoit de son vaillant cœur et son adresse et valleur, et le mespris grand qu'il faisoit de son ennemy; car d'autresfois ils s'estoient veus, cogneus aux guerres et tastez leurs forces, et sçavoient quelles estoyent et ce qu'ils sçavoient faire, ce qui le perdit; car par telle si grande fiance et présumption de soy, il eut peu de soucy aussi d'implorer son Dieu et l'appeller à son ayde, et mesmes le jour de son combat passa légièrement par l'esglise et la messe, si bien que conviant ce jour ses amis et amies à se trouver à la veue du combat, il leur disoit ces propos : « Je « vous convie un tel jour à mes nopces. » Ah! quelles

---

1. *Animé*, passionné, mal intentionné.

nopces! Au lieu que l'autre, longtemps avant, ne faisoit autre chose que hanter les églises, les monastères, les couvents, faire prier pour luy et se recommander à Dieu, faire ses pasques ordinairement, et surtout le jour du combat, après avoir ouy la messe très-dévotement. Du despuis il s'en désista bien, pour accomplir le proverbe : *Passato il ponte, gabato il santo*[1]; car il se fit huguenot très-ferme. Sur quoy le susdict M. de Sansac, grand capitaine en son temps, lequel quelquesfois se mettant en ses resveries et discours de guerre, et mesmes sur les chevalliers errans de la Table-ronde, il disoit en jurant et blasphêmant aussi bien que si ce fust esté une chose fort sérieuse et de grand' conséquence, parlant des vaillances de Tristan et de l'Ancellot du Lac, que Tristan estoit cent fois plus vaillant et courageux que l'Ancellot, parce que quand il fallut se combattre, Tristan se fiant en sa seule valeur, n'emprumta aucune seule deffence ny assistance de Dieu, sinon de son bon cœur, son espée et valeur; mais l'Ancellot ne faisoit que se recommander à Dieu et le prier, dont c'estoit grand signe qu'il n'avoit pas bonne opinion ny fiance de luy, et qu'il avoit peur, et pour ce appelloit Dieu à son ayde pour combattre pour luy. Si est-ce qu'il n'y a que de se recommander à ce grand Dieu, et avoir en luy sa seule fiance et non ailleurs. De mesmes en disoit-il de feu mon oncle et du seigneur de Jarnac, et en faisoit pareilles comparaisons. Je me suis un peu extravagué en ce discours, mais le pardon m'en doit estre faict, puisque la cause me touche.

1. Le pont passé, on se moque du saint.

Pour retourner donc à nos premières erres, je dis que quelquesfois l'on faict des courtoisies aux ennemis vaincus, pour plusieurs raisons qui seroient trop longues à desduire, dont je m'en remets aux gallans-hommes qui ont veu et en ont discouru ; mais je feray ce conte :

Au voyage que fit feu M. de Guise le Grand en Italie et au royaume de Naples[1], il se fit près de Rome, à Monte-Rotondo, un combat entre un capitaine italien (estant au service du roy pourtant) et un capitaine gascon, nommé le capitaine Prouillan. Le subject de leur querelle estoit grand, car Prouillan avoit dict que tous les Italiens estoient bougres ; (c'estoit trop). Le capitaine italien qui estoit un bon et brave capitaine, et qui avoit une fort belle façon à mon gré, de belle et haute taille, maigre et sec, et noiraut, voulut purger ceux de sa nation de ce vice, par combat de son corps à l'autre, le deffia en camp-clos par un cartel. Pour lors toute l'armée estoit campée et logée à Monte-Rotondo, où le camp estoit assigné. M. de Pienne[2] (gentil cavalier s'il en fut onc, et qui avoit lors deux compaignies de gens de pied soubs M. de Nemours colonel de l'infanterie) fut parrain de Prouillan, et croy que Paulo-Jordan[3] estoit celuy de l'Italien. Estans entrez dans le camp, solemnitez toutes faites, la fortune voulut que l'Italien donna un grand vilain coup d'espée sur le jarret de Prouillan, qu'il tomba par terre, sans se pouvoir plus relever ; et luy usant de courtoisie en rabillant

---

1. En 1557. — 2. Antoine de Halluin, seigneur de Piennes.
3. Paolo-Giordano Orsini.

de paroles ce qu'il avoit dict pour l'honneur de la nation, il[1] se contenta et ne le poursuivit jusques à la mort comme il eust peu ; et ayant pris les armes de son ennemy, sortit hors du camp, et avec son parrain, confidans et amis monte dans un coche, et les armes de son ennemy portées devant en signe de triomphe, s'en alla à Rome et y entra avec grande resjouissance et applaudissement des siens, et grand cry qu'un chascun faisoit : *Victoria! victoria! l'honor de la patria salva*[2]. M. le mareschal de Biron qui estoit lors en ceste armée, commandant à deux cens chevaux légers s'en pourra bien ressouvenir, et qu'i. y eut un peu de risée ; car un seul combat et particulier ne peut rabiller l'honneur de tout un général[3] par les loix du duel. Ayant après entré dans l'église, et faict ses prières et grâces à son Dieu, se retira fort loué et honnoré de ceux de sa nation, pour l'obligation qu'elle luy devoit. Prouillan se fit penser, mais non si bien que je ne l'aye veu despuis fort boiteux et mal dispos de sa jambe. Il avoit esté en son temps un fort bravasche soldat à la gasconne, mais à ce coup, la bravetté[4] luy passa. Le capitaine italien fut fort estimé de la courtoisie qu'il luy avoit faict de luy remettre la vie ; mais d'aucuns disent qu'il le fit pour une considération, craignant que s'il usoit, ou abusoit par trop de la victoire, et par une cruelle mort, ou autre ignominie, qu'il n'esmeust les soldats fran-

---

1. L'Italien.
2. Victoire! Victoire! L'honneur de la patrie est sauf.
3. *De tout un général*, de tout un peuple.
4. *Bravetté*, air fanfaron.

çois, qui estoient tous là assemblez et qu'ils ne se mutinassent contre luy, et luy-mesme ne luy donnassent la mort qu'il eust donné à l'autre : comme de vray aucuns en murmuroient, voire qu'ils estoient fort faschez d'avoir veu celuy de leur nation ainsi vaincu par l'Italien, et n'y eust eu guières à faire qu'ils n'eussent faict des foux. Voylà pourquoy cet Italien fût fort sage et advisé de ne passer point par trop hors les bornes de sa victoire : si que, possible, s'il eust esté en un lieu plus asseuré pour luy, ne sçait-on ce qu'il eust faict. Enfin en tels cas il faict bon estre tousjours bien consideré[1].

J'ay ouy dire à M. le mareschal de Vieille-Ville grand amy et compagnon de mondict oncle (aussi disoit-on à la cour :

> Chastaigneraye, Vieille-Ville et Bourdillon
> Sont les trois grands compaignons.)

que si M. de Jarnac ne se fust gouverné modestement après son combat comm'il fit, et qu'il en eust voulu triumpher le moins du monde, à la mode ancienne observée en ces choses-là, qu'il s'en fust esmeu un grand esclandre ; car ils branloient la plus-part (et mesmes aucuns jeunes hommes) de la troupe de mondict oncle, pour franchir la lice et sauter dans le camp, et y faire une rumeur et sédition bien estrange, qui se pouvoit faire aisément ; car la bande de mondict oncle montoit à cinq cens gentils-hommes tous esleus de la cour et de la France, tous vestus de ses couleurs, blanc et incarnat, qui estoient assez

---

1. *Consideré*, prudent.

bastans, non seulement pour deffaire la troupe dudict seigneur de Jarnac et luy avec elle, qui ne pouvoit monter qu'à cent gentils-hommes habillez de ses couleurs blanc et noir, mais de fausser les gardes du camp, les juges, voire tout le reste de la cour ensemble, si elle eust voulu branler; et si M. d'Aumalle eust faict le moindre semblant du monde, la partie estoit jouée avec beaucoup de sang, car tous ces braves gens et déterminez estoient désespérez du désastre et de la mort prochaine de leur vaillant champion et compaignon, comme de vray le despit et le désespoir en estoit extrême. Ha! que si de ce temps-là la noblesse françoise fust estée aussi bien apprise et experte aux esmeutes et séditions comme elle l'a esté despuis les premières guerres, il ne faut douter que ces braves gentilshommes sans aucun respect ny signal de M. d'Aumalle, n'eussent joué la partie toute entière. Ne faut non plus douter aussi que telle occasion se fust présentée despuis à feu M. de Guyse, son fils tué à Bloys sur le poinct de ses hautes entreprises et grandes ambitions, qu'il ne l'eust prise par le poil et n'eust faict mener si bien les mains, que la renommée en eust vollé par tout le monde. Il y eut un des juges pourtant [1], qui opina que ledict seigneur de Jarnac se pourmenast par le camp, à mode de triumphe, en trompettes sonnans et tabourins battans; mais M. de Boysi, très-sage seigneur, par-

---

1. Suivant la relation publiée par le Laboureur dans les *Additions* aux Mémoires de Castelnau (liv. VII), ce fut le connétable de Montmorency qui fit cette proposition que combattit le grand écuyer, Claude Gouffier, seigneur de Boisy.

rain du seigneur de Jarnac, n'en fut d'advis, mesmes M. de Vandosme, despuis roy de Navarre[1], en dissuada le roy, qui aucunement en branloit dans le manche et s'y laissoit quasi aller au dire de ce juge. Il avoit bientost oublié son favory. Que c'est que du monde! Si cela fust esté, pour le seur il y eust eu de l'escandalle, mais bien grand, car la tentation en fust estée trop grande. Ainsi disoit mon susdict sieur, le mareschal de Vieille-Ville. Voylà pourquoy il faict bon d'estre sage et modeste en telles occurrances.

Dernièrement que le feu roy Henry III fut tué à Sainct Clou, il y eut (à ce que j'ay ouy conter, ceux qui le virent le sçavent mieux que moy) un jeune gentilhomme nommé l'Isle-Marivaut[2], lequel pour avoir esté bien aymé de son roy, et l'ayant perdu, entra en un tel désespoir de tristesse qu'il résolut en soy, de ne survivre le roy son maistre, et pour plus glorieusement mourir, en vengeant la mort de sondict maistre, il demanda si quelqu'un du party contraire ne se voudroit point battre et entrer au combat encontre luy. Par cas se trouva là le seigneur de Marolles, jeune gentilhomme aussi comme l'autre,

---

1. Antoine de Bourbon, père de Henri IV.
2. « Le mercredy, 2 août (1589), jour de la mort du roy, dit l'Estoile, se fit derrière les Chartreux le duel de Jean de L'Isle-Marivaut, du parti du roy, et de Claude de Maroles, du parti de la Ligue, qui demeura victorieux. » Ceci est tiré de l'édition de 1719. Dans l'édition de 1741, le combat est raconté avec détails. — Claude de Marolles fut le père du célèbre collectionneur Michel de Marolles, abbé de Villeloin, qui, dans ses *Mémoires* (édition de 1755, t. I, p. 385), a consacré huit pages au récit de ce combat.

et fort brave et vaillant et résolu, ainsi qu'il en avoit faict plusieurs belles preuves, qui le prist au mot aussitost. Estant donc l'heure du combat assignée venue, comparurent en braves combatans tels qu'ils estoient, armez en hommes d'armes, et chacun monté sur un bon cheval. M. de la Chastre qui est un aussi bon homme d'armes, comme il est bon capitaine, estoit parrain du seigneur de Marolles, lequel ayant instruict et dict à son filleul ce qu'il faloit dire, le seigneur de Marolles luy demanda comment son ennemy estoit armé à la teste, fust ou de casque, ou d'une sallade. Il luy dist que c'estoit d'un casque seulement. « Tant mieux, dist-il, monsieur, réputez-
« moy le plus meschant homme du monde, si je ne
« luy donne de ma lance droict au mitan de la teste,
« et si je ne le tue. » A quoy il ne faillit pas; car tout ainsi qu'il avoit dict, il le fit. S'il eust voulu selon les loix anciennes des duels et des deffys, il eust peu disposer du corps ainsi qu'il luy eust pleu, comme de le traisner hors du camp, et l'emporter avec luy sur un cheval, ou sur un asne (cela s'est veu une fois en une de nos guerres[1], je ne diray point où); mais luy sage et courtois avec l'advis aussi de messieurs du Maine et de la Chastre, très-sages capitaines, laissa le corps au parrain, parens et amis, pour l'enterrer, et se contenta de la raison et de la gloire, avec laquelle il entra en beaucoup d'honneur dans Paris. Certes et luy et messieurs du Maine et de la Chastre eurent beaucoup de considération en cela;

1. Brantôme fait allusion au prince de Condé, tué à Jarnac et dont le corps fut mis sur une ânesse.

car despit sur despit c'estoit trop, après la mort du roy, et fust sorty, possible, du malheur; aussi qu'une courtoisie et gentillesse sont tousjours plus à estimer que ses contraires.

Moy estant à Rome, durant le *sede vacante* du pape Paulo IV dict Caraffe, qui dura trois mois [1], je vis faire plusieurs combats en camp-clos : entre autres un de deux braves soldats romains, qui avoient estez pourtant bons amis. Leurs armes deffencives estoient un morion en teste, et des manches de maille assez longues et avantageuses par le devant : les offancives estoient d'une bonne espée et dague. Leurs gardes de l'un et de l'autre furent fort basses et serrées, le corps par conséquent fort bas et pressé, afin qu'ils s'aydassent un peu de la maille du devant qui tenoit les manches, pour garder le corps, et de faict ils s'en couvroient fort bien et l'un et l'autre, d'autant que lesdictes mailles n'estoient pas trop affinées [2], mais assez longues et avantageuses, qui fut cause que ny l'un ny l'autre n'advisèrent guières au corps, mais aux cuysses, dont il en eut un qui donna à l'autre une grande estocquade dans la cuysse, et luy fit une large ouverture, et jetta force sang. L'autre, se sentant ainsi blessé, tire d'une grande furie une grande estocquade et deux grands estramassons coup sur coup à la cuysse de l'autre, sans pourtant que rien portast, mais encore fut-il si malheureux

---

1. Paul IV mourut le 18 août 1559, et son successeur, Pie IV, ne fut élu que quatre mois après, dans la nuit du 25 au 26 décembre suivant.

2. *Affinées*, serrées. Le texte porte par erreur *affamées*.

qu'en ruant ces grands coups, et l'autre en les parant, la dague luy eschapa, et ne luy resta que l'espée seule; et se sentant en tel estat, il tint fort bonne contenance et bonne garde, puis d'un visage assuré il dict à son ennemy : « Encore que je ne sois qu'à « demy armé (n'ayant ma dague) je te monstreray « que je suis homme de bien et d'honneur. » L'autre luy respondit : « Il te servira, car j'ay bien ré- « solu de ne te la laisser point prendre, ni te faire « aucun advantage ny courtoisie. » Cependant le blessé s'affoiblissant de son sang respandu, encor qu'il fist ce qu'il pouvoit, ne peut rien gagner sur l'autre qui estoit rusé, et qui tousjours temporisoit; et le voyant chanceller ores deçà, ores delà, ne le voulut poursuivre jusqu'à la mort. Il luy dist fort courtoisement : « A ceste heure, je te veux traiter « non en ennemy, mais en amy d'armes et d'an- « cieneté. » Sur quoy les parrains advisèrent soudain de les séparer et arrester la fin du combat, dont peu de temps après furent réconciliez et rendus amis mieux que jamais.

J'en vis un autre, peu après, de deux soldats corses, qui entrèrent en camp. Ils estoient couverts d'un jacque, ou chemise de maille, sans manches, et ce jacque sur leur chemise simple, sans pourpoinct, encores qu'il fist assez froid, car c'estoit en autonne sur sa fin. En la teste ils avoient un morion, et au bout du devant du morion, il y avoit enchassée et antée[1] une courte dague, bien trenchante et bien poinctue, et ce avoit esté faict en considération de

---

1. *Antée*, entée.

celuy qui choisissoit et donnoit les armes, d'autant qu'il se sentoit plus foible que l'autre, et craignoit la prise et la lutte, à laquelle l'autre estoit adroit et fort, et puis ils n'avoient qu'une espée seulement. Estans entrez dans le camp fort solemnellement, ils se tirèrent plusieurs coups sans se blesser, quoy voyant le plus fort et le bon lutteur vint aux mains et aux prises, et porta son ennemy aussitost par terre, sans que l'autre le desprist jamais, ny désemparast, mais tous deux tombèrent ensemble, le plus foible pourtant dessous; mais le malheur fut pour le plus fort, que tombant il se rompit un bras, ce qui fut fort heureux au plus foible. Estans donc ainsi par terre, ce fut à eux de s'ayder de la poincte de leurs dagues qui estoient antées aux morions, et s'en entredonnèrent tant parmy le visage, dans le cou et au bras, que tous demeurèrent outrez de playes et n'en pouvoient plus, et vous peux bien asseurer qu'ils combatirent tous deux en braves soldats et quasi enragez et vrays Corses ; laquelle nation certes a renom des plus courageuses et braves de l'Italie, sans faire tort aux autres. Enfin les parrains les séparèrent en si misérable et piteux estat, sans emporter rien l'un de l'autre, soit en valleur, soit en honneur, soit en advantage ny courtoisie. Toutesfois il y en eut un qui mourut au bout d'un mois, dont son compagnon en cuyda mourir de tristesse et ennuy ; car ils s'estoient pardonnez et réconciliez, pensant tous deux mourir, ayant estez paravant grands amis.

Voilà comment vont les volontez et fortunes des personnes en ces combats. J'alléguerois un' infinité d'exemples pareils aux précédans sur les courtoisies et discourtoisies, rigueurs, cruautez et sur les douceurs et clémences advenues en ces combats et duels, mais je n'aurois jamais faict. Je me contenteray pour ce coup de ceux que j'ay allégué, pour parler un peù d'aucuns abus que j'ay veu remarquer, qui se font, se commettent et arrivent en ces combats. L'un des grands est sur les fascheuses peines et dangers à faire deffier ses ennemis, leur envoyer les cartels, les subterfuges que l'on faict pour ne les recepvoir, les manifestes qu'il faut faire publier; mais ce n'est pas tout. Les grandes despances qui s'y font, et principallement quand l'ennemy mande à l'autre de faire provision de toutes sortes d'armes dont il se peut adviser, et quelquesfois et bien souvant ne touchera point, ny ne parlera de celles dont il le voudra combattre, ainsi que fit le seigneur de Jarnac à feu M. de la Chastaigneraye mon oncle[1], auquel il manda par un de ses cartels de faire provision de plus de trente sortes d'armes, tant de pied que de cheval, jusques à nommer les chevaux, comme coursiers, chevaux d'Espagne, turcs, barbes, roussins, voire courtaux harnachez, les uns à la genette, les autres à la Mantouane, comme l'on disoit alors, les autres à grandes selles d'armes, et grandes bardes et selles rases; et le tout se faisoit tant pour surprendre son ennemy, que pour le mettre en despance excessive et luy faire d'autant consumer et diminuer de son bien; de sorte que si mondict oncle n'eust eu des moyens de

---

1. Voyez à l'*Appendice* la liste des chevaux et des armes demandés par Jarnac à la Chastaigneraie. Elle prouve à quel point Brantôme, là comme ailleurs, était bien informé.

soy et ne fust esté assisté de ceux de son roy, son bon maistre, qui luy en fournist, et de ses amis, il eust succombé soubs le faiz; ce qui certes estoit un grand abus. Aussi dist mon oncle, lorsque ce cartel luy fut porté : « Jarnac veut combatre mon esprit et ma bource. »

Lorsque nous allasmes au siège de Malte[1], je vis un fort honneste gentilhomme et gentil chevalier italien, qui portoit le nom de Farneze. M. d'Aymard[2] me le présenta, qui l'avoit cogneu autresfois fort famillièrement, et discourant avec luy, il me conta que par une querelle qu'il avoit eue contre un autre, et pour venir au combat avec luy, qui le fuyoit tant qu'il pouvoit par ruses, subterfuges, et despances, et brouilleries, et cavillations il luy avoit fait despandre tout son bien, qui montoit à cent mil escus une fois vaillant, si bien qu'il ne luy estoit pas resté deux cens escus de tout ce qu'il avoit, ayant esté contrainct pour obvier à la pauvreté d'aller prendre la croix à Malte, et se faire chevallier en l'aage de quarante ans, pour avoir au moins de quoy se pourvoir, et avoir sa vie assignée pour la fin de ses vieux jours. Je vous laisse à penser s'il n'y a pas là de l'abus et de la grand' misère. Car combien que vous réparez vostre honneur et sauvez vostre vie, vous l'achevez après avec une grand' pauvreté et indigence, et toutesfois

1. En 1566.
2. Il y avait vers cette époque, et probablement encore lors du voyage de Brantôme, trois chevaliers de Malte du nom d'Aymard, savoir : René Aymard de la Roche, reçu en 1551; Jean et Gaspard Aymard de la Roche, reçus en 1556. Je ne sais duquel Brantôme veut parler.

ces loix duellistes permettent tout cela. Un autre abus y avoit-il, que ceux qui avoient un juste subject de querelle et qu'on les faisoit jurer avant entrer au camp pensoient estre aussitost vainqueurs, voire s'en assuroient-ils du tout, mesmes que leurs confesseurs, parrains et confidans leur en respondoient tout-à-faict, comme si Dieu leur en eust donné une pattante[1], et ne regardant point à d'autres fautes passées, et que Dieu en garde la punition à ce coup-là, pour plus grande, despiteuse et exemplaire. L'on en a tant veu d'exemples de cela, dont j'en dirois deux (mais je ne veux rien nommer) qui autant les uns que les autres, tant assaillants que deffandants tant vainqueurs que vaincus, avoient mauvaise querelle.

J'ay ouy raconter à Rome autresfois de deux gentilshommes romains, qui s'estant ainsi deffiez en combat sur quelque subject qui n'estoit pas beau ny honneste, celuy qui estoit taché du vice dont il accusoit l'autre qui en estoit innocent, fut vainqueur, et contraignit son ennemy de le déclarer homme de bien et d'honneur. En cela ce sont des secrets de Dieu, lequel dispose de sa justice, de son équité et miséricorde comme il luy plaist; bien est vray qu'il a esté tousjours fort coustumier de favoriser en ces combats les bons droits, ainsi qu'il fit en ces précédens que j'ay allégué cy-dessus et plusieurs autres. Voylà pourquoy le sieur de Carouges se voulut enquerir curieusement de sa femme, et sa conscience, sur la juste ou injuste cause. Le seigneur de Man-

---

1. *Pattante*, une lettre patente.

dozze en fit de mesme à l'endroict de cette belle duchesse de Savoye, de laquelle pour en tirer mieux les vers du nez (comme on dict) et la pleine vérité, il s'habilla en cordelier et la voulut ouyr en confession [1]. Ce que les plus gentils présument que, si en sa confession il eust sceu et tiré d'elle quelque faute de crime, il n'eust jamais entrepris le combat, où il alla beaucoup plus assurément. Ce brave seigneur et vaillant chevallier Renaud de Montaubant, ne fit pas ainsi à l'endroict de la belle Genèvre, fille au roy d'Escosse; car fust à droict ou à tort, se jetta à travers les armes pour la deffendre, car aussi bien l'eust-il deffendue et combattu pour elle de s'estre laissée aller entre les bras de son amy, comme si elle se fust contenue (ce dit-il). Voilà en quoy il mérite double louange. Aussi tout gallant cavallier doit soubstenir l'honneur des dames, soit qu'elles l'ayent offancé et forfaict, soit que non; j'entens si c'est forfaicture et offance à une belle gentille et honneste dame d'aymer bien son serviteur amant et luy donner la vie : et voilà le devoir du cavallier à l'endroict des dames, ainsi que j'en ay plusieurs veu de mon temps et à la cour et ailleurs soubstenir et deffendre l'honneur de leurs dames, et par parolles et par leurs espées, encores qu'elles fussent les plus grandes putains du monde, et qu'ils les eussent cogneues telles, et d'autres et tout, contre lesquels ils se battoient; et s'ils eussent faict autrement on les eust tenus pour vrais poltrons et indignes de l'amour de leurs dames; car pour en parler sainement, toute dame, quelque grand' putain

---

1. Voyez plus haut, p. 243 et 244.

qu'elle soit, veut paroistre tousjours dame de bien et d'honneur : j'en parle ailleurs dans mes livres que j'ay faict des Dames.

Il y en a aucuns qui ores qu'ils ne combattent pour ce subject des dames, et qui, se fians en leurs braves courages et bonnes espées, prennent des querelles de gayetté de cœur, ou bien sur un meschant droict et grande injustice, mais bien souvant aussi sur ceste mauvaise querelle sont abatus, non pourtant que la dame bien souvant en soit villipendée, car l'on attribue le tout à Dieu, ou bien au sort des armes, comme j'en alléguerois force exemples si je voulois.

J'ay leu autres fois en ce grand historiographe Paule-Æmile[1], qui a si bien escrit notre histoire de France, que Robert d'Artois, brave et vaillant capitaine de ce temps-là, s'il en fut onc (ce fut celuy qui ayant quitté le party françois, prit celui de l'Anglois, dont il fut cause de tant de maux, meurtres et pertes qui arrivèrent en France du temps du roy Philipes de Vallois et le roy Jehan;) celuy-là donc voulant prétendre quelque droict à la comté de Flandres, produisit quelques tiltres faux et que luy-mesme avoit faict falcifier; et les produisant devant le roy[2] qui estoit bon prince et son bon parent et amy, luy[3] remonstra qu'il ne les devoit plus produire, et qu'il y alloit de son honneur, car ils estoient faux. Robert, qui estoit haut à la main au possible, encor qu'il sceust bien sa fausseté, mais se fiant par trop en sa vaillance

---

1. Liv. VIII. — 2. Philippe VI.
3. *Luy*, le roi lui remonstra.

et sa bonne lance, n'eut point de honte de respondre au roy, que ces instrumens et tiltres estoient très-bons, et point faux, et qu'il le combattroit de sa personne à la sienne en camp-clos, et luy maintiendroit la vérité. C'estoit trop arrogamment parlé à un roy, duquel il estoit vassal. Le roy qui fut sage, ne lui sonna grands mots là-dessus, mais maschant sa colère, ne luy porta oncques puis de bien ny d'amitié, ny l'autre non plus au roy; et voilà d'où sortirent leurs grandes animositez et divorses, et maux pour eux et pour la France. Je vous laisse donc à penser si ce Robert d'Artois se soucioit guères de juste querelle puisque si librement et avec si grande injustice il vouloit entrer en camp. Il avoit bien opinion que Dieu eust faict autant pour luy en son injustice, comme en sa bonne cause : si ce n'estoit qu'estant entré dans le camp il eust voulu faire comme j'ay ouy raconter en Italie d'un combattant italien, lequel estant entré dans le camp avec très-mauvaise cause, il en eut remords de conscience, et songeant en soy comme il pourroit la rabiller, il advisa de son mauvais droict en faire un bon; et ayant affronté son ennemy, et estant à tirer leurs coups, il fit semblant d'avoir peur et de fuyr et tourner le dos. Son ennemy le poursuivant luy dist en son langage : « Ah! poltron « tu fuis. » L'autre soudain tourne teste, et lui dist : « Tu en as menty; à ceste heure ay-je bonne et juste « querelle, et veux débattre ceste-cy; car quand à « l'autre elle n'estoit pas bonne, ny ne me revenoit, « parquoy je la laisse-là, et me veux arrester à ceste-« cy desmesler : sur ce battons-nous bien. » Je vous laisse à penser s'il y a pas de l'abus là. Un autre grand abus y a-il eu aussi sur les élections et donnemens d'armes. Il y en eut d'aucuns en Italie autresfois qui ont estez si impudens, qui ayans affaire à leur ennemis qui estoient borgnes, leur ont présenté une sallade qui bouchoit le bon œil, fust ou gauche ou droict qu'eust son ennemy; mais cela fut rebuté comme chose par trop impudente, et toutesfois les parrains et confidans de l'autre furent si impudens qu'ils disputèrent ce faict, et le vouloient prouver par raisons; mais ils le perdirent content[1]. Toutesfois pour ce coup, le combat fut différé et remis à un autre jour : possible que le gallant présenteur d'armes le faisoit pour ce subject, car ce disent aucuns encores c'est tousjours quelque chose que d'allonger sa vie de six ou sept jours, voire d'un an; car on pense que ce jour en amène avec lui un autre, et qu'on allongera sa vie d'autant, ainsi que dist un des capitaines[2] de Brutus et Cassius, le jour avant que la bataille de Philipes se donnast. Ils estoient en conseil si elle se devoit donner ouy ou non; il opina qu'il la falloit encore différer un an, pour plusieurs belles raisons et pertinentes qu'ils alléguoient, mais cestuy-cy pour la principale des siennes, fut que pour le moins l'on vivroit autant, et que c'estoit un beau coup faict que de faire cestuy-là.

Mais pour tourner d'où nous sommes sortis, il se fit en Piedmont, du temps du prince de Melfe, un combat d'un jeune soldat gentilhomme et d'un

---

1. *Content*, comptant.
2. Il se nommait Atellius. Voyez Plutarque, *Vie de Marcus Brutus*, chap. XLVIII.

sergent gascon fort glorieux, et qui un jour avoit fort bravé ce jeun'homme, qui en ayant consulté son caporal et ses autres amis, luy fut conseillé de demander camp, qui luy fut accordé; et pour ce ayant apprins un mois durant à tirer des armes soubs un bon maistre, luy[1] conseilla de combattre son ennemy en pourpoinct, avec l'espée et la dague, et avec un collier d'acier pour mettre au col, bien tranchant, et les poinctes trenchantes comme rasoirs, et picquantes de mesmes y attachées tant par le haut que le bas, si bien qu'il falloit tenir la teste si haute, que la baissant le moins du monde, l'on se picquoit estrangement, et si se mettoit en danger de se couper la gorge; et cette façon avoit esté invantée assez gentiment pour le jeune homme qui estoit petit, qui pouvoit hausser haut la teste contre le grand et l'aregarder à son aise, ce que ne pouvoit faire le grand contre le petit, sans se baisser et se couper la gorge luy-mesme. Par ainsi le petit en deux coups d'espée tua son ennemy fort aisément : tout cela fut débatu pourtant par les parrains et juges, mais il en falloit venir là; et dit-on que la gloire du sergent en fut cause, pour le mespris qu'il fit de n'avoir voulu choisir les armes qui luy appartenoient. On dira ce qu'on voudra là-dessus, mais c'estoit un grand abus que ce collier, mais pourtant gentiment inventé pour le jeune homme en faveur de sa petite taille contre la grande et haute de l'autre. Une chose faut-il bien noter, que j'ay veu en Italie plusieurs duellistes en donner avis, que si le cartel porte ces mots : « de

---

1. *Luy conseilla*, le maistre lui conseilla....

combattre avec armes usitées et non usitées parmy gentilshommes et cavalliers », qu'il faut débatre au commencement et par escriture et cartel, ou disputes de confidans, ces mots de ces *armes non usitées;* et surtout respondre par ce mot : mais qu'elles soient recevables par dire de cavalliers d'honneur et de juges très-capables en ces choses et point suspects; car si vous ne les débattez, et puis après quand on sera dans le camp, qu'on les veuille débatre, vous n'y estes plus receu, puis que vous avez accepté le cartel et y avez consenty, et par ce faut prendre telles armes inusitées qu'on vous présentera. En cela il y a bien de la raison, que je laisse aux plus entendus desduire mieux que moi. Voylà pourquoi il faut estre subtil et advisé en ces choses-là et à y bien respondre, et se donner garde en recevant les cartels de vous brider.

Pour parler d'un autre abus (mais non si grand) fut un combat faict en Italie de deux gentilshommes romains, dont celuy à qui touchoit l'eslection, la donnation et livraison d'armes, donna à son ennemy pour les armes offencives des armes toutes couvrantes le corps, dès le cap jusqu'aux pieds, fors qu'au costé du cœur il y avoit une ouverture dans les armes, large deux fois plus que la paume de la main; et celuy qui les donnoit avoit l'espace d'un an (car pour lors les combats et subterfuges s'allongeoient plus que cela, voire plus de deux ans) apris contre son maistre, tous deux estans armez de pareilles armes, à ne tirer l'un contre l'autre sinon dans le trou ouvert; de telle façon qu'il apprist si bien son disciple, qu'il donnoit si dextrement dans le trou du cœur et si asseurément en apprenant, que venant à bon escient, il ne faillyt jamais du premir coup donner dedans et luy percer le cœur et le tuer par conséquent. Encore n'y a-t-il si grand abus et supercherie tant que l'on diroit bien. Sur quoy faut estimer une grande fidellité ancienne, cependant qu'il m'en souvient, des maistres qui apprenoient leurs disciples pour combattre, que jamais ils ne les trahissoient, ny révelloient leurs leçons, fust-ce à leurs plus grands amis qu'ils eussent, encore qu'on taschast à les corrompre par argent, ou dons, ou en toutes les façons du monde qui peuvent esbranler un esprit, qui est une chose fort à notter, et jamais ne permettoient que donnant leçon à leur disciple pour ce faict, âme vivante entrast dans la salle ou chambre où ils estoient; ains visitoient partout, et soubs les licts, voire à adviser si à la muraille il n'y avoit aucune fandace[1] ou trou, dont ils peussent estre apperceus; car ils estoient curieux de la vie et de l'honneur de leurs disciples combattans : que dis-je curieux? mais très-ambitieux, desirant leur victoire comme pour eux-mesmes ; car de vray il leur alloit et de leur ambition et de leur honneur comme de leurs disciples. J'en parle, pour l'avoir veu et à Rome et en Italie, des tireurs d'armes qui estoient mes maistres et mes grands amis, qui ne m'en eussent pas dict un mot sur ce subject pour tous les biens du monde, encore que je les en recherchasse le plus excortement[2] que je pouvois, fust en baguenodant, fust sérieusement.

En voicy un autre d'un qui fit forger à Milan par

---

1. *Fandace*, fente. — 2. *Excortement*, adroitement.

un maistre très-exquis deux paires d'armes, tant espée que dague toutes vitrines, c'est-à-dire rompantes comme verre, mais pourtant de fer, ou d'acier, tranchantes, picquantes, fourbies et luysantes comme les communes, mais trempées de telle façon, que qui n'en sçauroit user, s'ayder, toucher et picquer, comme'il falloit, elles se rompoient comme verre; mais qui en sçavoit l'usage et la façon d'en frapper et assenner leurs coups (comme on dict), elles ne se rompoient aisément; ainsi comme l'on voit du verre qui se rompt aisément en le prenant et le touchant d'une façon plus que de l'autre; car la mode et métode en ces choses y sert plus que tout. Celluy donc qui donnoit les armes de longue main en avoit appris si bien la façon et le biays, pour en sçavoir user, que venant à les mettre en effect, son ennemy qui alloit à la bonne foy et pensant jouer son jeu à la vieille mode, comme d'autres espées (car du reste ils estoient tous descouverts), du beau premier coup qu'il rua à son ennemy, espée et dague s'en allèrent en pièces comme verre. L'autre sçachant la milice, l'art et le biays de ses armes, les mena si dextrement, qu'il en donna aussitost dans le corps de son ennemy, qu'il le porta mort par terre. Certainement ces supercheries d'armes sont cent fois pires que celles que l'on faict, assassinant les personnes aux cantons des rues, ou en un coing de bois, et ne sont nullement pardonnables; mais pourtant par ces loix antiques du duel cela a esté.

Moy estant à Naples, la première fois que j'y fus jamais, j'ouys faire un plaisant conte, que du temps du roy Charles huictiesme, lorsqu'il le conquit, il s'y fit un combat d'un capitaine gascon et d'un Italien. Il toucha[1] au gascon de donner les armes : que fit-il? Il les prist à son advantage et va envoyer à son ennemy une bonne grosse arballeste de passe, qu'on appelloit en ce temps et appelle-t-on encore, avec son bandage, qu'on appelloit à l'armatot et s'appelle encore, qu'on pendoit à la ceinture. L'Italien, son parrain et confidant, reffusèrent aussitost ces armes disant qu'elles n'estoient point usitées et du tout estrangères : ceux du Gascon alléguèrent leurs raisons et mesmes que tant s'en falloit qu'elles fussent estrangères, que ceux de leur nation d'autresfois s'en estoient dict des premiers et meilleurs maistres, qu'avoient estez les Genevois, lesquels du temps de la guerre saincte en avoient faict rage, et de beaux effects, et mesmes que le roy Philippes de Vallois en avoit envoyé querir jusques à Gênes, pour s'en ayder à sa malheureuse bataille de Crécy; mais pourtant ils n'y firent rien qui vaille, ce disent les chroniques de France. Pour fin, tout calcullé et rabattu, il fallut au Gascon estre maistre en son eslection, et l'Italien à les prendre. Le Gascon qui estoit maistre passé (car de longue main la nation le porte sur toutes autres) vous eut bandé et rebandé, et tiré deux fois dans le corps du pauvre Italien, qu'il n'eut le loysir ny l'adresse de bander son arballeste, quelque leçon que luy eussent donné ses maistres, parrain et confidans, si bien qu'il fut vaincu. Ces combats par telles armes, ny d'arquebuze, ne sont pas approuvées par les docteurs duellistes, d'autant (disent-ils) qu'il faut

---

1. *Il toucha*, il échut.

qu'un combat honnorable se face et se finisse par la valeur et vertu des personnes, et non par les armes. C'est une raison très-foible, car, et comment combat-on autrement qu'avec les armes? Il y faut rapporter et l'un et l'autre, et la vertu et les armes tout ensemble. A aucuns j'ay veu tenir pourtant, que deux soldats portans leur arquebuse et en faisant profession tous les jours, se peuvent combattre avec leurs arquebuses. Au reste combien avons-nous veu despuis quelques temps force deffys et combats, s'estre faicts à cheval, avec des pistolles, par de braves et vaillans gentilshommes, et la mort d'aucuns s'en estre ensuivie? J'en nommerois bien deux ou trois, mais je m'en passeray bien. La plus belle raison que peuvent apporter ces duellistes, c'est qu'ils disent que faisant tels combats avec armes à feu sont fort dangereux pour le juge et gardes du camp, et que les coups peuvent aller et porter sur eux aussi bien que sur les deux combattants. Grand mercy, messieurs les juges et autres, qui estes ainsi soigneux de vos corps. Bref, je n'aurois jamais faict si je voulois mettre par escrit tous ces abus, ou plustost rebus du temps passé, inventez et fort bien pratiquez par les Italiens, lesquels y ont esté fort subtils et diligens scrutateurs de telles inventions; dont j'en ay ouy tant et tant discourir en Italie, que si je n'avois autre chose à faire que les mettre par escrit, je pense que j'en donnerois plaisir aux lecteurs.

Un autre abus y a-il eu, est que si l'un des combattans, fust ou en se retirant, et ou se desmarchant[1],

1. *Desmarcher*, reculer.

ou en parant les coups, ou se desmeslant, venoit à toucher tant soit peu la lice, la barrière, ou la corde, ou l'estaquade du camp, il estoit dict vaincu; ce qui estoit un peu trop rigoureux, car il advient bien souvent que pour mieux sauter on recule un pas, ou deux, ou trois, soit pour attirer son ennemy à soy et le faire varier, ou luy faire perdre sa desmarche, ou le troubler en allant à son ennemy, soit pour plus après aller rudement contre luy. Enfin force considérations et raisons se présentent à luy pour se desmarcher en arrière; et si par cas de fortune, sans y penser, en se desmarchant ainsi, il vienne à toucher cette barrière, il n'y a nulle raison de justice, ny de droict de le dire vaincu. Je ne dis pas, comme j'ay ouy dire que cela s'est faict, et que pour plus adoucir la rigueur de cette loy, que si l'ennemy pressoit l'autre de telle furie et que l'autre reculast comme mal asseuré, et qui ne fist que parer aux coups, ou bien que si l'un des deux tenoit son ennemy aux prises, et que au lieu de le jetter par terre, ou en se tournant et virant, il menast son ennemy jusques à luy faire toucher la barrière, que cela ne fust très-juste de le censer pour vaincu; voire encore seroit-il meilleur s'il le pouvoit jetter par dessus la barrière, au delà du camp. Cette victoire seroit belle et honnorable pour le vainqueur, et fort ignomineuse pour le vaincu, et ne luy seroit loisible d'y rentrer plus, ny prendre ses armes, ainsi que cela s'est faict d'autres fois en des camps en Italie; et avant que entrer dans le camp, les conditions ainsi estoient arrestées des juges, parrains et confidans; mais la façon précédente que j'ay dict, n'est nullement belle et recepvable, et toutefois elle a esté permise et receue par les loix lombardes[1].

Un autre abus et pire de tous, et par trop cruel et inhumain, est que ces malheureuses lois lombardes vouloient, et comme il s'est pratiqué fort souvent en Italie, que quiconques de ces combattans, et fussent tous deux, mouroient dans le camp, n'estoient nullement receus de l'église pour y estre inhumez, et leurs corps ne pouvoient estre enterrez en terre saincte et béniste, mais prophane comme un Sarrazin et Arabe. Quelle cruauté estoit cela! Ils pouvoient bien estre admis avant qu'aller au combat, d'ouyr la messe, se confesser, prendre le Saint-Sacrement, et mourant ainsi, ils meurent bons chrétiens; et si les armes ne leur sont estées favorables, pourquoy sont-ils privez de la sépulture saincte? Ils en alléguoient beaucoup de raisons, et entre autres cette-cy est que un mourant ainsi, que ç'a esté par la permission de Dieu, et que sa querelle estoit injuste, et que par conséquent il est mort comme un vray criminel, et que le camp-clos n'est qu'un vray gibet pour tels criminels lorsqu'il n'y a point de preuves de leur mesfaict et crime, et que venant à estre ainsi vaincus, leur sentence leur est donnée du ciel, et leur crime avéré; et Dieu sçait, (comme j'ay dict cy-devant) les vainqueurs bien souvent n'ont pas le plus juste droict. Or je ne passeray plus oultre; il faut faire fin à ce discours de combats, car je ferois tort à ceux qui en ont si bien

---

1. Ce que Brantôme dit des pratiques italiennes et des lois lombardes, il l'a pris dans le traité de Paris de Puteo.

escrit, tant de notre temps, que du passé, comme le seigneur Mutio[1], M. Alciat[2], le seigneur doctor Paris de Puteo et une infinité d'autres sçavans jurisconsultes italiens[3]; car de leur temps ces combats ont eu une très-grande vogue, et estoient ces docteurs consultez comme l'on faict des avocats en cause de justice.

Aujourd'huy tous ces combats sont du tout abolis par toute la chrestienté par le dernier concile de Trente[4], si bien qu'il y a environ vingt ans qu'un chevallier de Malte, qui s'appeloit Dom Joan de Gusman, que j'y ai veu, gentil chevallier certes, de fort grande maison, de celle des Gusmans en Espaigne, brave, vaillant, fors qu'il avoit très-mauvaise veue et portoit ordinairement des lunettes, et disoit-on de luy : *Aqui sta Don Joan de Gusman con sus antojos*[5]. Il estoit grand et beau joueur ; il eut une querelle

---

1. Voyez *Duello del Muzio con le riposte cavalleresche*, 1556, in-8°, traduit en français par Ant. Chappuis, sous le titre de : *Le Combat de Girol. Mutio justinopolitain, avec les réponses chevaleresses*, Lyon, 1561, in-4°.

2. Le traité d'André Alciat *De singulari certamine*, souvent réimprimé, a été traduit en français sous le titre de : *Le Livre du duel et combat singulier*. Paris, 1550, in-8°.

3. Voyez plus haut, p. 249, note 2.

4. « On sait bien que le concile de Trente n'a pas esté receu et publié en France, et que même cet article des Duels est une des causes et raisons du refus de la publication dudit concile, parce que en déclarant l'empereur et les roys excommuniez qui octroyeroient lieu en leurs terres pour les combatz de seul à seul, c'estoit entreprendre hautement sur la puissance et autorité de tous les roys, sans exception ny réserve aucune. » (Guillaume Ribier, *Lettres et mémoires d'Estat*, 1666, in-fol., t. I, p. 322.)

5. Ou *anteojos*. Voici don Juan de Gusman avec ses lunettes.

contre un autre chevallier espaignol, mais non de sa
religion ni de son ordre, et ne la pouvant desmesler
ni se battre en camp-clos, ny en Italie, ny en Espaigne, ny ailleurs de la chrestienté, pour leur seureté,
à cause de ce concile de Trente, ils s'assignèrent, par
concert et accord fait entre eux deux, le combat à la
Vallonne, pays du Grand-Seigneur, n'ayant pas grand
trajet de mer à faire de la Pouille jusques là, et envoyèrent demander le camp à un sangiac renégat
espaignol, qui là commandoit à quelque place, et
qui avoit esté d'eux autresfois cogneu; ce qu'il leur
accorda fort librement et en toute seureté. Mais
la justice et l'inquisition du royaume de Naples
l'ayant sceu, leur en fit la deffence sur la peine de la
vie, par bandons et affiches, si bien qu'ils n'osèrent
passer plus oultre, et s'ils fussent estez pris là-dessus, ils fussent estez en peine, et si despuis en coururent fortune pour plusieurs raisons que l'inquisition peut là-dessus alléguer. Voilà comme il me l'a
esté ainsi conté, estant une chose fort défendue
par les anciennes loix de nos docteurs chrestiens
duellistes, et mesmes par doctor Paris de Puteo, à un
chrestien, de ne faire arbitre un infidelle en un combat contre un autre chrestien; d'autant que l'infidelle estant divers de religion, il est esgal ennemy
de l'un et de l'autre des duellians (aucuns Italiens
usent de ce mot) ou combattans; aussi que ce n'est
raison qu'il soit spectateur et juge de l'effusion du
sang chrestien, et qu'il en ayt son plaisir; ce qui
est fort abominable que cet infidelle passe son
temps en cela, et juge le chrestien : et toutesfois ce
mesme doctor Paris dict et permet bien que l'on se

peut ayder des forces infidelles et sarrazines, de chrestiens contre chrestiens, ainsi que plusieurs jadis s'en sont aydez, comme aucuns rois de Sicille, ce qui se trouve en l'*Histoire de Naples*, et ce que nos roys François premier et Henri second ont pratiqué : enfin ce n'est pas jus verd, mais verd jus. En France et en Angleterre, et autres lieux chrestiens où ledit concile n'a été receu ny approuvé, les combats s'y peuvent faire encores ; mais il ne s'en faict plus.

Un autre grand abus en ces duels estoit que les combattans estoient visitez, tastez et fouillez les uns les autres par leurs confidans, pour sçavoir s'ils n'avoient point sur eux aucuns caractères et charmes, et autres parolles meschantes, et billets negromanciens sur eux ; ce qui fut un poinct qui fascha et coléra feu mon oncle de la Chastaigneraye, quand avant qu'aller à son combat, un confidant de Jarnac le vint ainsi fouiller et taster. « Comment, dit-il, « penseroit-on que pour combattre tel ennemy, je « me voulusse ayder de ces choses-là, et que j'allasse « emprunter autre secours pour le combattre que « mon bras ? » Et de faict, plusieurs en Italie sont estez visitez de cette façon, d'autant qu'il s'en est trouvé aucuns saisis de ces drogueries et sorcelleries, jusques là que craignans aucuns aussi d'estre descouverts par ces recherches, a-on ouy parler que quelque temps avant qu'entrer aux combats, se sont faicts raser la teste, et là-dessus se faire escrire[1] et imprimer (comme en Espaigne on faict les esclaves

---

1. C'était un stratagème renouvelé des Grecs. Voyez Hérodote liv. V, chap. xxxv, et Aulu-Gelle, l. XVII, ch. ix.

au visage) force tels caractères et parolles enchantées pour se rendre invincibles et plus asseurez à vaincre : comme de vray s'est-il trouvé force personnes, et là et ailleurs, et aux guerres, chargées de tels billets qu'on a veu leur porter de grandes vertus, et contre le fer et contre feu. J'en ay veu et cognu une infinité ausquels aux uns ces sortilèges ont réussi, aux autres non. Voilà comment tels abus en tous lieux sont ridicules. J'ay bien ouy dire qu'on n'est point repris pour porter une chemise de Notre-Dame de Chartres, ou quelques sainctes reliques de Hiérusalem, de Notre-Dame de l'Aurette, de Montserrát, et autres choses sainctes, jusques à des oraisons que j'ay ouy dire les confidans et les parrains ne pouvoient oster, ains les y peuvent laisser; en quoy pourtant il y a dispute, si l'un s'en trouvoit chargé, et l'autre non; car en ces choses il faut que l'un n'aye pas plus d'advantage que l'autre.

Un grand abus en ces combats : en arriva un et fort plaisant parmy deux capitaines espaignols de la garnison de Gayette, l'an 1558, que l'on me dit en ce mesme lieu et en mesme temps, moy passant par là, dont le conte est tel[1]. Il y eut un gentilhomme

---

1. Il est fort possible qu'à Gaëte même on ait raconté cette affaire à Brantôme ; mais il n'est pas inutile de dire qu'à la suite d'un petit opuscule espagnol, *La Conquista de Sena*, qu'il a cité ailleurs, on trouve (f° 66) une relation espagnole de ce combat intitulée : *Verdera narracion de un desafio che passo en Italia, entre un cavallero aragones llamado Marco Antonio Lunel, y un otro castellano llamado Pedro de Tamayo, natural de Avila*, 16 p. in-8°.; et c'est à cette relation qu'il a emprunté, et souvent textuellement, les détails qui suivent. (Voyez tome I, p. 358.)

Lunel, cavallier arragonnois, estant en une certaine rue, parmy autres cavalliers et soldats, entre autres un cavallier castillan appellé Pedro Tamayo, estans tous en une mesme conversation, devisant et causant ensemble, il y eut un paysan qui avoit apporté un plein pannier de percez [1] très-beaux comme il y en a là force. Tamayo les vint tous achepter; à quoy Lunel luy en vint prendre le plus beau, ce qui fascha à Tamayo. Lunel luy en fit toutes les excuses du monde, de quoy Tamayo ne s'en contenta, encore que l'autre luy dist que pour celluy qu'il avoit pris, il luy en payeroit une charge; mais venant de plus en plus de parolles en parolles picquantes, Tamayo luy dict qu'il se servoit de serviteurs et créas [2] plus gens de bien que luy. Il n'eut pas dict plus tost le mot, que Lunel mit la main à l'espée pour le charger, mais il fut empesché par les compagnons, capitaines et soldats qui estoient là; que Tamayo sur cela se retira en la maison du capitaine Montesdoça, qui estoit là auprès, et d'autant qu'il ne se sentoit assez courageux pour se battre contre Lunel, il ne comparoit de longtemps, et se tient tousjours caché, jusqu'à ce qu'il s'advise de passer en Espaigne et là de changer d'habit, et se faire homme d'église et prestre, ce qu'il fit estant là; et dura bien un an entier que Lunel ne peut sçavoir aucunes nouvelles de luy, encore qu'il le fist chercher partout, plantant et affichant cartels en toutes parts pour le défier,

---

1. *Perce*, pêche, de *persica*. — Con un cesto de malacatones, dit le texte (f° 66 v°).

2. *Créas*, domestiques; il y a dans l'espagnol *creados*.

les envoyant en tous les lieux d'Italie les plus principaux, jusques en Espaigne, et au lieu de sa naissance, qui estoit en la ville d'Avilla, et tout cela avec de grands dangers et de grands cousts, car il y fallut employer *las autenticas escrituras de escrivanos reales*[1], ce dict le conte. Mais Tamayo, s'estant desja faict prestre, se mocqua de Lunel, disant que son habit nouveau pris ne luy pourroit permettre, renvoyant bien loing ces cartels et défis, dont Lunel désespéré de ne pouvoir venir au combat, n'eut autre recours qu'à envoyer son dire, son manifeste et ses escritures aux principaux princes d'Italie et d'Espaigne, pour manifester son devoir, ses diligences par lesquelles paroissoit qu'il n'avoit pas tenu à luy qu'il n'eust bravement combattu, qui tous luy respondirent qu'il avoit faict très-bien en gallant homme d'honneur et valleur; mais ce ne fut pas sans rire de la fourbe que Tamayo avoit faicte à Lunel, pour luy avoir faict despandre tant d'argent, luy avoir donné tant de peines, sueurs et travaux à le chercher, et luy très-bien et beau s'estoit faict prestre pour s'exempter de combat, et vivre désormais libre de guerre, de camp-clos, de coups d'espée et d'estaquade (c'est une finesse celle-là très-seure pour la vie humaine, et plaisante pourtant à lire). Il y a eu force gens de guerre d'autresfois qui ont faict et font de ces traicts, et se sont ainsi rendus religieux et prestres pour désormais n'estre plus subjects aux hazards des guerres. Ils ne ressemblent pas ceux-là

---

1. Les écritures authentiques des écrivains royaux (*Verdera narracion*, f° 67).

qui quittent la robbe longue et leurs biens d'esglise
pour suivre les armes dont il en est sorty, de braves
hommes, comme j'en ay faict ailleurs un discours.
Il y en a aucuns qu'on a cogneu qui ont pourchassé
les ordres de nos roys, pour estre exempts des estaquades, combats et appels. Ce conte n'est des pires
et très-plaisant, et s'en joueroit une plaisante co-
médie en représentant un capitaine bravasche, bra-
veur, menaceur de fendre des nazeaux pour du pain,
tuer tout, et puis pour ne venir aux mains, se représenter prestre ou homme religieux. Je croy que Zany
et Pantallon le fouetteroient bien et se mocqueroient
bien de luy. Or laissons ces contes puisque la pratique n'en est plus par le sainct concile de Trente.

L'on s'advisa à Naples (et s'use fort aujourd'hui)
d'une autre manière de combats qui se font par appels
et seconds hors des villes, aux champs, aux forests et
entre les hayes et buissons, d'où estoit venu ce mot,
combatere à la mazza. Moy curieux, j'ay demandé
d'autresfois à gens bien expers en ces combats et mots
chevaleresques la dérivation du mot. Ils m'ont dict
dans Naples mesmes que *mata*[1] en espaignol vaut autant à dire que buisson ou haye; et en langage napolitain s'appelle *mazza*, corrompu mot, mais pourtant
vient et dérive de là pour la longue habitude et fré-
quentation de jadis entre les Napolitains et Espaignols qui ont estez bons maistres autresfois; et pour
s'appeller ainsi aux champs entre les hayes et buissons à l'escart pour se battre, on disoit *combatere à
la mazza*. Ils m'en ont dict autres raisons pour cette

---

1. Il y a par erreur *mazza* dans le texte.

dérivation que je laisseray pour prendre cette-cy. Or, les combats à la *mazza* sont estez fort désapprouvez par les docteurs duellistes anciens, pour beaucoup de raisons dont l'une estoit d'autant que ces combats se faisoient sans aucunes armes deffencives, ny couvrant le corps, ce que l'on requiert fort en campclos, pour beaucoup de raisons que les escrivains duellistes escrivent, mais seulement avec l'espée et la cappe ou à la dague, qui ne sont estimez armes deffencives, d'autant que d'elles-mesmes ne couvrent le corps, sinon en tant que la dextérité de la personne le permet, et la raison pourquoy ces duellistes veulent le corps couvert et disent qu'autrement est combattre en bestes bruttes, et qui se vont précipiter à la mort comme bestes; cela va bien et est bon; mais en quelque manière que ce soit, quand on vient là ou couvert ou descouvert, il y faut venir résolu, ou mourir ou vaincre. Davantage ceux sont plus à estimer qui vont au combat plus chargez de braves courages que d'une lourde masse d'armes, là où il y a tant d'abus, comme j'ay dict cy-devant; mais tout ainsi que la querelle est prise, selon ainsi se doit-elle desmesler et vuider, sans aller emprumpter tant de diversitez et sortes d'armes, sinon celles qui se sont trouvées sur le poinct du différent, ou la cappe, ou l'espée, ou la dague et l'espée, fust sans estre couvert; et telle est l'opinion d'aucuns gallans hommes. Et si aux combats à outrance précédens que j'ay dict, s'exerçoient peu de courtoisies, en combats de la mazza et d'appels, il s'en est trouvé et veu aussi peu, et se sont peu pratiquées, mais (qui pis est) en tels combats de la mazza, à Naples, il y avoit tousjours (ou le plus souvent) des appellans ou seconds, lesquels voyans battre leurs compagnons, s'entre-disoient entr'eux (bien qu'ils n'eussent débat aucun ensemble, mais plustost amitié que hayne) : « Et que faisons-nous, nous autres cependant que « nos amis et compaignons se battent ? Vrayment il « nous faict beau voir ne servir icy que de specta- « teurs à les voir entre-tuer ! Battons-nous comme « eux » : et sans autre cérimonie se battoient et s'entre-tuoient bien souvent tous quatre : cela estoit plus de gayetté de cœur que de subject et d'animosité.

Nos braves François, estans au royaume de Naples soubs le règne du roy Louys XII, commencèrent à pratiquer ces deffys et combats en un qui se fit entre treize Espagnols et treize François[1] ; et ce furent les Espagnols qui les premiers deffièrent, et ce plus de gayetté de cœur que pour autre subject ; car il y avoit pour lors tresves entr'eux. Les François les prinrent aussitost au mot, et Dieu sçait s'ils y eussent failly, et faillirent non plus au jour et au lieu assigné, près la ville de Monervine ; j'ay veu le lieu qu'aucuns de là m'ont montré par spéciauté. Tous y firent ce qu'il falloit faire en gens braves et vaillans. Ceux qui en ont escrit et parlé à l'advantage des Espagnols, et comme aussi je l'ay ouy dire à aucuns de ce pays-là, à Naples et tout, disent que les Espagnols vainquirent

---

1. Le récit de ce combat, livré quelque temps après le duel de Bayard et de Soto-Major, a déjà été fait et plus longuement par Brantôme dans la vie du duc de Nemours (voyez t. IV, p. 176). Il l'a emprunté au chap. XXIII de la Vie de Bayard, par le Loyal Serviteur.

les François, à cause d'une ruse qu'ils trouvèrent, de ne donner aux hommes, du premier abord, de leurs lances (car ils estoient armez à la gendarme, comme de ces temps ces armes leur estoient fort usitées), mais aux chevaux et les tuer, à cause d'une maxime qu'ils tenoient et observoient fort : *muerto el cavallo, perdido l'hombre d'armas*[1]. Nos François disent le contraire, bien que l'opinion et l'entreprise des Espagnols réussit très-bien, car la plus grand' part des chevaux françois furent tuez. Mais le brave M. de Bayard et M. d'Orose très-vaillant aussi, leurs chevaux estant demeurez entiers, réparèrent le tout, ainsi que je le manifeste en un endroit de mes Rodomontades espagnolles, où ce grand capitaine Gonzalo mesmes confesse les Espagnols n'avoir si bien faict comm' il cuidoit, et comm'il les avoit envoyez pour faire mieux. J'y cotte les mesmes paroles en espagnol, qu'il proféra. Despuis ce combat (ce disent les Espagnols) les François ne firent plus bien leurs affaires audict royaume, tenans pour un certain scrupule que tels deffys sont désastreux à tout un général, ainsi que j'ai veu tenir ceste opinion à plusieurs grands capitaines espagnols, italiens et françois, et mesmes à M. le mareschal de Biron, qui n'admettoit et ne trouvoit nullement bons ces deffys, appels et combats en un' armée, fust d'ennemy à ennemy, fust d'autre à autre de l'armée, et que tout cela ne faisoit qu'amuser le monde, desbaucher les affaires du prince, et faire perdre quelquesfois de belles occasions importantes au général, qui se rencontrent

---

[1]. Le cheval mort, l'homme d'armes est perdu.

quelquesfois, et faire entre-tuer deux braves hommes qui pourroient estre cause du gaing d'une bataille et la salvation de son prince; et que le meilleur est, songer à bien mener les mains à un bon affaire qu'à toutes ces vanitez ou animositez.

Du règne du roy Charles VII, il se fit un pareil deffy et combat près d'Argentant, de vingt Anglois contre vingt François. Les Anglois furent desconfits et vaincus; oncques puis ils ne firent bien leurs besoignes, et perdirent en un an peu à peu la Normandie.

Du règne du roy Henri II, fut faict en Piedmond un pareil deffy, entre M. de Nemours et le marquis de Pescayre trois contre trois, tout n'alla pas bien; j'en parle en la vie de M. de Nemours[1] en mon livre qui traite des grands capitaines qui ont esté de nos temps despuis cent ans. J'alléguerois force autres pareils combats anciens, mais ils sentiroient trop leur rance; pour ce je les obmets, et viens à nos modernes que nous avons veu en nostre France despuis vingt ans en ça.

J'acommenceray par celluy de Quiélus et d'Antraguet[2], principaux querelleurs, et ce pour dames, Riberac et Chombert le jeune, Allemant, secondoient et tierçoient Antraguet; Maugiron et Livarot secon-

---

1. Voyez t. III, p. 172-176.
2. « Le dimanche 27 avril 1578, dit l'Estoile, pour démêler une légère querelle, née du jour précédent en la cour du Louvre, entre Quélus (Jacques de Lévis, comte de Quélus ou Caylus), l'un des mignons du roy, et le jeune Antragues, appelé Antraguet (Charles de Balsac d'Entragues), favori de la maison de Guise, ledit Quélus avec Maugiron (Louis de Maugiron) et Livarot (Jean

doient et tierçoient Quiélus, qui tous seconds et tiers s'offrirent à se battre plus par envie de mener les mains, que par grandes inimitiez qu'ils eussent ensemble. Ce combat fut très-beau, et l'acompara-on lors à celluy des Cuyrasses et Horaces, les uns Albans, et les autres Romains, pour n'en avoir veu en France de longtemps tel, et de tant à tant et sans armes aucunes deffencives. Reste que de cestuy-cy en resta deux en vie, qui furent Antraguet et Livarot, et de l'autre des Romains et Albans, un seullement. Antraguet avoit à faire avec Quiélus, Riberac avec Maugiron, et Livarot avec Chombert. Ils combattirent vers les rempars et porte de Sainct Anthoine, à trois heures du matin en esté, de sorte qu'il n'y eut aucun qui les vist battre, que quelques trois ou quatre pauvres gens, certes chétifs tesmoingts de la valeur de ces gens de bien ; qui pourtant en raportèrent ce qu'ils en avoient veu, tellement quellement. M. de Quiélus ne mourut pas sur la place, mais il survesquit quatre ou cinq jours[1] par la bonne cure des chirurgiens et la bonne visite du roy, qui l'aymoit

---

de Duras, seigneur de Livarot), et Antraguet avec Ribérac (François d'Aydie, vicomte de Ribérac) et le jeune Schomberg (Georges de Schomberg) se trouvèrent dès cinq heures du matin au marché aux chevaux, anciennement les Bastilles Saint-Antoine, et là combattirent si furieusement que le beau Maugiron et Schomberg demeurèrent morts sur la place. Ribérac mourut le lendemain. Livarot, d'un grand coup qu'il eut sur la tête, fut six semaines malade et réchappa. Antraguet n'eut qu'une égratignure. Quélus, auteur de la noise, de dix-neuf coups qu'il reçut languit trente-trois jours et mourut le 29 mai en l'hôtel de Boisy. »

1. Non pas quatre ou cinq jours, mais trente-trois jours. Voyez la note précédente.

fort. Enfin il mourut, car il estoit fort blessé ; il se plaignit fort d'Antraguet, de quoy il avoit la dague plus que luy, qui n'avoit que la seulle espée ; aussi pour parer et destourner les coups que l'autre luy donnoit, il avoit la main toute découpée de playes ; et, ainsi qu'ils se voulurent affronter, Quiélus dist à Antraguet : « Tu as une dague, et moy je n'en ay point. » A quoi répliqua Antraguet : « Tu as donc faict une grande faute de l'avoir oubliée au logis ; icy sommes-nous pour nous battre, et non pour poincttilles[1] des armes. » Il y en eut aucuns qui dirent que c'estoit quelque espèce de supercherie d'avoir eu l'advantage de la dague, s'il n'en avoit esté convenu de n'en porter point, mais la seulle espée. Il y a à disputer là-dessus ; mais Antraguet disoit n'en avoir esté parlé. D'autres disoient que par gentillesse chevalleresque, il devoit quicter la dague ; c'est à sçavoir s'il le devoit. Je m'en raporte aux bons discoureurs, meilleurs que moy.

Donc sur ce je vous en amèneray un exemple d'un gentilhomme d'Anjou, nommé la Fautrière[2], ayant entré en estaquade dans une vieille grange, mais pourtant enfermée de ses quatre murailles, sur lesquelles les seconds et tiers et autres en advisoient le combat, qui fut entre le cadet d'Aubanye[3], gentilhomme d'Angoumois près de Ruffet, fort brave et vaillant gentilhomme, et fort bravasche, et qui en tout

---

1. *Poinctilles*, chicanes.
2. Est-ce Louis le Gay, seigneur de la Fautrière, second mari de Louise de Maillé ?
3. Il y avait un capitaine Albanye, gentilhomme de la chambre du duc d'Anjou (*Mémoires de Nevers*, t. I, p. 788).

vouloit fort imiter M. de Bussy, mais il ne peut en aucune sorte; se le figurant, cela luy faisoit grand bien à la ratelle[1] pourtant. Cestuy donc Aubanye avoit demeuré cinq ans à Rome, apprennant ordinairement à tirer des armes (et mesmes de l'espée seulle) du Patenostrier, très-excellent en cet art; si bien qu'estans prests à se battre, ledict Aubanye dist à son ennemy : « Frère, je n'ay accoustumé à me « battre qu'à l'espée seule; je n'ay point porté de « dague, pour cela ostez la vostre ». L'autre, aussitost prompt, jetta la sienne par dessus la muraille de la grange, et la fortune luy fut si grande qu'il vainquit et tua ledict Aubanye, qui estoit un des plus estimez espadassins pour l'espée seule et des plus adroicts cent fois plus que l'autre. Un chascun après le blasma, pour avoir ainsi compleu à son ennemy, et gratifié d'un tel advantage, et qu'il fust esté bien employé si Aubanye l'eust tué; mais en cela il monstra un grand courage. Ce combat fut faict en ces dernières guerres de la Ligue, près la Rochelle; car tous deux estoient huguenots, et suivoient le roy de Navarre.

Quelques années aprés ce combat susdict de Quiélus et Antraguet, M. le baron de Biron[2] en fit un autre de trois contre trois. Il avoit pris pour second et tiers, Lognat et Genissat, braves et vaillans certes,

1. *Ratelle*, rate.
2. Charles de Gontaut, alors baron de Biron. — N. de Montpezat, seigneur de Lognac. — Bertrand de Pierre-Buffières, seigneur de Genissac. — Claude de Perusse des Cars, seigneur de la Vauguyon, prince de Carency. — Charles d'Estissac. — N. Abadie, seigneur de la Bastie.

contre le sieur de Carancy, ayant pour second et tiers Estissac et la Bastye, braves et vaillans aussi. M. le baron de Biron et Carancy estoient les deux principaux contendans et chefs de la querelle. Les autres pour servir leur amy ou par gayeté de cœur (ainsi que firent ceux d'Antraguet et Quiélus) s'en voulurent faire de feste et s'entre-battre, bien qu'aucuns fussent amis et parlassent avant souvent ensemble. Ils s'allèrent bravement battre sans faire nul bruit, à une lieue de Paris, dans beaux champs[1] pour n'irriter le roy, qui estoit et ne vouloit point ces combats. Ce fut pour un bon matin qu'il neigeoit à outrance, sans appréhender le mauvais temps. Nul ne vid le commencement ny la fin, tant ils conduisirent secrettement leur entreprise, sinon quelques pauvres gens passans. La fortune fut si bonne pour M. le baron et ses deux confidans, que chascun tua bravement son homme et l'estendit mort par terre. Aucuns dirent que M. le baron de Biron plus vaillant, prompt et soudain de la main (ainsi qu'en tous arts aussi bien qu'en celuy de Mars, il y a des artisans plus prompts et diligens à faire leur besoigne que les autres), despescha son homme le premier, et alla ayder aux autres; en quoy il fit très-bien, et monstra qu'avec sa valeur il avoit du jugement et de la prévoyance, bien qu'il fust encores fort jeune, et n'avoit point encore faict tant d'expertises d'armes comm'il en a fait depuis, qui l'ont rendu l'un des plus grands et vaillans capitaines de la chrestienté,

1. Le combat eut lieu le 8 mars 1586, entre Montrouge et Vaugirard, dit l'Estoile.

ainsi que je le descrits dans mon livre des grands Capitaines françois et espaignols que j'ay faict[1]. Cette susdicte prévoyance lui faisoit sa leçon, pour ne se fier trop en ce dieu Mars, qui est le plus ambigu et le plus doubteux dieu de tous les autres ; que si on se laisse par trop aller à sa fiance, et ne face-l'on cas de l'advantage qu'il vous a donné une fois, il le vous oste bien par amprès et le vous faict cher couster ; ainsi que possible mal eust pris, ou à M. de Biron ou à ses compaignons, s'il les eust veu et laissé faire et ne les eust assistez ; aussi estoit-il trop courageux pour ne jouer la partie qu'à demy et en voir le passetemps. Ainsi doit faire tout cœur généreux et soubstenir son compaignon jusques à la dernière goutte de son sang, si n'estoit que le camp fust esté condictionné, ainsi que les Espaignols condictionnerent le leur que j'ay dict cy-dessus contre les François, qu'ils limitèrent soubs tel pache[2] : qui passeroit outre le camp demeureroit vaincu et prisonnier, et ne combattroit plus de tout le jour ; pareillement celluy qui seroit mis à pied, ne combattroit non plus, et au cas que jusques à la nuict l'une bande n'eust peu vaincre l'autre, et n'en demeurast-il que l'un à cheval, le camp seroit finy, et en pareil honneur, et pourroit ramener tous ses compaignons francs et quictes, lesquels sortiroient en pareil honneur que les autres hors de camp. Voylà de bizarres condictions de camp, cautes et subtilles, aussi à l'espaignolle, et plaisantes aussi, qui me font souvenir du jeu des barres, que l'un raschepte tous ses compaignons

---

1. Voy. t. V, p. 156 et plus haut, p. 310. — 2. *Pache*, pacte.

pris. Voylà pourtant de grands cas, estre ainsi lié à ne secourir son compaignon : ainsi le veut la loy donnée, que si elle n'est, il faut mener les mains quoy qui soit; autrement il y a un grand reproche.

Voicy un miracle de trois combats tout à coup, que je vais conter pour quasi incroyable. Je l'ay ouy conter à Naples à un seigneur plein de foy et vérité, d'un gentilhomme de là mesmes. L'un fut appellé par un autre, pour quelques parolles qu'il disoit avoir tenu de luy. Ce gentilhomme s'en alla à l'estaquade sur la parolle de celluy qui le vint appeller, et d'un autre tiers, auquel il se fioit fort pour sa prud'homie et gentillesse d'armes, luy tout seul sur la parolle de l'appellant. Estant dans le camp tue son ennemy, et s'en voulant retourner l'appellant lui dict qu'il luy desplaisoit fort de voir un tel spectacle, et que mal il luy siéroit s'il luy estoit reproché à son retour s'il n'avoit vangé la mort de son amy, et qu'il ne se batist contre luy. L'autre luy respondit tout froidement : « Ne tient-il qu'à cela ? Vrayment je le veux. » Et venans aux mains, le gentilhomme napolitain le tua aussitost de gallant homme. Le tiers qui fut spectateur de tout, et qui estoit aussi vaillant que les autres, luy dict : « Vrayment, vous vous en retour-
« nez avec une fort heureuse et belle victoire; que
« si vous n'estiez si las comme je vous vois, pour
« avoir eu tout à coup affaire à deux, j'essayerais de
« vous oster la moitié de votre heur et honneur,
« car résolument nous nous battrions; mais ayant es-
« gard à vostre lassitude, je remets la partie à demain,
« vous priant de vous trouver à telle heure en ce
« mesme lieu, où je ne faudray m'y trouver; car il

« me fasche fort de voir mes compaignons morts,
« que je ne vange leur mort. » Ce gentilhomme luy
dist : « Rien moins que cela. Je ne suis point las ;
« j'ayme autant me battre tout chaud et tout à cette
« heure et annuit que demain, et me sens aussi
« frais, comme si je n'eusse point combattu ; par-
« quoy passons-en nos fantaisies de tous deux, sans
« remettre à demain. » L'autre le prit au mot, et venans aux mains, ce Napollitain en fit de mesmes des
autres deux et le tua de pareil heur, et les laissant
là tous trois morts à la garde de Dieu, pour estre enterrez, s'en retourna sain et sauve. Voilà un grand
miracle de Mars, et jamais ne s'en parla d'un tel durant les chevalliers errants parmy les histoires, car
elles sont fauces, et ce conte s'il est vray, c'est un
grand faict, et autant admirable qu'il peut estre véritable. En quoy se peut notter beaucoup de particularitez que je laisse à plusieurs discourir : entr'autres de la fiance que prist ce brave gentilhomme de
ces trois, pour s'aller battre sur leur parolle sans nul
second ; puis l'assurance et la bravetté qu'il eut de
se battre ainsi contre ces trois l'un après l'autre ;
donc[1], selon toutes les loix duellistes, légitimement il
se pouvoit excuser, et remettre la partie au lendemain ou autre jour. De plus, faut noter la fortune
grande qui l'accompaigna, dont on n'ouyt jamais
parler de telle. Je donne ce conte pour tel qu'on
me l'a donné.

Du temps du feu roy Charles IX, dernier mort,
fut faict un combat en l'isle du Palais, entre un gen-

---

1. *Donc*, dont.

tilhomme de Normandie (dont j'ay oublié le nom) et le petit chevallier de Reffuge¹ (petit dis-je, car il estoit des plus petits hommes que j'aye point veu, mais très-brave et vaillant, et qui avoit fort veu). Le combat fut en l'isle du Palais. Ainsi qu'ils s'y faisoient passer tous deux seuls sans seconds, ils virent force gentilshommes qui couroient sur le gué pour prendre des batteaux, et aller après eux pour les séparer, car c'estoit à l'heure que le roy alloit à la messe en la chapelle de Bourbon². Ils dirent au battellier, car tous deux estoient en mesme batteau (*qual bonta y valor di nostri cavalleri come de gli antiqui*³), qu'il les passast vite et fist grande diligence, car ils avoient une affaire d'importance, dont ils donnèrent chacun un teston audict battellier et ayant pris terre, ils s'entredirent seullement : « Faisons vite, car voycy ces messieurs qui s'advancent pour nous séparer. » Ils n'y faillirent pas, car en quatre coups d'espée ils s'entre-tuèrent tous deux, et tombèrent tous deux l'un deçà et l'autre delà, et les trouva-on rendans l'âme et l'esprit. Quelles résolutions et quelles animositez !

M. le marquis de Maignelais⁴, fils ayné de M. de

1. Guillaume de Refuge, chevalier de Malte.
2. La chapelle de l'hôtel de Bourbon.
3. Quel courage et quelle valeur de nos chevaliers égaux aux anciens ! Allusion au vers d'Arioste qu'il cite plus d'une fois :

O gran bonta de' cavalieri antiqui !

4. Il y a par erreur *Mailleraye* dans toutes les éditions. Antoine de Halluin, marquis de Maignelais, fils de Charles de Halluin, marquis de Piennes. Il avait vingt-quatre ans. Le combat eut lieu le 5 mai 1581. — Voyez l'Estoile, à cette date.

Pienne, estant nouvellement tourné d'Italie fraischement esmollu, et qui avoit fort bien appris à tirer des armes qu'il avoit des mieux en main, estant arrivé à la cour un soir au bal, prist querelle avec le seigneur de Livarot, (celluy qui avoit esté l'un des six au combat de Quiélus et Entraguet) fust ou non avec juste occasion, je ne le dis point, sinon que plusieurs tenoient que de gayetté de cœur il avoit pris la querelle pour s'esprouver avec Livarot, qui se tenoit pour un mauvais garçon et grand mesprisant des autres despuis l'heureuse yssue de son combat; et pour ce avoit esleu pour maistresse une dame de la cour, belle certes, et ne vouloit qu'aucun la servist que luy, comme jaloux de sa beauté, de son honneur et de son bien. Cedict marquis, tout gentil et tout courageux en l'aage près de vingt ans, luy présente son service devant luy. L'autre haut à la main comme luy, l'attaqua peu à peu de parolles, enfin à bonne paille bien seiche le feu se prend aisément; par ainsi s'entredonnèrent (sans faire grand bruict) le combat en une petite isle sur la rivière à Blois, sans second ne sans rien. Le matin doncques ne faillirent, chascun sur un beau courtaut montez, à comparoir, ayant pourtant chascun un laquais pour tenir leurs chevaux. Le marquis ne faillyt dans deux coups tuer son homme d'une estoquade franche, que je représenterois mieux que je ne la dirois, car il me l'avoit dict avant, et le rendit tout roide mort. Mais quel malheur pour luy! Ainsi qu'il s'en retournoit, le laquais de Livarot, qui estoit un grand laquais et fort, et desjà portant espée, l'ayant cachée une heure devant dans du sable (aucuns disent que ce fut de son propre mouvement, autres du commandement de son maistre, ce que je ne croy, car il estoit trop gallant) vint par derrière, et luy donna un grand coup d'espée, dont il le tua tout roide mort, ledict marquis ne disant seullement (ainsi que l'autre l'eut atteint) : « Ah ! mon Dieu qu'est cecy ? » Ledict laquais fut aussitost pris, par le raport d'aucuns qui le visrent, et fut aussitost pendu, ayant confessé le tout, et qu'il l'avoit faict pour venger la mort de son maistre. Plusieurs discourent là-dessus, que si l'un et l'autre eussent pris des seconds, ce malheur ne fust pas advenu par le laquais, et qu'il est fort de besoin d'avoir des seconds pour plusieurs raisons qui se peuvent alléguer là-dessus, tant pour engarder et esviter supercheries que pour tesmoigner de leurs valleurs et poltronneries ; enfin pour une autre infinité de raisons qui seroient trop longues à discourir ; tout ainsi qu'il y a force autres qui ne veulent point de seconds, desquels arrive force inconvénients que je ne veux m'amuser exprimer, sinon un, arrivé par exemple faict à Rome, du temps du pape Grégoire dernier , entre deux autres gentilshommes françois qui estoient la Villate, le baron de Saligny², et Matecolom et Esparezat, gascon et escuyer de la grande escuyerie du roy. Ils s'assignèrent le combat à quatre mille de Rome. Esparezat, auteur de la querelle, se batit contre

---

1. Grégoire XIII, mort en 1585. Le combat eut lieu le 6 juin 1583. Voyez le P. Anselme, édit. 1733, t. VII, p, 158.
2. Louis de Saligny, baron du Rousset. Il était né le 29 juillet 1565.

la Villate son adversaire; Matecolom second d'Esparezat, se battit contre le baron de Salligny; et chascun s'estant mis à part assez loing de l'autre de quelques trente pas, après avoir faict leur devoir advint que Matecolom le premier tua son ennemy, et voyant que son second Esparezat estoit long à tuer le sien, encore qu'il fust fort jeune garçon (ainsi que dist Francisco tireur d'armes : *Qu'erano puti* [1], comme estoit aussi Salligny) s'en vint ayder à Esparezat, et tous deux tuèrent la Villate, je crois, non pas sans grand'peine, encores que le jeune homme crioit qu'il n'y avoit raison de se mettre deux sur un. Matecolom réplicquoit : « Que sçay-je aussi ? quand tu aurois tué « Esparezat tu me viendrois à tuer si tu pouvois, et « me viendrois donner de l'affaire où je ne m'y veux « mettre plus que j'y suis et en puis sortir. » Et voylà comment alla ce combat, et où le second n'y procéda pas comme le Florantin, en l'exemple que j'ay allégué cy-dessus du combat de quatre Florantins [2]. Aussi y a-il différance en un combat cérimonieux conditioné et sollemnisé de juges, de maistres de camp, de parrains et confidans, et celluy qui se faict à l'escart sans aucuns yeux et aux champs, là où tout est de guerre.

Il se fit un combat en Limosin, il y a quelque temps, entre un gentilhomme nommé Romefort, et un [nommé] Fredaignes, tous hantans la maison de la Vauguion. Il y en eut [3] un gentilhomme qui despuis fut

---

1. Qui étaient des garçonnets.
2. Voyez plus haut, p. 252.
3. *Il y en eut*, c'est-à-dire il y eut de cette maison.

tué à la cour, et acquist je ne sçay comment tiltre des gallans, sans avoir jamais veu que peu de guerre; je ne le nommeray point. Il alla appeller Fredaignes de la part de Romefort, qu'y alla aussitost sur la parolle du gentilhomme et ce sans seconds, sinon un vallet chascun pour tenir leurs chevaux. Ce gentilhomme s'abilla en pallefrenier de Romefort, d'autant qu'on se vouloit deffaire dudict Fredaignes et le tuer nommément. Mais la fortune voulut que Fredaignes tua aussitost son homme, et ne donna loysir au palleffrenier déguisé de venir et ayder à Romefort, d'autant qu'ils avoient laissé leurs chevaux loing, et ainsi qu'il s'advançoit, le palleffrenier de Fredaignes, s'advança plus tost, et donne son cheval à son maistre, sur lequel il monta prestement; et s'en va au palleffrenier déguisé (lequel il cogneut aussitost) de telle furie, qu'il fut contraint à tourner teste et gaigner le haut; lequel Fredaignes recommanda au diable, en le laissant courre et aller. Luy victorieux s'en retourna, en disant qu'il avoit bien tué son ennemy, et bien faict fuyr son palleffrenier. Dieu le voulut ainsi, car la supercherie estoit trop grande. Ce Fredaignes a esté despuis tué, avec le comte de la Roche-Foucaud [1] à la charge de Sainct-Yriers en Limosin [2].

M. le vicomte de Turaine [3], brave et vaillant seigneur, ayant esté appellé par M. de Duras [4] de la

1. François, comte de la Rochefoucauld.
2. En 1591.
3. Henri de la Tour, vicomte de Turenne, duc de Bouillon et prince de Sedan, maréchal de France, mort en 1623.
4. Jacques de Durfort, marquis de Duras.

part de son frère, M. de Rozan¹, brave et vaillant aussi, y estant allé fort librement, se plaignit fort d'une grande supercherie, qui luy fut faicte estant au combat; car d'une embuscade sortit cinq ou six qui le chargèrent, et lui donnèrent dix ou douze coups d'espée, (ceux-là n'estoient point bons tueurs, ny si bons que le baron de Vitaux, duquel je parleray tantost) et le laissèrent en la place pour mort; dont despuis il voulut avoir la revanche sur M. de Duras, car il fist entreprise sur luy de le tuer dans sa maison, et le traicter en supercherie comm'il disoit en avoir receu de luy; et de faict elle estoit exécutée sans un grand cerf, qui estoit dans le fossé, et lors en ruth, qui chargea si furieusement ceux qui estoient descendus, qu'ils donnèrent l'allarme et s'en allèrent, ayant mis en vain leur desseing. Ledict M. de Duras en faisoit toutes ses excuses, et juroit n'y avoir eu aucune supercherie, et qu'il n'estoit possible que six hommes n'eussent tué un. Aussi M. de Duras n'eust eu garde d'en estre de consente², pour estre seigneur d'honneur et de valleur, et fust mort plustost. Si d'autres s'en meslèrent, il n'en pouvoit mais. Je l'en ay veu fort s'excuser.

En ces combats et appels comme je tiens des grands, faut bien adviser et peser quand on va ainsi seul sur la foy d'un gentilhomme, et considérer bien les personnes qui appellent; à sçavoir, si elles sont de qualitez, d'honneur, de foy, de parolles, de vail-

1. Jean de Durfort, vicomte de Duras, baron de Rosan, tué en 1587. Le duel eut lieu en mars 1579. Voyez l'Estoile à cette date et l'*Appendice*.
2. *Consente*, consentement.

lances, et pour telles esprouvées, et en cela prendre l'instruction de M. de Rosne [1], gentilhomme lorrain, et qualifié tant aux guerres de France, de Flandres avec Monsieur, et de la Ligue avec messieurs de Guyse et les Espaignols; lequel ayant une question [2] contre M. de Fargy, le jeune Rambouillet [3], et ayant esté appellé par un gentilhomme que je sçay, je ne le nommeray point, et estant assuré par luy, qu'il vint au lieu, là où l'attendoit Fargy, sur sa foy, et sur sa parolle, Rosne luy fit responce qu'il y falloit adviser, et que mal volontiers consigneroit-il sa vie sur sa foy et parolle, qu'il ne luy voudroit pas prester vingt escus sur sa mesme foy et parolle. En ces choses l'on y doit bien adviser, mais que le tout se face l'honneur sauve, et que le monde n'ait à présumer que c'est pour fuyr la lutte et le combat.

Un de ces ans fut appellé et deffié le baron de Vitaux par Millaud [4], à se battre encontre luy à une lieue de Paris en beaux champs. Ne faut point demander s'il faillyt à s'y trouver, car il estoit un des

---

1. Il était chambellan du duc d'Anjou. Voyez un état de la maison de ce prince dans les *Mémoires de Nevers*, t. I, p. 578.

2. *Question*, querelle; de l'italien *questione*.

3. Philippe d'Angennes, seigneur du Fargis, gentilhomme de la chambre de Henri III, chambellan du duc d'Alençon, tué au siége de Laval en 1590.

4. « Le dimanche 7 d'août (1583), dit l'Estoile, le baron de Viteaux (Guillaume du Prat, baron de Viteaux) et le jeune Millaud (Yves d'Alègre, baron de Milhau), à huit heures du matin, dans le champ, derrière les Chartreux, se battirent nuds, en chemise, et fut tué Viteaux qui avoit été le meurtrier du père de Millaud (Yves d'Alègre, baron de Milhau) en 1571, devant l'hôtel de Nesle. »

courageux gentilshommes qu'on eut sceu voir. Ses beaux faicts en ont faict la preuve. Il fut concerté entr'eux deux que leurs seconds (bien qu'ils fussent très-braves et vaillans) ne se battroient point, car ils estoient fort grands amis. Celluy de M. le baron visita Millaud, et celluy de Millaud visita le baron, pour voir s'ils n'estoient point armez. Aucuns des parens et parentes du baron disoient et affermoient que le second du baron fut trompé, d'autant que combattans en chemise, ainsi que celluy du baron voulut visiter Millaud et le taster, Millaud deffaisant le devant de sa chemise du costé de la poitrine, la luy monstra à plein, laquelle ne visitant autrement et croyant que ce fust sa propre chair le laissa. Mais voycy le pis que disoient ceux que j'ay dict, que ledict Millaud estoit couvert d'une petite légère cuyrassine sur la chair, laquelle estoit peincte si au naturel et au vif de la chair, que par ainsi ledict second fut trompé en sa veue. C'est à sçavoir si cela fut, et si un peintre peut ainsi représenter une chair sur du fer? Je m'en raporte aux bons peintres si cela se peut faire. Autres disoient qu'il y pourroit avoir quelque apparence, d'autant que l'espée du baron se trouva faucée par le bout, et que ledict baron ayant affronté son ennemy, luy tira deux grandes estoquades coup à coup, dont en fit reculler trois ou quatre pas son ennemy, et voyant que par ces estoquades il n'y gagnoit rien, il se mit aux estramassons, sur lesquels l'autre parant, et prenant le temps et s'advançant, luy donna une grande estoquade, de laquelle il tumba, et aussitost s'advançant sur luy de plus près, luy donna trois ou quatre grands coups d'espée dans le corps et l'acheva, sans luy user d'aucune courtoisie de vie. Ainsi le baron avoit tué son père, M. de Millaud, aussi de mesmes M. de Millaud avoit tué son frère le baron de Tiers[1]. Ainsi mourut le brave baron vaincu, après plusieurs belles victoires par luy obtenues sur ses ennemis. Ainsi mourut encore ce brave baron vieux routier d'armes et tant de fois victorieux sur d'autres, par la main d'un jeune homme, qui n'avoit que peu ou du tout point encore faict de grandes armes, sinon que sortant hors d'hostage et de prison en Allemaigne, vint s'esprouver tout du premier coup contre un des vaillans et déterminez de la France. Voilà ce qu'en disoit le monde pour lors, et l'heur qu'on en donnoit à l'un, et le malheur que l'on donnoit à l'autre. Ce fut un très-beau coup d'essay pour l'un, et une fascheuse et cruelle fin pour l'autre, mais pourtant point des honteuses, ains fort honnorable.

J'ay ouy conter à un tireur d'armes, qui apprist à Millaud à en tirer, lequel s'apelloit le seigneur Jacques Ferron, de la ville d'Ast, qui avoit esté à moy (il fut despuis tué à Saincte-Bazille en Gascogne, lorsque M. du Mayne l'assiégea[2], luy servant d'ingénieux; et de malheur je l'avois adressé audit baron quelques trois mois auparavant, pour l'exercer à tirer, bien qu'il en sceust prou, mais il n'en fit conte; et le laissant Millaud s'en servit, et le rendit[3] fort adroict),

---

1. François du Prat, baron de Thiern.
2. Sainte-Bazeille (Lot-et-Garonne) fut pris par Mayenne en avril 1586.
3. *Le rendit*, Ferron le rendit.

ce seigneur Jacques donc me raconta qu'il s'estoit monté sur un noyer assez loing, pour en voir le combat, qu'il ne vid jamais homme y aller plus bravement, ny plus résolument, ny de grâce plus assurée ny déterminée. Il commença de marcher de cinquante pas vers son ennemy, relevant souvant ses moustaches en haut d'une main, et estant à vingt pas de son ennemy (non plus tost) il mit la main à l'espée qu'il tenoit en la main, non qu'il l'eust tirée encore, mais en marchant il fit voller le fourreau en l'air, en le secouant, ce qui est le beau cela, et qui monstroit bien une grâce de combat bien assurée et froide, et nullement téméraire, comm'il y en a qui tirent leurs espées de cinq cens pas de l'ennemy, voire de mille, comme j'en ay veu aucuns. Ainsi mourut ce brave baron, le parangon de France, qu'on nommoit tel, à bien venger ses querelles par grandes et déterminées résolutions. Il n'estoit pas seullement estimé en France, mais en Italie, Espaigne, Allemaigne, en Poulloigne et Angleterre : et desiroient fort les estrangers venant en France, le voir, car je l'ay veu, tant sa renommée volloit. Il estoit fort petit de corps, mais fort grand de courage. Ses ennemis disoient qu'il ne tuoit pas bien ses gens que par advantages et supercheries. Certes je tiens de grands capitaines, et mesmes d'Italliens [1] qui sont estés d'autresfois les premiers vengeurs du monde *in ogni modo*[2], disoient-ils, qui ont tenu ceste maxime; qu'une supercherie ne se devoit payer que par semblable monnoye, et n'y alloit point là de déshonneur.

---

1. Voyez Paris de Puteo, f° 414, col. 1. — 2. De toute façon.

Ledict baron tua premièrement le baron de Soupez à Toulouze, qui estoit un très-brave et vaillant jeune homme, mais un peu trop outrecuydé; et je luy avois dict souvent comme son amy, en nostre voyage du secours de Malte, qui s'en corrigeast. Il mesprisoit ledict baron de Vitaux par trop, si qu'estant un jour en un souper, ayant eu quelques parolles assez légères pourtant, il luy jetta un chandellier à la teste, et en voulant[1] avoir sa revanche sur le coup et mettant la main à l'espée, il fut empesché par les amis du baron de Soupez, où il y en avoit plus que l'autre baron, et fallut sortir du logis. Mais au bout d'une heure guettant l'autre sortir, il ne faillyt de le tuer aussitost et l'estendre sur le pavé, et ne fut sans danger; car s'il fust esté pris, il estoit puny sur le champ, tant pour la rigueur de la justice de Toulouze, que pour ce que l'autre avoit de grands amis et parens en la ville, et se sauva bravement en habit de demoiselle. La façon en est longue à escrire, et s'en vint droit chez M. de Duras qui, comme très-courtois et gentil seigneur qu'il estoit, le receut fort courtoisement, bien qu'il ne le cogneust par trop famillièrement, et luy presta chevaux pour venir chez moy, où ayant demeuré quinze jours, je luy fournis de chevaux et d'argent ce qu'il voulut (qu'il me rendit très-bien après) pour tirer vers Paris. L'on dira que je me fusse bien passé d'escrire ceste circonstance. Au bout de quelque temps il tua Gounellieu[2], qui venant de Bloys, un jour, de laisser le

---

1. *En voulant*, c'est-à-dire Viteaux en voulant.
2. Peut-être Nicolas de Gonnelieu, chevalier de l'ordre du roi,

roy¹ qui l'aymoit fort, et avoit la charge de sa grande escuyerie, et s'en allant chez soy en Picardye, en poste, avec quatre chevaux, ledict baron le suivit en ayant eu bon advis, avec deux bons chevaux seullement, accompaigné du jeune Boucicaut², l'attrapa aux pleines de Sainct-Denys, et le tua viste sans autre cérimonie; dont le roy en cuyda désespérer. Que s'il fust esté pris, il estoit infailliblement exécutté, tant il aymoit ce Gounellieu; et s'en alla en Italie et n'en bougea jusqu'à ce qu'il vint faire un autre coup, qui fut celluy de Millaud; mais premier, je diray pourquoy ledict baron tua ledict Gounellieu, parce que ledict Gounellieu avoit tué son jeune frère, jeune garçon de l'aage de quinze ans, mal à propos, disoit-on, et avec supercherie; qui fut dommage certes, car ce jeune garçon promettoit beaucoup de luy. Tous deux suivoient feu M. d'Allançon. Voylà comment ledict baron revancha la mort de son jeune frère.

Estant donc de retour d'Italie, il sceut qu'après le siège de la Rochelle³, Millaud se pourmenoit dans Paris à son aise, qui le pensoit encor en Italie, et ne le jugeoit jamais avoir le courage ny la résolution de retourner à cause de la fureur du roi. Néanmoins il retourne et se pourmeine par la ville en habit d'advocat, espie et recognoit le tout et son mieux, ayant

lieutenant d'une compagnie de cinquante hommes d'armes de ses ordonnances.

1. Charles IX.

2. Il y avait, à la fin du seizième siècle, quatre frères du nom de Boussicaud : Trophime, Claude, Olivier et Étienne (voyez l'*État de la Provence*, par Robert de Briançon, t. I, p. 418).

3. Le siége fut levé en juillet 1573.

laissé venir la barbe fort longue, si qu'il estoit irrecognoissable, se loge l'espace de quinze jours en ceste petite maison, qui est au bout du guet des Augustins, void et revoid passer son homme par plusieurs fois, ainsi qu'il m'a dict despuis. Puis voyant son bon, et qu'il estoit temps, sort un jour de son logis avec les deux Boucicaux frères, Provançaux, seullement, braves et vaillans hommes certes, aussi les appelloit-on les lyons du baron de Vitaux, et attaque Millaud, accompaigné de cinq ou six hommes passant tout devant son logis, le charge, le tue, avec peu de résistance, et se sauve bravement hors la ville et aux champs ; mais le malheur fut pour luy, qu'en tuant ledict Millaud, un de ses coups d'estramassons par cas fortuit tumba sur un des Boucicaux à la cuysse, qui luy causa en marchant par païs une grand' effusion de sang, dont il fut contrainct descendre en un bourg et s'amuser et le faire penser à quelque petit barbier de village, ce qui fut cause qu'ayant esté poursuivy par le prévost Tanchon, fut pris à douze lieues de Paris, non trop à l'aise, car il fit grande deffence, dont il fut fort blessé ; et fut mené à Paris au Four-l'Évesque, en tel danger que du jour au lendemain nous le tenions exécutté. Je le vis par deux fois en la prison, qui me disoit tousjours d'une façon assurée, qu'il ne se doubtoit pas moins que de la mort, de laquelle il ne se soucyoit, puisqu'il avoit vengé celle de ses deux frères, car Millaud avoit tué son autre frère, qui s'apelloit le baron de Tiers[1], et, disoit-on, en supercherie et ad-

1. Voyez plus haut, p. 328.

vantage : j'en fairois le conte, mais il seroit trop long, et ne serviroit pas trop icy. Le voilà donc aux vespres de la mort, car le roy et le roy de Poulloigne crioient qu'il meure ; mais M. le prévost de Paris son frère[1], qui tenoit en son logis pour lors les principaux de l'ambassade des Poullonnois, s'advisa de les prier pour son frère, et demander aux deux roys sa vie, ce qu'ils firent ; et estois en la chambre du roy de Poulloigne quand ils vinrent, où je les vis haranguer tout en latin, très-éloquamment et avec telle passion et affection, que le roy fut fort empesché à leur respondre leur requeste qu'il n'accorda sur le coup, mais leur donna grande espérance. M. de Tou[2], premier président, qui l'aymoit fort, prist aussi son party et remonstra aux roys que, s'ils eussent faict mourir Gounellieu et Millaud, les deux meurtriers de ses frères, infailliblement il devoit mourir ; mais ne l'ayant faict, il falloit que la loy fust esgalle et qu'il eust sa grâce et pardon comme les autres. Enfin par temporisement, sollicitations et prières, son procez demeura en suspens. Cependant le roy de Poulloigne (qui estoit son principal persécuteur) s'en va en son voyage : l'on fait son procez à la vollée ; son pardon et grâce luy fut donnée et bien interinée. Le voylà pourmener par la ville de Paris et à la cour, mieux que jamais bien venu et arregardé de tout le monde. Le roy tourné de Poulloigne, le baron luy faict la révérence, mais M. du Gua qui estoit in-

---

1. Antoine du Prat, seigneur de Nantouillet, prévôt de Paris depuis 1553.
2. Christophe de Thou.

thime amy de Millaud, et qui estoit grand favory du
roy, se déclare son ennemy mortel, le mesprise, le
menace de luy nuire où il pourra. Je sçay bien ce
que je luy en dis un jour, car tous deux estoient mes
grands amis, et je les voulois accorder, comme le
baron m'en avoit donné la parolle, mais point. M. du
Gua n'y voulut entendre, et luy dis qu'il le déses-
péreroit. Il fut en train une fois de le faire appeller,
mais il ne le fit pour des raisons que je ne diray pas,
et que ce ne fust esté son plus grand expédient ny le
plus seur. Par quoy ayant sceu que M. du Gua luy en
brassoit une, il fut contrainct vuider de Paris et de
la cour. Au bout de six mois, il vint un soir le
trouver en son lict qu'il faisoit diette[1], entre au logis
avec un de ses gens seullement, en laisse deux à la
porte, monte en sa chambre, va à luy, qui le voyant
venir saute en la ruelle, et prenant un espieu pour
se deffendre, l'autre l'eut aussitost joingt et avec une
espée fort courte et trenchante (aussi en tel cas elle
est meilleure que la longue) luy bailla deux ou trois
coups et le laissa là pour demy mort, car il vesquit
encor deux ou trois heures, disant tousjours qu'un
homme en qui il se fioit l'avoit trahy. Pour fin ledict
baron, après avoir faict son coup, sort si heureusement du logis et se retira si bien et sans aucun bruict
qu'on n'en soubçonna celluy qui avoit faict le coup
que par conjectures, tant il fut faict secrettement, et
ne se peut jamais guières bien prouver; mesmes à
moy qui luy estois amy inthime ne me l'a voulu

---

1. Le lundi 31 octobre 1575, vers les dix heures du soir, suivant
l'Estoile. C'était l'heure du souper. — Voyez tome V, p. 354.

confesser. Voylà le brave M. du Gua tué, brave certes estoit-il en toutes générositez et vertus, ainsi que j'en parle en mon livre des Colonnels et maistres de camp, qui sont estez en France despuis leur première institution[1]. Ce brave Gua doncques fut tué parmy ses compaignies des gardes, parmy ses capitaines et soldats, et à cinquante pas, quasi à la veue de son roy, qui le chérissoit comme il le méritoit certes, sans qu'on s'en apperceust jamais; qui fust estimé à la cour un cas estrange et inoui. Pour faire fin, il faut donner ceste réputation au susdict baron, que ç'a esté un terrible et déterminé exécutteur de vangeances. On l'accusa aussi d'avoir tué Montraveau le jeune, frère de M. de Clermont d'Amboyse (mais cela ne se peut guières bien prouver), car il fut tué dans des bois et garesnes de Nantouillet, d'autant que ces deux maisons n'estoient de longtemps bien ensemble. S'il eust vescu, il en vouloit tuer encores deux que je sçay bien, que, je croy, ne regrettèrent guières sa mort. Aucuns de ses ennemis n'ont point approuvé ces façons de meurtres, et l'ont voulu taxer qu'il n'estoit propre pour les apels et pourquoy il ne s'en aydoit. J'en ay dict des raisons cy-dessus. Toutesfois il monstra bien à sa mort qu'il estoit et pour l'un et pour l'autre, et si l'ay veu en apeller aucuns et d'aucuns estre apellé, qu'il ne reffusa jamais homme, mais il fut accordé, et ne faut doubter nullement de ses valleurs; car un homme de bas cœur ne fit jamais ce qu'il a faict, et eust faict encor sans sa mort.

Or c'est assez parlé de luy; que si je pouvois

---

1. Voyez plus haut, p. 206.

l'immortaliser je le ferois, tant pour ses mérites que pour la grande amitié qui estoit entre luy et moy, il y avoit quinze ans, et tousjours bien nourrie et entretenue par bons offices; aussi nous appellions-nous frères d'alliance.

Je sceus, un jour après, sa mort, à Estampes, en courant la poste, venant de chez moy. Que si je fusse arrivé plus tost, je ne luy eusse pas conseillé de se battre aux champs, car on se vouloit deffaire de luy, ou en quelque façon que ce fust, et possible s'il eust eschapé de ce combat, il fust tumbé en une embusquade qu'on luy avoit préparée, comme j'ay sceu despuis; car il commençoit à estre plus crainct qu'aymé de quelques très-grands et très-grandes; si que ce traict du meurtre de M. du Gua fut estimé de grand' résolution et asseurance.

J'en vays dire un autre qui ne luy en doit rien, de ce brave feu M. le comte Martinengo, de ceste bonne et brave race des Martinengues, de laquelle cestuy-cy estoit bastard, disoit-on; mais ce bastard vallut bien deux légitimes sans leur faire tort. Il vint avoir question avec un gentilhomme bressan[1], des plus grands de la ville et d'alentour. Après l'avoir longtemps guetté et cavallé, ne le pouvant attraper aux champs, s'estant retiré à la ville de Bresse, il se détermine de l'y aller tuer, et s'estant accompaigné de deux bons soldats déterminez comme luy, entre dans la ville en plein midy, va en la maison de son ennemy, monte en sa chambre, le tue soudainement, descend, se retire (ce n'est pas tout que faire un

1. De la ville de Brescia.

coup, il faut se sauver), passe par la mesme porte, monte luy et ses gens sur leurs bons chevaux, qui les attendoient là auprès, fut à une lieue de là plus tost que la rumour et l'allarme fust esmeue en la ville. On court après, tant ceux de la justice que des parents du mort, qui estoient grands seigneurs, mais ils n'y gagnèrent rien ; et se sauve bravement en Piedmont, où il se met au service du roy Henry II, lequel il servit et la couronne de France, si fidellement que tant qu'il a vescu il se peut mettre au rang des plus fidelles serviteurs qu'y ait esté, non seullement des estrangers, mais de bons François mesmes.

Ce ne fut pas tout : lorsque nous allasmes au secours de Malte, il y vint pour son plaisir, comme si ce fust esté un jeun' homme qui n'eust jamais veu guerre, mais en cela il respondit que la plus belle mort du monde estoit que de mourir pour l'honneur et la rellìgion de Dieu, et qu'en ce il vouloit imiter son grand prédécesseur, le comte de Martinengo, qui de mesmes pour son plaisir alla au secours du dernier siège de Rhodes, où il mena à ses propres coûts et despans deux cens hommes de guerre, là où il fit si bien que l'histoire qui en a estée faicte[1] asseure que la ville tint plus de deux mois pour sa venue qu'elle n'eust faict, et y fit de très-beaux combats. J'en ay leu l'histoire qui ne se recouvre aisément, mais je

---

1. Il s'agit de la *Grande et merveilleuse et très cruelle oppugnation de la noble cité de Rhodes prinse naguères par sultan Seliman...*, *rédigée par escript par excellent et noble chevalier frère Jacques, bastard de Bourbon*. Paris, 1526, in-fol.; goth. Il y est en effet question de Gabriel Martinengo à divers endroits et, entre autres, aux folios xii, xiv, etc.

l'ay, et est très-belle, déclarant beaucoup de belles singullaritez de ce siège.

Pour retourner encore à nostre comte, allant à ce secours de Malte, bien qu'il fust fort dissuadé de ses amis de n'y aller point à cause qu'il pourroit rencontrer encore quelque reste de ses ennemis cachez, amis de son trespassé en quelque part d'Italie. Je le vis aussi résolu de faire ce voyage, comme s'il n'eust eu aucun ennemy; disant tousjours que si on le tuoit il en tueroit aussi. Il passe par le Piedmont comme nous autres, passe à Pavie, non guières loing de Bresse, passe à Gênes d'une détermination aussi assurée que j'aye jamais veu, s'embarque à Gênes comme nous autres dans des petites frégates. Enfin nous arrivasmes tous à Malte, ayant coustoyé toute l'Italie, sains et sauves, luy ne craignant rien. A nostre retour, il s'en tourne par terre comme nous autres, sçait qu'il y a dans Rome un parent de son homme, entreprend de l'aller tuer, mais il fut dissuadé et pressé par ses amis de le laisser et sortir de la ville et qu'il en avoit fait prou par le passé. Enfin il se retire en France, tousjours par terre de ville en ville, n'approchant pourtant des terres des Vénitiens, car il n'avoit encore faict son accord et fust esté en peine de la vie; et ce fust esté aussi par trop tenter Dieu et la fortune.

Voilà de grandes et asseurées résolutions, mais grandes aussi celles dont il a usé, combattant si bien en nos guerres, tant estrangères delà et deçà les monts, que nos civilles, dont j'en parle ailleurs en mon livre des Colonnels. Grande fut aussi et sa vaillance et tout, qu'il monstra en son combat qu'il fit en Piedmont, sur le pont du Pau, contre un autre sien ennemy italien, chascun ayant deux dagues aux deux mains. Il est vray que la gauche et tout le bras entier avec les espaules estoit armé d'un grand brassard, mais ce brassard estoit tout d'une venue, et ne se ployoit point, ce qui gehennoit et contraignoit le bras, et le tenoit fort droict. Cela avoit esté faict et ainsi choysi de son ennemy qui avoit esté blessé au bras, comme feu mon oncle de la Chastaigneraye. Enfin M. le comte Martinengo demeura vainqueur et tua son ennemy sur le champ. Ce combat fut fort furieux, à ce que j'en ay ouy discourir à gens qui le visrent, mesmes au bon homme feu M. de Vassé[1], qui estoit parrain dudict comte, bien que ledict combat ne fust sollemnisé de plusieurs cérimonies des camps-clos que je dirois, si bien qu'on le tint quasi plus faict en forme d'appel et de combat à la mazza qu'autrement. Tout cela ne sert rien à nostre faict ; tant y a qu'il fut beau et bien combatu, et qui rapporta audict comte beaucoup de réputation, non que pour cela il en ait esté guière glorieux en son temps, ny pour plusieurs autres vaillances qu'il a faict en sa vie ; car c'estoit le plus doux et gratieux gentilhomme qu'il estoit possible de voir, amy où il le promettoit, je le puis asseurer pour moy, et pour me l'avoir monstré une fois. Bref, sa réputation fut si bien divulguée et sa valleur, que la guerre s'estant esmeue entre le Turc et les Vénitiens, un jour ils luy envoyèrent, sans y

---

1. Antoine Grognet, seigneur de Vassé, gouverneur de Pignerol.

penser¹, à Paris (où il se tenoit quasi ordinairement, ou à la cour, quand n'y avoit point de guerre) son pardon général et absolution de tout le passé et une commission (avec force argent) de colonel de trois mill'hommes et de les lever; ce qu'il fit bien à propos, et non sans grand'peine, car la guerre civile troisiesme estant faillie et la paix faicte, estant fort aymé des soldats et les appoinctant bien, en moins d'un rien amassa ses hommes, encore plus qu'il ne falloit, s'en va à Venise bien receu, voire adoré; passe en Dalmatie avec ses braves François, et quelque peu d'Italiens, où il faict bravement la guerre, jusqu'à ce que la paix survint entre le Turc et les Vénitiens, traictée à la sollicitation du roy, par ce grand personnage M. de Dax, son ambassadeur; et puis s'en estant retourné en France, et la guerre civile encore rallumée, il mourut devant la Charité², le siège y estant mis, estant maistre de camp de douze enseignes de gens de pied, dont ce fut très-grand dommage; car c'estoit un grand homme de guerre et un fort homme de bien et d'honneur. J'en parle ailleurs en mon livre des Colonnels et maistres de camp³.

C'est assez parlé de combats meurtriers, dont j'en dirois cent exemples signallez, mais je n'aurois jamais faict; parlons un petit maintenant des courtoisies qui ont estées pratiquées du temps du roy François. Il envoya une fois feu M. le cardinal de Lorraine⁴, son

---

1. *Sans y penser*, c'est-à-dire sans que le comte y pensât.
2. En 1577.
3. Voyez t. V, p. 362.
4. Charles de Lorraine, mort en 1574.

cher favory, en Flandres, pour jurer quelques trefves entre les mains du feu empereur Charles. Ledict M. cardinal y alla très-bien accompaigné d'une fort belle noblesse de la cour, parmy laquelle estoit un brave et vaillant gentilhomme breton, haut à la main, nommé M. de Sourdeval[1], qui longtemps a esté gouverneur de Bellisle, jusques à ce que le roy Charles lui osta pour la donner au mareschal de Rez en propre. Ce M. de Sourdeval vint à avoir une querelle contre un autre gentilhomme françois, dont je ne sçay bien le nom; ils s'en allèrent sans sonner mot à personne, sinon entr'eux deux, hors de Bruxelles, où la cour impériale se tenoit. La fortune fut si bonne pour M. de Sourdeval (et aussi que c'estoit un très-vaillant homme) qu'il blessa son ennemy quasi à la mort; toutesfois si fut-il un petit blessé, et d'autant qu'il estoit venu à cheval sur un courtaut, et son ennemy à pied, il leva son ennemy et le monta sur son courtaut dans la selle[2], et luy en croupe, le tenant tousjours des deux bras, le soullageant le plus qu'il pouvoit; et par ainsi se rendirent à la ville et chez un barbier, et le fit fort curieusement penser, dont il se guérit. Il y en a aucuns qui eussent mieux aymé mourir que se laisser aller à une telle courtoisie, vile pourtant pour un brave cœur; car en ceste façon le vainqueur triumphe fort, par quoy le vaincu eust mieux aymé là mourir qu'estre assisté

---

1. Probablement André Lemoine, seigneur de Sourdeval, chevalier de l'ordre du roi, gentilhomme ordinaire de sa chambre, gouverneur de Mortain.

2. Le mit en selle.

de telle sorte. Autres disent : il n'y a que de vivre. Je m'en rapporte aux braves discoureurs. L'empereur en sceut le combat et le traict, et voulut voir ledict Sourdeval, et le loua devant tout le monde en sa salle, autant pour sa valeur que pour sa courtoisie honneste et gentillesse, et luy fit présent d'une belle chaisne d'or, pour s'en faire mieux paroistre. Quel crèvecœur à son ennemy vaincu ! Je tiens ce conte de feu M. de Guyse le Grand, qu'y avoit accompaigné monsieur son oncle, et d'aucuns gentilshommes qui estoient lors avec M. le cardinal, et aussi que j'ay veu ledict Sourdeval à la cour fort bien venu et estimé, tant pour ce combat que pour les autres siennes vaillantises faictes aux guerres. Je croy qu'il vit encore, et l'ay cogneu fort famillièrement.

Lorsque le roy Henry II envoya en Escosse feu M. Dessé son lieutenant général pour y porter secours, avec force gallans et honnestes gentilshommes de la cour et de France, y avoit le sieur de d'Ussac [1], dict autrement Jurignat, et le capitaine Hautefort, tous deux gentilshommes de Périgord. Ils esmeurent dispute ensemble et querelle, pour l'amour d'une grand'dame qui estoit là que je ne nommeray point ; ils s'assignèrent et s'appelèrent tous deux à l'Isle-aux-chevaux, qui est devant le Petit-lict. Ceux qui ont veu le lieu comme moy, sçavent où c'est, où

---

1. C'est probablement le gentilhomme calviniste qui, gouverneur de Bergerac, puis de la Réole pour le roi de Navarre, trahit sa cause par amour pour Mlle d'Atrie et livra la Réole et son château aux troupes de Henri III (1580). Nommé gouverneur de la ville par ce prince, il abjura le calvinisme et fut créé chevalier de Saint-Michel.

s'y estants faicts passer, se battirent tous deux seuls, si bien que ledict Jurignat demeura fort blessé; mais Hautefort ne le voulut parachever, ains luy permit de repasser l'eau et de se faire penser, et estant guéry, il rappella encores Hautefort jusques à deux fois, et demeura encores blessé comme la première fois, et ledict Hautefort luy usa encores de la mesme courtoisie, jusqu'à ce que l'on les mit d'accord; mais non pourtant qu'ils fussent jamais amis. Quelle fortune d'espée et quel don de courtoisie! Je croy que ledict Jurignat vit encores, et Hautefort fut tué au voyage d'Allemagne devant Yvoy, brave soldat et capitaine s'il en fut onc (j'en parle ailleurs), grand et inthime amy du feu capitaine Bourdeille mon frère; aussi disoit-on d'eux qu'ils estoient de braves rodomonts de Piedmont, comme estoit Villemaigne et Thais.

Ledict capitaine Bourdeille eut aussi en Piedmont une querelle contre le capitaine Cobios, gentil et brave soldat gascon, et pourtant grands amis auparavant. Ils s'appellèrent sur le pont du Pau à Thurin. La fortune voulut que mon frère blessa Cobios à la main de l'espée, qui lui eschappa aussitost, mais le capitaine Bourdeille pourtant ne lui voulut courir sus, ains luy dist : « Amassez vostre espée, capitaine « Cobios, car je n'ay pas accoustumé de poursuivre « mon ennemy sans ses armes. » Cobios luy respondit : « Je ne gagnerois rien, capitaine Bourdeille, « de l'amasser, puis que je suis blessé en la main, « et ne me seroit possible la tenir. » — « Or bien donc, dist le capitaine Bourdeille, le combat est achevé. » Et le prist et le mena soubs le bras à la ville pour le faire penser, et attendant sa guérison pour se rebattre; mais M. le mareschal[1] les accorda.

Bien fut grande une courtoisie qui se fist, et très-signallée, entre deux capitaines du Piedmont, lorsqu'il estoit à nous; lesquels s'estoient fort entr'aymez, ils vinrent à avoir question[2], et s'estans appellez ils se battirent de telle sorte que l'un blessa l'autre à la mort sans estre blessé, auquel il dit : « Nous avons « estez par trop grands amis pour vous tuer; je vous « prie, contentez-vous de ce qui s'est passé, et relle- « vez-vous pour vous aller faire penser. » L'autre l'en remercia très-courtoisement, mais il luy dist: « Ce « n'est pas tout : faites-moi la courtoisie entière ; « pliez-vous le bras, et portez-le en escharpe pour « quelques jours ; au moins qu'il ne soit dict que je « soye esté blessé sans blesser, et qu'il n'y aille point « tant de mon honneur, et qu'il y ayt plus de subject à « ceux qui nous voudront accorder de le faire, si j'en « eschape. » — « Vrayement, dit l'autre, je le veux ; » et se souillant un peu le bras du sang de l'autre, il fit la mine et le dist, qu'il avoit esté blessé, mais que ce n'estoit rien, et qu'il voudroit avoir donné beaucoup et que l'autre ne le fust pas plus, lequel pourtant se guérit avec grand'peine; et furent après faicts bons amis comme devant sans peu de difficulté, à cause de ceste légère blessure prétendue, et aussi que l'autre voulut en cela recognoistre l'obligation qu'il luy avoit de la vie. Cette courtoisie est belle, et sur laquelle il y a beaucoup à gloser et à discourir.

1. Le maréchal de Brissac.
2. *Avoir question*, voyez p. 326, note 2.

Ce grand capitaine et brave Jannin de Médicis mit au monde ces deux braves et vaillans capitaines qui ont estez despuis, et tant fidellement servy la France, San-Petro Corso et Jehan de Turin. Estans donc tous deux soubs sa charge, vindrent avoir une question ensemble, et la voulant accorder Jannin de Médicis, jamais il ne peut, encore qu'il en tentast tous les moyens, cognoissant bien leur humeur et vaillance, que s'ils en venoient là, qu'ils se tueroient. Par quoy de despit, et de quoy ils ne le vouloient croire en accord, il prist sa cappe et la mit en deux, et en donna à chascun sa moytié, et deux bonnes espées, et les enferma dans une salle, et leur commanda qu'ils ne sortiraient jamais de là qu'ils ne fussent d'accord, en quelque façon que ce fust, et n'eussent vuidé leur différant du tout. Ils vindrent donc aux mains. Jehan de Turin donna une estoquade au front à San-Petro, petite pourtant, mais d'importance, d'autant que le sang luy commança aussitost à couller sur les yeux et le long du visage, si bien qu'à tous les coups il luy falloit porter la main pour essuyer les yeux. Surquoy Jehan de Turin lui dit : « San-Petro Corso, arreste-toy et bande un peu ta « playe. » L'autre, le prenant au mot, print son mouchoir et la banda au mieux qu'il peut, puis se remirent au jeu, et si rudement, que Jehan de Turin eut un si grand coup sur son espée qu'elle luy eschappa de la main. Sur quoy San-Petro se voulant revancher de semblable courtoisie luy dist : « Jehan « de Turin, amasse ton espée, car je ne te veux point « blesser avec advantage, » et luy donna loysir de l'amasser, et pour la troisième fois retournèrent au combat; à quoy ayant esgard les spectateurs, qui regardoient les uns par les grilles de la salle, les autres par les fantes et trous de la porte, en vindrent faire le rapport à Jehan de Médicis, et le prier de les séparer, et mettre ordre d'accord, autrement ils se paracheveroient de tuer; parquoy il vint aussitost, et entrant dans la salle, il les trouva tous deux l'un de çà, l'autre delà, tumbez et couchez par terre, n'en pouvant plus pour les grandes blessures qu'ils s'estoient entre-données et du grand sang répandu. Soudain il les fit lever et secourir, et si curieusement penser qu'ils furent guéris quelque temps après, desquels despuis la France a tiré de bons et grands services, tant deçà que delà les monts. J'ay ouy faire ce conte à feu M. de Cypière, qui estoit très-grand amy et de l'un et de l'autre. Voilà de belles bontez et courtoisies de cavalliers, sur lesquelles on dispute quelle fut la plus grande, celle de Jehan de Turin, ou celle de San-Petro Corso; mais il ne faut doubter que la première fust plus grande, d'autant que la seconde ne la fit que suivre après et rendre ce qu'elle devoit. Au demeurant, si elles se devoient faire, je m'en rapporte aux braves discoureurs des combats, au moins je dis la première, car pour la seconde elle se devoit faire pour rendre la pareille; autrement ce fust esté un villain reproche s'il eust faict autrement; mais aussi eust-on bien blasmé le premier de sa première courtoisie s'il luy fust arrivé mal, et que l'autre l'eust tué, en donnant si grand advantage à son ennemy, puisqu'il le tenoit quasi à sa mercy et à son advantage, et y en a beaucoup qui disent que ce fust esté bien employé si l'autre l'eust tué tout à plat, puisqu'il ne sçavoit user de sa victoire, laquelle il mesprisoit. Quoy qu'il en soit pourtant, la courtoisie est tousjours à louer, et sent mieux son gallant homme et son chrestien.

Or c'est assez allégué de vieux exemples ; ramenons au moins aucuns modernes que j'ay veu arriver en nos cours de France. Feu M. de Bussy, un très-brave de son temps, eut une parolle de guerre contre un brave gentilhomme nommé M. de la Ferté[1], tous deux estans au service et à la cour de Monsieur, et encore qu'ils eussent estez grands amis et obligez l'un à l'autre. S'estans donc deffiez et venus en combat, M. de Bussy vient à blesser M. de la Ferté, en telle sorte que le voyant ne faire que parer aux coups, l'ayant atteint où il falloit, il luy dit : « Frère, « je cognois que vous en avez assez, et que vostre « blessure ne vous permet pas plus de vous deffen- « dre selon vostre brave et généreux courage, encores « que je le sçache tel qu'il combattroit jusques à la « dernière goutte du sang de votre corps ; parquoy « je suis d'advis que nous remettions la partie à un' « autre fois, et que je vous conduise pour vous faire « penser. » M. de la Ferté le prist au mot, car outre sa blessure, il estoit fort estroppié d'un pied, dont la moitié luy avoit esté emporté d'un canon qui s'esclatta dans la gallère de M. du Mayne, au voyage qu'il fit en la Morée, en la compaignie de don Joan d'Austrie, général du roy d'Espagne, et pour ce estoit-il fort impost[2]. Si eut-il encores du sang de M. de Bussy, ce disoit-on, et luy fit vaillamment teste ainsi

---

1. En 1579. Voyez l'*Appendice*. — 2. *Impost*, impotent.

qu'il le sceut bien louer après, et ses vaillantises qu'il a faict aux guerres ont bien montré qu'il estoit digne de louange. Ainsi se passa ce combat et courtoisie entr'eux, et après se rendirent bons amis.

M. le comte de Grand-Pré [1], gentil cavallier, s'il en fut onc à la cour, doux, courtois et gracieux, mais au demeurant brave et vaillant comme l'espée, et très-beau gentilhomme, il eut un différant avec M. de Gyvry, gentilhomme accomply des mesmes belles condictions que ledict comte; tous deux ayant commandé, l'un qui est le comte, à un régiment de gens de pied, en lequel il y a beaucoup acquis de réputation, et ledict Gyvry maistre de camp de la cavallerie légère, que le roy luy donna après que ce brave M. de Sagonne [2] eut pris le party de la Ligue. Ces braves gentilshommes donc se deffièrent et s'appellèrent. Estans en combat, le malheur fut pour Gyvry que son espée se rompit à demy, qui ne s'en étonna pourtant; mais le comte luy dit : « Ayez un' autre espée; car la « mienne ne blesse point avec advantage. » Ce qu'il ne voulut faire, et dict : « Non, non, avec ce tronçon « d'espée je te tuerai bien. » Mais M. le comte le poursuivit, et usant de courtoisie, le combat se rompit; dont plusieurs dirent qu'il eust esté bien employé que le comte l'eust tué, puisqu'il faisoit ainsi du brave, et ne vouloit recepvoir courtoisie de son

1. Robert de Joyeuse, comte de Grandpré, tué en 1589, près de Châlons, dans un combat, où il battit les ligueurs commandés par Saint-Paul. — De Thou lui a composé une épitaphe en vers.

2. Jean Babou, comte de Sagonne. Il fut tué au combat d'Arques, de la main du grand prieur Charles de Valois, le 23 octobre 1589.

ennemy : et encores mieux employé si Gyvry eust tué le comte, puisqu'il luy pardonnoit par trop sa témérité et bravetté.

Un de ces ans fut faict un combat en Auvergne, entre un très-brave gentilhomme du pays mesmes, dont je ne sçay bien le nom, pour dire vray, et un Escossois qu'on appelloit le capitaine Leviston. Je ne sçay s'il estoit de ceste race de Leviston, dont j'en ay cogneu en Escosse d'honnestes hommes, et une honneste fille qui estoit à la feu reyne d'Escosse[1] : mais tant y a que ce capitaine Leviston s'estoit saisi de Montagut en Combrailles[2]. Il joua si bien des mains qu'en deux ans il se fit riche de cent mil escus, disoit-on, en prenant de toutes parts, et n'arregardant à qui il faisoit tort, ce qui fut cause de sa mort, car la paix faicte, il fut appellé par ce gentilhomme que viens dire ; d'autres tiennent qu'il vouloit seconder un autre gentilhomme apellé. Enfin estant entré en estaquade avec son ennemy qu'il dédaignoit fort, bien qu'il fust un brave gentilhomme, comme il le monstra, car du premier coup il luy donna une grande estoquade dans le corps, à qui il dit : « Leviston, je t'ay bien « tasté pour le premier coup; en as-tu assez? » Leviston luy respondit : « Avant que tu m'en ayes donné « un pareil, je t'auray bien tué. » L'autre luy répliqua : « Tu ne te veux pas donc contenter. Garde-toi « de celuy-là, » et luy donne un autre coup au costé

---

1. Marie Stuart. — Henri II eut d'une dame Flaming, de la maison de Leviston, un fils naturel, Henri d'Angoulême, qui fut grand prieur de France.

2. Montaigut, chef-lieu de canton de l'arrondissement de Riom.

en luy disant : « Tu en as prou, s'il me semble ; va-
« t'en faire penser. » Leviston respondit : « Il faut que
« tu me parachèves, ou que j'aye ta vie. » L'autre
réplicqua : « Eh mort-Dieu ! tu ne te veux pas donc
« contenter et tu brave encores ; et tu en mourras
« donc à bon escient ; » et luy donna deux autres
bons coups dans le corps et le tua à bon escient.
Ainsi devoit-il faire, et fit très-bien, puisque ledict
Leviston faisoit tant le brave, et ne se vouloit contenter de la courtoisie que l'autre luy présentoit, en
quoy il se mettoit pourtant en grand hazard de sa vie, car
il ne falloit qu'un meschant coup pour la luy oster ;
mais Dieu en cela le favorisa, et toutesfois et l'un et
l'autre firent deux grandes fautes : l'un d'espargner
son ennemy qui bravoit et opiniastroit trop, l'autre,
de n'avoir accepté la courtoisie, en quoy pourtant il
monstra beaucoup de courage et de valleur, de ne
vouloir recepvoir cette obligation de son ennemy.
Ainsi se faut-il gouverner envers ces braves qui veulent braver, et n'ont de quoy payer leur homme, estans
désarmez de leurs armes ou qui n'en peuvent plus.

La première fois que je fus en Italie, passant par
Milan, j'ouys raconter du temps qu'Antoine de Lève
y commandoit pour l'empereur Charles, il y eut un
certain comte Claudio qu'on ne nommoit point autrement par surnom ; tant y a qu'il estoit pour lors
un très-renommé et vaillant homme. Par cas, un
jour estant à la chasse de l'oiseau et ayant vollé une
perdrix, quand il fut à la remise qui estoit un lieu
fort esgaré[1], il trouva quatre soldats qui s'estoient

---

1. *Esgaré*, aujourd'hui on dirait perdu.

deffiez et avoient choisi pour camp et estaquade un parc de brebis et moutons, dont usent les pastres en là, pour y retirer et resserrer leur bestial, et pour mieux enfumer leurs terres, ainsi qu'en plusieurs lieux et contrées de notre France le font aussi. Quel camp-clos, voyez, je vous prie, que ces braves gens avoient là choisi! Le comte Claudio les voyant tous quatre se préparer deux contre deux, et laisser le pourpoinct et se mettre en chemise pour se battre, il les prie de ne se battre point pour l'amour de luy, et luy dire leur différend pour les accorder. Eux luy firent responce qu'ils n'en fairoient rien, mais que s'il en vouloit voir le plaisir et juger des coups, qu'il les vist faire seulement. Le comte dist qu'il n'en fairoit rien, et qu'il ne luy seroit jamais reprosché qu'en sa présence ils se coupassent la gorge. Là dessus il met pied à terre et l'espée en la main, pour les empescher de leur combat. Eux aussitost, comme désespérez, vont concerter ensemble, et s'escrient : « Tuons-le puisqu'il nous veut rompre nostre entre- « prise, et emprès nous la reprendrons et nous nous « battrons. » De faict, le chargèrent à outrance, mais luy, comme j'ay dict, qui estoit en ces temps l'un des vaillans et déterminez de cet estat, se garde si bien d'eux et les charge si valleureusement, qu'il en tue deux ; et voulant donner la vie aux deux autres, ne l'acceptent, mais voulant venger la mort de leurs compaignons, le chargèrent de plus en plus. Luy se pare et tue le troisiesme, et ayant blessé le quatriesme à la mort, il le laisse là, et lui donne la vie en luy envoyant un chirurgien qui le pensa si bien qu'il en eschappa, et en fit après le conte, et servit de tesmoing d'un si grand faict d'armes, et ne cella nullement qu'il luy avoit donné la vie dont il n'en seroit jamais ingrat, et qu'il lui feroit service où il pourroit. Le comte l'ayma fort despuis, et s'en servit, bien fasché, disoit-il, qu'il n'eust peu sauver la vie à ses compaignons. Aucuns diront sur la vie de ce soldat très-bien recogneue[1], que cela est bon pour les soldats simples, mais non pour les gentilshommes; je ne sçay, mais j'ay veu des soldats signallez aussi ou plus curieux de leur honneur et à le garder qu'aucuns gentilshommes. En ce combat on y peut beaucoup admirer la valleur et l'heur de ce comte, et y discourir beaucoup de choses, et mesmes à noter que quand des gens de bien ont bonne envie de se bien battre, ou qu'ils sont une fois aux mains, il n'y a rien qui les fasche plus et désespère tant que quand quelques-uns surviennent qui les veulent séparer; et bien souvent a-on veu arriver tout de mesmes à aucuns ce que je viens de raconter, et s'entre-accorder à tuer le séparant, n'estant rien si fascheux à un vaillant et brave homme et offancé, que quand on lui rompt son coup et son desseing d'armes.

J'en ay veu en ma vie deux tels exemples : Sainct-Maigrin[2] se battit une fois ainsi par appel aux champs près Paris contre le señor Troile Ursin, brave gentilhomme italien qui avoit esté nourry enfant d'honneur du roy-dauphin qui fut après roy François II, et

---

1. *Très-bien recogneue*, c'est-à-dire la vie donnée au soldat qui en avait gardé de la reconnaissance.

2. Paul Estuer Caussade, comte de Saint-Megrin, assassiné le 21 juillet 1578, à onze heures du soir, rue du Louvre. Il mourut le lendemain.

estoit fils du señor Jourdan Ursin, très-bon et sage capitaine, qui fut lieutenant de roy en Corse après M. de Termes. Despuis la mort dudict roy François il n'avoit esté en France guières, et pouvoit avoir vingt-cinq ans qu'il en avoit esté tousjours absent, s'amusant en Italie et mesmes à Florence où il fut despuis tué pour faict d'amours[1]. Estant donc venu en France cette fois-là, il vint avoir querelle contre Sainct-Maigrin pour le jeu, et s'appellèrent. Ils n'eurent pas tiré deux coups qu'ils vinrent aussitost aux prises. Sainct-Maigrin estoit plus adroict à la lutte que l'autre, bien qu'il fust aussi fort : il porta son homme par terre soubs luy, et luy disant plusieurs fois qu'il luy demandast la vie. Sainct-Maigrin, dit-il, n'ayans nulles armes chascun, pour avoir estées désemparées à cause de la prise, s'advisa de tirer une espine d'un buisson et la lui présenter aux yeux, et lui dire que s'il ne se rendoit et ne lui demandoit la vie, qu'il les luy creveroit tous deux. Sur quoy l'autre lui demanda la vie, dist Sainct-Maigrin, qui la luy donna. Le señor Troile sentant que Sainct-Maigrin s'en vantoit, il dist fort bien qu'il ne la lui avoit point donnée. Enfin ce fut un combat fort doubteux et peu

---

1. Il y a ici quelques difficultés que je ne sais comment expliquer. Suivant le *Journal* de l'Estoile, qui me paraît devoir faire autorité, Troïle Ursin fut assassiné près de Paris, le 30 novembre 1576; il ne seroit donc pas mort à Florence. De plus, François II étant mort en décembre 1560, Ursin en 1576 et Saint-Mégrin en 1578, il ne s'était pas, depuis la mort du roi, écoulé les vingt-cinq ans dont parle Brantôme. Enfin je ne trouve pas dans la généalogie des Orsini un personnage du nom de Troïle parmi les enfants de Paul-Jourdain, chevalier de l'ordre du roi.

bien entendu et conceu de plusieurs, et mesmes des juges que le roy ordonna pour les accorder, ce qui fut faict. Un d'iceux, grand prince, me dict qu'il y avoit plus d'ostentation vaine de Sainct-Maigrin que d'autre chose; car il n'estoit pas vraysemblable que l'autre eust donné si grand loisir d'amasser et tirer une espine et mesmes si à l'aise comme d'une chose fort amiable, sans l'en empescher, et luy en donner au moins grande peine, ou bien il falloit qu'il l'eust cloué ou collé en terre, pour amasser son espine cependant; parquoy le tout fut accordé, et je sçay bien ce que m'en dict ce grand, car jamais ils ne peurent bien tirer la vérité de ce faict. Et voilà que servent ces combats aux champs, sans seconds ou autres tesmoings; car bien souvent on fait à croire beaucoup de choses qui ne sont survenues sur une infinité d'accidens qui y arrivent, que quelquesfois on ne sçait qu'en croire, et mesmes pour ces demandeurs et donneurs de vie, ainsi qu'il arriva au seigneur de Chantlivaut[1], très-brave et vaillant gentilhomme pour un homme qui estoit estropié d'une main. Il se battit au Pré-aux-Clercs contre Bonneval[2], brave et vaillant gentilhomme aussi, et de grande maison en Limosin, tous deux tous seuls. Bonneval vint avoir une grande estoquade à travers le corps. Chantlivaut le voyant touché au vif, le laissa là et se retire sans estre blessé, et Bonneval pour se faire penser.

1. René de Viau, seigneur de Champlivaut.
2. Je ne sais s'il s'agit de Gabriel de Bonneval, chevalier de l'ordre du roi, gentilhomme ordinaire de sa chambre, mort en 1590, ou de son fils Horace, tué à Tours en 1587, à vingt-trois ans.

Chantlivaut dist qu'il luy avoit demandé la vie, et luy avoit baillée de bon cœur; l'autre disoit que non, et croy que si Bonneval ne fust mort quelque temps après (car il ne mourut de ce coup) ils se fussent battus encores.

Il faut faire icy une digression sur une dispute que j'ay veu pratiquer et se pratique tous les jours : à sçavoir-mon si celluy à qui on a donné la vie peut redemander le combat. Certainement par les lois dannoises et lombardes, aux camps-clos et combats sollemnels, cela ne se peut, pour les raisons et coustumes que j'ay allégué cy-devant. Quant aux apels et combats à la mazza, il ne l'estoit non plus permis à Naples, dont le premier usage en est sorty; je l'ay appris là mesmes; aussi quand ils en venoient là, ils se battoient si outrageusement, que sans mercy et selon la coutume, il falloit que l'un tuast l'autre, ou tous deux demeurassent sur la place, ainsi que cela s'est veu souvent, et là et en nostre France, qu'il ne falloit nullement parler de grace de vie; car quand l'on vient là l'on est si fort pressé de son ennemy, ou animé de rage, de despit et de vangeance, que l'on a quelquesfois tué dans un coup, ou tous deux demeurent morts sur le champ : ainsi qu'en ces combats précédans que j'ay dict est arrivé, et plusieurs autres, ainsi aussi qu'il arriva, n'a pas long-temps, au seigneur de Fourquefaux[1], brave et vaillant gentilhomme, que le seigneur de la Chapelle-Biron[2]

1. Claude de Fourquevaux, tué en 1582.
2. Je ne sais s'il s'agit de Charles de Carbonnières, chevalier de l'ordre du roi, ou de Jean-Charles de Carbonnières, tous deux seigneurs de la Chapelle-Biron.

tua dans la forest de Fontainebleau, où ils s'estoient tous deux apellez, et dans deux coups l'autre demeura roide mort sur la place; et la Chapelle sain et sauve se retira; lequel venant de frais d'Italie, où il avoit apris du Patenostrier la millice de l'espée, avec son brave courage demeura vainqueur, bien que le vaincu sçeust très-bien tirer des armes, comme je les luy avois veues très-belles en la main; et fust esté un brave jeune homme, qui promettoit beaucoup.

Le capitaine Rollet[1] que j'ay veu nourrir page de M. de l'Archant, et despuis gouverneur du Pont-de-l'Arche en ces guerres civiles, où il a faict très-bien la guerre sortant hors de page, rendit ainsi un combat au Pré-aux-Clercs très-vaillamment et heureusement, et tua son ennemy (dont j'ay oublié le nom) sur le champ, et aussitost.

En ces combats hastifs et précipitez et qui donnent du premier coup la mort, il ne faut parler de la vie; mais quand on respire encor, il faut estre courtois sur le vaincu, la gloire en est très-belle et pie. De dire pourtant que le vaincu (à qui la vie a esté donnée) soit déshonoré pour cela, il ne l'est point; c'est une fortune de Mars, à qui le plus vaillant homme du monde est subject, soit, ou qu'il désempare son espée, ou qu'elle se rompe, ou bien qu'il tumbe par terre, ainsi qu'il arriva dernièrement et de frais à M. de Sainct-Gouard[2], qui tumba devant

---

1. Ou Raulet. Il était en 1591 gouverneur de Pont-de-l'Arche pour Henri IV.

2. Jean de Vivonne, seigneur de Pisani, marquis de Saint-Gouard.

M. de la Chastaignerays[1], qui ne le voulut tuer, ains luy permit de se reléver; mais aussitost furent séparez, car le combat fut faict quasi à la veue de la cornette du roy, qui marchoit, s'estans mis à l'escart.

Un de ces ans, advint un combat entre le seigneur Amadeo, frère bastard de M. de Savoye, et M. de Créqui[2], gendre de ce grand M. d'Esdiguières; je ne me veux amuser d'en dire le subject, car il est ailleurs escrit, et aussi que force gens le sçavent, pour en estre la nouvelle récente. Tant y a qu'estans venus au lieu assigné du combat, la fortune fut si bonne pour M. de Créqui qu'il blesse son ennemy, et le mit à tel poinct de demander la vie, qu'il luy cède fort gentiment et librement; ce qu'ayant sceu, M. de Savoye s'en colléra si fort contre son frère, qu'il luy dict et commande de retourner au combat aussitost après estre guéry, quoy qui fust. A quoy il ne faillit, et non plus le seigneur de Créqui, de comparestre. Ce fut en une petite islette du Rosne. D'en dire les formes, les seconds et appellans, s'en seroit une

---

1. Probablement Charles de Vivonne, baron de la Chastaigneraye, chevalier de l'ordre du Saint-Esprit (1586).

2. Don Philippe de Savoie, frère bâtard du duc Charles-Emmanuel Ier, fut blessé mortellement par Charles de Créquy, le 2 juin 1599, dans un second combat livré sur la rive savoyarde du Rhône, et mourut quelques jours après. La première rencontre avait eu lieu au mois d'août de l'année précédente. Le sujet de la querelle, qui datait de 1596, était une écharpe qui avait appartenu à Philippin et était tombée entre les mains de Créquy, lors de la prise d'assaut du fort de Chamousset.—Voyez de Thou, liv. CXXIII, et le manuscrit 272 de la collection de Mesmes (Bibliothèque nationale), où les pièces relatives à cette affaire occupent les folios 218 à 274.

chose superflue. Pour la fin du combat faict à l'aspect de plusieurs arregardans deçà et delà le Rosne, la fortune fut encores [si] bonne pour le seigneur de Créqui, qu'il abbat son ennemy et le tue, sans en avoir plus de mercy ; dont en cela il usa fort bien de sa fortune que Dieu luy donna encor ce coup ; possible, par la volonté de Dieu, que s'il l'eust espargné encor, il luy en eust mal pris à la troisiesme lutte, n'ayant sceu ou voulu user de la grâce qu'il luy avoit octroyé ; dont il s'en fust repenty, et l'eust-on aussitost fort blasmé de ne s'estre aydé de cette grace que Dieu luy avoit faict. M. de Savoye lorsqu'il vint dernièrement en France[1], il fut curieux de saluer tous les gallans de la cour, fors mondict sieur de Créqui. Les uns disent, parce qu'il ne luy eust pas esté bien séant (comme de vray et de raison) de saluer le meurtrier de son frère ; d'autres disent que M. de Savoye se plaignoit qu'il l'avoit tué tombé en terre et abbattu ; en quoy M. de Savoye ne devoit avoir esgard (disoient aucuns), car puisqu'il avoit repris sondict frère bastard d'avoir demandé la vie au premier combat, et contrainct et commandé d'en recommencer un autre, que pouvoit faire moins M. de Créqui que de penser à revenir au tiers combat[2], et pour ce, en voyant avoir son beau jeu, d'en achever la partie tout à-trac, sans plus la remettre ? Voylà donc pour fin de ce combat l'exemple

---

1. Charles-Emmanuel arriva à Fontainebleau le 14 décembre 1599, et à Paris le 21 décembre.
2. C'est-à-dire : que de penser que son adversaire pouvait recommencer un troisième combat.

que l'on y doit prendre à tuer ou espargner son ennemy en tels accidens; tels coups d'espargne pour la première fois, mais nullement pour la seconde, où l'on doit fermer les yeux à tout mercy et miséricorde.

Sur ce conte et raisons y alléguées, je fairay ceste petite digression, afin qu'on sçache comme d'autresfois se sont faicts en Italie, France et ailleurs, des combats à outrance et duels solemnels, où celuy des combattans qui avoit l'eslection des armes, et mesmes de l'espée (comme quasi c'est tousjours l'ordinaire, bien que l'on se batte avec la lance, la picque, l'halebarde et autres armes, de la porter au costé comme la plus noble arme de toutes), faisoit porter dans le camp quatre espées; c'est à savoir : deux pour les premiers assauts, et deux autres que les juges du camp garderoient pour une réserve, afin que l'espée de l'un ou de deux vint à se rompre, les juges en fournissoient qui en avoit besoing ou tous deux, en faisant faire le hola, et après recommençoient et poursuivoient leur bataille; mais cela se faisoit avec pache et conditions accordées entre les parties, juges, parrains et confidans advant qu'entrer au combat; et de plus, ces deux secondes espées données ou une seule, à qui en avoit faute, si elles se venoient à rompre, ne falloit plus parler d'avoir recours à d'autres troisiesmes, et falloit mourir ou vaincre en quelque façon que ce fust, ou se rendre; et telles espées les appelloit-on les espées de provision. Aujourd'hui en nostre nouveau et friand françois, on les appelleroit les espées ou secours de réserve. Pour ce coup je n'en allégueray autre exemple que celuy de feu M. de la Chastaigneraye mon oncle, en son combat où son ennemy ayant faict apporter quatre espées, du commencement qu'on les vist parestre, on pensa que Jarnac se vouloit battre de deux espées contre deux, mais après avoir ouy son dire de son parrain et confidens, trouvèrent qu'il y en avoit deux de réserve, le tout avec le mesme pache que j'ay dict cy-devant, que par après il n'en falloit plus espérer d'autres. L'on peut donc par là colliger que c'est assez d'avoir tenté la première et seconde fortune, sans retenter la troisiesme, possible contre la volonté de Dieu, qui en puniroit la trop grande outrecuydance. Ainsi M. de Créqui, par le dire de plusieurs grands capitaines, fit bien d'achever cette seconde partie, sans la remettre à la troisiesme.

Bref, il arrive en ces combats tant d'accidens et tant d'inconvéniens, que je ne les aurois jamais dicts, tant à pied qu'à cheval; sur lesquels il faut que nos mareschaux et grands capitaines jugent si la vie a esté bien donnée, ou en advantage ou en désadvantage, en supercherie ou bonne guerre, et là-dessus ordonnent un second combat ou non. De les juger déshonnorez pour cela, comme j'ay dit, ils ne le sont; mais les faut appeller à la mode de l'Espagnol : *vencidos, no por falta dy coraçon y valor, mas por mala suerte*[1]. Et pourtant c'est tousjours la vie donnée, car, et que me chaut-il, si vous avez désemparé de vostre espée, qu'elle vous soit rompue ou que soyez tumbé?

1. Vaincus non par faute de courage et de valeur, mais par le mauvais destin.

Cela ne s'apelle point vous avoir donné la vie par advantage : sur quoy pour mieux, il faut que les grands juges facent comm'il se faisoit en tel cas à Naples, ainsi que l'ay là apris aussi : les amis des deux parties ou les grands capitaines les prenoient et les accordoient tout bellement en quelque façon que ce fust par gentilles inventions, que les bons et gentils esprits sçavent très-bien excogiter. Bien est-il vray que j'ay ouy dire à aucuns que pour le mesme subject que l'on s'est battu, et la vie donnée, le combat ne se peut redemander; mais au bout de quelque temps si le vaincu prend un nouveau subject de son ennemy, il le peut faire, car d'avoir tousjours les mains liées, et si l'autre l'offensoit encor de nouveau, il n'y auroit point de raison de luy refuser le combat, et que l'autre estant appellé n'y allast, autrement il luy iroit de son honneur, ou bien que tous deux s'y accordassent de bonne *voglio*[1], ainsi que je vis cela mesme arriver entre le capitaine Castelnau, gentil et vaillant soldat, bien qu'il fust fort jeune, du païs de Languedoc, brave race certes, dont j'en ay cognu quatre frères très-vaillans; et le capitaine Dalon, du païs de Xaintonge, vaillant aussi. Il estoit le second des trois frères, tous trois eslevez de M. le mareschal de Biron. Ils vinrent à avoir querelle ensemble en l'armée, où commandoit mondict sieur le mareschal, qui les accorda, mais aussitost après ils prirent un nouveau débat, et s'allèrent tous deux tuer, dont ce fut très-grand dommage. Aucuns dirent que ce fut de gayeté de cœur, et de concert faict entre eux

1. *Voglio*, volonté

avant l'accord, et que ce n'estoit que pour contenter mondict sieur le mareschal, et après s'iroient battre et se tuer comm'ils firent; il falloit bien dire qu'il y eust de l'animosité. Certes si les parties s'accordent en cela pour quelque raison et subject que ce soit, faire le peuvent, mais gare que le dieu Mars ne s'irrite contre le vainqueur, le voyant abuser de la faveur qu'il luy avoit faicte; ny plus ny moins que faict le dieu Neptune au marinier qu'il a sauvé d'un grand nauffrage; et puis se fiant encore en luy d'une seconde grâce, rebat la mer, où il se trouve plongé et très-bien noyé. D'autres raisons se peuvent alléguer là-dessus, *et pro et contra* sur ce subject, que je laisse à discourir à de plus capables que moy.

Surtout aussi il n'est bien séant que le vainqueur face par trop sa parade de sa courtoisie de vie donnée, et ne publie tant sa victoire au mespris par trop du vaincu, et trop vaine ostentation pour luy; car ce seroit par trop profaner la grace que Dieu luy a faicte, comme de triumpher de ses armes et chevaux, les monstrer à un chascun, les appendre à une église en signe de trophée, ou par bravade, ou dévotion, ou vœu, que l'on a faict à Dieu, lequel ne se soucie guières de ces offrandes; comme jadis les dieux Mars et Neptune se plaisoient fort en tels présents d'armes et despouilles, et comme aux camps solemnels jadis cela se faisoit, et comme aussi j'en sçay un, qui ampres un pareil camp, en voulut faire de mesmes en une grand' église de ce royaume, mais il en fut dissuadé par aucuns de ses amis; car résolument s'il l'eust faict, il eust esté tué dans deux jours en despit de

tous les vivans; il estoit trop bien aimé et aparenté[1].
Le temps passé cela se faisoit, voire. pis, comme j'ay
dict cy-devant, et estoit sacrilége de les dépendre.
Il faut en cela se gouverner sagement et recognoistre en autre façon la grâce que Dieu vous a faicte;
j'en parle maintenant en chrestien, sans alléguer ny
recognoistre le dieu Mars, mais notre souverain, qui
veut que l'on ne se hausse par trop en sa victoire,
mais que l'on s'humilie et qu'on luy rende très-humbles mercys de tout; autrement il sçait bien rabaisser
ces hautains, comme j'en alléguerois force exemples.
Voylà comment un bon chrétien se doit gouverner,
et s'il est tant contrainct par la voye et devoir chevalleresque de se rebattre, il faut se recommander à Dieu,
et le suplier de luy estre autant favorable ceste fois
comme l'autre, et qu'il ne retourne au combat pour
abuser de sa première grâce qu'il a receu de luy, ny
pour vangeance ou inimitié animée, ains pour l'a-
mour de la loy de l'espée qu'il luy a mis au costé, et
pour le devoir de la noblesse où il l'a colloqué.

Il y a aussi une autre dispute, que l'on faict sur la
différance des mots que l'ont dict, ou : « Je te donne
la vie par courtoisie et gentillesse; » ou : « Je ne te
veux pas achever, j'en serois bien marry, » et autres
pareils mots courtois; ou bien de dire : « Rends toy,
ou je te tueray. Demandes-moy la vie ou je t'achève-
ray. » Certes ces mots derniers sont fort fascheux à
profférer à un homme de cœur, qui aymeroit mieux

---

1. *Il estoit trop bien aimé*, le vaincu. Il s'agit sans aucun doute de la Chastaigneraye et de son vainqueur Chabot qui, après le combat, alla solennellement remercier Dieu à Notre-Dame.

mourir de cent morts que les prononcer, comme il s'en est veu forcé. Par quoy pour le mieux, il est plus expédient de donner la vie gentiment et gracieusement, sans ainsi contraindre son ennemy à parler tels mots, qui semblent plus une ostentation et façon de s'en prévalloir après, qu'une courtoisie receue, ny pour l'amour de Dieu, ou charité que l'on doit à son prochain ; et par ainsi ce vaincu se pourroit rebattre, mais non autrement. Car vouloir combattre son second père et son bien-facteur, c'est offenser Dieu, qui est grand ennemy des ingrats et très-juste vangeur.

Il y a encor un poinct, que si un trouvoit en une rue ou aux champs, et du premier abord il attaquast son ennemy sans dire gare, et luy donnast une grande estoquade à travers le corps, ou luy coupast la main de l'espée, et le laissast à demy mort, ou le blessast en autre sorte de supercherie, et puis après qu'il dist luy avoir donné la vie, ce traict seroit fort villain et faict en trahison, et la vanterie fort folle et ridicule, et dont on s'en pourroit rire aisément et se mocquer.

J'en ay cognu un qui en fit de mesme, et de mesmes s'en vanta, mais il fut bien mocqué et fut payé de mesmes. Là-dessus venant le pauvre blessé à se guérir, il peut non pas l'appeller, mais luy en faire de mesmes, voire avec un canon le porter avec luy, s'il se pouvoit, pour le tuer.

Enfin, toute vie bien et honnestement donnée, elle est recognoissable par tout le monde, sans une seconde recherche de combat ; mais le plus beau et le meilleur est que les roys, les princes souverains, les

mareschaux de France, et autres grands capitaines passent tout cela soubs un bon accord, et que jamais il n'en soit plus parlé ; et si le vaincu en sent en soy quelque charge de conscience et d'honneur, et qu'il luy semble que quelqu'un en parle, il faut qu'il s'attaque à luy et le face taire à bon escient par une bonne espée ; car il vaut mieux, que si la disgrâce est telle, qu'il soit vaincu de luy ceste fois seulle, que s'il venoit l'estre de l'autre encor une seconde fois ; ou bien il faut que les grands juges en leur accord facent comme je vis une fois faire à feu M. de Martigues lorsque le roy Charles IX, avec ses grands mareschaux et grands capitaines, ayant accordé dans son cabinet MM. de Frontenay[1], dict le jeune Rouan, et de Querman[2], tous deux grands gentilshommes et seigneurs de Bretaigne, où il y alloit plus de l'un que de l'autre, car Querman avoit esté blessé et Frontenay aussi, tous deux bien fort ; mais Querman disoit tous jours que ce n'avoit pas esté Frontenay qui l'avoit blessé, mais un autre gentilhomme que je ne nommeray point. Enfin ils furent accordez, et sortans du cabinet en la chambre du roy, M. de Martigues les tenant tous deux par la main, il cria tout haut, où il y avoit plus de deux cens gentilshommes qui en attendoient l'yssue : « Messieurs, le roy m'a commandé
« de vous dire à tous vous autres qu'il a accordé ces
« deux messieurs, à esgal honneur, et qu'il n'y va rien
« de l'un ny de l'autre, et qui voudra dire le contraire
« et qu'ils ne soient tous deux gens de bien, d'honneur

---

1. Jean de Rohan, seigneur de Frontenay.
2. Jean de Plusquellec, dit de Carmen ou Kerman.

« et valleur, il en a menty. » Plusieurs là-dessus en goguenardant et riant respondirent : « Monsieur, « nous ne voulons point combattre le roy sur ce des-« menty ; il n'y a rien à redire puis que le roy y a passé « le ballais. » Oncques puis n'en fut autre chose. En quoy j'ay veu faire une dispute parmy les duellistes, à sçavoir, si l'on se peut ainsi remettre de son différent et de son honneur entre les mains d'un empereur, d'un roy, d'un autre prince souverain, et d'un général ou d'un grand capitaine. Aucuns ont dict que si, autres non, et disent que l'honneur perdu se doit reconquérir par la valleur propre de celluy qui l'a perdue, et non par celle d'autruy : que si les empereurs et roys jadis ont faict des loix de leurs propres mouvements et autoritez sur plusieurs subjects, ils n'en n'ont jamais peu faire contre l'honneur des hommes.

Sur quoy il me souvient qu'une fois à la cour s'estant esmeue une querelle, entre le seigneur de Genlis le jeune, dict Yvoy, que le duc d'Albe deffit en Flandres, et M. de Mareuil, de Bretaigne, très-brave et vaillant gentilhomme et fort haut la main, ainsi qu'ils sortoient de la salle du bal de Fontainebleau, du temps du roy Henry II, pour s'aller battre, M. de Montberon, quatriesme fils de M. le connestable, jeune seigneur, très-brave, vaillant et gentil, ainsi qu'il le monstra à sa mort, dont j'en parle ailleurs, les empescha de sortir, et sur le coup les voulut mettre d'accord, en leur demandant s'ils ne s'en vouloient remettre à luy de ceste querelle et de leur honneur. M. de Mareuil fort escalabreux et vieux routier d'armes et de guerre, luy respondit : « Mon honneur,

« mortdieu, et c'est tout ce que je voudrois faire que
« de le confier et remestre entre les mains de M. votre
« père, qui est l'un des grands capitaines de la chres-
« tienté. » Ce mot fut trouvé bon tant de mondict sieur
le connestable, de M. de Guyse, que autres grands
capitaines, qui furent assemblez pour les accorder. Si
faut-il pourtant en matières de querelles et d'accord
s'en rapporter et se fier tousjours aux grands rois,
capitaines, connestables et mareschaux, lesquels par
leurs valleurs et grandes expériances ont acquis leurs
beaux tiltres et quallitez, et est à présumer et croire
qu'ils doivent blasonner[1] des armes, de leurs débats
et accords, mieux que nous autres pauvres diables,
qui sommes novices au prix d'eux; car ils sçavent
excogiter et trouver tous les jours des invantions
nouvelles et extraordinaires, qu'on ne pourroit pas
croire, ainsi que font nos grands sénateurs[2] en leurs
cours et causes, pour les juger et amodérer selon
les loix de l'équité et justice.

Sur quoy je fairay ce conte de feu M. de Guise le
Grand, du temps du roy François II, comment il se
porta pour l'accord d'une querelle assez vieille entre
feu M. de Maugiron[3], et le capitaine Rance, de Champagne. Ell' avoit esté esmeue dès le voyage d'Allemaigne qu'y fit ledict roy Henry II, et d'autant que
le roy avoit deffendu les combats en son royaume,
nommément ceste querelle avoit tousjours demeuré

---

1. *Blasonner*, discourir, discuter.
2. *Sénateur*, magistrat.
3. Laurent de Maugiron, lieutenant général en Dauphiné. —
Rance, chevalier de l'ordre du roi, colonel des légionnaires de
Champagne.

en suspens jusques à l'advènement dudict roy François II, à la couronne : et pour ce la deffence faillie par la mort du roy Henry, M. de Rance prend l'occasion et se résout de combattre M. de Maugyron, et en demander le combat. M. de Guyse, qui gouvernoit tout pour lors, prie le roy de le leur deffendre et de les accorder : et pour ce les ayant faict venir tous deux devant luy en son cabinet, devant M. de Guyse et autres grands capitaines y appellez, furent accordez avec un grand esbayssement de force gens, que j'en vis à la cour, d'autant que ledict capitaine Rance avoit un doigt de la main coupée; ce qui fut un grand cas, car un membre osté et à dire ne se peut pas bonnement réparer par un accord, sinon que l'on ne se batte, ou bien par un autre membre coupé, selon la loy de talion de jadis, membre pour membre, ou par mort, ou grande satisfaction de parolles jusques à quelque forme de pardon; et c'est ce que j'ouys dire une fois audict M. de Guyse, qu'un gentilhomme, pour faire réparation à un autre qu'il aura grandement offancé, ne se faira point de tort de dire : « Je vous prie me pardonner; » mais en disant ce mot il faut qu'il mette la main sur son espée ou sur la dague, avec une contenance asseurée, qui est autant à dire qu'il use de ce mot pour se soubmettre à une honneste satisfaction; que s'il ne s'en veut contenter, il monstre par sa contenance et façon de la main sur ces armes, qu'il est prest de luy en faire raison par icelles. Il faut bien estre discret à manier ainsi son espée; car de telle façon et contenance altière la pourroit-il toucher, que sa partie s'en esmouveroit; car quelquesfois une mine desdaigneuse picque bien autant qu'une parolle. Il y a aussi des mots touchant ces pardons, qui portent les uns plus que les autres et grande différance entr'eux, comme de dire simplement : « Pardonnez-moy, » ou bien : « Je vous prie me pardonner, » ou : « Je vous demande pardon » et autres mots tendants à cela, sur lesquels il y a bien à gloser; dont je m'en remets aux grands capitaines à en décider, ensemble à la maxime et proposition dudict M. de Guyse que je viens de dire qu'il tenoit.

Tant y a pour tourner à nostre querelle et accord de M. de Maugyron et du capitaine Rance, le roy les accorda de telle façon que l'on ne la peut bien sçavoir jamais au vray. Les uns en disoient d'une sorte, les autres de l'autre. La plus saine voix estoit que le roy avoit tout pris sur luy, et confirmé l'honneur de l'un et l'autre par belles parolles et la bonne réputation qu'il avoit d'eux et de leur valleur; si bien qu'ils demeurèrent sans aucune tache, et depuis tous deux firent en beaucoup de bons lieux grande preuve de leur vertu et vaillance et de bons services à nos roys, comme fit M. de Maugyron, en l'estat de lieutenant de roy en Daufiné; et M. de Rance, en maistre de camp de dix enseignes et chevallier de l'ordre ; dont ce fust esté grand dommage si ces deux gens de bien se fussent tuez en un combat singulier. En quoy le roy et M. de Guyse procédèrent sagement de les accorder. Si le roy Henry son père en eust faict de mesme à l'endroict de M. de la Chastaigneraye et M. de Jarnac, il eust mieux faict et eust sauvé un brave et vaillant gentilhomme, qui luy eust faict d'aussi bons services en ses guerres, comme il en avoit faict au roy François son père, lequel, tant qu'il vesquist, ne voulut jamais accorder ce combat, disant en l'assemblée de son conseil privé appellé pour respondre à une requeste que luy avoit faict mondict oncle pour luy accorder ledict combat, que jamais roy, ny prince ne devoit accorder ny permettre chose dont l'yssue ne pouvoit rapporter aucun bien, comme de ce combat; et pour ce il le reffusa bien aussi pour un'autre raison que je ne dis pas[1]; mais leur deffandit sur la vie de ne s'entredemander rien, en quelque rencontre et façon que ce fust; et ceste deffence dura près de deux ans, et leur lia si bien les mains, qu'ils ne s'osèrent jamais rien demander, car le roy s'en faisoit estrangement bien accroire sur l'observation de ses loyx.

Il y eut le seigneur Pierre Estrozze, despuis ce grand capitaine, intime amy de mondict oncle, qui luy conseilla de fausser cette deffence et de tuer son homme *in ogni modo* (c'estoit un conseil italien), et sortir aussitost hors de France, et se retirer à Venise, où il luy présenta trois cens mill'escus qu'il avoit lors à la banque (que despuis il despandit tout pour le service du roy) et qu'il en disposast de la moitié comme il luy plairoit : cependant qu'il laissast passer la collère du roy, tant pour l'amour de la deffence rompue que pource que M. de Jarnac estoit beaufrère de Mme d'Estampes, très-favorite du roy; et aussi que le roy estant sur l'aage, et venant à décliner et mourir, le roy Henry succéder bientost, la grâce seroit aussitost donnée à mondict oncle; et retourné

---

1. Brantôme la dit seize lignes plus bas.

en France, fort favorisé de son maistre, il n'en seroit jamais autre chose. Mais jamais mon oncle ne voulut faire le coup, ains tousjours combattre en beau camp et belle güerre descouverte. Après la mort du roy François, on luy en conseilla aussitost de mesmes, et qu'il n'y fit jamais plus beau ; mais il ne le voulut jamais non plus, et eut tousjours son recours à ce malheureux combat.

Sur ces exemples précédens, il faut colliger et notter une chose, que quand un roy, un prince souverain, un lieutenant de roy en une armée ou province, ont faict un commandement et une deffence expresse à deux qui ont querelle de ne s'entre-demander rien, ny s'entre-battre sur peine de la vie, si là-dessus le roy, le prince, ou leur lieutenant général viennent à mourir, les querellans sont aussitost exemps de toute deffence, et ont toute plénière liberté de faire ce qu'ils voudront ; car deffaillant et mourant l'auteur de la deffence, deffaut aussi et meurt la deffence, si elle n'est renouvellée par le nouveau roy, ou prince, ou général succédant.

Plusieurs exemples en ay-je veu que j'alléguerois. Je me contenteray de cestuy-cy, qui arriva à Orléans après la mort du roy François II ; lequel ayant deffendu à messieurs de Loué et Bueil, bastard du comte de Sancerre[1], très-braves et vaillans gentils-hommes, de ne se demander rien l'un à l'autre touchant une grosse querelle qu'ils avoient ensemble, la deffence fut très-bien tenue et observée tant que

---

1. Jean de Laval, seigneur de Loué, mort le 8 octobre 1562, tua Louis de Bueil dans Orléans, en 1560. (Voy. p. 35.)

le roy, auteur de la deffence, vesquit; mais il ne fut pas plus tost mort que l'endemain bon matin M. de Loué prit l'occasion bien à poinct et vint à assaillir Bueil, et l'estendit mort sur le pavé et se sauva. Il y en eut aucuns qui trouvèrent ce fait estrange, veu les deffances faictes, et que la majesté royalle en estoit offancée; mais les bien raffinez et entendus duellistes les renvoyèrent bien loing, comme je vis, et leur respondirent qu'ils estudiassent leur leçon; car le prince auteur de la deffence estant mort, la deffence n'avoit plus de lieu, et les mains liées se deslioient; que si l'on en eust advisé de bonne heure le roy Charles, et que la deffence fust estée par luy renouvellée, ell'estoit à propos.

Il y a pourtant remède à ces deffences qu'ont trouvé jadis les duellistes, d'appeller son ennemy en païs estrange et hors de la subjection et des loix du prince qui vous a faict les deffences; à quoy qui est appellé n'y doit faillir pour son honneur, s'il n'alléguoit des empeschemens très-grands et très-extrêmes, ou que le lieu luy fust suspect, ou que par pauvreté ne peust faire si loingtain voyage et si grande despence (c'est une excuse grande pour un petit compagnon, mais pour un grand point recevable) ou pour autres force raisons qui se peuvent là dessus alléguer. Toutesfois pour le lieu suspect il y a remède, disent les duellistes; car il faut que sa partie luy face donner un sauf-conduict du prince (ainsi que j'en allègue icy un exemple) du lieu du combat et de la retraicte en seureté; et si la partie en faict difficulté et s'excuse de ne luy en vouloir point envoyer, il faut de soy-mesme gaigner par tous moyens le prince, et le prier pour luy en envoyer un, ou un de ses principalles trompettes, ou son tambour général; ce que le prince par honnesteté et courtoisie ne doit reffuser. Tout cela se faisoit le temps passé, avant que le concille de Trente fust proclamé et observé; mais aujourd'huy qu'il a vogue en plusieurs régions, cela est deffendu et les combats par luy sont cordez[1]; mais en France, Angleterre, Escosse, Flandres et aucuns lieux d'Allemaigne, et autres païs où le concille se cache, tout cela se peut faire comme le temps passé; encore peut plus le prince, qu'est de commettre juges (s'il ne le veut estre) pour mieux accommoder toutes choses et assurances par leurs présences. Il y a pourtant un poinct, que si le prince est suspect et qu'il favorise l'un plus que l'autre, ou bien que l'on aye offancé le prince et forfaict envers luy, et qu'il le recherche de la vie ou de la prison, il s'en faut excuser et fuir cela comme peste. Voilà ce qu'en disent les docteurs, excepté qu'ils ne veulent pas qu'on aille combattre en terre de Mores, de Turcs et infidelles, comme j'ay dict cy-devant.

Disent encore ces docteurs, que si une deffense a estée faicte à deux querellans par deux lieutenans généraux en leurs provinces ou armées, ils peuvent s'en despartir, et venir se battre en autres provinces, ou changer de généraux, car de général sur général la puissance ne s'estend point, ainsi que j'ay ouy dire de deux braves soldats signallez de Piedmont, lesquels ayant querelle ensemble, M. de Brissac leur ayant commandé de ne se battre sur la vie, son camp

1. *Cordez*, empêchés.

estant devant le siège de Vallance en Piedmont[1], ils concertèrent ensemble de sauter viste dans le camp de M. de Guyse, tirant vers l'Italie et estant aussi devant Vallance, où là absous de la deffense de M. de Brissac et en franchise dans le camp de M. de Guyse, se battirent et se blessèrent fort bien sans courir aucune fortune de la deffence de M. de Brissac, ordonnée chez luy. Brave invention certes, et brave courage aussi de ces deux braves gens.

Il y a encore un poinct, que si le roy ou le prince naturel de l'appellé luy deffend expressément et sur la vie de n'aller à l'assignation de l'appellant en pays estrange, il ne luy doit obéyr, parce (disent les duellistes) qu'il faut prefférer l'honneur au prince, à son mandement, à la vie et à tout. Ces messieurs en parlent bien à leur aise, comme si c'estoit peu de chose que désobéyr à son roy. Ils disent pourtant que la loy de l'honneur commande tellement, que si un père accuse son fils de crime de lèze-majesté divine et humaine, ou de quelqu'autre, dont il puisse estre déshonnoré, le fils ne pouvant monstrer son innocence autrement, il peut appeler justement le père en duel, d'autant que le père luy faict plus de tort et de mal de le déshonnorer, qu'il ne luy a faict de bien de le mettre au monde et luy donner la vie.

Pour reprendre encore un peu nostre propos sur la donnaison de vie, il y a un poinct qu'il faut bien adviser, que si elle se débat par les deux parties d'une diverse façon, et qu'elles ne s'accordent en

1. En 1557.

leur faict et en leur dire, que l'une en raconte d'une sorte, et l'autre de l'autre, ainsi aussi que l'on en void aucuns pleins de vent, qui se vanteront l'avoir donnée, d'autres de mesme gloire le nyeront. Bref, en quelque sorte que ce soit, si lesdictes parties ne s'accordent en leur dire, et s'y contredisent en variations, il faut que le roy ou le prince (si cela vient en sa notice) délègue pour esclaircyr le tout, et pour les accorder mieux, de bons capitaines pour juges ; voire s'ils y appellent quelques gens de justice, il n'y a point de mal ; car ces gens-là ils sont fort subtils et rompus de tirer les vers du nez de la vérité ou de la vraysemblance, pour les causes criminelles, qui vont tous les jours pardevant eux ; et puis sur cela s'ils se puissent accorder, qu'ils les accordent, sinon, que le prince les face rebattre, en faisant pourtant à cognoistre au monde les raisons justes pourquoy il leur ordonne le combat ; voire faut-il qu'il ordonne juges et tesmoings honnorables pour en juger et par amprès de ne retumber par cas fortuit en mesme controverse et contestation, mais le malheur est que tel qui quelquefois pense (comme j'ay dict) r'abiller sa cause, qu'il la perd, et tel le roy pense gratiffier par un otroy de combat, qu'il s'en repent, pour perdre un homme de bien et de valleur, qui luy eust faict du service beaucoup. En quoy le roy, ou le prince doit estre bien considéré, car il n'y a que Dieu seul qui puisse juger du sort des armes ; parquoy un bon accord est le souverain remède à tout cela, et si aucun se ressent touché en l'âme, qu'il ne se désespère point pour cela, et qu'il entreprenne un beau voyage de guerre, et là se fasse tant signaller par ses vaillantises (ainsi que fit Fandilles que j'ay dict cy-devant, et force autres), et qu'il fasse paroistre au monde que son désastre est venu plus par un certain destin malheureux, comme j'ay dict, que par faute de courage. Ce mot icy et puis plus :

J'ay ouy parler d'aucuns, lesquels se sont ainsi jactez[1] et vantez d'avoir donné ainsi ces grâces de vie, qui n'en méritoient si grand los comme l'on diroit bien ; car possible ne sçavoient-ils pas bien tüer leur homme, soit qu'ils n'en ont pas bien l'asseurance, ou qu'ils en appréhendoient son fantosme et son ombre après sa mort, ou soit autrement ; ou bien qu'ils laissoient la victoire à demy, pour n'avoir pas l'esprit ny la résolution de la sçavoir pas bien poursuivre, soit ou que le jugement leur failloit, ou que trop d'ardeur les perdoit, ou qu'ils n'avoient le cœur de parachever leur ennemy, ou qu'ils avoient un aise et joye extresme et impatiente de se retirer sains et sauves, ou bien avoient haste de s'aller faire penser, s'ils estoient blessez. Aucuns qui craignoient Dieu et ne vouloient achever de tuer, ceux-là sont à louer ; aucuns redoubtoient le roy et sa justice s'ils venoient à estre pris, et se sauvoient de vitesse comme ils pouvoient ; aucuns craignent aussi les parens, qu'ils ne les recherchent et poursuivent de vengeance, sur la trop grande cruauté ; bref il y a tant d'autres considérations en cela, que je laisse ramener là-dessus à de plus cent fois capables que moy.

Voilà (pour conclure cette dispute) ce que j'en ay ouy discourir, et appris de grands capitaines italiens

---

1. *Jactez*, glorifiés avec jactance, de l'espagnol *jactar*.

qui sont estez les premiers fondateurs jadis de ces combats et de leurs poinctilles, et en ont très-bien sceu les théoriques et pratiques. Les Espaignols aussi, mais non tant qu'eux. Aujourd'hui nos braves François en sont les meilleurs maistres, autant pour la science que pour la pratique de la main. Les Italiens qui sont un peu plus froids et advisez en ces choses que nous autres, aussi un peu plus cruels, ont donné d'autresfois cette instruction (comme j'en ay veu aucuns) à ces donneurs et espargneurs de vies, que le plus beau et le meilleur est, quand l'on en est là, de mettre son ennemi en un tel poinct d'extrémité, et, comme dict l'Espaignol, *à tal punto di pelea et di guerra*[1], qu'il le laisse là estendu, sans pourtant l'achever ny luy donner le dernier coup de la mort, mais très-bien l'estropier de bras et de jambes, qu'il ne puisse jamais plus retourner au combat, ny luy faire mal, ny dire qu'il ne luy a point donné la vie. De donner encore et de plus une grande estaffilade sur la naze et le visage, disoient-ils, n'estoit que bon pour servir de mémoire ; si que l'ayant mis et réduict à telle dernière mercy, il ne craigne luy arriver ce qui arriva à un brave et vaillant gentilhomme de la cour, et du temps du roy Henry II, lequel l'avoit bien en ses guerres bravement et vaillamment servy, et qu'on le tenoit à la cour pour un fendant et un bizarre ; ainsi qu'il portoit la plume de telle façon que le Greffier de l'Ory, fou plaisant, qui faisoit des serments souvent fort extravagants et divers, juroit quelquesfois par la digne et bizarre plume de ce fou

1. A tel point de combat et de guerre.

de Matas¹. Tant y a, que c'estoit un brave gentilhomme. Luy ayant donc pris querelle un jour que le roy François II, après quelques jours de la mort du roy Henry II son père, estoit allé au bois de Vincennes à la chasse aux dains, avec le jeune Achon dict Mouron² nepveu de M. le mareschal de Sainct André, et s'estant retirez à part du roy et de la chasse, dans le mesme parc, se mirent à se battre sur la motte qui est là. Matas, qui estoit un vieux routier d'armes et qui en avoit faict preuve ailleurs que là, vint à mener et pourmener le jeune Achon de tel poinct, qu'il luy fit voller l'espée hors des mains, et le voyant là réduit, sans le poursuivre autrement, luy dict : « Va, jeune homme, apprens une autre fois à tenir mieux ton espée, et à ne t'attaquer point à un tel homme que moy ; amasse ton espée ; va-t'en, je te pardonne, et qu'il n'en soit plus parlé, jeune homme que tu ez » ; et s'en tournant pour monter à cheval, sans y penser, Achon ayant amassé son espée, courut après luy, et luy donna un grand coup d'espée à travers le corps, et du coup tumba tout roide mort par terre ; et n'en fut autre chose, parce que Achon estoit nepveu du mareschal de Sainct André, et l'autre, parent de madame de Vallentinois qui, par la mort du roy Henry, avoit perdu tout son crédit. Si est-ce que le pauvre Matas ne laissa à estre bien plainct et regretté, car il estoit gallant et vaillant. Toutesfois, il fut fort blasmé,

---

1. Claude de Bourdeille, baron de Mastas.
2. Il était fils de la sœur du maréchal, Marguerite d'Albon, et d'Artaud de Saint-Germain, baron d'Apchon.

mesmes de feu M. de Guise le Grand, comme je l'ouys, d'avoir ainsi mesprisé les armes et la bonne fortune qui luy avoit mis son ennemy à mercy, et luy avoit pardonné pour se faire donner la mort. Il ne faut pas aussi que les bravasches et vieux routiers qui se sont un peu ressenty des fureurs de l'espée, abusent de leur fortune et gourmandent un jeune homme qui ne fait que venir, car Dieu s'en triste; de cela force exemples nous en abonde. Cet exemple doit servir d'advertissement à plusieurs; j'en alléguerois une infinité d'exemples pareils; je me tais ast'eure pour dire et noter une chose, que du temps de nos roys, tels appels estoient fort deffendus en lieu de respect[1].

J'ay ouy raconter à ce brave et gallant feu M. de Cipière que, du temps du roy François I, il cuyda estre en une très-grandissime peine, pour avoir appellé M. d'Andoing (grand favory du roy Henry, et qui mourut devant Landrecy) pour M. le viscomte de Gourdon vaillant homme, et qui suivoit aussi feu M. d'Orléans avec M. de Cipière. Mais quel appel fut-ce? Seulement M. de Cipière luy dict : « Monsieur d'Andoing, je viens de laisser M. le viscomte de Gourdon qui m'a dict et prié de vous dire que si je vous trouvois, qu'il s'en alloit ouyr la messe à Sainct-Paul, et que si vous y vouliez aller, que là ensemble tous deux vous l'ouyriez, et de là vous en irez pourmener jusques hors la porte de Sainct Antoine. » Cette invention d'appel, encore qu'elle fust gentille et point guières offançant le respect de la

---

1. *Lieu de respect*, lieu que l'on doit respecter.

maison du roy, si fut-elle fort trouvée mauvaise du roy ; car enfin c'estoit un appel tousjours, veu les propos que les deux avoient eu le soir avant, et fallut que M. de Cipière s'absentast de la cour ; mais par la prière de feu M. d'Orléans, il luy fut pardonné, car il l'aymoit fort ; aussi estoit-il aymable, car c'estoit un aussi brave et gentil cavalier, et le plus accomply en toutes choses qui fust à la cour il y a cent ans.

Du règne du roy François II, feu M. des Bordes, duquel je parle ailleurs, brave et vaillant gentilhomme, nepveu du mareschal de Bourdillon, et qui mourut lieutenant du comte d'Eu en la bataille de Dreux, eut quelques parolles de picque contre feu M. d'Yvoy-Genlys qui mourut en prison en Flandres, y ayant esté pris en y menant des forces, lorsque le duc d'Albe tenoit Vallenciennes assiégée et la reprit aussitost du costé de la citadelle qui tenoit pour luy ; j'en parle ailleurs. Cet Yvoy donc, brave et vaillant gentilhomme aussi, ayant esté appellé pour M. des Bordes par feu M. de Gersay qui mourut devant le fort de Saincte Catherine, à Rouen, le jour qu'on le recogneut, en une fort belle escarmouche aux premières guerres, ces deux gentilshommes donc s'estans battus fort vaillamment près du parc, à Sainct Germain-en-Laye, arriva qu'ils furent blessez tous deux fort ; mais des Bordes beaucoup plus, car il eut un jarret coupé, dont il demeura estropié et boitteux toute sa vie ; ce que fut grand dommage, car il estoit des gallans de la cour, et de fort belle et riche taille. Toute la cour en fut fort esmeue et contristée, tant des dames que des gentilshommes et seigneurs. Feu M. de Guise le Grand s'en escandalisa bien fort, comme grand-maistre de la maison du roy, à qui touchoit d'en observer et faire garder les privilèges et authoritez fort estroictement de ladite maison et hostel du roy; et pour ce commanda aux capitaines des gardes et prévost de l'hostel de s'informer diligemment qui avoit esté celuy qui avoit apporté la parole d'appel, et se trouva M. de Gerzay qui en ayant senty le vent, s'estoit un peu eschappé à l'escart, mais aussitost (parce qu'il estoit l'un des plus favoris du roy, avec Fontaine-Guérin[1] despuis tué à Sainct Malo, en estant gouverneur, par les siens propres) fut pardonné, avec une remonstrance que feu M. de Guise luy fit devant le roy et M. le cardinal, qu'il n'eust plus à y retourner ny nul autre, car il n'y alloit rien moins que la vie, disant que c'est un crime capital. J'y estois et le vis. Si feu M. de Guise eust vescu encores plusieurs années, il eust bien empesché tant d'appels qui s'en sont ensuivys aux cours de nos roys, et en eust bien faict punir non-seulement pour ces appels en l'hostel du roy, mais pour plusieurs autres follies que j'ay veu faire aussi bien dans les maisons du roy, que dans ses salles et chambres.

Une fois dans la chambre du roy Henry III, au Louvre, il y eut deux gentilshommes braves et vaillans et bien qualifiez, que je ne nommeray point, qui eurent une parole ensemble et vinrent si avant qu'ils furent aux mains et aux dagues, en la présence de trois présidens et cinq ou six conseillers de la

---

1. Honorat de Bueil, sieur de Fontaine-Guérin, chevalier des ordres du roi, vice-amiral de France, lieutenant général en Bretagne, gouverneur de Saint-Malo.

cour, qui par cas se trouvèrent là, estans venus parler au roy pour quelques affaires qu'il leur avoit recommandé, et attendoient le roy qu'il sortist de son cabinet. Sur quoy M. le premier président dict : « Voilà « des gentilshommes qui font là de grandes fautes; « que si dans nostre Palais il leur fust arrivé d'en « faire la moindre de toutes qu'ils ont faictes là, je « leur aurois bientost faict leur procez. » Mais les autres soudain, par l'advis de leurs amis, furent contraincts de dire que le tout s'estoit faict en jeu, pour coulorer leur faict.

Il arriva de mesmes à M. de Sainct Luc, à Anvers, dans la chambre de M. d'Alençon, luy estant en son cabinet, mais le prince d'Orange en vit le jeu en sortant, qui fut contre le sieur de Gauville[1], où il y eut quelques coups dont le prince d'Orange s'en estonna et dict que telles choses ne furent jamais veues ny faictes en la chambre ny salle, ny logis de l'empereur son maistre; autrement il eust mal basté[2] pour les délinquants.

Si est-ce qu'une fois l'empereur marchant par pays de Flandres en la compaignie des reynes Éléonor et Marie ses sœurs, le comte de Feria fit un peu du fou et de l'escandalle tout auprès des filles desdictes reynes, qu'il entretenoit en parlant à elles, et mit l'espée au poing contre un autre, dont il fut en grand peine; mais il estoit grand seigneur et favory du roy

1. François de Gauville, seigneur de Javersy, gentilhomme de la chambre du duc d'Anjou (1579), capitaine des gardes du duc de Nemours (1590), maréchal de camp et gouverneur de Pluviers (1620).
2. *Il eust mal basté*, cela eût mal tourné.

Philippes, et pourtant luy fut pardonné et avec grande peine.

Il en arriva de mesmes au marquis de Villanne, à l'entrée de l'impératrix à Tollède, lequel ayant esté poussé un peu du cheval par un argouzil[1], mit soudain l'espée à la main; y cuyda avoir de la rumour grande, car toute la noblesse se formalisa pour ledict marquis à cause de sa grandeur et alliance qu'il avoit avec les plus grands, et pour ce l'empereur le passa et acquiesça tellement quellement. Certes tels premiers mouvements ne sont pas en nos puissances, et mesmes quand il y va de l'honneur; et surtout aux François lesquels sont si impatiens qu'ils sont soudains par sur tous autres.

Si vis-je une fois nostre feu roy Henry III si en colère contre le sieur de Bremian, de quelque soufflet ou coup de poing donné à un gentilhomme dans la basse salle du Louvre, que s'il eust esté attrapé ainsi qu'il le fit chercher, il luy eust faict un mauvais party; et tous les vivans ne l'eussent sceu sauver, tant il cognoissoit bien que tels mespris de respects et telles insolences estoient de grande conséquence, et portant un grand préjudice à sa grandeur et authorité, jusques là que la fois que feu M. de Bussy ayant querelle contre le seigneur de Sainct Fal, et que le roy ayant commandé à ses princes et mareschaux et grands capitaines pour les accorder, ainsi que le roy le vit par la fenestre entrer dans le Louvre, accompaigné de plus de deux cens gentilshommes, il le trouva mauvais, disant que c'estoit

---

1. *Argouzil*, alguazil.

trop faire le grand et du prince. Je sçay bien qu'il m'en tança et ce qu'il m'en dict; d'autant que parmy cette grande troupe, il n'y avoit que messieurs de Grillon, de Neufvye et moy qui fussent au roy, les autres estoient à M. d'Alençon et autres princes, d'autres qu'à eux-mesmes. Je me suis perdu parmy cette briefve disgression, mais elle n'est point dommageable, et possible que je l'eusse oubliée, ou ne fust venue ailleurs à propos.

Or il y a aucuns catholiques et plusieurs religieux qui non-seulement ont désapprouvé les combats à outrance solemnels, mais ces combats et appels à la *mazza*, jusques là que j'ay veu un livre fait contre nostre feu roy Henry III, par lequel l'auteur le taxe d'avoir esté l'introducteur premier de ces appels, et les avoir librement permis en sa cour et son royaume; mesmes le garde des sceaux[1] aux Estats, à Blois, détesta ces duels, disant que le seul nom en estoit en horreur aux chrestiens, allégant une raison de pardonner à ceux qui offencent. C'estoit bien rencontré de picques, et luy falloit là-dessus donner *vinum et especies*[2], et qu'il beust un coup pour un si bon mot; car ou du tout il faut abollir le point d'honneur des hommes et des femmes. Cela est bon à des religieux et hermites, et me permettra, s'il luy plaist, M. ledict garde des sceaux, luy dire qu'il n'allèga pas bien là, et ne méritoit qu'on criast, *bibat, vivat;* et luy et le livre en peuvent dire ce qu'ils voudront,

---

1. René de Birague. Il s'agit des États tenus à Blois en 1576 et 1577.

2. Vin et épices. — *Especies* pour *species*.

mais pour ce que dict ce livre, Dieu et plusieurs gentilshommes dignes de foy peuvent tesmoigner avec moy s'il est vray que le roy Henry III ayt le premier introduict les appels et approuvé; car du temps du roy Charles IX, ils se commencèrent à pratiquer, comme celui du baron d'Ingrande et de Gerzay à Sainct-Germain, où le baron fut tué, et comme celuy du petit Reffuge que j'ay dict cy-devant, et du brave et vaillant M. de Grillon qui tua un capitaine dont j'ay oublié le nom, très-vaillamment aussi, en estaquade, et force d'autres que je n'allégueray pour fuyr prolixité.

Le comte de Brissac fit aussi appeller par le gros la Berte[1], l'un de ses maistres de camp, le comte de Tande, aux troisiesmes troubles, au bout du parc de Vertueil en Angoulmois, chasteau appartenant au comte de la Rochefoucaut, mais ils furent empeschez : j'en parle du subject ailleurs.

Quant à notre roy Henri III, je sçai bien, et plusieurs gens de foy comme moy, combien de fois il en a faict d'ordonnances et deffences de n'en venir plus là ; car je l'ay veu à la cour le publier plus de cent fois; et bien souvent quand aucuns y contrevenoient, il estoit si bon qu'il ne les vouloit faire punir à la rigueur, car il aymoit sa noblesse, comme j'espère en alléguer des exemples en sa vie[2], par lesquels il a faict démonstration combien il l'aymoit. Au reste, jamais querelle n'est entrevenue en sa cour, qu'estant

---

1. Voyez plus haut, p. 137.
2. Cette vie n'a jamais été écrite; du moins elle n'a point été imprimée et on n'en connaît aucun manuscrit.

venue en sa notice[1], qu'il ne la fist aussitost accorder, fust ou par luy, ou par les officiers de la couronne. Il est vray qu'on m'en pourroit alléguer aucunes, qui sont trois ou quatre, qui font en cela contre moy; je le croy bien, il le falloit ainsi : je ne nommeray rien; ceux qui me liront m'entendront bien[2]. Mais, se disent ces bons chrestiens, tous ces combats ne sont nullement saincts ny chrestiens, et deffendus de Dieu. En cela pour n'estre bon théologien, je ne prends point la parolle, mais pourtant David et Golliat combattirent ensemble[3], et Dieu en aprouva le combat; nos duellistes italiens disent que ces combats sont justes, et ce qui est juste n'est point désaprouvé de Dieu. Les grands sénateurs de nos roys les ont bien ordonnez d'autresfois, tesmoingt celluy de Carouge que j'ay dict[4], et force autres.

Force combats se sont faits d'autresfois aux terres de l'Esglise, comme je l'ay veu la première fois que je fus jamais en Italie, le pape les sçachant, voire leur accordant; et les seurrettez y estoient plus grandes qu'aux autres terres. Cela y a esté commun, mesmes qu'ils en ont ordonné plusieurs combats parmy des grands, comme celluy du roy Charles d'Anjou, et d'Alphonce, roy d'Aragon, si bien que le pape en excommunia le roy d'Aragon; je ne sçay si c'est pour faute de ne s'estre trouvé au lieu assigné,

1. *En sa notice*, à sa connaissance; de l'espagnol *noticia*.
2. Il s'agit des querelles où ses mignons étaient engagés.
3. *Et etiam David pugnavit cum Golia* (Paris de Puteo, f° 407, v°, col. 2).
4. Voyez plus haut, p. 243.

ou pour autre sujet; tant y a que cela se trouve escrit aux histoires de Naples¹. Je sçay bien qu'un prescheur du roy, prescha publicquement après le combat de Antraguet et Quiélus, que ceux qui estoient morts là, estoient damnez, et les vivans pas guières mieux s'ils ne s'admandoient². Voilà un grand jugement donné d'un humain, comme s'il en eust receu belles lettres, et aussi que Dieu ne veut que l'on condamne, afin qu'en ne soit condamné. Je m'en raporte de tout cela aux gens plus saincts, religieux et plus théologiens que moy; mais tant y a, si tels combats ne sont si chrestiens que l'on diroit bien, pour le moins sont-ils très-pollitiques et justes, et veux dire estre très-nécessaires, et que, puisque de deux maux il faut choisir le moindre, j'argue qu'en tels combats, il n'y a que deux ou trois au plus qui meurent, au lieu que j'en ay veu en nostre cour avant nos apels, si un avoit une querelle contre un autre, falloit que tous deux fissent plus de quadrilles et amas de gens de leurs amis, de soldats, d'enfans de la mathe, d'espadassins et d'autres, si bien que se rencontrant, ou dans une rue de Paris ou d'autre ville, quelquesfois à la cour, mais cela peu souvent, car l'on craignoit la Majesté et son prévost de l'hostel, quelquesfois aux champs et là se rencontrans se tuoient ou s'ex-

---

1. Voyez dans le traité de Paris de Puteo le chap. I du liv. III, de la traduction italienne, intitulé : *De la giornata data per re Carlo e re Piero de Ragona alla battaglia in Bordella...*, et l'édition latine f° 390 v°.

2. « Notre maître Poncet dit en la chaire qu'il falloit traîner à la voirie Maugiron qui expira en reniant ses compagnons. » *Journal* de l'Estoile, 27 avril 1578.

troppioient les uns les autres comme mouches et bestes.

Cela ay-je veu souvent à Paris; mais surtout je l'ay veu à Milan, où la dernière fois j'y fus, tournant du secours de Malte. J'y demeuray un mois, tant pour voir la ville (qui est des plaisantes d'Italie) que pour apprendre à tirer des armes, du grand Tappe, très-bon tireur d'armes alors; mais je jure que tant que j'y fus, il ne se passa jour que je ne visse une vingtaine de quadrilles de ceux qui avoient querelles, se promener ainsi par la ville, et se rencontrans se battoient, se tuoient, si bien qu'on en voyoit sur le pavé estendus en place une infinité, encores qu'ils fussent armez de *jacque manique, gante di presa et segreta in testa*[1]. Et voyoit-on plus de gens sortir des boutiques avec armes d'ast, pour les séparer, qui bien souvent y perdoient leurs escrimes, voire la justice. Je ne conte point la grand' despence qu'il faut faire pour entretenir ces espadassins et leur donner de bons pasts[2], mesmes qu'on a veu qu'ils se louoient comme vallets et serviteurs de bouticque, ou autres, et s'alloient présenter à ceux qu'ils sentoient avoir querelle, et vivoient de cela comme locataires à ce mestier et vrays enfans de la mathe. Combien en ay-je veu de telles gens et de tels désordres et à Paris et à Milan, et aucunes villes de France, d'Espagne et d'Italie? Et voilà pourquoy en tels combats on n'y void point arriver tant d'abus, de désordres, super-

---

1. De jaque de maille, de gants de combat avec une secrète en tête.
2. *Past*, nourriture.

cheries, et tant d'inconvéniens, comme en ces rencontres et bandes contre bandes, et de gens contre gens ramassez d'une part et d'autre; au lieu qu'en nos apels aussitost on a diffiny [1] par une belle gloire son différent, ou bien l'on y meurt en belle réputation, pour avoir eu le courage et résolution d'estre entré en estaquade: et si la fortune de l'espée ne leur a ry, encores d'avoir attenté c'est beaucoup, comme dit le latin : *in rebus arduis tentare satis est* [2]. Par ainsi bien est-il meilleur aussi qu'un homme ou deux meurent que plusieurs, et qu'en pensant estraindre [3] une querelle, plusieurs s'en renaissent et en arrivent une infinité d'escandales, comme cela s'est veu et moy-mesme.

Sur quoy se reigla en Piedmont ce sage capitaine M. le prince de Melfe, où estant arrivé, voyant les querelles ordinaires des soldats qu'ils faisoient tous les jours, et les abus, insollences et escandalles, meurtres, esclandres, supercheries, strectes [4] et altercats qui s'y commettoient, de sorte qu'on tenoit en proverbe *gardez-vous d'un hola de Piedmont*, qu'ils crioyent en démeslant leurs querelles ; et sur cet hola la supercherie s'y en alloit aussitost, ou de meurtre, ou de quelque blessure, ou orion [5] sur la teste. Il s'advisa de faire là-dessus de belles ordonnances, qui du commencement furent un peu rudes à tenir, et mesmes parmy gens desraiglez, mais après

---

1. *Diffiny*, terminé.
2. Dans les choses difficiles essayer est assez.
3. *Estraindre*, comprimer, étouffer.
4. *Strectes*, strettes, querelles. — 5. *Orion*, horion.

en avoir faict pendre une douzaine, un chascun eut craincte et fut sage, et falut se former à l'estatut de mondict sieur prince, et à vuyder sa querelle par apels, et la démesler sur le pont du Pau, lieu qu'il leur avoit destiné exprès pour cela, où ils alloient d'eux-mesmes par leurs apels, ou luy-mesmes les y envoyoit après qu'il s'estoit failly à les accorder; et là falloit avoir bon pied bon œil, autrement tumber du haut du pont en bas, comm'il arriva à Rodomont et à Rolland, dans l'Arioste[1].

M. le mareschal de Brissac, qui vint après luy en ceste charge, en fist de mesmes et l'imita du tout, où de son temps furent faicts de beaux combats. Voilà comment en usoient ces deux grands capitaines; aussi disoit-on de Piedmont alors une escolle de la guerre en toutes façons, et par ainsi vinrent à bout des cerveaux chauds de nos François, lesquels s'attiédirent de cette façon. Sur quoy je concluray avec de grands capitaines, que mieux vaut un petit escandalle qu'un grand, et les combats de deux ou trois sont plus pollitiques que de plusieurs gens ramassez, qui de çà qui de là, comme de bandoliers.

Sainct Louys, Philippes le Bel, le roy Louis X et autres roys, deffendirent le combat à outrance, et l'esdict y est formel en deux lignes, en forme : *Nous deffendons bataille partout en nostre domaine, en toutes querelles*. Cela ne s'estoit point publié du temps de Charlemaigne et autres roys de France. Avant conclure, je diray que beaucoup de bons docteurs duellistes n'ont nullement approuvé les combats à la

---

1. Voyez Arioste, chant XXIX.

mazza comme les combats sollemnels, pour force raisons, et pour ceste-cy, d'autant que les combats sollemnels se faisoient publicquement en bel spectacle de tout un petit monde, lequel estoit vray tesmoingt après de la vertu et vaillance des combattans. Mais les combats faicts dans des déserts, dans des bois et parmy des buissons aux champs esgarez, ne sont nullement honnorables. Les vertus et valleurs ne s'y font guières bien paroistre, et demeurent cachées et obscures, comme les umbrages des bois et forests, soubs lesquels ils combattent; ce que très-bien sceut remonstrer cet honnorable prélat d'Écosse à ce vaillant Renaud de Montauban, lorsqu'il luy alloit demandant s'il ne se présentoit point à quelques heures du jour, quelques belles advantures pour un gentil chevallier dans ceste belle et grande forest de Callidoyne, tant renommée de tout temps par belles advantures honnorables et hazardeuses rencontres pour les chevaliers errans. Le bon prélat luy respondit ainsi par une petite forme de remonstrance; que errant en ces bois, il pourroit trouver plusieurs estranges advantures, mais que les effects en estoient obscurs comme le lieu; car le plus souvent on n'en a point de notice ny de cognoissance; « parquoy cherche (luy dist-il) d'aller où tu cognois que les œuvres ne soient ensepvellyes, afin qu'après le péril et le travail, la renommée s'en ensuyve et en dye la vérité. » Et après cela dict, luy desduit l'entreprise qui se préparoit pour la belle Genèvre, et luy en conta l'histoire, laquelle Renaud ouyt voluntiers; et croyant ce bon prélat, s'en alla parfaire ceste entreprise si charitable qui s'ensuivit; et puisque nous sommes sur les allégations fabulleuses, qui sont certes encore plaisantes et approchent un peu de la vérité, je diray ceste-cy :

Nous trouvons dans l'histoire de Rolland l'amoureux[1], qu'un jour luy et Renaud, vindrent à une très-grande contention d'armes et de propos très-injurieux, et dict le conte qu'après que le jour fut failly, ils délaissèrent par honte de se combattre et fraper, pour autant que de se battre en ténèbres n'estoit faict d'un chevalier assuré, mais plustost d'un brigand; si bien que Rolland dist à Renaud : « Tu dois rendre grâce au jour, lequel s'est desparty de nous pour te donner espace d'obvier à la mort pour un peu, qui me cause un grand deuil. » Auquel Renaud respondit : « Je veux qu'ainsi soit, comme celluy lequel veut estre en paroles vaincu de toy, mais au faict tu n'as aucun advantage sur moy, n'y n'auras jamais, et suis content que tu n'ayes aucun respect au jour failly, car je ne faicts d'estime de toy non plus le jour que la nuict. » Auquel le comte Rolland réplicqua que c'estoit un vray larron, et qu'il monstroit bien son naturel, qu'estoit de faire guerre en lieu ténébreux et obscur, parmy des bois comme un brigand; mais Renaud, ne voulant endurer telle injure, luy paracheva de parler et dire qu'il sçavoit combattre estant caché parmy les bois, et semblablement sur la sumité[2] des montaignes, et au milieu des campaignes et pleines razes, et sçavoit faire bataille en plein jour, matin et soir, et minuict; mais qu'il

---

1. Voyez Boiardo, *Orlando innamorato*, liv. I, chap. XXVII.
2. *Sumité*, sommité.

estoit le seul glorieux au monde qui faisoit de son honneur tant grand' estime et conte et tant avoit présumption de soy, que pour estre veu, ne vouloit combattre, sinon en plein jour, croyant le rendre estonné par sa braveté. Telle estoit donc l'humeur du comte Rolland, ainsi qu'il le monstra encor à l'endroit d'Agrican, lesquels s'estans entrebattus tout le long d'un jour, la nuict survint; dont Rolland pria Agrican de cesser le combat, et le remettre au lendemain, disant que la nuict estoit ennemie des chevaliers généreux; à quoy Agrican condescendit, et passèrent la nuict, moytié en devisant, moytié en dormant, et le lendemain le jour venu, recommencèrent le combat [1].

Je croy que feu M. de Bussy voulut en cela un jour imiter Rolland, comme il' imitoit en sa vaillance. M. de Bussy donc, estant un soir au bal au Louvre [2],

1. Ma poi che 'l sol havea passato il monte
    E cominciossi a far 'il ciel stellato,
    Prima verso del Re parlava il Conte :
    Che farem, disse, che 'l giorno n'è andato?
    Disse Agricane con parole pronte :
    Ambi riposeremo in questo prato,
    E di mattina, com' il giorno appare,
    Ritorneremo insieme a guerreggiare.
            (Boiardo, *Orlando innamorato*, liv. I, ch. XVIII.)

2 « Le vendredy 10 janvier (1578), dit l'Estoile, Bussy qui, le soir du jeudi précédent, au bal qui tous les soirs en la grande salle du Louvre se faisoit et continuoit depuis les Roys, avoit pris querelle avec Grammont, envoya à la porte de Saint-Antoine trois cens gentilshommes bien armés et montés, et Grammont, autant de mignons et partisans du roy, pour là y démêler leurs querelles à toute outrance : or, furent-ils empêchés de se battre, par exprès commandement du roy, ce matin. Nonobstant lequel

prit question contre feu M. de Grantmont, brave certes et vaillant jeune homme, et qui ne dégénéroit nullement à ses généreux prédécesseurs, de ceste noble race de Grantmont, et qui promettoit beaucoup, s'il ne fust esté tué à la Fère[1] d'une canonade, dont ce fut très-grand dommage. Voilà pourquoy M. de Bussy s'attaqua à luy, car il en vouloit à ceux-là, et ce fut parce que M. de Bussy se mit au-devant de M. de Grantmont, tenant sa dame à la main, et l'autre ayant desjà pris sa place, et marchant en son rang au grand bal, ce qui n'estoit pas bien faict à M. de Bussy; mais quoy? Un homme chatouilleux, faut qu'il se chatouille, si un autre ne le chatouille. Le bal estant fini, et le roy couché, ainsi que M. de Bussy se vouloit retirer, voycy venir M. de Mauléon[2], jeune gentilhomme, et de valleur aussi, qui vint de la part de M. de Grantmont, son cousin, apeller M. de Bussy, et luy dire que son cousin l'attendoit sur le gué[3], qui luy vouloit dire un mot. M. de Bussy qui

commandement, Grammont, bien accompagné, alla l'après-dîner rechercher Bussy, en son logis, rue des Prouvaires, où il s'efforça d'entrer, et y fut, pour quelque espace de temps, combattu entre ceux de dehors et ceux de dedans. De quoy le roy averti, envoya le maréchal de Cossé et Strozzi, qui emmenèrent Bussy au Louvre, où aussitôt après fut amené Grammont par exprès commandement du roy; et le lendemain matin furent mis d'accord par l'avis des maréchaux de Montmorency et Cossé. »

1. Philibert de Gramont eut le bras emporté au siége de la Fère, au mois d'août 1580, et mourut de sa blessure, à vingt-huit ans. Il avait épousé la célèbre Diane d'Andouins, dite la belle Corisande.

2. Giraud de Mauléon, gouverneur de Calais, mort sans alliance, le 14 septembre 1593.

3. *Gué*, quai.

estoit haut à la main, et le plus desdaigneux homme du monde, luy dist : « Jeune homme, Bussy ne se bat jamais la nuict, et n'a jamais apris de monstrer sa valleur aux estoilles ny à la lune, qui n'est assez digne pour la contempler ny la comprendre ; si non au soleil, lequel comm'il est clair la faict paroistre et esclairer comme elle est. Ceux qui ont leurs faicts obscurs et ténébreux qui[1] les exposent aux ténèbres s'ils veulent, car la nuict n'a point de honte ; mais demain au matin aussitost que le soleil sera levé, je ne faudray à me trouver au lieu que vous dites, ou ailleurs s'il s'en ravise, et venez avec luy; et amenez deux pionniers hardiment avec vous ; car avant que partir de la place du combat, je vous veux faire enterrer tous deux, pour l'honneur que nous devons aux trespassez. »

Il y eut force grands capitaines qui approuvoient l'humeur de Bussy en cela ; toutesfois si ce fust esté un autre que Bussy, l'on y eust pensé quelque manque d'hardiesse, mais celluy-là en avoit à vendre. Il pouvoit avoir apris ceste générosité de son cœur brave, ou du trait que fist Alexandre, lequel en la seconde bataille qu'il donna à Darius, comme il fust conseillé par aucuns de ses grands capitaines, qu'il le surprist de nuyt et qu'il avoit la victoire, à quoy respondist Alexandre[2] : « Ah je ne veux point desrober la victoire, » comme voulant dire, qu'il ne vouloit faire cet honneur à la nuit de la luy donner pour l'oster au beau jour et au beau soleil qui se désole-

---

1. *Qui*, qu'ils.
2. Voyez Plutarque, *Vie d'Alexandre*, chap. LIX.

roit. Aucuns disoient que M. de Bussy avoit faict en sage homme et entendu en combats; car les combats de nuict sont fort dangereux et subjects à de mauvaises charitez, ainsi qu'il en arriva au baron d'Ingrande, que j'ay dict cy-devant, son combat ayant esté faict de nuict, le roy couché, et tué, non sans quelque soubçon de supercherie.

Enfin il n'y a rien plus odieux que les ténèbres, si ce n'est que ledict Bussy eust faict de mesmes, que fit en nos dernières guerres de Toscane, du temps du roy Henry II, le capitaine la Hyre, brave et vaillant capitaine gascon, lequel combatit son ennemy dans une salle, que dom Francisque d'Est avoit fait apprester, avec force flambeaux et torches, si bien qu'il y faisoit aussi clair comme beau jour, et le vainquit en présence de M. le cardinal de Ferrare, et dudit Francisque d'Est, son frère, lieutenant du roy, en ces pays, et plusieurs autres capitaines : dont ledict la Hyre en acquit grande gloire; lequel despuis se signalla en tous les bons lieux de guerre où il se trouva, et mesmes aux guerres civilles, M. le prince de Condé l'ayant gaigné et appoincté. C'estoit certes un gentil soldat et bon capitaine; il mourut à Orléans. Il estoit grand compaignon du capitaine la Trappe, aussi gascon, que j'ay veu despuis gouverneur de M. de Clermont d'Amboise et guidon de M. de Longueville, et puis enseigne du prince de Condé; il estoit un brave et vaillant homme, et qui un peu avant le combat de la Hyre, avoit aussi combattu en estaquade et vaincu son ennemy; tous deux m'en ont faict leur conte.

Mais pour tourner encor de dire que le soleil est

bien plus propre et plus amy des armes que la lune, nous lisons que ces vaillants et indomptables Parthes qui ont faict si bien la barbe à ces superbes Romains, dompteurs du monde, ne combattoient jamais de nuict, ny ne faisoient nulle faction de guerre, mais tout ainsi que finissoit le jour, leur journée de guerre finissoit aussi; si bien que Crassus lorsqu'ils le deffirent et le chassèrent hors de leur pays par la totale ruyne et grande honte et de luy et de ses armes, le premier jour l'ayant battu, rebattu et desfaict la plus grand part de ses gens, ils les pouvoient achever s'ils les eussent poursuivis la nuict, mais estant sur le poinct de leur victoire, les ténèbres intervenues, cessèrent, et tenant ladicte victoire entre les mains, la laissèrent et la remirent au lendemain, que le soleil eut ramené ses chevaux boire de la mer, comme disent les poètes; et lors ils parachevèrent d'accabler, mais non sans peine, car il leur falut faire une grande cavalcade pour le suivre, ayant gaigné de longue par la faveur de la nuict[1]. Voylà la superstition de ces Parthes, laquelle est pourtant recommandable et admirable pour beaucoup de raisons que je déduirois, et sur lesquelles M. de Bussy se fondoit, et pour lesquelles observer en fut fort estimé, mais non tant de la présumption qu'il eut de deffier luy seul Grantmont et Mauléon, car ils estoient très-vaillans gentilshommes. M. de Grantmont le monstra à sa mort; mais jamais Herculle n'en combattit deux, comme dict le proverbe[2], qui pourtant est pédentesque.

1. Voyez Plutarque, *Vie de Marcus Crassus*, chap. LV et suiv.
2. *Nec Hercules adversus duos*. (Voy. Forcellini, art. HERCULES,

Sur quoy il-me souvient d'un conte du feu seigneur de Genzac, gentilhomme gascon, brave et vaillant, et qui estoit escuyer du feu roy Henry II, François second et Charles IX, en la grand' escuyerie, et fort bon homme de cheval et de pied, et mourut au siège de Bourge[1], aux premières guerres, d'une arquebusade, ayant une compaignie de gens de pied. Il estoit fort bravasche et haut à la main selon son païs, et outre, avoit pratiqué l'Espaigne et en parloit fort bien la langue. Un jour ayant pris querelle contre le sieur d'Avaret, brave gentilhomme aussi, et l'un des braves et gallans de la cour, guidon de M. de Genlys, du temps des guerres espaignolles, et mourut à Orléans huguenot, et de peste, mort non digne de luy; luy donc prest de mettre la main à l'espée, survint par cas fortuit un gentilhomme que je ne nomme point, et qui est aujourd'huy un très-bon capitaine et grand seigneur, lequel dist : « Tout « beau, tout beau, Gensac; je ne souffriray pas que « mon compaignon se batte que je ne m'en mesle : « par quoy arrestez-vous. » A quoy promptement, sans s'estonner, respondit Gensac : « Et comment, « n'a-on jamais veu un homme seul se battre con- « tre deux? et mort-Dieu, les histoires en sont toutes « pleines, et pourquoy n'en feray-je tout autant? « Ça, ça, venez donc vous deux. » Mais ainsi qu'ils estoient à en venir là, ils furent séparez. En quoy

in fine.) C'est une traduction littérale du grec : Οὐδὲ Ἡρακλῆς πρὸς δύο. (Voyez *Corpus paroemiographorum græcorum*, éd. Leutsch et Schneidewin, Gottingae, 1839, in-8°, tome I; Zenobius, *centuria* V, p. 140.)

1. En 1562.

on loue la rodomontade dudict Gensac, aller faire telle allégation d'histoires, comme s'il eust discouru avec quelqu'un de sang-froid, ou qu'il eust beu et faict carous à tous deux, et quand on luy demanda ce qu'il pensoit faire, après estre séparez et sur l'accord, il respondit naifvement : « Et mort-Dieu, je « me voulois faire mettre dans les chroniques. » Sa partie pourtant ne fust pas esté bien faicte, car il avoit affaire à deux mauvais garçons et rudes joueurs.

Je me suis, possible, un peu extravagué en ceste digression, mais elle n'est entrevenue non possible mal à poinct; et pour retourner et abréger, je dis que les Turcs se mocquent fort de nos querelles, combats et tueries. Au combat de feu mon oncle de la Chastaigneraye, parmy la grande et superbe assemblée qu'il y avoit, s'y trouva grande quantité d'ambassadeurs honnorables, voire de toutes parts, et entre-autres celluy du grand sultan Solliman, lequel s'estonna fort, et trouva fort estrange ce combat de gentilhomme françois à François, et surtout d'un favory de roy à un autre, les allant le roy mettre ainsi et exposer en un tel carnage et massacre. Eux ne font pas cela et tout leur poinct d'honneur le tent à bien servir leur prince, et soubstenir et prendre sa querelle en guerre. Nous autres chrestiens nous sommes plus qu'eux, car nous nous sçavons battre en combats singulliers et généraux, et sçavons très-bien faire et l'un et l'autre; en quoy sommes doublement à louer et à n'endurer ny parolles injurieuses ny desmentys, car qui les endure n'est nullement courageux, ny ne peut estre vray noble, comme disoit le roy François premier. Les Grecs anciens disoient que ces combats appartenoient aux barbares.

Les anciens braves Romains, ont esté de la mesme opinion que les Grecs et les Turcs, et n'ont nullement approuvé tous ces duels et combats, ny ne se sont enfoncez en nos poincts d'honneur de nous autres chrestiens, ainsi que j'en ay veu discourir à des gens sçavans et grands capitaines, qui ont mis le nez dans les lettres et recherches de ces combats. Nous lisons le combat furieux des Horaces et Cuyraces. Nous lisons bien dans la vie de Marcellus, de Plutarque, qu'il avoit plusieurs fois combattu en camp-clos, et tousjours sorty vainqueur, et force autres de mesmes qui ont combattu. Nous lisons d'un Statylius, qui avoit combattu vingt-deux fois en duel, et tousjours vainqueur, mais c'estoit d'ennemy à ennemy, d'estranger à estranger, comme Torquatus et Corvinus. Scipion[1] aussi tua en Espaigne un grand et fort barbare qui l'avoit provoqué.

Nous lisons bien dans Tite-Live[2], que ce mesme brave Scipion fit exiber des jeux en Espaigne très-beaux, pour les honnorables obsèques de ses feus père et oncle, et pour les rendre plus cellèbres, s'y firent plusieurs combats et battailles singullières ; et entre autres, estant sorty différent entre deux cousins, Ortua[3] et Corbis, pour certaine jurisdiction, ils se rapportèrent à ce qu'en décideroit l'espée par devant

---

1. Il s'agit de Scipion-Émilien. Voyez Appien, *De rebus hispaniensibus*, ch. LIII, édit. Didot, p. 54.
2. Liv. XXVIII, chap. XXI. — 3. Orsua.

Scipion. Nous lisons aussi dans le mesme Tite-Live[1], d'un combat qui se fit devant Capoue, d'un Jubellius, Capouan, et d'un Asellus, Romain, à la veue des deux camps, et se deffièrent par le congé de leurs généraux. Là mesme se lit aussi[2] un beau deffy et combat d'un autre Capouan, nommé Badius, contre un Romain, nommé Quintius Crispinus, et fust plustost de gayetté de cœur que pour autre subject; car ils avoient estez paradvant fort grands amis, et le Romain alla au combat mal volluntiers, pour cela, disant et s'excusant qu'ils avoient et l'un et l'autre assez d'ennemys dans leurs camps pour s'entrebattre et s'entretuer, sans qu'il fallust qu'eux deux vinssent là. Le Capouan le bravant fort en l'outrageant, et l'appellant poltron et sans cœur, enfin le Romain poussé des siens, qui luy remonstrèrent l'infamie qu'il encouroit, ayant demandé congé à son général, luy bailla un coup de lance à l'espaule qu'il luy perça de part en part, et le voulant achever et mettant pied en terre, l'autre le prévint et se sauva à la fuitte tout à pied. Mais de combat de Romain à Romain, on n'en treuve guières, ou point. Vous trouvez bien dans la vie de Sertorius en Plutarque[3], comment il deffia Metellus en Espaigne, de sa personne à la sienne, et que leurs soldats tant d'une part que d'autre le trouvèrent fort bon de capitaine à capitaine, et de Romain à Romain; possible ce que Metellus reffusa, tant pour ce qu'il estoit fort vieux

1. Liv. XXIII, chap. XLVI et XLVII.
2. Liv. XXV, chap. XVIII.
3. *Vie de Sertorius*, chap. XVII.

et cassé, et Sertorius en la fleur et verdeur de son aage, et aussi qu'il falloit qu'un capitaine (disoit Theofrastus) mourust en capitaine, non pas en simple soldat. Les soldats pourtant s'en mocquèrent bien fort, et luy n'en fit que rire. Tout cela estoit bon, mais pourtant faut noter que bien que ce fust Romain contre Romain, ils tenoient divers partis, et l'un n'estoit censé plus Romain, mais ennemy des Romains. Tant y a qu'en quelque façon que ce fust, Metellus ne voulut point combattre ainsi. De Romain, peu s'en treuve-t'il de ces combats. Et en cas qu'il ne soit vray, nous en avons un très-beau exemple, qui nous le monstre dans les Commentaires de Cæsar[1], d'un Pulfio et Varennus, lesquels estoient en picque perpétuelle sur le poinct de l'honneur (cela s'appelle à qui mieux fairoit, et à qui précéderoit son compaignon à la guerre), ne failloient tous les ans d'avoir de grosses disputes et grosses querelles touchant cela. Sur quoy un jour l'occasion s'appresta très-belle pour eux en un combat que firent les Romains contre les François, qui les tenoient assiégez soubs la charge du jeune Cicéron, plus vaillant certes que le père[2]; et l'un de ceux-cy qui estoit Pulfio, cependant qu'on estoit au plus fort du combat sur le haut du rempart, dist à Varennus : « A quoy songes-tu, Varennus? quelle plus belle occasion attends-tu de faire preuve de ta vertu? ce jour icy décidera de nos différens. » Ce disant se jette hors de la

---

1. Voyez César, liv. V, chap. XLIV.
2. Quintus Cicéron, frère et non père de l'orateur. L'erreur n'est peut-être pas de Brantôme, mais de l'imprimeur.

trenchée, et là ou estoit la plus grosse foulle d'ennemys se va jetter dedans à corps perdu. Varennus ne faict non plus que luy du restif, mais le suivit aussitost craignant l'estime qu'on en auroit : ils se meslèrent[1] et firent si vaillamment, et se secoururent l'un et l'autre si bien, que nonobstant qu'ils ne s'aymassent guières tous deux, après avoir mis plusieurs par terre, se retirèrent sains et sauves dans les remparts avec une très-grande louange. Ainsi la fortune en tel estrif[2] et contention les tourna et vira l'un et l'autre, en sorte qu'un chacun d'eux secourut et dellivra son adversaire, sans qu'on peust discerner lequel de prouesse et vaillance devoit estre l'un à l'autre prefféré. Voilà les mesmes parolles de Cæsar; en quoy me semble qu'il demeure un peu court, pour n'avoir escrit s'ils continuèrent doresnavant plus leurs haynes et contentions, ou s'ils demeurèrent amys.

Il arriva un pareil traict entre deux jeunes seigneurs, l'un seigneur de Candalle[3], et l'autre seigneur de la Chastaigneraye l'aisné, mon oncle, au voyage de M. de l'Autrec vers le royaume de Naples. Ils vinrent avoir querelle ensemble, et leur général ne les peut pour le coup accorder. Advint que l'assaut de Pavie se donne où tous deux y allèrent bravement, car ils estoient très-braves et vaillans; le seigneur de Candalle avec sa picque et son espée au costé, le seigneur de la Chastaigneraye avec une rondelle et

---

1. *Se mêler*, se jeter dans la mêlée. — 2. *Estrif*, querelle.
3. Gaston de Foix, comte de Candale. — Charles de Vivonne, seigneur de la Chastaigneraie, frère aîné de François de Vivonne.

son espée en la main. La fortune voulut qu'en combattant vaillamment l'espée de mon oncle se rompit, et demeure désespéré, ne pouvant nuire à son ennemy. Quoy voyant le seigneur de Candalle, qui combattoit près de luy, tire son espée aussitost du fourreau et la présente au seigneur de la Chastaigneraye, et luy dist : « Vous êtes trop brave et vail-
« lant, monsieur de la Chastaigneraye, pour chaumer
« à faute d'armes ; tenez, voylà mon espée que je
« vous preste, car j'ay ma picque encore entière.
« Donnons, mais que tous facent aussi-bien que vous
« et moy, nous sommes dedans. » Mon oncle ne refusa point l'espée, mais la prist à grand joye, avec un bon remerciement d'ennemy pourtant à ennemy, ainsi le voulut ceste honneste courtoisie et nécessité de guerre ; et puis combattirent si bien avec d'autres vaillans leurs pareils, que la place en fut forcée et emportée. M. de l'Autrec fut aussitost après informé de ce beau traict, qu'il ne peut assez louer avec ses autres vieux capitaines, et les rendit par ce moyen fort facillement amis, ce qu'il n'avoit peu auparavant, car ils estoient tous deux envieux l'un de l'autre, tous deux de haute maison et grand'part ; car si la maison de Grilli et Candalle appartenoit à des plus grands de la France, celle de Bretaigne, de Vivonne et de la Chastaigneraye, ne leur en cède en rien : cela est aisé à prouver et à comparer ensemble. Tous deux estoient braves et vaillans, et tous deux hauts à la main, qui ne vouloient céder d'un poinct l'un à l'autre, tous deux poinctilleux, harnieux et scallabreux. Enfin, tous deux se rendirent fort grands amis et grands compaignons de guerre, vivans emprès

en fort grand' amitié et privauté, aussi tous deux moururent en mesme guerre et en mesme siège de Naples, comme j'ay ouy raconter aux miens qui estoient de ce temps. Voilà pourquoy je dis que Cæsar a demeuré un peu manque en la description de ces deux soldats romains, jaloux envieux l'un de l'autre, car ou du tout il les devoit avoir rendu amis, ou d'eux mesmes se devoient estre réconciliez, ou s'estre entretuez, et par ce, si Cæsar l'eust mis par escrit, l'histoire en fust estée plus gentille.

Par cet exemple donc de Cæsar, il est bien aisé à conjecturer, comme les combats et les duels n'estoient guière permis ny usitez parmy les Romains, car s'ils le fussent estez, les deux soldats tant ennemys eussent bientost vuydé leur différent, en deux ou trois coups d'espée, et en un tournemain sans y retourner si souvent. Aussi croy-je que leurs consuls, empereurs et capitaines en faisoient des ordonnances et statuts et deffences de ne venir là, affin qu'ils ne s'y amusassent, et tournassent toutes leurs animositez, poincts d'honneur et vaillances à bien servir leur république, et aussi qu'en tels combats bien souvant se tue-il tel soldat, ou tel capitaine qui, possible, seroit assez bastant pour gaigner une bataille, ou sauver un royaume, dont j'en alléguerois bien des exemples si je n'avois affaire ailleurs. Mais quant à moy, il me semble que les deux soldats romains, sans couver si longuement une haine, eussent mieux faict, toute deffence et service public mis à part, d'entrer au combat et en eussent estez à jamais plus estimez, comme firent ces Horaces et Cuyraces, desquels la mémoire demeura immortelle, tant ils desmeslèrent si vaillamment leur combat, et si furieusement que (comme disent aucuns qui en ont escrit[1] ainsi qu'ils alloient au combat, et comme ils revinrent à approcher de trente pas, ils y eurent des uns ausquels le cœur attendrist, et les larmes vindrent aux yeux, d'une telle horreur de s'entretuer les uns et les autres, estans ainsi si proches parens; mais ressongeans après qu'il y alloit du sallut et service public, par paction[1] faicte, obstant[2] toute considération, d'une rage cruelle s'entrecoururent les uns contre les autres et se combattirent, que le massacre s'en ensuivit tel, que nous lisons dans Tite-Live. J'ay veu ce combat le mieux représenté que je vis jamais chose, en la Maison de Ville de Lucques, là où vous verrez une furye de combattans paincte dans le visage, qu'il n'y reste rien que la parolle, et en tous six, toutes diverses sortes de postures et de gardes; si bien qu'il n'y reste aussi que le seul mouvement, et croy que nos tireurs d'armes nouveaux d'Italie en ont tiré patron en plusieurs de leurs jeux d'armes qu'ils nous ont appris.

Nous lisons[3] de Marc Anthoyne comme il deffia Octave Cæsar au combat de sa personne à la sienne, encore qu'il fust plus vieux que luy, mais Octave le reffusa, disant qu'il avoit assez de diverses sortes et manières de mourir, sans mourir de celle-là. La response certes est vile, et peu digne d'un tel Cæsar et d'un tel monarque. Je m'assure que Jules Cæsar,

---

1. Voyez Tite-Live, liv. I, chap. xxv, et Plutarque, *Vie de Tullus Hostilius*, chap. xvi.
2. *Paction*, pacte. — 2. *Obstant*, nonobstant.
3. Voyez Plutarque, *Vie d'Antoine*, ch. lxxix.

son oncle et son brave prédécesseur, n'eust pas ainsi respondu, mais l'eust bien pris aussitost au mot. Pour en parler aussi franchement, Octave, encore que la fortune luy dist estre le monarque de tout le monde, n'estoit pas vaillant de sa personne, ainsi qu'il le monstra en la bataille de Philippes, comme très-bien Marc-Antoine le luy sçavoit reprocher. Or bien je pardonne à Octave, puis qu'il n'estoit si vaillant, ny le cœur luy bastoit pour venir jusques-là, ou bien que l'usance n'en estoit telle parmy les grands à Rome, puisqu'elle n'estoit parmy les petits, ou bien qu'il estoit mieux asseuré de son faict, et qu'il auroit bien raison de son homme autrement, que sans venir là et hazarder sa vie à la fortune d'un'espée variable et inconstante, ainsi qu'il lui arriva.

Mais s'il faut pardonner à Octave, il ne faut pardonner au dauphin de Viennois Humbert, lequel ayant faict paix avec le comte Aymé de Savoye[1] et puis voyant son bon, la vint rompre, sans que le comte y pensast. Dont ledict comte fasché, soudain luy despescha un roy d'armes dict Savoye ; par lequel il luy envoya un cartel, contenant en somme qu'il estoit un vray infracteur de paix, et que laschement il avoit en son absence envahy ses terres contre son serment, et à ceste occasion qu'il le deffioit corps à corps, ou puissance contre puissance ; et qu'il l'estimoit si grand prince qu'il sortiroit au combat en camp-clos pour soubstenir son honneur ; autrement il le réputoit lasche et meschant. Le Dauphin ne fit autre responce à ce cartel, sinon qu'il dist de bouche au

---

1. Humbert I*er* et Amédée V.

héraut : « Mon amy, dis à ton maistre, que la force
« et la vertu d'un prince, ne consiste point en force
« corporelle, et que s'il se veut tant vanter d'estre
« fort, nerveu et robuste, je luy respons que je n'ay
« torreau qui ne soit plus fort et roide que luy; par-
« quoy quand il s'y voudra esprouver, je luy en
« envoyeray. Et quant à l'armée, dis-luy que s'il est
« bien pourveu et fourny à ceste heure de gens, que
« je le seray un'autre fois à mon tour, et puis je
« l'yray trouver là par où il sera; » ce qu'il fit au
bout de quelque temps, et luy donna la venue, et
luy deffit toute son arrière-garde, chargée de butin,
qui se retiroit. Ceste histoire on la trouve dans la
Chronique de Savoye[1]. Voilà comment le gallant se
deffit du cartel à luy envoyé, auquel pourtant devoit
respondre par faict d'armes, puisque le comte le louoit
et le tenoit si homme de bien qu'il n'y faudroit[2]. Toutesfois s'il fut un peu offancé par le reffus, il le rabilla un
peu par la deffaicte qu'il fit en la victoire qu'il eut,
car enfin les grands en quelque sorte qu'ils obtiennent
victoire ils acquièrent honneur et louange; mais pourtant le camp accepté l'eust honnoré davantage parmy
les gallans cavalliers, et me semble qu'il fit une quasi
semblable response que fit Corbane à ces braves
seigneurs françois croisez de jadis en la Terre-Saincte,
lesquels tenant Antioche assiégée, où eux estans plustost assiégés qu'assiégeans, à cause de la misère du
long siège, de la famine, de la fatigue, et incommodité

---

1. Voyez *Chronique de Savoye*, par Paradin, liv. II, ch. LXXXIX, 1561, in-fol., p. 167.
2. *Qu'il n'y faudroit*, qu'il n'y manquerait.

de toutes choses qu'ils avoient pâty là devant, et menacez aussi du grand secours qui leur venoit à dos, ils envoyèrent Pierre l'Hermite vers ledict Corbane, pour luy remonstrer et faire trouver bon de la part de tous les princes chrestiens qui estoient là, que s'il vouloit mettre quelqu'un de ses capitaines en camp-clos, ils en mettroient un autre, pour là débattre et vuyder leur différent. S'ils en vouloient mettre davantage ils en mettroient davantage, sinon, armée contre armée, et en lieu pareil. Mais Corbane, rusé, respondit que c'estoit au vainqueur de donner les conditions et faire les loix; que puis que les chrestiens ne cognoissaient pas encore leur malheur, ou faignoient ne le cognoistre, ils n'auroient jà de luy ceste faveur de choisir la mort dont ils voudroient mourir. (Beau mot certes.) Quant aux princes, il les envoyeroit à l'empereur des Perses tous prisonniers; quant aux simples soldats, il les fairoit esclaves, ou les tailleroit en pièces, ainsi qu'il verroit, comme un arbre malheureux qui ne porte point de fruict. Quelle sentence, si elle eust sorty à effect! mais les chrétiens par la grâce de Dieu, emportèrent la ville. Paulo-Æmille raconte cette histoire[1].

Meshuy il est temps de faire une fin, mais pourtant qui voudroit rendre ce discours parfaict, il faudroit dire et discourir à sçavoir-mon si toutes gens doivent estre receus aux combats et estaquades, et mesmes les vassaux et subjects contre leurs seigneurs? A quoy les docteurs duellistes qui en ont escrit[2], disent que si

---

1. Liv. IV.
2. Voyez Paris de Puteo, f°s 402 v°, 408, col. 2, etc.

le seigneur offance mal le vassal premier, le vassal le peut deffier et se deffandre par les armes, car le droict des armes est aussi bien dheu à l'offancé, comme celluy des loix; mais si le vassal offance le premier, il n'est point reçu en aucun deffy, d'autant qu'il est rebelle à son seigneur, et par conséquent perd son droict des armes à l'endroict de son seigneur, et celluy de vassellage. Faudroit discourir aussi, et sçavoir si un soldat peut combattre un capitaine, ou le sien mesme? J'en vis ceste dispute débattre à Malte, par M. le grand-maistre, le marquis de Pescayre, et autres capitaines, et voulut M. le grand-maistre que M. de Bellegarde y fust appellé, d'autant qu'il s'entendoit fort bien en ces disputes de querelles. Le tout se débattoit sur ce subject, à cause d'un soldat, qui avoit appellé son capitaine au combat. Il fut arresté que tout soldat qui a porté les armes deux ans durant sans intervalle, et qu'en ce temps il en aye faict digne proffession et belle preuve, en se trouvant à toutes les belles factions et hasardeuses et le prouvant, il peut combattre tout capitaine duquel il aura receu injure, voire le sien propre, en s'ostant de sa compaignie.

Je vis quasi pareille dispute entre le capitaine Busq qui mourut à la Tercière[1], et le capitaine Brevet son lieutenant, tous deux provançaux, et braves et vaillans capitaines. L'on trouvoit estrange que le capitaine Brevet deffioit ainsi son capitaine, mais pourtant M. d'Estrosse leur colonel et autres capitaines luy dirent que ledict Brevet le pouvoit faire en le quic-

---

1. A l'expédition de Tercère.

tant; il est bien vray qu'il y a différence entre un lieutenant et un soldat, car le lieutenant est capitaine. J'estois présent à ceste dispute, où M. d'Estrosse m'avoit faict appeller, et prié d'y assister pour en dire mon advis, où j'y vis alléguer force raisons, *et pro et contra*, entre autres ceste maxime que j'ay dicte cy-devant, touchant le soldat qui a porté deux ans les armes en belles factions, pouvoit combattre un capitaine, et a eu lieu parmy les Italiens, mais peu parmy les Espaignols, et encore parmy nos François de jadis; d'autant que ce mot de capitaine estoit et est si sacré, que le soldat qui offançoit seullement si peu un capitaine estoit griefvement puny, car n'estoit appellé à cet estat qui n'en fust grandement digne. Si que j'ay veu tels capitaines, voire plus de cinquante en ma vie, parmi nos bandes, qui mériteroient d'estre aujourd'huy colonels, et tel soldat qui mériteroit d'estre aujourd'huy maistre de camp. Mais aujourd'huy que nostre infanterie est si corrompue, despravée et desreiglée, que les maistres de camp (la pluspart) et capitaines se font par douzaines, ainsi que la nécessité le porte, et faute de paye, et si pourtant s'estiment autant que les plus braves et famez, en quoy il y a différence; car tel capitaine y a-il qu'un gentilhomme de marque se fairoit tort de le combattre, encore qu'il allégast qu'il y a tant de temps qu'il porte les armes; mais comment les portent-ils? en les traisnant et en tenant les champs, cherchant les parroisses, en vivant et rançonnant le bonhomme, et se trouvant peu aux belles factions. Quand ce vient à une bonne affaire, ils ont autant de cœur que putains; je parle d'aucuns, mais non de tous.

Comme nous disons du capitaine, de mesmes en faut dire du soldat, lequel se vantera avoir porté les armes tant de temps ; mais quoy ! c'est en faisant la vie de ripaille, comme j'ay dict du capitaine ; et qu'il faille recepvoir telles gens en combats, ce sont abus ; ouy bien les braves capitaines et bons soldats signallez, desquels la vaillance est très-esprouvée, dont nous en avons encore force parmy nos bandes, car je serois bien marry de parler de tous en général, ainsi que je les loue en mon livre des Colonels. Voilà ce que j'en ay ouy discourir à de braves capitaines en cette dispute que je viens de dire, et entre autres beaux exemples alléguèrent M. de Maison-Fleur[1], gentil et brave capitaine de son temps, lequel estant à la guerre de Flandres, pour contenter un soldat qui se doulloit[2] de luy, s'offrit de le combattre. Le soldat le prit au mot, et se battirent si bien qu'ils se tuèrent ; brave et vaillant acte certes. Aucuns louèrent la vaillance et la générosité dudict Maison-Fleur ; autres le blasmèrent d'avoir desrogé à l'authorité de capitaine, et l'avoir trop abbaissée, et qu'en tel cas il la falloit maintenir jusques au bout, et ne la mettre en ballance sans l'advis des plus grands capitaines, ou ordonnances des généraux ; mais de gayeté de cœur s'aller battre comme il fit, force gens luy donnoient blasme ; car enfin il faut honnorer son estat et ne le mettre à si bon marché.

1. Jérome Lhuillier, seigneur de Maisonfleur, chevalier, gentilhomme de Henri II et de François II, écuyer tranchant de François II et de Catherine de Médicis.
2. *Se doulloit*, se plaignait.

Le capitaine Bourdeille mon frère, brave et vaillant certes, (je ne pense point faillir si je le dis, car il estoit tel estimé de son temps), estant en Piedmont, commandant à des gens de pied, il avoit avec luy un fort brave soldat qu'on nommoit le capitaine Tripaudière, Gascon qu'il avoit eslevé, dressé, entretenu avec luy l'espace de six ans, et faict voir son monde aux guerres de Piedmont, d'Hongrie et de Parme, le menant tousjours quant et luy, l'aymant fort et luy ayant apris à tirer bien des armes, car mondict frère les avoit très-belles en la main. Par cas ce Tripaudière fut suborné et gaigné par M. de Bonnivet pour lors colonel en Piedmont, pour estre avec luy l'un de ses capitaines entretenus, dont il laissa mondict frère qui en estant despit[1], le fit appeller sur le pont du Pau, qui ne faillit d'y aller, tant il s'estoit fait présomptueux ; mais en y allant il fut rencontré par aucuns capitaines et retourné en la ville, et mené à M. de Brissac pour empescher le combat, qui envoya quérir mondict frère pour les accorder. La chose fut fort disputée, et mesmes des vieux capitaines de là, qui dirent n'y avoir aucune raison qu'un petit capitaineau entretenu despuis trois jours, se battist contre le capitaine Bourdeille (qui ne vouloit que se battre, et point s'accorder) ayant commandé il y avoit longtemps ; de plus, qu'il estoit gentilhomme de fort bonne part et bon lieu, appartenant à des plus grands de la France. Force capitaines remonstrèrent au capitaine Bourdeille, veu ses qualitez, qu'il se faisoit grand tort et à tous eux de s'abbaisser

---

1. *Despit*, dépité.

par trop, que de vouloir se battre contre un qui n'avoit pas trois jours qu'il n'estoit que son simple soldat, sa créature, et faict capitaine nouveau, encore de gayeté de cœur et sans subject. A quoy ne vouloit entendre le capitaine Bourdeille, car il estoit un jeune homme escabroux[1], vieux capitaine pourtant. Mais enfin il fut tant persuadé des grands et vieux capitaines de par-de-là, et de ses compaignons, de se contenter que ledict capitaine Tripaudière luy fist une fort grande soubmission, et luy requérant fort ses bonnes graces et amitié, à quoy il s'accorda; mais jamais il ne l'ayma plus et en fit peu de compte, car il estoit ennemy d'un ingrat.

Un peu avant ce différend, il en estoit arrivé un entre le capitaine la Chasse, provençal, vieux capitaine et gentilhomme de bonne part, et le capitaine Riolas vieux capitaine aussi, que j'ay veu suivre feu M. de Guise le Grand, et mourut à l'assaut du siège de Rouan[2] près de luy. Quand ce fut pour les accorder, il y eut grande dispute, bien qu'ils fussent tous deux esgaux capitaines, en valleur et honneur et expérience, mais le capitaine la Chasse se disoit gentilhomme, et avoir ce poinct par dessus Riolás, à quoy M. le mareschal et autres grands capitaines eurent de l'esgard.

J'espère en mon second livre[3] parler de plusieurs accords de querelles que j'ay veu faire et ouy dire,

---

1. *Escabroux*, rude, de l'espagnol *escabroso*.

2. Les éditions antérieures portent par erreur *Royan*. Il n'y eut, durant la vie de François de Guise, aucun siège de Royan où il ait assisté.

3. Ce livre n'a jamais été écrit.

ensemble des paroles et satisfactions qui s'y sont dictes et pratiquées, en quoy du tout je m'en rapporteray aux grands capitaines, et mesmes sur le subject, si les gentilshommes bien qualifiez et capitaines encore bien signallez, n'ont pas quelque poinct sur les autres que du commun, puisque deux vertus sont plus puissantes qu'une. En voicy un autre conte, et puis plus, mais bien divers aux deux précédens.

Un soldat de la colonelle de M. de Bonnivet, en Piedmont, vint à offenser un tambour du capitaine Sainct-André[1]. Le tambour qui estoit brave et courageux (comme j'en ay veu aucuns parmy nos bandes qui sçavoient faire autre chose que toucher la caisse) demande à se battre contre le soldat, et le faict appeller. Le soldat le reffuse tout à plat, disant que ce seroit un grand reprosche à luy, vieux et signalé qu'il estoit, de se battre contre un tambour, et plusieurs capitaines tenoient cette opinion pour luy; parquoy Sainct-André que j'ay veu très-brave capitaine et gouverneur d'Aigues-Mortes despuis, se radvise d'oster la caisse à son tambour, et luy donne en récompense l'arquebuse à porter, avec remonstrance qu'il luy faict de la faire bien valloir en toutes belles entreprises et rencontres, si qu'il se rende capable soldat pour avoir raison de son ennemy. A quoy il ne fault, car dans trois mois il se fit fort recognoistre, au bout desquels il faict appeller sondict ennemy qui sans

---

1. Édouard d'Albert, seigneur de Saint-André, chevalier de l'ordre du roi, gouverneur de Nîmes et commandant au Bas-Languedoc, tué à la prise de Nîmes par les protestants le 15 novembre 1569.

aucune excuse y va, et se battirent et se blessèrent fort bien tous deux. Nos capitaines de gens de pied en peuvent là-dessus dire leur advis.

Il faut maintenant dire un mot d'une dispute que j'ay veu faire et la débattre, à sçavoir si en ces combats d'appels l'eslection d'armes s'y faict et s'y doit faire comme en camp-clos solemnels dont nous venons parler cy-devant. Aucuns disent que si, autres que non; comme par exemple, un qui est offencé faict appeller celuy qui l'a offencé, et luy mande qu'il l'attend en tel lieu avec telles armes, ou en pourpoinct, ou en chemise, avec l'espée et la dague, ou l'espée et la cappe, à pied ou sur un bon cheval, et une lance ou pistole, armé ou désarmé; ou que ce soit avec autres armes accoustumées on non accoustumées. Il y en a d'autres qui disent que, s'il plaist à celuy qui est appellé, il l'ira combattre, et s'il ne luy plaist, il n'ira point, sinon armé comme il luy plaira, d'autant qu'il n'y a point de confidans, parrains et juges pour ordonner, disent-ils, et décider des eslections d'armes, ny les débattre, comme aux camps solemnels, et faut qu'elles se concertent et s'accordent entre les deux parties, ou par les deux seconds, ou autres, et mesmes faut que l'offencé s'accorde à tout pour avoir raison de son offence; autrement l'offençant lui trouvera une infinité de poinctilles, subterfuges et cavillations pour faire, s'il veut, de grandes remises à se battre. Bien est-il vray que pour son honneur il n'en doit user; car qui offencé, il est tenu d'en faire réparation par les armes ou paroles; mais pourtant tel offencé, s'il estoit estropié d'un bras ou d'une jambe, il se peut accommoder de telles armes à son advantage sur son ennemy, qu'il luy plaira, et la raison le veut ainsi, et qu'en nos cours et ailleurs de nostre France, nous en avons veu force exemples, jusques à aucuns se vouloir proposer une coupe pleine de poison, et que toutes les deux parties adverses en beussent chascune la moitié ; d'autres s'offrir marcher tous deux en une chambre pavée de rasoirs, pour se deffaire par ces deux moyens (pas beaux pourtant) aussitost l'un de l'autre. Tant d'autres inventions bizarres et sottes a-on voulu trouver pour se deffaire les uns des autres par des eschapatoires ou autrement, dont je me passeray bien les contes.

Mais bien ay-je veu tenir en nostre cour à des plus braves et vaillans gentilshommes qui y fussent et qui avoient acquis en leur temps grande gloire d'armes, que si quelque mignon nouvellement venu d'Italie et fraischement esmollu à l'espée par le Patenostrier, ou Hiéronime, ou Francisque, ou le Tappe, ou le Flaman, ou le sieur d'Aymard, enfant de Bourdeaux, gallant homme certes, quand ils vivoient, et que venant à la cour affamé de gloire et d'honneur, et pour en avoir on les vinst à quereller et appeller avec l'espée seule, ou l'espée et la dague, qu'ils ne s'y battroient point, et le combattroient plustost par autres armes qu'ils trouveroient advantageuses pour eux et luy donneroient à songer, et ou monteroient sur un bon cheval et[1] une bonne pistole et une espée ou lance, ou autrement, pour faire passer[2] leur escrime. D'autres ay-je veu aussi tenir ce poinct, que quand on est offencé par supercherie, on peut com-

---

1. *Et*, avec. — 2. *Faire passer*, rendre inutile.

battre son ennemy comme l'on veut, mesmes de le tuer d'un canon, si l'on peut. Mais pourtant s'il veut estre si gallant que n'user de telle revanche, mais en cavallier tout gentil et tout noble, que d'appeller l'offençant avec armes nobles, communes et esgalles, il ne faut que l'offençant en reffuse le combat, autrement il luy iroit grandement et doublement de son honneur pour avoir offencé à l'advantage et en supercherie, et reffuser un honneste et fort chevalleresque combat que l'autre présente en brave et généreux cœur. Il s'en est veu beaucoup d'exemples de ceux qui en ont usé de semblables traicts.

Un autre exemple ay-je veu n'y a pas longtemps d'un gentilhomme qui ayant une parole à demander à un autre, le vint rencontrer et accoster en un chemin et luy demander quelque parole, et le brava fort de paroles bravasches et outrageuses, si bien que l'autre s'en alla avec cela pliant les espaules sans revanche, et dict pour ses raisons, que l'autre estoit monté à son advantage sur un bon cheval adroict et bien maniant, et luy estoit sur un jeune poulain qui ne sçavoit tourner seulement à pas une main. Au bout de quelque temps il songe à en avoir raison, et le faict appeller pour se battre contre luy avec une espée et une dague, et en chemise. L'autre fit dire par son second qu'il l'attendoit avec un bon cheval et une bonne espée, disant par ses raisons, que puisqu'il se plaignoit tant auparavant de quoy il avoit esté bravé de son ennemy monté sur un bon cheval, et luy sur un meschant, qu'il estoit à présumer que, monté de mesmes sur un bon cheval, qu'il fairoit rage, et qu'il ne luy faisoit point de tort de luy présenter le combat à cheval, et qu'aussi en tel poinct ils s'estoient entre-querellez. Celuy qui estoit offencé refusa ce combat à cheval, ce qu'il ne devoit faire, selon l'advis de plusieurs; car qui est offencé, il faut qu'en toutes formes et toutes armes raisonnables, il tasche à avoir raison de son offence. Toutesfois luy et son second, après s'estre advisez un peu, dirent qu'ils se battroient à cheval, mais qu'il n'en avoit pas sur l'heure, et pour ainsi le second requiert qu'il luy en fournisse, et en fasse venir deux bons, et en choisira celuy qu'il lui plaira; à quoy respondit l'autre, qu'il n'est vraisemblable que son combattant prétendu n'aye un bon cheval, puisqu'il est riche seigneur et que ordinairement il en a chez luy de fort bons, et en mène avec luy quelqu'un tousjours, et aussi que son second en avoit sur le lieu trois ou quatre; qui estant requis de luy en prester un, le reffusa disant qu'il n'en fairoit rien. Pour quant à luy fournir chevaux et en mettre sur les rangs un couple, et l'autre second les venir visiter et en choisir l'un, c'est un abus; cela ne s'est jamais veu, sinon en combats solemnels, ainsi que j'ay dict par cy-devant, et l'appellé ou l'appellant ne sont nullement tenus de produire ny chevaux ny armes, si ce n'estoit quelques armes extraordinaires que l'un et l'autre proposassent, et qu'ils ne les eussent sur le lieu, et pour ce les demandassent ou accordassent terme d'en pouvoir recouvrer, monstrans en cela leurs braves courages pour ne reffuser le combat. Voilà comment il faut qu'ils s'entredonnent chevaux et armes par concert faict entre eux-mesmes ou leurs seconds en camps solemnels; il faut passer autrement selon leurs loix; je l'ay ouy ainsi tenir aux grands duellistes.

Un autre exemple ay-je veu d'un qui appella l'autre en chemise[1], avec une espée et un poignard; l'autre fit responce qu'il ne veut point combattre en chemise ainsi nud, car c'estoit en hyver, et qu'il mourroit de froid, et qu'il se morfondroit et engendreroit un bon rume, un catherre, ou un bon purigi qui lui causeroit la mort, et quant à luy qu'il n'alloit point là pour y mourir, mais pour y vivre par emprès, craignant cela plus que son espée. A tout cela il est très-bien receu, et peut fort bien garder son pourpoinct pour son combat; aussi est-ce un abus que de se battre en chemise blanche, mais il faut aussi visiter les pourpoincts s'ils ne sont point plus advantageux les uns que les autres, et s'il n'y a point de fer, ou maille, ou papier collé, et cela peuvent faire les seconds, dont pourtant en est arrivé des inconvéniens par telles visites. Autrement se faict-il en camps solemnels, car si celuy qui a les armes[2] propose à l'autre de se battre en chemise, il faut que cela soit et qu'il passe par là.

Deux autres exemples ay-je veu de deux dont l'un estoit malade d'une fiebvre et l'autre qui s'estoit desnoué[3] un pied. Ils furent appellez par leurs ennemis, avec une espée et une dague, et à pied. Eux courageux, se faschans de s'excuser à faute de se battre, mandent qu'ils se veulent battre à cheval et une bonne espée : ils y doivent estre receus, ny

---

1. *En chemise*, c'est-à-dire sans pourpoint.
2. Le choix des armes. — 3. *Desnoué*, démis.

rebuttez de leurs excuses. Autrement est-il aux camps solemnels, tesmoing celuy de M. de Bayard, au conte que j'ay dict cy-devant de luy[1]. Tant d'autres exemples alléguerois-je sur cette eslection d'armes en ces appels que aucuns veulent faire ressembler aux camps solemnels, qui est un abus; car il n'y a nulle conjonction ny ressemblance en cela : et voilà pourquoy ces camps solemnels sont plus à estimer que les autres d'appel, comme ont dict les grands docteurs duellistes, d'autant qu'ils se font par loix, statuts, ordonnances, reiglemens, anciennes coustumes, tant par les juges, mareschaux de camp, parrains et confidans, et autres grands personnages de guerre, et anciens docteurs qui les ont ordonnez, réformez et policez. Encore que je ne me veuille destourner de mon dire, qu'il y a abus aussi bien aux uns qu'aux autres, mais en l'un plus qu'en l'autre, pourtant il faut tout remettre à la raison, selon laquelle on se doit reigler, et par ce on ne faillira point. J'eusse faict ce discours bien plus long sur cette dispute d'eslection d'armes, et en eusse allégué force autres raisons et exemples, mais je n'aurois jamais faict. Il faut donner la plume à ceux qui peuvent mieux escrire que moy, et tout ainsi que je parle de l'eslection des armes, il faut aussi entendre de mesmes de l'eslection des lieux pour se battre; car il y en a de suspects ausquels faut bien adviser pour les eslire.

Or faisons fin, encore que j'aye un champ très-ample pour le semer de plusieurs belles disputes, raisons, questions, exemples, contes, histoires, mais

1. Voyez plus haut, p. 264.

c'est pour ceux qui sont en cela mieux entendus que moy. Je fais doncques fin, priant tous cavalliers, capitaines, soldats, de m'excuser si je n'ay mieux dict, protestant pourtant que mon advis ne procède point tant de mon débile cerveau, comme de plus grands et plus experts en cela que moy, desquels j'ay appris, et suis prest d'en apprendre d'autres fort librement, et de ceux qui me voudront enseigner.

Je croy bien que si un feu M. l'admiral, un M. d'Andellot, un M. de Guise le Grand qui s'entendoit en cela mieux qu'homme du monde, et qui en discouroit des mieux, comme je l'ay veu; un M. de Montluc, un mareschal de Bellegarde, un mareschal de Biron, un M. de Biron son fils, qui est aujourd'huy un des grands capitaines de France, et tant d'autres capitaines, tant de gensd'armes que d'infanterie, qui ont veu tant de combats, eussent entrepris ce discours, je croy que ce fust esté la plus belle chose qu'on vist jamais.

Je ne me desparts pourtant encore de mes discours, pour y enfiller un autre, sur une dispute que j'ay veu faire souvent parmy les grands capitaines et gens de guerre : à sçavoir si un général d'armée ou autre, ayant un grand commandement, estant en sa charge, doit reffuser le combat qu'un autre son pareil luy présente, et auquel il le deffie. Sur laquelle dispute j'allégueray cet exemple qui est fort beau, de M. le marquis de Pescayre, ce grand capitaine, lequel, lorsque les François furent chassez de l'estat de Milan (dont il en fut le principal chasseur), il vint assiéger dans la ville de Côme, M. de Vandenesse, frère puisné de M. de la Pallisse, lequel encor qu'il fust fort petit d'estature et de taille, et n'eust l'aparence ny la grace de son frère M. de la Pallisse, si ne luy cédoit-il en rien de valleur et d'audace ; car parmy les siens il estoit apellé le petit lion des François, mesmes les Espaignols luy donnèrent ce nom; j'en parle ailleurs[1]. Estant donc assiégé dans ceste place, elle luy fut tellement battue et assaillie qu'il fut contrainct la rendre par composition de vies et bagues sauves, laquelle, luy voulant sortir, ne luy fut nullement observée, car elle fut du tout pillée et sacagée par les Espaignols et lansquenets à la veue dudict M. de Vandenesse, qui rongeant son despit, au partir de là, ne faillit d'envoyer tout aussitost un trompette audict marquis, et luy envoyer un cartel de deffy, l'apellant en duel[2]. Mais les Espaignols desquels il[3] estoit le père et le plus aymé général qu'ils avoient jamais eu, ny eurent onc, ne voulurent jamais qu'il respondist à ce cartel, ne qu'il entendist au combat, encores que ledict marquis ne desirast autre chose (ce disoit-il, et le faisoit par beau semblant parestre), eux allégans que d'autant qu'il estoit personne publicque et gagé au service de l'empereur et du public, il n'estoit obligé qu'il se perdist pour chose particulière, au moins qu'il s'y hasardast, dont le retindrent en despit de luy; dequoy la partie fut remise à une autre fois, qui s'entretint tousjours soubs un ardent desir de vengeance et de combat, tant d'un costé que d'autre, car certes ils estoient tous deux esgaux en prouesse ; mais le malheur fut tel pour M. de Van-

---

1. Voyez tome II, p. 381. — 2. Voyez Vallès, fol. 57-58.
3. *Il*, le marquis de Pescaire.

denesse, qu'au bout de quelque temps l'admiral Bonnivet se retirant de Lombardie, mal mené et en désordre et confusion, pour estre suivy de près de l'armée espaignolle, où commandoit ledit sieur marquis, fut chargé fort rudement à Romagnano, où la routte de nos gens fut telle, qu'il en fut tué beaucoup, entre autres M. de Vandenesse estant sur la queue et faisant la retraite, d'une grand' harquebusade qu'il eut dans l'espaulle ; dont ledit marquis en fut si désollé et fasché, ainsi que dict un roman espaignol, qui descrit sa vie, que maugréant le ciel, il disoit souvent en sa langue espaignolle : « *Porque le parescia que este hombre que era a el particular enemigo havia sido quitado del cielo y de la Fortuna a su triumpho, y a su gloria esperanda, porque siendo y a antes desafiado desseava estremamente verse con el en pelea particular por dar fin a su querella por su gran honra !*[1] » Qui est en françois : « Que la Fortune et le ciel avoient faict grand tort de luy avoir osté cet homme, lequel estant son particulier ennemy, avoit esté destiné pour son triumphe et sa gloire espérée, d'autant que paravant ayant esté deffié de luy, il desiroit fort entrer en camp avec luy, pour terminer sa querelle avec son honneur. » Pesez tous ces mots, et voyez quelle superbeté et rodomontade espaignolle.

Il me semble que j'oys encor Octave Cæsar sur la mort de Cléopatre, pour ne pas l'avoir sceu mener en triumphe à Rome[2], ou bien (pour venir

---

1. Voyez Vallès, f° 102, v°. Brantôme a ajouté au texte quelques mots et, entre autres, les quatre derniers.
2. « Pour Cléopâtre, il desiroit fort de la conserver pour la

du plus grand au plus petit) d'un soldat espaignol, lequel ayant eu une querelle contre un autre, pensant le combattre sur ces entrefaictes, vint à estre blessé bien fort en une escarmouche de siège; il ne fit que prier Dieu, et faire dire force messes pour luy et pour sa guérison, et quand on luy demandoit pourquoy il le faisoit, veu que c'estoit son ennemy, et autant de deffaicte pour luy s'il mouroit, il respondit : « Parce qu'il me fascheroit fort qu'il mou-
« rust autrement que de ma main, et faut qu'il en
« meure, ou plustost je me tuerois moy-mesmes de
« despit. » Voilà une plaisante gloire !

Mais pour tourner encor à nostre première histoire du marquis, j'en allègue une autre semblable de René d'Anjou[1]. Lorsqu'il vint au royaume de Naples, il envoya un héraut devant Alphonce d'Aragon, se disant roy de Naples, et luy porta un gantellet tout ensanglanté, ainsi qu'estoit la coustume d'aucuns deffys de ce temps, comme j'ay dict cy-dessus, l'apellant au combat de la part de son maître. Alphonce accepta le gant, et puis demanda si René vouloit combattre corps à corps, ou avec bien toute l'armée. L'autre respondict en armée : il fust esté plus beau de dire corps à corps. Alphonce luy répliqua qu'il acceptoit la bataille, et qu'à luy appartenant par le droict des armes

---

faire marcher à la suite de son char de triomphe, et, quand il apprit qu'elle s'étoit fait piquer le sein par un aspic, il fit venir des Psylles pour sucer le venin qu'elle avoit fait passer dans son sang; malgré leur soin, cette princesse mourut. » Plutarque, *Vie d'Auguste*, chap. XXI.

1. Voyez Collenuccio, *Compendio dell' historia del regno di Napoli*, liv. VI.

comme à provoqué et apellé d'eslire le jour et lieu de la bataille, il eslisoit ceste pleine qui estoit entre Nola et Lucera, et que dans huict jours de là, il l'y-roit attendre avec son armée, ce qu'il fit au jour terminé; mais René n'y alla pas et ne chercha point la battaille; toutesfois il se vint bien camper au camp d'où Alphonce s'estoit party, puis adjouste le conte que quelque jurisconsulte de ce temps-là[1] avoit escrit, qu'Alphonce comparut dans le champ de battaille; mais non pas René, d'autant que ses barons l'en empeschèrent, luy allégant qu'il n'avoit peu en ceste sorte deffier Alphonce, se voulant mettre sa personne et son royaume en danger sans le conseil et consentement d'eux et des principaux du royaume, du péril et intérests desquels il estoit question. De l'autre costé, Alphonce, lorsqu'il fut apellé au combat, demeura quelque temps songeant là-dessus, d'autant qu'aucuns luy disoient que René qui n'estoit que duc, ne pouvoit pour raison apeller Alphonce qui estoit roy. Mais enfin luy semblant telle excuse d'homme lasche et couard, il retint et accepta le combat, comme de vray il n'avoit garde de le refuser, estant si brave et vaillant roy, comme l'on l'a descrit, et ses actes l'ont monstré.

Le roy d'Engleterre[2] ayant esté deffié par le duc d'Orléans de tirer quelques coups de lance avec luy seul, ou dix à dix, ou en foulle de cent à cent chevalliers,

---

1. Voyez Paris de Puteo, f° 408, col. 2.
2. Henri IV. — Louis duc d'Orléans. Le défi eut lieu en 1402. Voy. Monstrelet, livre I, ch. ix; édition Douët d'Arcq, tome I, p. 43.

pour l'amour des dames, ou autrement, le roy luy fit responce qu'il n'y avoit nulle raison qu'il esgallast sa royale majesté avec son excellence et seigneurie. Toutefois pour l'honneur et gentillesse, voluntiers de gayetté de cœur, abaisseroit sa majesté jusques-là, que de venir aux mains avec luy. Un fils descendu de la noble maison de France luy faisoit pourtant beaucoup d'honneur de se battre à luy, comme luy tout roy à ce fils de France.

Un autre exemple de nôtre temps, lorsque la première fois M. d'Alançon, frère à nostre roy, alla en Flandres [1], il y eut un gentilhomme provençal, nommé le chevallier d'Oraison [2], qui avoit une querelle contre M. de Bussy. Parquoy pour la démesler, et pour plus grande obstentation et bravade, part de la cour et de Paris, et emmeine avec luy le seigneur de Goville [3], pour lors le plus renommé tireur d'armes qui fust en la France, pour se battre avec M. de Fervaques [4], brave et vaillant gentilhomme, contre qui pareillement avoit querelle, et s'en vont rendre dans le camp de Dom Joan d'Austrie, estant lors la saison et permission telle aux François, d'aller pour les Espaignols aussi bien que contr'eux. Y estant donc, allèrent faire la révérence à Son Altesse et luy faire en-

1. En 1578.
2. Carles Lyon d'Oraison. Voyez diverses lettres du chevalier d'Oraison, de Bussy et du duc d'Anjou, relatives à cette affaire, dans le ms. 272 de la collection Brienne, fol. 198-202. Elles sont datées d'août 1578.
3. Gauville dont il est question plus haut p. 382.
4. Guillaume de Hautemer, seigneur de Fervaques, maréchal de France (1595).

tendre qu'ils estoient venus là pour le servir, et aussi pour apeller en estaquade deux gentilshommes françois, qui estoient au camp de Monsieur, party contraire : qu'estoient MM. de Bussy et Fervaques ; supliant Son Altesse leur permettre le camp, et leur donner licence d'y envoyer un trompette pour les y apeller. Dom Joan leur permit librement, et avec grand aise, pour avoir par là quelque petit subject de quelque affront à M. d'Alançon, ou à ses gentilshommes, et mesmes estans fort ses favoris. Estant venu le trompette et ayant faict sa charge, soudain il fut pris au mot, ce qu'estant venu à la cognoissance de Monsieur, despesche le trompette, et mande par luy à Dom Joan que la partie estoit par trop belle, pour permettre qu'elle se fist sans luy, et qu'il en vouloit estre, et que si Dom Joan y vouloit venir, qu'il feroit le tiers, et qu'ils advisassent le lieu, le jour et l'heure, et qu'il seroit tousjours prest, si que possible par là pourroient desmesler et déterminer, non pas une simple querelle ny petits différens, mais oster toute occasion d'estaindre une grand' guerre, qui s'alloit enflammer. Dom Joan, qui ne s'estoit attendu nullement, ny proposé, ny advisé qu'on en vint là, fut un peu esbahy pour le commencement, voyant une telle conséquence advenir. Toutesfois comme brave, vaillant et généreux, et comme fils de père, accepte le deffy et se résoult de se trouver à l'assignation. Mais ces grands capitaines qui estoient près de luy, compassans très-bien toutes choses, comme ils en sont maistres, mesmes les soldats espaignols qui en commençoient faire rumeur et à se mutiner, ne voulurent jamais permettre que leur général, pour un certain petit et léger poinct d'honneur, s'allast ainsi perdre, et tout un estat ; car si cela avoit lieu, il n'y a général qui ne fust ainsi souvent deffié, et auroit plus de peine à respondre à ces cartels de gens que l'on supposeroit exprès, que non pas à faire le deub de leur charge. Parquoy il fut arresté et retenu par les siens, quelque instance qu'il fist de sortir. Par ainsi telle entreprise fut rompue. En quoy les Espaignols furent fort mal contens de ces deux gentilshommes deffians qui estoient là venus dans leur camp par leurs deffis brouiller leurs belles ordonnances et pollices de guerre.

Nous avons un frais exemple en ces dernières guerres, de M. d'Espernon et du sieur d'Aubeterre[1], reprennant les erres du capitaine Maumont, qui simple capitaine qu'il estoit avoit deffié mondict sieur d'Espernon, ce qui estoit une grande dérision, mais aussi la paya-il bien comm'il la méritoit, et bien employé. Un simple capitaine piéton aller deffier un colonnel, tout le monde luy devoit courir assus[2]. M. d'Espernon estant au service du roy son maistre en France, lorsqu'il mourut à Sainct Clou[3], le sieur d'Aubeterre ayant quitté le party du roy, qui luy avoit faict tant de biens, et pris celluy de la Ligue, ne pouvant prendre le gros gibier des villes d'Angoullesme, Cognac et Xaintes, y ayant faict souvent entreprises, s'alla jetter sur le menu, et fit surprendre par son

---

1. David Bouchard, vicomte d'Aubeterre, mari de Renée de Bourdeille, nièce de Brantôme.
2. *Assus*, sus.
3. *Lorsqu'il*, lorsque Henri III.

frère le baron¹, le chasteau de Villebois, qui estoit à Mme la marquise de Mézières sa tante, qui l'avoit veu trois jours auparavant, avec plusieurs offres de services, et faict son frère le baron, gardien de ceste place ; par le moyen de laquelle il faict la guerre au gouvernement de M. d'Espernon, d'Angoumois et Xaintonge, et les ravage fort. M. d'Espernon absent, tourné après la mort du roy, il voulut nettoyer son gouvernement de tels ravageurs et r'avoir sa place, et tente les moyens ordinaires et premiers, par sommation de trompette ; mais n'y voulurent entendre. Parquoy les va assiéger avec un fort beau appareil et attirail d'artillerie, et non point de petit compaignon, mais digne d'un grand seigneur comme luy. Sur ces entrefaictes ledict Aubeterre envoye un cartel à M. d'Espernon pour l'apeller au combat. Mais M. d'Espernon en peu de mots luy respond ainsi : « Je m'en vais pour le service du roy où ma charge « m'apelle : ayant faict là, je parlerai à vous. Cepen- « dant je suis fort homme de bien et d'honneur, et « quiconque voudra dire du contraire en aura menty. » Et sur ce point part avec ses troupes et va faire son siège de Villebois, le prend en moins de huict jours, contre toute l'espérance de tout le monde, qui croyoit que d'un mois ne le prendroit, et ce à la barbe dudit sieur d'Aubeterre, qui estoit dans son chasteau d'Aubeterre retiré avecques ses gens, sans donner une seule allarme au camp de M. d'Espernon, qui n'estoit pas si grand, ny si bien gardé, qu'il ne deubst estre un peu esveillé et fatigué, et ne secourut nulle-

---

1. Jean Bouchard d'Aubeterre.

ment son frère ny ses compaignons, ausquels il avoit
donné de belles parolles ; et furent la pluspart tous
pendus et tués. Après cela, M. d'Espernon part et s'en
va en Périgort luy prendre le chasteau et ville de Non-
tron[1], sans qu'il luy en fist empeschement le moins
du monde, encore qu'il eust faict une belle assemblée d'honnestes gens que je sçay et cognois, ausquels ne tint nullement qu'ils ne vinssent aux mains,
ce disoient-ils. Là-dessus j'ay veu discourir à beaucoup de bons capitaines, n'eust-il pas mieux valu audict sieur d'Aubeterre de combattre en foulle M. d'Espernon, puisqu'il alloit de la cause du général, que
de s'aller amuser à composer son cartel et altérer sa
plume ; duquel cartel seul ne se contenta, mais en
alla encore faire je ne sçay combien d'autres si grands
et si amples et longs, que l'on disoit qu'il sembloient
mieux ses leçons qu'il avoit apris à Genève, où il
avoit esté né, eslevé et endoctriné, que cartels de cavalliers, qui doivent estre les plus brefs que l'on peut.
Nonobstant M. d'Espernon, après avoir mis ordre
aux affaires du public, ne laisse à vouloir entrer, ce
disoit-on (d'autres disent non), en estaquade et s'offrir d'aller dans Blaye sur la parole de M. de Lussan[2], encor qu'il fust plus amy dudict Aubeterre que
de luy, et s'offre encor d'aller dans la basse-court de
M. le marquis de Trans, mais il s'y trouva des difficultez. Ceux du party de M. d'Espernon disent cela,
les autres le nyent ; c'est le moindre des soucys. Ce-

1. Dans le département de la Dordogne.
2. Probablement Pierre d'Esparbez de Lussan, grand prieur de
Saint-Gilles.

pendant M. d'Espernon ne chauma point et luy faict la guerre à telle outrance qu'il le contraint à quitter le party de la Ligue, et pour sa seureté et de son chasteau, de prendre celluy du roy et de l'aller trouver en France, et luy demander pardon. Estant là, il se remet encor sur la plume et ses cartels, et en faict un, non de sa teste à ce qu'on dict, mais forgé où je dirois bien, et luy faict tenir par un tambour, qui luy présenta à Xainctes, sans en sçavoir rien, dont pour ce il méritoit d'estre pendu, pour abuser de sa charge à l'endroit de son colonnel; mais M. d'Espernon luy usa de miséricorde, d'autres disent qu'il le fit fouetter à sa cuisine jusqu'à mourir, dont il fut très-loué, et luy fit responce qu'il n'avoit poit respondu aux desmentys qu'il luy avoit donnez. et que lorsqu'il auroit y satisfaict, alors il parleroit à luy, et qu'après qu'il auroit faict le service du roy, en Guyenne, qu'il iroit en France où l'apelloit, et à l'armée du roy pour le combattre. A quoy M. d'Espernon ne faillit, car ayant mis ordre à quelques affaires particulières qu'il avoit en Gascogne, et y avoir amassé quelques forces pour mener au roy, et mis ordre à son gouvernement, il alla trouver le roy en France, avec deux mille hommes de pied et deux cens bons chevaux, qui fut un secours bon et à propos; dont aucuns disent que ledict sieur d'Aubeterre, le sentant venir (ce que l'on ne présume), partit d'avec le roy et s'en vint en sa maison.

J'ay entendu dire que beaucoup de grands capitaines, et entre autres M. le mareschal de Biron qui sçait bien peser les choses, ne trouvèrent jamais bons ces deffis dudict Aubeterre, et qu'il n'estoit raison que luy simple gentilhomme, séneschal d'une petite province, voire des moindres de la France, qu'est Périgort, et qui n'avoit faict de grands preuves de sa personne encor au prix de l'autre, allast ainsi deffier un duc et pair de France, et colonel de l'infanterie, et qui avoit gouverné paisiblement son roy, et manié l'espace de dix ans tous les affaires de l'Estat. Néanmoins il n'a jamais tenu audict M. d'Espernon (ce disoit-on) qu'il n'ayt combattu; et s'il eust trouvé ledict Aubeterre au camp, infailliblement se fussent battus, encor qu'il en fust fort dissuadé de plusieurs raisons et de plusieurs amys et serviteurs. Le roy l'en sollicitant d'accord, il dist qu'il ne s'accorderoit que premier il n'en fust esté disputé et dict par les officiers de la Couronne, disant que cela leur touchoit à tous. Enfin pourtant un gentilhomme, que l'on cognoit sans le nommer[1], les accorda sans autre cérimonie et les fit embrasser au bout d'un an, après s'estre bien envoyez des desmentys, des cartels et des injures, au grand estonnement de tout le monde (mais il[2] vouloit passer en Provence, et ne vouloit laisser un tel ennemy derrière soy), d'autant que le dict sieur d'Espernon avoit juré cent fois de ne s'accorder jamais, et qu'il tueroit Aubeterre et fairoit porter l'attiffaict[3] à sa femme, qui estoit ma niepce, l'une des belles et honnestes femmes du monde. Mais pourtant l'accort fut tel et si advantageux pour M. d'Espernon, que ledict Aubeterre le vint trouver à Angoullesme, là où ils se réconcilliè-

---

1. Il s'agit de lui Brantôme. — 2. *Il*, Espernon.
3. *Attifaict*, attifet, coiffure de veuve.

rent encores mieux. Ainsi faut-il qu'on recherche les grands, mais bien à propos.

Il en arriva de mesmes à M. de la Chastre, grand capitaine certes. Il vint à estre querellé sur certain léger subject, et de gayetté de cœur, par M. de Drou[1], brave gentilhomme, capitaine des gardes des Suysses de M. d'Alançon, et l'envoya appeller un jour estant à la cour de Monsieur. M. de la Chastre qui avoit faict de longtemps toute profession d'honneur et de vaillance ne reffusa point d'y aller. Mais par le commandement de Monsieur, il fut arresté; ayant esté remonstré à Monsieur par plusieurs honnestes gens et bons capitaines qu'il avoit avec luy, qu'il n'estoit pas raison qu'un jeune gentilhomme, encor qu'il fust de bon lieu et d'honneur, si aisément s'allast esprouver et battre contre un tel et grand capitaine, vieux et expérimenté, et qui avoit tant faict de preuves et donné tant de tesmoignages de sa valleur, et qui pouvoit sauver tout un public en une heure.

Il arriva de mesmes à M. de Sainct-Luc, brave et vaillant seigneur certes, ayant esté deffié et apellé par M. de Gauville, dont j'ay parlé cy-devant, estans tous deux à Anvers au service de Monsieur, ainsi qu'il alloit résolu au combat et qu'il vouloit sortir hors de la ville, fut arresté par la Vergne, capitaine de la garde françoise de Monsieur. Quand ces nouvelles en vinrent à la cour, je vis aucuns discourir

---

1. Il figure sur l'état de la maison du duc d'Anjou, comme chambellan, avec six cents livres de gages (voyez les *Mémoires de Nevers*, t. I, p. 777).

qu'en cet apel l'on y devoit avoir heu quelque esgard et considération, d'autant que M. de Sainct-Luc estoit qualliffié, avoit esté maistre de camp des bandes de Piedmont, des affaires et cabinet du roy, capitaine de gensdarmes, chevallier de l'ordre, lieutenant de roy, en Brouage et isles de Xainctonge, et autres charges. Autres disoient que M. de Goville estoit gentilhomme et fort noble par les belles armes qu'il avoit en main mieux que gentilhomme de France, et que ce fust esté une belle gloire à M. de Sainct-Luc de se battre contre luy, comm'il monstra bien qu'il n'en fit point de reffus, et une encor plus belle s'il en fust reschappé, ainsi que son brave et généreux courage l'y poussoit.

J'alléguerois icy voluntiers un exemple sur un différent qui arriva un de ces ans entre M. de Sainct-Gouard, tournant nouvellement ambassadeur d'Espaigne, et un gentilhomme de Xainctonge, duquel j'ay oublié le nom ; je n'en sais pas bien le conte au vray, car pour lors je n'estois pas en France, et aussi que les uns me l'ont dict d'une façon, et les autres de l'autre. Voylà pourquoi je m'en tays. Tant y a qu'après quelques petites gallanteries et bravades passées entre l'un et l'autre, le roi fut informé du tout et trouva fort mauvais les formes de procéder du gentilhomme à l'endroit de M. de Sainct-Gouard, d'autant qu'il estoit gentilhomme fort qualliffié, chevallier de son ordre, et son ambassadeur d'Espaigne : et pour ce le roy luy envoye un de ses hérauts d'armes pour lui remonstrer sa faute, et luy signifier qu'il ait à comparestre devant Sa Majesté, et officiers de sa couronne, et de ne passer plus outre. Le gentilhomme s'excuse, et dict cognoistre le dict M. de Sainct-Gouard pour estre voysins et estre gentilhomme comme luy; ne sçavoir qu'il fust chevallier de l'ordre, mais qu'ayant premier commencé à offancer, il ne pouvoit moins faire que d'en avoir raison sans aucun respect et que luy, estant ainsi marqué de telles qualitez, devoit premier monstrer le chemin de la discrection. Quant à le recognoistre pour ambassadeur, il ne le cognoissoit nullement, ayant quitté l'Espaigne, et par ce moyen sa charge expirée, et qu'en Espaigne tenant lieu et la place de Sa Majesté, il l'eust recognu comme tel, et comm'il eust deu, mais non pas en Xainctonge. Force autres choses et raisons allégua-il pour responce audict héraut, lequel avec quelqu'un de ses amis la fist aussi entendre au roy, sans vouloir aller vers luy, craignant son indignation.

Je ne mettray icy par escrit ce qui fut disputé et arresté là-dessus au Conseil du roy, car je ne le sçay pas bien, ny ce qui s'y passa depuis, et aussi qu'il y a encor aujourd'huy force gens du Conseil et capitaines vivans qui le sçauroient mieux dire que moy. Je ne diray seulement que sur cela j'ouys dire à un très-grand seigneur que le roy pensant faire beaucoup pour M. de Sainct-Gouard, et peu pour le gentilhomme, à le vouloir ravaller, fit beaucoup pour ledict gentilhomme de luy avoir envoyé un de ses hérauts comme si ce fust esté à un prince estranger son pareil, ou autre grand seigneur de son royaume, au lieu de luy envoyer ou quelque trompette, ou un archer de ses gardes, ou un huyssier de son conseil, ou de la cour, voir un simple sergent de masse; en quoy le roy l'honnora de beaucoup. Je m'en raporte à la vérité du tout et au dire des grands capitaines làdessus.

Nous avons veu ces jours passez[1] une grande querelle entre M. le mareschal d'Orlano et M. de Montespent[2], tous deux braves et vaillans seigneurs, mais différens de qualitez et de charges, l'un mareschal de France et l'autre lieutenant de roy en Guienne. Ils furent prests à venyr aux mains sans beaucoup d'obstacles, et mesmes les deffences du roy. On en parle fort diversement : mais c'est un grand cas de se battre contre son lieutenant général, en quoy on doit bien admirer nos roys et autres grands princes souverains qui ont empesché ces abus dont il en arrivoit beaucoup de maux.

Or sur ces comparaisons de noblesses, de grades, de quallitez, d'honneurs, de valleurs et autres subjects semblables, j'ay veu sourdre parmy seigneurs, gentilshommes, capitaines et autres, force querelles et grandes disputes, dont j'en alléguerois plusieurs exemples si je voulois; mais pour fuyr une prollixité possible trop fascheuse, je me contenteray d'alléguer cettuy-cy seulement :

Lors que l'entreveue de la reyne d'Espaigne se fit à Bayonne, nostre roy et la reyne sa mère s'advisèrent, pour plus honorer la feste, d'envoyer Monsieur frère du roy (despuis nostre roy) jusques en Biscaye, au

1. Le maréchal d'Ornano fut nommé gouverneur de Guyenne en 1597.
2. Antoine-Arnaud de Pardaillan de Gondrin, seigneur, puis (1612) marquis de Montespan, lieutenant général au gouvernement de Guyenne, mort en 1624.

devant de ladicte reyne, avec cent ou six vingt chevaux de poste, l'accompaignant plusieurs princes, seigneurs, chevalliers de l'ordre, capitaines de gensd'armes, gentilshommes de la chambre, tant du roy que de Monsieur, et gentilshommes servans, vestus de leurs habillemens de poste, fort riches et pompeux qui estoient de velours cramoisy ou incarnadin d'Espaigne, avec force passemens d'argent ; mais les uns estoient plus couverts et enrichis que les autres ; c'est à sçavoir, ceux des princes, ducs, marquis, comtes, chevalliers de l'ordre et capitaines de gensd'armes estoient ainsi quasi tous pareils. Ceux des gentilshommes de la chambre du roy et de Monsieur estoient moindres ; et ceux des gentilshommes servans encore moindres. Il y eut parmy cette belle troupe le seigneur de Lignerolles[1] l'un des gallans de la cour, et fort accomply tant pour les armes que pour la parole, car il estoit tout plein de sçavoir, et qui avoit le cœur grand et glorieux. Il n'estoit encore que gentilhomme de la chambre du roy et de Monsieur, qui n'estoit pas petit honneur et tiltre de ce temps-là, et qui ne se sentoit moindre qu'aucuns chevalliers de l'ordre, et capitaines de gensd'armes, comme vous entendrez. Quand ce vint au despartement desdicts habillemens, et que l'on ne luy en donna que de ceux des gentilshommes de la chambre, il le reffusa tout à plat, et le renvoya bien loing sans en vouloir nullement prendre, disant qu'il en méritoit aussi bien un des beaux et riches, qu'aucuns qui en avoient eu ; entre

---

1. Celui qui fut assassiné en 1571, à Bourgueil, par Georges de Villequier, vicomte de la Guierche. Voyez tome IV, p. 71.

autres nomma le seigneur de Montsalès[1] et d'Autefort, lesquels estoient de ladicte compaignie des qualifiez et habillez de la grande sorte, et qu'il se sentoit autant qu'eux; et pour ce il ne suivit point Monsieur son maistre. Au retour Montsalès sceut cecy, qui estoit haut à la main et bravasche, et ayant un matin rencontré dans la place de Bayonne, Lignerolles, ainsi qu'il alloit au lever de son maistre, l'acoste, et d'abord luy demande : « Lignerolles, avez-vous dict telle pa-
« role? » (qu'est ce que j'ai dict cy-devant). — « Ouy,
« respondit Lignerolles, ce que j'ay dict, jamais je ne
« le désadvoue. — « Ah! mortdieu, dit Montsalès, ne
« faictes jamais comparaison de moy. » Lignerolles
réplicque : « quand j'en fairay, je penseray vous faire
« autant d'honneur comme possible à moy de tort. »
« — Ah! mortdieu, réplicque Montsalès, vous avez
« suivy Bueil; (ce Bueil estoit ce brave bastard de
« Sancerre dont j'ay parlé cy-devant[2]). — « C'en est
« l'une de mes gloires, respondit Lignerolles; car
« j'ay suivy un brave et très-vaillant capitaine en de
« belles aventures de guerre où j'ay bien servy mon
« roy, et appris beaucoup de luy. J'en ay, avant luy,
« suivy d'autres en Piedmont, de moindre qualité
« que luy, mais pourtant braves et bons capitaines,
« portant l'arquebuse et la picque soubs leur charge,
« dont je m'en sens très-honoré : je ne sçay qui
« vous avez suivy en vos jeunes guerres. — « Ah!
« mortdieu, dict encore Montsalès, j'ay des qualitez
« que vous n'avez pas (car il avoit l'ordre et la com-

---

1. Jacques de Balaguier, seigneur de Montsalez.
2. Voyez plus haut, p. 35 et 371.

paignie de gens d'armes de M. d'Anebaut qui mourut à la bataille de Dreux). — « Si vous les avez, respondit Lignerolles, gardez-les bien ; elles vous font « bien besoing ; quant à moy, je n'en perds que « l'attente d'en avoir autant, car je les mérite fort « bien. Il n'y a qu'un an ou deux que vous estiez « guidon de M. le mareschal de Sainct André, et moy « de M. de Nemours, et le suis encore, dont je m'en « sens autant honoré que vous pensez estre de vos « grades ; et si la faveur vous a gaigné le temps, il « ne me peut guières tarder, » comme de vray cela luy arriva, car il eut toutes ces charges. Force autres choses se disrent-ils, mais voilà les principales ; si que je croy qu'ils se fussent battus (sans que nous arrivasmes le baron de Vantenat et moy qui allions au lever du roy, et les en gardasmes), bien qu'il fust esté faict un bandon général et rigoureux sur la vie de ne mettre la main à l'espée, à cause de l'honorable assemblée. Le roy sceut le tout, qui commanda à M. le connestable de les accorder, lequel trouva, à ce qu'ouys dire, que Lignerolles avoit fort bien desmeslé ses comparaisons, et en homme qui sçavoit dire et faire. Il y eut puis après le sieur d'Auteffort l'aisné qui voulut avoir aussi sa revanche à son tour, lequel avoit esté faict chevallier de l'ordre, de frais, à Toulouse, par quoy il envoya appeler Lignerolles hors de la ville par M. de la Gastine très-brave gentilhomme, lieutenant de M. de Longueville ; à quoy ne faillit Lignerolles, ayant pour son second Nanzay despuis capitaine des gardes[1]. S'estans ac-

---

1. Gaspard de la Châtre, seigneur de Nançay, mort le 20 novembre 1576.

costez, ils se retirèrent à part, et les seconds à part aussi : on ne sçait qu'ils dirent, sinon qu'on les vit despartir sans se battre, et quasi comme amis, dont plusieurs en murmurèrent; car ces appels ne se doivent jamais despartir sans en venir aux mains, et falloit, comme j'ay dict, vaincre ou mourir, ainsi que la coustume à Naples y estoit formelle et s'est ainsi fort pratiquée.

Du règne de nostre dernier roy Henry III, fut faict un combat à Paris, en l'isle de Louviers, entre M. de Sourdiac, dict le jeune Chasteauneuf[1], de la maison de Rieux en Bretaigne, et M. de la Chasnaye-Railler[2] du pays d'Anjou, oncle de la femme dudict sieur de Sourdiac, de la maison de Bourg-l'Evesque, que ledit sieur de Sourdiac avoit nouvellement espousée, se doulant de quelques propos que je ne diray point, que prétendoit ledict sieur de Sourdiac de la Chasnaye avoir dict, et pour ce l'envoya appeller en ladicte isle, où estant, ledict sieur de Sourdiac luy demanda s'il avoit dict tels propos. L'autre luy respondit que sur la foy de gentilhomme et d'homme de bien, il ne les avoit jamais dicts. « Je suis doncques content, » réplicqua le sieur de Sourdiac. — « Non pas moy, » réplicqua l'autre, « car puisque vous m'avez donné « la peine de venir icy, je me veux battre; et que « diront de nous tant de gens assemblez d'un costé « et d'autre deçà et delà l'eau, d'estre icy venus pour

---

1. René de Rieux, seigneur de Châteauneuf et de Sourdéac. Voyez plus haut p. 63, note 3. Il avait épousé Suzanne de Saint-Melaine, dame de Bourg-L'Évêque, fille de Jean de Bourg-L'Évêque et de Renée d'Andigné.
2. La Chenaie-Raillé. Il y a à tort *Nailler* dans le texte.

« parler et non pour se battre? Il y iroit trop de
« nostre honneur : çà battons-nous. » Eux s'estans
donc mis en présence avec l'espée et la dague, se
tirèrent force coups advant se blesser ; aucuns disoient
que ledict sieur de Sourdiac estoit armé[1], et mesmes
qu'aucuns ouyrent ledit la Chasnaye crier haut : « ah !
« paillard, tu ez armé, » ainsi qu'il l'avoit tasté d'un
grand coup qu'il luy avoit tiré au corps; « ah ! je
« t'auray bien autrement, » et se mit à luy tirer à la
teste et à la gorge à laquelle il luy donna un grand
coup à costé, qu'il ne faillit rien qu'il ne luy coupast
le sifflet; dont ledict Sourdiac ne s'estonna nullement,
ains redoublant son courage, luy tira une grande
estocade au corps et le tua. De dire qu'il fust armé,
je ne le puis croire; car je l'ay tousjours cogneu brave
et vaillant, les armes bien en la main, et l'honneur
en recommandation pour faire telle supercherie, et
bien luy servit de bien faire et bien parer les coups;
car ledict sieur de Sourdiac, qui estoit mon grand
amy, me le conta quelque temps après ce combat,
me jurant n'avoir jamais veu un si brave, et vaillant,
et rude homme que celuy-là, comme de vray il l'avoit
bien monstré en plusieurs guerres de Piedmont et de
France, et estimé fort mauvais garçon. Encore le
monstra-il en ce combat, car il avoit quatre-vingts[2]
ans lorsqu'il y vint et mourut. Ainsi à belle vie belle
mort, qu'il faut fort estimer, et surtout aussi son
brave cœur et son ambition de n'estre voulu partir

1. *Armé*, c'est-à-dire cuirassé.
2. Quatrevingts est bien le chiffre que porte le texte; mais on
peut croire qu'il y a là une erreur de Brantôme ou de l'éditeur.

de la place assignée, sans se battre et ne s'amuser trop à parler; comme de vray c'est une grande honte, quand on vient là, de s'en retourner sans venir aux mains, et de se contenter en satisfaction de paroles.

Certes quand on est en un logis du roy, ou une campagne, qu'une armée, une cour marche, ou en d'autres lieux, l'on se peut esclaircir du différend par paroles comme l'on veut, mais quand on est une fois entré dans le camp où vous estes appellé, c'est une chose peu noble que de venir aux paroles et laisser les armes à part. Je m'en rapporte aux grands capitaines. Et pour tourner encore au discours de messieurs de Montsalès et Lignerolles, ils furent en leur temps braves gentilshommes; l'un fut tué à la bataille de Jarnac, et l'autre fut assassiné à Bourgueil en Anjou[1], la cour y estant, par sept ou huit braves et vaillans gentilshommes qui furent le jeune Villeclair[2] dict la Guerche, principal querellant, accompaigné du comte Montafier[3], du comte Charles de Mansfeld, de Sainct-Jehan de l'Orge[4], et autres, lesquels tous quasi finirent de mesme façon (que je dirois bien, mais cela seroit trop long) et tous tuez jusques au grand qui en fut autheur et fauteur[5]; en quoy doit-

1. Voyez plus haut, p. 438, note 1.
2. Villequier.
3. Louis, comte de Montafié. Sa veuve, Jeanne de Coesme, fut la première femme de François de Bourbon, prince de Conti.
4. Saint-Jean de Lorges était frère du comte de Montgommeri. Le texte de toutes les éditions porte *Saint-Jehan, l'Orge.* — De Thou (liv. L) ajoute à ceux que nomme Brantôme Henri d'Angoulême, fils naturel de Henri II.
5. Henri III.

on bien prendre garde quand l'on tue un homme mal à propos, en supercherie et advantage, car guières n'a-on veu de tels meurtres et de telle sorte, qu'ils n'ayent estez vengez de bille pareille, par la permission de Dieu, lequel nous a donné une espée au costé pour en user et non pour en abuser. Il est doncques meilleur et plus juste de desmesler ses querelles par beaux appels et honorables combats, que par ces assassinats : et qui sera l'homme tant religieux et cérimonieux soit-il, qui voudra peser l'un et l'autre, ne trouve qu'un meffaict n'est si grand que l'autre ? Je débattis un jour cette dispute à un grand personnage théologien, qui certainement m'advoua que Dieu estoit grandement offencé en tous les deux mesfaicts ; mais un assassinat, un guet-à-pand est irrémissible, mesmes envers[1] nos grands juges et sénateurs de nos cours, comme nous en voyons tous les jours de très rigoureuses punitions. Je me suis un peu trop perdu en cette disgression, pour avoir esté un peu longue, mais pourtant n'aura estée mauvaise, et possible aura pleu à aucuns.

Et pour reprendre nostre chance première du discours sur les combats des grands, je fairay ce conte que j'ay leu en partie dans le roman de Bayard, et l'autre dans un livre espaignol[2] ; qu'est que le matin du jour de la bataille de Ravanne, ainsi que toute l'armée passoit au delà du canal, M. de Bayard dict à M. de Nemours son général : « Monsieur, allez-« vous un peu esbattre le long de ce canal qui est

---

1. *Envers*, c'est-à-dire aux yeux de....
2. Voyez le *Loyal Serviteur*, ch. LIV, et Vallès, f° 10 et suiv.

« beau et plaisant, en attendant que tout ayt passé. »
A quoi M. de Nemours s'accorda, et prit en sa compaignie une demy-douzaine de ses grands capitaines qu'il avoit avec luy, comme messieurs de la Palice, de Bayard, d'Allègre, de Lautrec, et autres : et en se pourmenant, il dict à M. de Bayard : « Monsieur de
« Bayard, nous sommes icy en belle butte pour les
« arquebusiers s'il y en avoit de cachez derrière ces
« hayes, » et sur ces propos vont adviser une troupe de vingt à trente chevaux qui venoient pour recognoistre l'armée, entre lesquels estoit Dom Pedro de Pas, capitaine de tous les génetaires. Si s'advança M. de Bayard de la troupe, de vingt ou trente pas, et les saluant, leur dict : « Messieurs, vous vous esbattez
« comme nous en attendant que le grand jeu com-
« mence ; je vous prie qu'on ne tire point de vostre
« costé et nous ne tirerons point du nostre, » ce qui fut accordé. Sur ce Dom Pedro luy demanda qui il estoit, et il se nomma par son nom ; quand il entendit que c'estoit le capitaine Bayard qui avoit laissé tant de nom au royaume de Naples, fut fort joyeux de le voir, et luy dict : « ha ! Monsieur de Bayard, je ne
« vous pensois pas là ; toutesfois encores que je
« trouve vostre camp renforcé de deux mille hommes
« de vostre venue et présence, si est-ce que je me
« resjouis grandement de vous voir sain et sauf ; car
« on nous avoit dict que vous estiez mort à la reprise
« de Brezze, d'une grande blesseure que vous y re-
« ceustes (comme il estoit vray) ; mais Dieu soit loué
« qu'il n'en est rien. Que pleust à Dieu y eust-il une
« bonne paix entre nos roys, afin que nous puissions
« nous pratiquer et deviser ensemble comme bons

« amys et compaignons d'armes, vous portant certes
« plus d'affection qu'à tous les François, pour vos
« grandes vaillantises qui raisonnent encore au
« royaume de Naples! » M. de Bayard, qui estoit fort
courtois, lui rendit en cela son change au double,
avec un fort honneste remerciement. Si regardoit
Dom Pedro qu'un chascun portoit un grand honneur
à M. de Nemours, et demanda à M. de Bayard qui
estoit celuy-là si superbement vestu, à qui tous eux
portoient si grand honneur et révérence; car il estoit
armé richement de toutes ses armes, fors l'habillement
de teste, et par dessus ses armes tant dorées que rien
plus, une cotte d'armes de drap d'or frisé, et les
armes de Foix eslevées en broderie toute d'or, ce
qui le rendoit bien remarquable avec son beau
visage et son agréable jeunesse qui montoit à vingt-
cinq ans. M. de Bayard luy respondit alors : « c'est
« M. de Nemours nostre général, nepveu à nostre
« roy et frère à vostre reyne. » Il n'eut pas plus tost
achevé le mot, que soudain mettant tous pied à
terre, Dom Pedro s'adressant, la teste nue, à M. de
Nemours, luy dict : *Monseignor, salva l'honra d'Espagna y de nuestro Rey, todos quantos qu'aqui stamos,
semos servidores y criados de vuestra Altezza.* « Mon-
« seigneur, sauf l'honneur d'Espaigne et de nostre
« roy, tant que nous sommes icy, nous sommes
« serviteurs de vostre Altesse. » M. de Nemours,
qui estoit la mesme courtoisie, les remercia avec
toutes les honnestetez du monde, et puis leur dict :
« Messieurs, je vois bien que dans aujourd'huy nous
« sçaurons à qui demeurera le champ, à vous ou à
« nous, mais à grand peine se desmeslera cette affaire

« sans grande effusion de sang, et pour esviter cela,
« si vostre vice-roy vouloit vuider ce différend de sa
« personne à la mienne, je fairois bien que tous mes
« compaignons et amis qui sont icy avecque moy, y
« consentiront; et si je suis vaincu, s'en retourneront
« en la duché de Milan vous laissant paisible de deçà;
« aussi s'il est vaincu, vous en retournerez tous vous
« autres vers Naples. » Quand il eut achevé son dire,
luy fut incontinent respondu par le marquis de la
Padulle grand seigneur néapolitain : « Monsieur, je
« croy fermement que vostre généreux cœur vous
« fairoit volontiers entreprendre ce que vous pro-
« posez, et possible en viendriez à bout; mais selon
« mon opinion, je croy que nostre visce-roy ne se
« fye point tant en sa personne qu'il y condescende
« pour beaucoup de raisons, et aussi que les prin-
« cipaux de son armée l'en garderont.— A Dieu donc,
« messieurs, dist M. de Nemours, je m'en vays passer
« l'eau, et promets de ne la repasser de ma vie, que
« le champ ne soit vostre ou nostre. » Ainsi se des-
partirent.

Or sur ceste proposition que faisoit M. de Nemours,
pour se battre contre le visce-roy, il se dict qu'entre
ses grands capitaines que j'ay nommez [ceux] qui estoient près de sa personne luy dirent : « Monsieur, vous
« avez proposé une chose, qu'encore que vous soyez
« nostre général auquel nous vous devons obéyr
« comme à nostre roy, puisque vous le représentez
« et nous estes donné de luy pour tel, nous n'ose-
« rions ny ne sçaurions vous permettre ce que vous
« avez offert, si vous estes pris au mot; et en serions
« repris grandement et menacez du roy, pour vou-

« loir hasarder ainsi en un coup son estat de Milan,
« comme qui le joueroit aux dez sur une seulle teste,
« encores que nous vous tenons si courageux, vail-
« lant et adroict que ce seroit bientost faict du vis-
« ce-roy. Mais aussi songez quelle honte ce vous
« seroit à vous qui estes si grand prince, et d'une si
« grande et illustre race yssu que vous estes nepveu
« du plus grand roy du monde, d'aller combattre un
« inférieur à vous, encores qu'il tienne le lieu qu'il
« tient et soit général de son party, comme vous
« estes du vostre; mais pourtant il y a bien de diffé-
« rance de vous à luy; qui pis est, il est vassal de la
« reyne d'Espaigne vostre sœur, la plus glorieuse et
« hautaine femme du monde, laquelle pour ce seul
« traict vous désadvoueroit pour frère, et le roy vous
« en voudroit mal à jamais. » Là-dessus on doit considérer les difficultez qui se font en telles choses et
combats ausquels on requiert l'esgallité des personnes,
comme du bien grand à grand, cela est juste et
faisable.

Nous lisons que du règne de Philippes le Bel sortirent de grandes querelles entre le comte de Foix et
le comte d'Armaignac[1], tous deux beaux-frères : de
sorte qu'ils se deffièrent au combat, et en prirent
jour de duel, et fut assigné le lieu d'iceluy à Gisors
par la permission dudict roy Philippes le Bel. Il se
lict qu'après la bataille d'Agyncourt, le roy Charles VI,
envoya offrir l'espée et l'estat de connestable au comte
d'Armaignac[2], (lequel s'estoit retiré en son païs et

---

1. Roger-Bernard, comte de Foix, et Bernard VI, comte d'Armagnac.

2. Bernard VII, comte d'Armagnac.

maison) comme le méritant par sa grand' valeur, lequel accepta la charge, plus pour obéir au roy que pour envie et ambition; mais advant partir, ayant grosse querelle avec le comte de Foix, et ne voulant laisser son païs en proye à son ennemy, il tascha d'en voir la fin par une guerre. Mais ledict comte de Foix ne voulant l'effusion du sang de leurs subjects, s'advisa l'envoyer deffier de sa personne à la sienne corps à corps, ou accompaigné de dix gentilshommes, ou moins, ou en plus grand nombre. Le connestable accepta aussitost le combat, et se trouvèrent tous deux au jour et au lieu assigné. Mais les comtes de Commenges et d'Estrac[1], les vicomtes de Narbonne et de Carmain, avec les capitaines Barbazan et Saincte-Trailles[2] s'y trouvèrent, et comme bons moyenneurs de paix les engardèrent de se battre et les rendirent bons amis, et les firent acoller de bon cœur, bien qu'ils avoient estez ennemis mortels. Le comte de Foix se retira à Pau, et de là à Saint-Jacques[3] où il avoit vœu, et le comte d'Armaignac vers Paris, où il fit très-bien sa charge et très-valeureusement, ainsi que nos histoires le nous manifestent.

De mesme aussi il arriva au commencement de ceste guerre de la Ligue, que le roy de Navarre fit quelque certaine déclaration[4] en laquelle il désiroit

1. La paix entre Bernard VII et Jean de Grailli, comte de Foix, fut signée le 6 décembre 1415 au château de Mazères. — Jean d'Armagnac, mari de Marguerite, comtesse de Comminges. — Jean III, comte d'Astarac. — Guillaume II, vicomte de Narbonne.
2. Poton de Xaintrailles.
3. Saint-Jacques de Compostelle.
4. *Déclaration du roy de Navarre contre les calomnies publiées*

luy et le prince de Condé son cousin, se battre contre M. de Guyse et M. du Mayne frères. Le roy ne le voulut, mais ne faut doubter que les uns ny les autres n'eussent nullement reffusé le combat, auquel, s'ils fussent venus, se fussent bien battus, car ils estoient quatre braves princes et vaillans combattans.

Il fut un bruict sourd à la cour, du règne du roy François II, que le roy de Navarre[1] mal content dequoy il ne tenoit le rang près la personne du roy, comme il luy appartenoit, vouloit en faire de mesme et présenter le combat à M. de Guyse[2], et prenoit pour son second M. le prince de Condé, qui dès la journée d'Amboise en vouloit à M. de Guyse; nos histoires en disent le subject. M. de Guyse estoit tout prest de l'accepter, je sçay bien ce que j'en ouys dire à un grand, et avoit pris pour son second M. le grand prieur de France, son jeune frère[3], très-brave et vaillant prince, dont j'en parle ailleurs; le choix n'en estoit point mauvais parmy ses autres frères. Il faut présumer que ces quatre vaillans champions, entrans dans le camp, eussent rendu un combat très-furieux. Les choses n'allèrent point plus advant pour les raisons que je dirois bien.

Sur quoy je feray encore ceste petite digression : que lors dudict règne du roy François II, vinrent à la cour, à Saint-Germain, la plus grand' part de ses

---

contre luy, 1585, in-8°; réimprimée dans le tome I des *Mémoire de la Ligue*, p. 192 et suiv.

1. Antoine de Bourbon. — 2. François de Guise.
3. François de Lorraine.

grands capitaines et chevalliers de son royaume par son mandement, pour adviser aux affaires de son royaume, qui commençoit à se troubler. Parmy eux se trouva M. de Montluc, lequel un jour entretenant à sa façon bravasche et libre M. de Guyse, vint à tumber sur le roy de Navarre, et luy dire comm' il l'avoit veu à Nérac ; et l'ayant trouvé fort mal content de luy de quoy il tenoit le rang près sa Majesté qu'il devoit tenir, il lui avoit dict qu'il luy devoit faire entendre son mescontentement, et le faire plustost appeller sur ce différent et le vuyder de sa personne à la sienne, et qu'il n'y avoit meilleur expédient que celluy-là, et qu'il s'asseuroit tant de la valleur de M. de Guyse, qu'il ne reffuseroit ce party. A quoy M. de Guyse tout froidement respondit : « Montluc,
« les parolles que vous me dictes, me les dictes-vous
« de la part du roy de Navarre, qu'il vous en ayt
« donné charge, ou de vous mesmes qu'ayez entrepris
de les dire? » M. de Montluc luy respondict :
« Monsieur, je ne les dicts que de moy-mesme,
« parce que je vois que le royaume s'en va brouillé
« fort par vos particullières divisions, et que je
« m'asseure tant de vostre valleur que ledict roy,
« vous offrant ce beau party vous ne le reffuserez
« point, et par ainsi le royaume demeurera en paix
« par la mort de l'un ou de l'autre, ou de tous
« deux. » — « Vrayement, Montluc, à ce que je
« voys (respondit M. de Guyse, tout en collère froide),
« vous estes devenu fort pollitique depuis que ne
« vous ay veu ; je suis d'advis que le roy vous fasse
« son chancellier, et si vous estes un beau feiseur de
« combats. Il vous semble que vous estes encore en

« vostre Piedmont, parmy vos gens de pied, où vous
« les faisiez battre comm' il vous plaisoit, et comme
« la quinte vous en prenoit. Le roy de Navarre et
« moy nous ne sommes poinct de vostre gybier,
« cherchez-en d'autre ailleurs. Le roy de Navarre et
« moy nous nous cognoissons il y a longtemps; je
« le tiens pour un des braves et vaillans princes du
« monde; il sçait bien aussi ce que je sçay faire. Lors-
« qu'il me fera entendre de ses nouvelles, je luy
« feray aussitost sçavoir des miennes. Allez, sou-
« cyez-vous de vos affaires, et non des nostres. »
Qui fut fort estonné? ce fut M. de Montluc, et à
belles excuses, qui au bout de quelque temps furent
receues, car M. de Guyse l'aymoit fort, comm' il luy
monstra despuis en plusieurs endroicts que je dicts
en sa vie. J'appris ce conte de bon lieu, le lendemain que l'on voyoit M. de Montluc fort estonné, et
point braver comme auparadvant; car M. de Guyse,
outre qu'il gouvernoit tout lors et estoit en très-
grande faveur, il avoit de quoy par sa valeur pour
estonner un homme. Voylà comme il ne se faut pas
mesler légèrement des querelles et discordes des
grands. Nous tinsmes aussi à la cour, qu'après la prison de mondict sieur le prince de Condé à Orléans,
et sur son innocence il voulut quereller mondict sieur
de Guyse et l'appeller, mais cela fut accordé par la
sagesse de la reyne mère[1], qui fit là un grand coup,
car il y eust eu là de grandes brouilleries; j'en
parle ailleurs.

---

1. Voyez dans le ms. 272 de la collection de Mesmes, f° 304,
le texte de la réconciliation entre les deux princes (24 août 1561).

Nous lisons dans l'*Histoire de Naples*[1] et ailleurs comment ce brave Charles I*er*, roy de Naples et de Sicille, et Alphonse, roy d'Aragon, eurent entr'eux grande querelle pour le royaume de Sicille, et pour ce s'assignèrent le combat par le consentement des deux parties et ordonnance du pape devant Bourdeaux, estant pour lors au roy d'Angleterre, duquel il voulut estre juge, et leur permit. Charles, courageux François, ne faillit dans le temps assigné, ayant traversé toute l'Italie et la France, avec toutes les condictions et trouppes de gens ordonnez par le juge, de se trouver de bon matin au jour qu'il falloit, et là attendre son ennemy le matin jusqu'au soir; et voyant qu'il ne venoit point et se faisoit tard, ny sachant nouvelles autres de son ennemy, ayant envoyé de toutes parts, il s'en alla et reprint son chemin par où il estoit venu. Mais Alphonce, qui estoit un fin et caut Espaignol, avoit faict dresser des postes et mettre des chevaux de relais et frais, si secrettement que nul n'en sceut rien, ny s'en apperceut, prit la poste, fit si grand' diligence et si à propos qu'il arrive précisement un'heure devant solleil couché (estant lors aux plus grands d'esté) et entre dans le camp, et n'y trouvant point son ennemy, y brave et piaffe dedans à la mode espaignolle, prend acte de sa diligence et son devoir, laisse coucher le soleil, et puis s'en retourne comme il estoit venu; ce qui ne fut trouvé guières beau pourtant d'aucuns, et d'autres disent qu'il avoit observé les loix du duel et avoit comparu à propos, et sans avoir laissé couller et perdre le temps, ny cou-

1. Voyez Collenuccio, édition de 1563, in-12, liv. V, f° 127.

cher le soleil, ny venir la nuict ; à quoy les duellistes le temps passé prenoient fort esgard et y poinctilloient fort. Il fust esté bien trompé si Charles n'eust bougé de la place comme il devoit.

Il se lit aussi dans l'*Histoire de Naples*[1], que Robert, petit-fils de ce roy Charles Ier, estant assiégé dans Gênes par Frédéric-Marye, visconte de Milan[2], ce Marye appella Robert au combat de seul à seul ; mais Robert encores qu'il fust très-vaillant le reffusa, parce que leurs dignitez n'estoient pareilles ; car Robert estoit roy de Naples ; dont sur ce il y a de belles disputtes, que possible ailleurs nous déduirons, ne servant rien à nostre propos pour ce coup, sinon pour monstrer le combat de grand à grand.

Ce mesme roy Robert fut aussi un'autrefois appellé et deffié par Frédéric, roy de Sicile[3], lequel l'eust aussitost pris au mot, puisqu'il estoit son pareil et roy comme luy, sans que le pape Jehan[4], indigné de ce deffy excommunia ledict Frédéric, et pour ce ledict Robert en eut les mains liées ; car à ce que disent les docteurs ecclésiastiques, il y va de l'âme de se battre, voire de parler et conférer avec un excommunié ; en quoy certes ledict pape trouva cet expédient meilleur pour ne venir là dans le camp, que ne fut celuy du combat permis entre le roy Charles Ier, roy de Naples, et le roy d'Aragon, devant Bourdeaux, comme j'ay dict. Faut noter en cestuy-cy, que si le pape Jehan fit contre l'âme dudict Frédéric, pour l'avoir excommunié, il fit bien autant pour sa vie, car ledict roy Ro-

---

1. Voyez Collenuccio, liv. V, f° 138. — 2. En 1318.
3. Mort en 1337. — 4. Jean XXII.

bert estoit très-brave et vaillant comm'il l'avoit monstré en plusieurs beaux exploicts, et que de frais il ne faisoit que de venir soutenir le siège de Gênes, où l'espace de sept ou huict mois durant, y estant enfermé, tous les jours se rendoit sur les murailles en personne, l'espée au poing, et là combattoit ordinairement, vaillamment à repousser les ennemis; dont despuis estant sorty, prit terre à Savone et les deffit. Tant y a qu'il eust peu faire belle peur à ce Frédéric s'ils se fussent affrontez, outre qu'il estoit un très-homme de bien et de dévoction, et que Dieu fust esté pour luy. De plus, il estoit du noble sang de France, qui ne mentit jamais en telles bonnes occasions. C'est ce brave Robert, qui fut grand père de ceste brave et belle reyne Jeanne Ire, la merveille de son temps, en toutes choses : j'en parle en son discours que j'ay faict d'elle.

Voilà aucuns deffys qui se sont veus et présentez de grand à grand, le temps jadis, et ainsi aussi que nous en avons un assez frais, au temps de nos pères, du grand roy François et de l'empereur Charles[1], lesquels après s'estre longuement outragez de parolles et desmentys par hérautx et cartels, se deffièrent au combat; mais ils n'y peurent jamais parvenir pour la difficulté et controverse qu'ils eurent du lieu et des armes. L'empereur Charles (disent nos histoires et nos pères) disoit à soy appartenir l'eslection du lieu, comme se disant provocquant et assaillant, et pource en pleine assemblée du pape, de son saint Collège et de force ambassadeurs, mesmes de ceux du roy, en

---

1. Voyez les *Mémoires* de Martin du Bellay, année 1528.

voyant une grande difficulté du lieu, dist qu'il n'y avoit rien de meilleur que se battre en un'isle, ou dans un bateau de grande rivière, ou sur un pont, avec un'espée et dague, ou la cappe. Par ces mots il monstroit tout à coup avoir eslection de lieu et d'armes. Enfin c'estoit un maistre homme. Le roy voulant garder son advantage en l'eslection d'armes, qui les devoit fournir comme provocqué et deffendeur, vouloit combattre à cheval, armé (en grand roy et prince) de toutes pièces, avec une bonne lance et bonne espée, bien qu'il ne fust jamais bien arresté du lieu du camp. Voilà pourquoy il ne voulut jamais recevoir ny ouyr l'héraut de l'empereur, qu'il ne luy eust apporté le lieu et la seureté du camp pour se battre, ce qu'il ne fit. Ne fut aussi non plus accordé des armes que l'empereur avoit dict avec l'espée et en dague, disant le roy que c'estoit armes trop communes et peu usitées parmy les grands roys, qui vont à leurs combats, rencontres et batailles, tousjours sur un bon cheval, et bien armez, non point en petits piétons soldats et espadassins tous désarmez, desquels l'acte estoit combattre en telles armes et façons. En cela, il parloit selon l'usance des anciens duellistes, comme j'ay dit cy-devant, qui vouloient que le corps fust couvert; autrement c'estoit se battre en bestes bruttes. L'empereur réplicquoit qu'ils ne se pouvoient combattre de plus belles et nőbles armes que de l'espée qu'ordinairement on portoit au costé, pour une marque très-insigne de noblesse et valleur, et comme pour une fidelle et ordinaire compaigne en paix et en guerre, qui, de temps immémorial, avoit esté inventée, portée, usitée et employée de tant de grands empereurs, roys, princes, capitaines et vaillans hommes, par laquelle ils avoient faict de si beaux exploicts. Enfin sur ces discordances leur combat ne se fit point. Le plus beau et le meilleur fust esté sans tant controverser, comme dist une fois en Sicile un vieux capitaine espaignol sur ces discours, qu'ils se fussent battus au beau mitant de leurs armées assemblées pour donner bataille générale, et sur ce poinct leur commander faire alte, et ne bouger sur la vie, et tous deux se deffier à la teste de leurs dictes armées, comme firent Æneas et Turnus, y comparestre armez des mesmes armes desquelles ils devoient combattre en général, et là décider leur différent ensemble, avec condictions pourtant que qui seroit vainqueur ou vaincu n'en seroit autre chose, et les deux armées se retireroient avec cela sans s'entredemander rien ny venir plus advant, et que jamais (me dist cet Espaignol) n'y fit si beau, ny se présenta plus belle occasion qu'au voyage de Provence[1] ; qu'il n'y avoit pas deux ou trois mois que l'empereur avoit tant bravé à Rome et ne demandoit que se battre comme j'ay dict; mais tant s'en faut qu'ils vinssent là, que le roy ne voulut conduire son armée, et la donna à conduire et à y commander à M. le grand maistre[2] en Avignon, et luy se tint à Valence cependant. A quoy je répliquay que le roy tout aussitost qu'il sceut le bandon général que l'empereur avoit fait d'amasser vivres à chascun pour huict jours, cuidant que ce fust pour venir assaillyr son camp, aussitost s'y vint rendre pour donner

---

1. En 1536. — 2. Anne de Montmorency.

bataille, et possible pour se battre main à main contre lui, si que l'empereur ne s'en fust pas mieux trouvé ; car le roy avoit faict d'autres expertises d'armes sans s'espargner, ny estre espargné nullement, aux batailles de Marignan et de Pavye, tant signallées, ce que n'avoit faict l'empereur encore, ce qu'il m'advoua ; et pour conclusion, il ne me sceut que respondre que son maistre estoit encore jeune, et qu'avec le temps il pourroit faire d'aussi beaux miracles de sa main, que le roy, qui estoit beaucoup plus vieux que luy[1].

Il fust esté bien aussi bon sans venir au sang, que ces deux grands princes eussent faict comme firent jadis nostre grand roy Philippes Auguste et Richard, roy d'Angleterre, qu'on nommoit Cœur de Lion, grands ennemis l'un de l'autre, qui traictèrent la paix au Guet d'Amours (gentil nom certes), où s'estoient assignez journée et battaille, entre Bourdedieu[2] et Chasteauroux, qui advint fort miraculeusement ; car comm'ils estoient prests pour affronter leurs battailles d'une part et d'autre, les deux roys par le moyen d'un cardinal firent faire alte à leurs armées, loing d'un traict d'arc ou plus, par convention faicte, parlèrent ensemble en ce dict guet, où il y avoit un grand oumeau[3] entre lesdicts deux roys, et comm'ils s'entreparloient sortit dudict oumeau un grand et gros serpent, horrible, et levant la teste, et sifflant contre ces deux roys, lesquels pour le tuer tirèrent

---

1. Brantôme a laissé ici sa plume commettre un singulier *lapsus*; car, quand il alla en Sicile en 1566, François Ier était mort depuis dix-neuf ans, et Charles-Quint depuis neuf.
2. Bourg-Dieu ou Déols (Indre).
3. *Oumeau*, orme.

aussitost leurs espées; mais il les esvada, et ne sceurent ce qu'il devint. Aucuns[1] crurent que c'estoit un diable ainsi transformé, c'est un abus. Les deux armées voyant ces deux roys ainsi tirer leurs espées nues, pensant qu'ils se deussent battre, commencèrent à s'esbranler et marcher l'une contre l'autre, mais aussitost allèrent au devant pour leur commander de ne bouger et reculer, ce qu'elles firent; et puis eux s'estans retournez en leur lieu, achevèrent leur parlement si bien et beau qu'ils s'arrestèrent une bonne paix, et s'en retournèrent bons amis audict lieu de Bourdedieu, rendre grâces à Dieu et à Nostre Dame, en l'abbaye dudict lieu. Voilà une gentille advanture et très-heureuse rencontre et bonne yssue. Si nostre roy et l'empereur en eussent peu faire de mesme ce fust esté un grand miracle de Dieu, et qui eust apporté plus d'heur que s'ils fussent venus aux mains et se fussent entretuez.

Nous avons, pour laisser les grands princes et roys mais pour venir à de grands capitaines, le deffi que feu M. de Langeay, lieutenant général du roy en Piedmont, envoya à M. le marquis del Gouast, lieutenant aussi général de l'empereur en sa duché de Milan, et ce sur la négative que faisoit ledict marquis de la mort et massacre de Cæsar Fregouse et Rincon sur Tesin, dont l'accusoit fort et ferme M. de Langeay, et luy vouloit prouver par les armes, et vouloit en-

---

1. *Aucuns*, c'est-à-dire J. Bouchet. Dans ses *Annales d'Aquitaine* (année 1196, part. III, p. 155, édit. de 1623), auxquelles Brantôme a emprunté le récit de ce fait que je n'ai pu trouver mentionné ailleurs, il s'exprime ainsi : « Il est à conjecturer que c'estoit un diable qui s'estoit ainsi transformé. »

trer en camp sur ceste querelle, et d'autant que ledict marquis y faisoit quelque difficulté, ledict M. de Langeay le voulut faire appeller devant la chambre impérialle, ainsi qu'ils envoyèrent leurs manifestes, qui se voyent en aucunes de nos histoires françoises, italiennes et espaignolles, et là demander le combat, ou bien en cas de reffus demander luy estre faict raison sur un acte aussi villain, d'autant qu'il touchoit à toute une chrestienté d'avoir ainsi viollé le droict des ambassadeurs; laquelle façon de procéder le grand roy François approuva très-belle, et en fut fort content, ainsi que j'ay ouy dire à feu M. le cardinal du Bellay son frère, qui en parle mieux que les livres; mais mondict sieur de Langeay mourut sur ceste opinion et entreffaicte, dont n'en fut pas marry le marquis, car il estoit fort coulpable, voire autheur, ainsi que le croyoit tout le monde. J'en parle ailleurs[1]. Ce combat estoit de grand à grand, et de général à général.

Ce brave M. de Montmorency, non encore connestable, mais grand maistre de France, en fit de mesme à l'endroict du connestable de Castille, devant Fontarabie, lors de la dellivrance de messieurs les enfans de France[2], lequel faisant du mussart ou plustost voulant se desdire sur la dicte dellivrance, et faisant aussi du renard, pour amuser tousjours mondict sieur de Montmorency, sans palyer autrement, luy-envoya incontinent M. de la Guyche[3], gentilhomme de la chambre du roy, luy dire qu'il ad-

1. Voyez tome I, p. 205-207. — 2. En 1530.
3. Pierre de la Guiche..

visast à luy tenir sa parolle sans l'amuser davantage, autrement qu'il le deffioit de sa personne à la sienne, pour luy faire tenir ce qu'il luy avoit promis sur la dicte dellivrance, et qu'il l'attendoit avecques une bonne espée. Ledict connestable n'eust pas plus tost ouy ces mots, bien qu'il fust brave et vaillant, qu'en un tournemain exécuta aussitost ce qu'il avoit tant délayé[1].

Je conterois force autres deffis de grands, et appels, mais je n'aurois jamais faict, comme celluy qui se fit du règne du roy Charles, entre M. le mareschal d'Anville aujourd'huy connestable, et M. de Longueville[2], qui se deffièrent tous deux au Pré-aux-Clercs à Paris, ayant chascun son second. M. le mareschal avoit le chevalier de Batresse, son lieutenant de gensdarmes, et M. de Longueville la Gastine son lieutenant aussi. De dire le subject de leur appel et à quoi il tint qu'ils ne se battirent, cela seroit trop long.

M. de Montpensier et M. de Nevers, du règne du roy Henry III, se cuydèrent aussi battre pour quelques propos fort piquans; mais le roy leur en fit deffence et les accorda[3].

1. *Tant délayé*, tant retardé.
2. Léonor d'Orléans, duc de Longueville.
3. « En ce mois (mai 1580), dit l'Estoile, une grande querelle s'émut entre les ducs de Montpensier et de Nevers, à cause d'un rapport fait au duc de Nevers que M. de Montpensier avoit dit à Monsieur qu'en 1575, lorsque Son Excellence alla à Dreux, le duc de Nevers s'étoit vanté que, suivant l'exprès commandement de S. M., il l'eût ramené vif ou mort, si le duc de Montpensier l'eût voulu seconder; desquelles paroles le duc de Nevers lui envoya un démenty par Launay, gentilhomme de sa suite. » Ce démêlé

Nous avons de frais aussi les appels de M. d'Espernon et de M. le mareschal d'Orlano[1], de M. de Guyse et de M. d'Espernon; de M. de Genville et de M. le Grand[2]. A quoy nostre roy très-advisé sceut très-bien pourvoir et empescher de venir plus avant. Il n'est pas besoing que le sang de ces grands soit à si bon marché pour querelles particullières, comme de nous autres petits compaignons; il y va grandement de l'intérêt public, car les grands y sont fort nécessaires.

Or il y a un poinct, en nostre France observé jadis estroictement, que parmy les chapitres[3] de l'ordre

---

dura assez longtemps et se termina par des explications satisfaisantes que donna le duc de Montpensier. Voyez le tome Ier des *Mémoires du duc de Nevers*, p. 83 et suiv.

1. Voyez dans le ms. 510 de la collection Dupuy (f°s 90 et suivants) des lettres échangées entre le duc d'Épernon et le maréchal d'Ornano, et le texte de la satisfaction faite à celui-ci par le duc. — Voyez la *Vie du duc d'Espernon*, par Girard, in-fol., p. 196.

2. Le 11 août 1599, dans le logis de Zamet, où ils avaient conduit Henri IV, qui allait y passer la nuit avec une fille nommée la Claude, le grand écuyer Bellegarde et le prince de Joinville s'étaient pris de querelle; et celui-ci, s'étant emporté jusqu'à tirer son épée, avait blessé Bellegarde qui était sans armes. Le roy entra dans une violente colère et fit immédiatement instruire l'affaire par le Parlement; mais il ne tarda pas à s'apaiser. L'accommodement n'eut lieu pourtant qu'au mois d'octobre par une satisfaction que Joinville fit à son adversaire et dont Henri IV avait lui-même rédigé la teneur. Voyez diverses pièces à ce sujet dans le ms. 3583 (*olim* Béthune) du fonds français, p. 1 et suivantes. Cf. le tome V du Recueil des lettres de Henri IV, p. 156-178 et les *Mémoires de Bassompierre*, édit. de M. de Chantérac, t. Ier, p. 76.

3. *Les chapitres*, les statuts.

du roy, les chevalliers dudict ordre ne peuvent envoyer ny accepter cartel, ny combat de l'un contre l'autre sans congé de leur supérieur qui est le roy, ainsi que le sceut bien remonstrer feu M. de Langeay à Cæsar Fregouse, sur un deffy qu'il[1] avoit envoyé à Cagnin de Gonzague, pour se battre contre luy, tous deux chevalliers de l'ordre; mais Cæsar s'excusa, disant n'avoir veu jamais lesdicts chapitres de l'ordre. Ledict Cagnin s'excusoit de son costé aussi, que puisque Cæsar luy avoit envoyé le cartel de combat, il ne pouvoit moins faire que de l'accepter comm'il avoit faict[2].

Les chevalliers de l'ordre avoient aussi ce privillège, qu'ils estoient exempts de se battre contre un qui ne l'estoit point; et c'est ce qu'allégua le sei-

1. *Qu'il*, que Frégose.
2. Voyez les *Mémoires* de Martin du Bellay, année 1537, collection Michaud-Poujoulat, p. 453 et suiv. — Dans le ms. 21810 du fonds français (*olim* fonds Gaignières) on trouve un placard imprimé, grand in-fol., et qui était évidemment destiné à être affiché. Ce placard contient un exposé de l'affaire par Cagnino Gonzaga, des lettres à lui adressées par Ferrando Gonzaga, le duc d'Urbin, le duc Côme de Médicis, le duc de Ferrare, Louis Farnèse, duc de Castro, le prince de Salerne, le duc de Mantoue, André Doria, le vice-roi de Naples, César Fregose (celle-ci datée de Messine, le 10 mai 1538), puis vient : *Conchiusione et offerta di giuditio e di combattere*, datée de juillet 1539, et au bas, Cagnino Gonzaga a mis son sceau et écrit de sa main : *Io el Cagnino di Gonzaga affermo quanto di sopra se contiene di mano propria*. C'est évidemment là un de ces manifestes dont Brantôme parle plus haut (p. 287, 288, 307). Voyez aussi sur cette affaire le traité de Mutio cité plus haut, liv. II, p. 269 de la traduction de Chappuis.

Les éditions précédentes, comme celles de du Bellay, portent toutes *Gaguin* au lieu de *Cagnin*.

gneur Ludovic de Birague, brave et vaillant capitaine, et qui a bien servy la France, contre Scipion Vimerquat, fils de Francisque Bernardin Vimerquat[1], tant renommé en nos guerres de Piedmont, comme le fils l'a esté aussi, et en celles de France, pour estre gentil chevau-léger, sur un deffy que ledict Scipion luy envoya pour quelques parolles fascheuses et outrageuses entr'eux passées, parmy lesquelles estoit compris M. d'Anville, et ce du temps du roy François second, et le roy Charles dernier venant à sa couronne, mettant en advant qu'il estoit chevalier de l'ordre et qu'il luy estoit deffendu de se combattre par les loix de son ordre, et pour d'autres raisons aussi; ce que sceut très-bien débattre ledict Scipion, par un petit traicté et manifeste qu'il fit, que j'ay veu, aussi bien faict et composé qu'il est possible pour un homme de guerre.

Or pour contresquarre[2] à ces chevalliers cérimonieux et si grands observateurs de leurs privillèges et loix, qui certes sont abstraincts[3] par elles aux combats contre autres qui ne le sont point, il leur faut proposer force exemple de plusieurs qui ont voulu arracher l'ordre du col, et l'ont suspendu, et se sont démis de leurs grades et dignitez jusques au temps qu'ils eussent combattu. Nous en avons veu un

---

1. Voyez, dans la collection Béthune, vol. 8687, f° 74, le *Défi de Scipion Vimercato à Louis de Birague* (6 juin 1561), *sur les plaintes que ce dernier faisait de Dampville*, et un imprimé intitulé : *Déclaration du roy sur le différend d'aucuns écripts cydevant publiés sous les noms de M. de Dampville et du sieur Carles de Birague*, juin 1563, in-8°.

2. *Contresquarre*, opposition. — 3. *Abstraincts*, astreints.

exemple très-beau de feu M. de Guyse, Claude de Lorraine, lequel se voulut desmettre de toutes ses grades, dignitez et nobles qualitez de prince, pour combattre M. le comte de Sancerre [1], qui disoit que s'il luy faisoit cet honneur, qu'il avoit deux fort bonnes espées, l'une pour le service du roy, et l'autre pour se battre à luy. Mais sur ces disputes toute la vérité se découvrit, d'autant que le seigneur de Granvelle [2] avoit faict surprendre un paquet, dans lequel fut trouvé l'alphabet du chiffre que ledict seigneur de Guyse avoit avec le comte de Sancerre, sur lequel il avoit contrefaict ladicte lettre au nom du dict seigneur de Guyse, et luy escrivoit que le roy ayant sceu l'extrémité de vivres et de poudres, en laquelle estoit Saint-Disier, qu'il advisast de trouver moyen de faire une composition si honnorable que les hommes fussent sauvez, car le roy ne le pouvoit secourir. Sa lettre fut faicte en chiffres et donnée en secret à un tambour françois, estant allé au camp impérial pour quelques prisonniers, par un homme interposé et à luy incognu, qui disoit avoir charge de M. de Guyse de la faire tenir secrettement audict comte (brave astuce certes!); lequel, n'ayant peu cognoistre la fausseté de la lettre, et la pensant vraye, s'estoit rendu sur la parolle de M. de Guyse, qui en vindrent là à se combattre; mais après toute la vérité fut cogneue; et voilà en quoy il faut louer

1. Louis de Bueil, comte de Sancerre, qui, en 1544, avait défendu contre Charles-Quint Saint-Dizier qu'il fut obligé de rendre, faute de vivres et de munitions.
2. Nicolas Perrenot, seigneur de Granvelle, chancelier de Charles-Quint et père du cardinal.

M. de Guyse et sa générosité, de n'avoir voulu faire rempart de sa grandeur, pour ne venir point au combat.

M. le baron de la Garde ayant une querelle entre M. de la Mole l'aisné, au commencement du règne du roy Charles neufviesme, se voulut ainsi desmettre de son ordre pour le combattre à Paris; je les vis. Sur quoy j'ai entendu dire qu'ayant esté demandé une fois à Dom Ferrant de Gonzague, si un chevallier d'ordre pouvoit et devoit reffuser au combat un chevallier qui n'estoit de l'ordre, pour ne faire de préjudice à l'ordre, il respondict publicquement, qu'encore qu'il fust prince et duc, chevallier de l'ordre de la Toison, gouverneur de l'estat de Milan et lieutenant général pour l'empereur en Italie, que quand il auroit querelle d'honneur contre le seigneur Pierre Estrozzy, qui estoit lors dans Parme, et Ferdinant devant, il ne reffuseroit jamais un tel chevallier, encore qu'alors il [1] n'eust l'ordre ny les grades qu'il a eu depuis par ses œuvres vertueuses et vaillantises; mais cestuy-là estoit un chevallier sans l'ordre; qui en valloit bien une douzaine d'autres avecques l'ordre.

Car enfin encore que l'ordre soit institué par les ducs de Savoye, de Bourgoigne et roys d'Angleterre et de France, par une récompense, loyer et marque de grand honneur (ainsi que porte celluy de Bourgoigne : *Pretium non vile laborum*), c'est un prix point petit de ses labeurs, et que d'autres fois cesdicts ordres ayans estez très-bien entretenus et superstitieu-

---

1. *Il*, Strozzi.

sement donnez à ceux qui le méritoient. Despuis (et mesme en nostre France) il s'est tant ravallé, et en a-on tant abusé que, pour l'injure de nos guerres civiles et pour gaigner et entretenir des hommes, il s'en est tant donné indifféremment et aux uns et aux autres, qu'on ne voyoit que de toutes parts chevalliers de l'ordre de Sainct-Michel; ce qu'abhorrant le roy Henry III, dernier mort, institua celluy du Sainct-Esprit, auquel on y trouva puis après de l'abus autant qu'à l'autre; car il se fit autant commun que l'autre, voire pis, comme j'ay dict ailleurs[1], et se donna à force gens que je sçay bien, plus par compère et par commère (comme l'on dict) et par faveur, que par la valleur et mérite; desquels j'en sçay un, qu'un secrétaire des commendemens fit pour l'avoir receu en sa maison, et lui avoir donné un disner en passant, et pour lui rendre la pareille, le fit chevallier tout jeune enfant qu'il estoit, et n'avoit jamais veu armée royalle, ny veu croix rouge ny blanche non plus, sinon sur le dos du prestre quand il disoit la messe, ny rien faict de son corps. Si bien qu'on l'appelloit à la cour le chevallier d'un tel secrétaire.

Là-dessus, je laisse à discourir au monde, à savoir si un tel petit seigneur et chevallier doit estre exempt de se battre contre un autre qui ne l'est pas, mais en est plus digne que luy. Voilà pourquoy il se faut mocquer de ces abus, et mespriser ces chevalliers qui se fondent si fort sur leurs prérogatives, voulants faire des gallans et des raminagrobis, qu'il leur sem-

---

1. Voyez t. V, p. 90 et suiv.

ble qu'on les doive respecter et craindre avec leur Sainct-Michel, ou Sainct-Esprit.

Sur quoy j'ay ouy faire un conte d'un chevallier de l'ordre que, venant de la cour, de prendre l'ordre, et allant en sa maison en poste, il fut rencontré de quelqu'un qui luy vouloit demander une parole et le quereller. Il fut si estonné qu'il ne sceut que respondre, sinon de tirer et montrer son ordre qu'il avoit caché, et dire : « Que voulez-vous faire ? Voilà qui vous garde « de vous attaquer à moy, ne le respectez-vous point ? » Mais l'autre ny portant respect ny demy, s'en mocqua et le dauba très-bien ; et pour toute revanche il dist qu'il s'en plaindroit au roy et au chapitre la première fois qu'il se tiendroit, pour avoir ainsi offensé l'ordre. J'ay cognu celuy qui fit le coup[1], et celui qui l'endura.

Tels et semblables gens et chevalliers ne feroient à grand peine ce que fit M. de Guise le dernier mort, et tué à Bloys, l'année que le roy Henry III tourna de Pouloigne, lequel estant allé à la chasse un jour au bois de Madric, avec toute sa cour (j'y estois), M. de Guise avoit quelque chose à demander à M. de Bussy, qui venoit lors du siège de Lusignan[2], où il avoit esté fort blessé en très-vaillamment combattant selon sa coustume. Ainsi que la chasse se faisoit, M. de Guise prend M. de Bussy à part, sans faire rumeur ny semblant d'aucune querelle, ayant commandé à son escuyer de se retirer à part, et ne le suivre sur la vie, et estant bien escarté dans le bois, comme je vis, ny pensant nul mal, il luy demanda (tous deux tous seuls de sa personne à la siene) la

---

1. Ne serait-ce pas Brantôme lui-même ? — 2. En 1574.

parole qu'il luy vouloit demander, et pour laquelle il l'avoit apellé; Mais M. de Bussy l'en satisfit si honnestement, que M. de Guise eut occasion de s'en contenter et luy dire : « Monsieur de Bussy, je me
« contente, vous jurant que si vous ne l'eussiez faict,
« nous nous fussions bien battus en ceste place où
« vous voyez comme je vous y ay amené en gallant
« homme, m'estant dépouillé de ma principauté et
« des grades que j'ay sur vous, pour me battre contre
« vous sans aucune supercherie comme vous voyez,
« m'estant fort aisé de vous en faire quand je l'eusse
« voulu; mais puisque je suis content, je vous assure
« que je vous suis amy autant que jamais. » A quoy M. de Bussy, qui n'avoit point faute jamais de responces, et surtout en ces choses de combats, luy respondict : « Monsieur, je suis fort aise que vous
« soyez content de moy, vous priant de croire que
« ce que j'en ay dict n'a esté nullement par crainte,
« car Bussy n'en eut jamais, et aussi que vous tenant
« si magnanime et généreux comme je faicts, je
« n'avois nulle peur de supercherie de vous, et que
« vous ne m'avez pas mené icy pour m'en faire, et
« me couper la gorge en brigant, mais pour me faire
« l'honneur de me recevoir et battre contre vous,
« ainsi que j'espérois de vostre vaillant et noble cœur,
« et comme le venez dire; mais quand nous fussions
« venus là, avant qu'aller à vous, je me fusse jetté
« en terre en signe d'humilité que je vous dois, et le
« bras nud, et la teste nue, je fusse allé à vous pour
« m'essayer à vous faire courir aussi grande fortune
« comme vous me l'eussiez faicte courir; et si j'en
« eusse eschappé, je m'en fusse allé jactant et vantant

« par tout le monde de m'estre battu contre le plus
« brave et vaillant prince de la chrestienté, et avoir
« eschapé de ses armes. » M. de Guise luy respondit :
« Monsieur de Bussy, je croy ce que vous dictes, et
« n'en faicts nul doubte, pour la grande assurance
« que j'ay et cognoissance de vostre valeur et courage.
« N'en parlons plus, je suis vostre amy ; suivons la
« chasse. » M. de Bussy luy dist : « Je suis vostre
« humble serviteur. » L'un et l'autre m'en firent le
conte par les chemins, car l'un estoit de mes meilleurs seigneurs et amis, et l'autre[1] estoit mon parent.
amy inthime.

M. son père, feu M. de Guyse le Grand, en fit un
quasi pareil à l'endroit d'un certain capitaine de par
le monde, qui avoit entrepris de le tuer, et s'en
vantoit partout ; j'en faicts le conte en sa vie[2]. Le
roy de Navarre dernier, Anthoine, ainsi que nous
allions au siège de Bourges aux premières guerres et
que le roy, la reyne, leur cour et leur armée marchoient, ayant veu feu M. de Bellegarde parmy leur
troupe marchant, et ayant à luy demander quelque
parolle, le tira à part et la luy demanda en gallant
homme, sans s'ayder de sa grandeur ny majesté ;
dont il demeura de luy satisfaict. Ledict Bellegarde
le dist après à feu Castelpers et à moy.

Nous avons quasi une pareille histoire de ce grand
roy François premier, lequel ayant eu plusieurs advis
qu'il se donnast garde du comte Guilhaume de Saxe[3],

---

1. Bussy. — 2. Voyez tome IV, p. 266.
3. Brantôme a déjà parlé de ce fait, mais avec moins de détails, dans sa notice sur le comte Guillaume de Furstem-

qui estoit en sa cour et son pentionnaire, et avoit dellibéré de le tuer, ne s'esmeut autrement; mais un jour, allant à la chasse, prist la meilleure espée qui fust en sa garderobe et mena avec luy ledict comte, et luy ayant commandé de le suivre et de près, et après avoir couru le cerf quelque temps, voyant le roy que ses agents estoient loing de luy fors le comte, se destourna de son chemin, et quand il se veid avec le comte au plus proffond de la forest seul, en tirant son espée luy dit: « Vous semble-t-il, « que ceste épée soit belle et bonne? » Le comte la maignant[1] par la poincte et le bout, dist qu'il n'en avoit veu jamais une meilleure ny plus tranchante. « Vous avez raison dist le roy, et me semble que si « un gentilhomme avoit entrepris de me tuer, et « qu'il eust cogneu la force de mon bras, la bonté de « mon cœur, accompaigné de ceste espée, il pense- « roit deux fois de m'assaillir; toutefois je le tiendrois « pour fort poltron, si nous étions seuls sans tes- « moingts s'il n'osoit exécuter ce qu'il auroit délibéré « de faire. » Le comte luy respondict avec un visage fort estonné: « Sire, la meschanceté de l'entreprise « seroit bien grande; mais la follie de la vouloir « exécuter ne seroit pas moindre. » Il faut bien peser ceste responce qui est belle. Le roy, se prenant à rire, remet l'espée au fourreau, et escoustant la chasse qui estoit près de luy, la suivit. Le lendemain, le comte voyant qu'il estoit descouvert, et impossible d'atta-

---

berg. (Voyez t. I, p. 350.) Il a pris ici à peu près textuellement son récit dans la XVIIe Nouvelle de Marguerite de Navarre.

1. *Maignant*, maniant.

quer un si brave roy, prend congé du roy sur quelque subject et s'en retourne en son pays. Je dirois voluntiers sur ces deux contes avec l'Arioste :

O gran bonta di principi nostri.

S'aller perdre dans les bois et forests, et là sans tesmoingts se vouloir battre, laissans leurs grandeurs aux orées[1] !

Le roy Henry III estant encor jeune, toutesfois desja fort renommé de ses victoires des batailles de Jarnac et Montcontour, estant à Bloys, lors de l'accord du mariage de Madame sa sœur et du roy de Navarre[2], il fut suplié par le jeune Nansay, dict Besigny[3], de luy faire accorder quelque don au roy, et au conseil, qu'il lui demandoit. Ce qu'il luy promit s'il se pouvoit, estant lors M. d'Anjou, et lieutenant du roy ; mais le conseil trouvant ne se pouvoir faire, M. d'Anjou le dist audict sieur de Besigny qui, fasché d'un tel refus, parce qu'il estoit un peu hautain, dist à Monsieur que, s'il eust voulu, qu'il[4] se fust bien passé, mais qu'il ne ressembloit pas le roy son frère, qui tenoit fort bien et ferme sa parole et non pas luy. Monsieur, qui estoit lors à table avec le roy, lui respondict en colère : « Besigny, vous m'offencez par trop ; si j'étois « aussi inconsidéré que vous, et sans le respect que « je dois au roy mon frère, je vous donnerois de la « dague dans le corps ; mais je vous advise que vous « me réparerez ceste parole outrageuse de vostre

---

1. *Orée*, bord, rivage. — 2. En 1572.
3. Balthasar de la Chastre, seigneur de Besigny.
4. *Qu'il*, que cela.

« personne à la mienne, et que demain matin me
« despouillant de la grandeur et altezze que j'ay, je
« vous feray appeller dans la forest, où je vous feray
« cet honneur de me battre à vous, et par ce n'y
« faillez ; autrement je vous tiendray pour un parleur
« et mesdisant, que vous estes, et non pour un vail-
« lant. » Besigny ne sçachant que luy respondre, dist :
« Monsieur, je vous suplie me pardonner ; je n'y
« pensois pas ; je vous suis très-humble serviteur, »
et s'osta de là. Le lendemain Monsieur l'envoya apeller
par M. de Vins, qu'il n'eust à faillir de se trouver au
bois, mais il fut conseillé de prendre la poste et s'en
aller au voyage de la Morée avec M. du Mayne, que
fit Dom Joan d'Austrie, où il acquit beaucoup de réputation ; car c'estoit un fort vaillant et brave gentilhomme, et après tourna à poinct au siège de la
Rochelle, là où Monsieur le receut en grâce mieux
que devant, et n'en fut pour cela mésestimé. Si luy
garda-il bonne pourtant après (je le dirois bien) ; car
le morceau estoit trop gros pour luy à digérer, et
Monsieur de l'autre costé fort estimé de la belle offre
qu'il faisoit à l'autre. Tout cela est bon à tous ces
grands à jouer ces mystères.

Un de ces ans, en la cour de nostre roy, le bal se
tenant, le seigneur de Givry, gentil cavallier certes
et fort accomply, ainsi qu'il avoit pris mademoiselle
de Grantmont[1], pour la mener dancer la volte, voicy
M. de Soissons[2] qui la luy prend et la mène dancer.

---

1. Catherine de Gramont, mariée à François de Caumont, comte de Lauzun.
2. Charles de Bourbon, comte de Soissons.

Givry falut qu'il laissast sa prise et cédast au prince, en disant seulement : « Monsieur, vous usez en cela « du privilège de prince. » Après le bal finy et qu'on se retiroit, Givry qui se disoit un peu serviteur de ladicte demoiselle de Grantmont, ainsi qu'il la conduisoit soubs le bras en sa chambre, M. de Soissons luy voulant quelque maltallant d'ailleurs aussi, ce disoit-on, derechef vint et print ladicte demoiselle. Givry luy dist : « Monsieur, vous croirez s'il vous « plaist que je ne l'endurerois de mon pareil, que « nous ne vinssions aux mains. » M. de Soissons luy dit : « Givry, quand vous voudrez je me dévestiray « de ma grandeur, pour vous en donner du plaisir « au Pré-aux-Clercs qui est ouvert à tout le monde. » L'autre luy respondit : « Monsieur, puisque vous me « voulez faire cet honneur, je l'accepte, et sera lors- « qu'il vous plaira me commander. » Voilà ce qu'on en disoit à la cour. Le lendemain au matin l'un et l'autre estoient prests pour faire leur partie sans que le roy le sceust, qui leur envoya faire la deffence, trouvant fort mauvais de quoy M. de Givry avoit accepté le combat, ce dist-on; et d'autres disoient que, puisque M. de Soissons luy avoit faict ceste honorable offre, ne pouvoit moins faire que de l'accepter pour le plus haut comble de sa gloire. Dont en cet exemple faut louer grandement M. de Soissons et sa générosité, en voulant s'abaisser de sa qualité, pour monstrer la grandeur de son courage.

Or tout ainsi qu'il faut louer ces grands roys et princes de se dévestir de leurs grandeurs pour faire tels honneurs aux petits, il faut advertir aussi aucuns grands qu'ils n'en abusent point, ainsi que du temps du roy Henry II il arriva à M. le prince de la Roche-sur-Ion, prince du sang, et brave et vaillant. Estant à la chasse avec le roy, il voulut braver M. d'Andellot, et de paroles et de faict. M. d'Andellot qui estoit haut à la main et peu endurant, ayant mis la main à l'espée, blessa M. le prince. Mais le seigneur de Roches, qui despuis j'ai veu premier escuyer du roy Charles, secondant M. le prince son maistre, blessa M. d'Andellot, et tous deux se cuydèrent tuer, sans aucuns gentilshommes qui suivoient le cerf, et survindrent et le roy et tout, qui l'empescha. Sur quoy il y eut une très-grande rumeur, et les princes du sang tout mutinez et voyant qu'il leur en prenoit autant à l'œil, s'en plaindrent au roy et en demandèrent raison à M. le connestable, qui vouloit soubstenir la querelle de M. d'Andellot son neveu, remonstra au roy publiquement et devant les princes du sang amutinez, si M. d'Andellot avoit tort, il fairoit satisfaction à M. le prince de la Roche, mais aussi s'il n'avoit tort, qu'il n'estoit pas raison que les princes abusassent de leur principauté, laquelle certes leur avoit estoit donnée de Dieu et de nature pour s'en faire respecter et non pour en abuser, ny pour en gourmander les gentilshommes, qui sont chevalliers et gentilshommes comm'eux, et si le plus beau tiltre qu'un prince puisse avoir et porter après sa principauté, est qu'il est gentilhomme; mesmes ce grand roy François ne juroit jamais par foy de roy ny de prince, mais foy de gentilhomme. Les Espaignols mesmes, quand ils se veulent vanter, ils disent que *Juro à Dios que semos hydalgos come el rey, dineros menos* : « nous sommes gentilshommes comme le roy,

« il est vray que nous n'avons pas tant d'escus, » et voilà pourquoi un gentilhomme, quand il est bien gentilhomme, est fort à estimer; cela s'entend bien gentilhomme de race, de valeur et de mérite, de nom et d'armes. Par ainsi M. d'Andellot, qui estoit conditionné en tout cela, et qui jeune qu'il estoit, avoit cherché l'advanture de guerre en tous lieux de la France, d'Allemagne, d'Italie, d'Écosse et d'Angleterre, ne debvoit estre bravé ny mené de la façon, comme le cuydoit mener M. le prince de la Roche-sur-Ion, s'il eust peu. Dadvantage, outre qu'il estoit gentilhomme ainsi qualifié, il estoit chevallier, non de l'ordre, mais de vraye et noble chevalerie, qui valoit bien autant, quand on l'a vaillamment gaignée, comme l'ordre, d'autant que le nom de chevallier et de chevallerie estoit cent fois plus ancien, voire de temps immémorial, que l'ordre qui n'avoit esté institué que despuis peu par les ducs de Savoye, Bourgogne, Angleterre et France, à l'apétit de quelque humeur je ne sçay quelle qui leur en prist telle, ainsi qu'il se treuve par leurs institutions. Mesmes que nous trouvons dans les histoires de Flandres, que le bon duc Philippe instituteur de l'ordre de sa Toison, il voulut que son fils ce brave comte de Charolois fust faict avec son baptesme chrestien et chevallier de son ordre tout ensemble, et receust l'ordre et le cresme tout à coup. Son petit fils Charles V fut faict aussi chevallier de ce mesme ordre en l'aage d'un an et demy, disent les mesmes histoires de Flandres.

Les chevalliers de chevallerie doivent précéder tous autres, et le nom de chevallier a esté le premier entre tous les noms d'honneurs, et quelque tiltre gradué qui soit; tellement, que quant au nom de la religion, lois et observations d'icelles, toutes choses sont communes, et n'y a différence du plus grand au plus petit, d'autant que ceste religion les rend tous esgaux à bien faire, et faict aussi esgalle distribution du fruict des œuvres, mesmes que les grands roys et princes souverains, quant au nom de chevallerie, ne sont rien davantage que simples chevalliers, et nul autre chevallier ne leur est inférieur, et aussi que ceste religion de chevallerie a esté dicte pareillement religion d'honneur, et ceux qui en font profession sont dicts chevalliers d'honneur, pour autant que les vertus estant les reigles que l'on doit observer en ceste religion de chevallerie nécessairement suivent l'honneur; comme ainsi soit que ces vertueuses opérations tirent par conséquent avec soy l'honneur en char triumphant. Et pour ce Marcellus, en mémoire de sa victoire, voulut bastir à Siracuse un temple joinct ensemblement à la Vertu et à l'Honneur; mais en estant empesché par le sacré collège des Pontifes, il fut contraint d'en faire dresser deux : l'un consacré à la Vertu, et l'autre à l'Honneur [1].

La Vertu et l'Honneur ont été estimez de l'antiquité pour Dieux très-puissans, et quant à l'Honneur, on le faignoit fils de la Révérence, (ainsi qu'il se treuve en beaucoup de médailles antiques de la religion) pour dénoter que les hommes de la profession d'honneur eslevez hauts par leurs œuvres vertueuses doivent être révérez d'un chascun. Mais pourtant tels chevalliers eslevez en honneur ne doivent point

---

1. Voyez Plutarque, *Vie de Marcellus*, chap. XLVI.

abuser des grades. Voylà en quel honneur sont tenus les chevalliers de chevallerie. Si bien que le roy François ne se voulant contenter d'estre chevallier de l'ordre, il voulut estre chevallier de chevallerie à la bataille des Suisses à Marignan, par les mains de ce brave chevallier M. de Bayard, qui n'estoit que chevallier d'armes et non de l'ordre encor, comm'il le fut après[1]. Le roy Henry voulut estre faict chevallier de M. le mareschal du Biez, encor qu'il eust l'ordre; aussi le marquis de Pescayre disoit : *Qu'el nombre de la guerra ganado con virtud verdadera y con hechos illustres, era muy mas noble y honrado qu'era el que se ganaba con el juego de la fortuna amorosa, ó d'el sobervio favor de los reyes del mundo*[2] « Le nom de la guerre, gaigné par une vraye « vertu et par de nobles faicts, est plus noble et plus « honorable que celuy qui se gaigne par le jeu de « fortune amoureuse, ou par la superbe faveur des « roys du monde. » De telles ou semblables paroles M. le connestable sceut si bien débattre la cause de M. d'Andellot, qu'il la luy sceut gaigner devant le roy, et adviser d'un bon apoinctement.

Sur quoy il me souvient qu'aux premières guerres civiles, lorsque nous prinsmes Bloys sur les huguenots[3], M. de Randan qui avoit esté nouvellement establi colonnel de l'infanterie de France, en la place de M. d'Andellot, qui en avoit esté démis à cause du party contraire qu'il tenoit et qu'on disoit rebelle, pour cela vint à avoir querelle avec M. de

---

1. Voyez le *Loyal Serviteur*, chap. LX.
2. Voyez sa Vie par Vallès. — 3. En juillet 1562.

Montbron, troisiesme fils de M. le connestable, gentil garçon certes, et brave et vaillant s'il en fut onc, et tout pour l'ambition; car il portoit envie à M. de Randan de cet estat, pensant succéder à M. son cousin M. d'Andellot. Ils vindrent si advant en leurs querelles qu'ils estoient prests à se battre sans l'empeschement qui y fut mis, et que M. le connestable en eut l'avis soudain qui, comme prompt et colère qu'il estoit, s'en despita et se courrouça tellement que l'esclandre en fut grande en toute nostre armée, jusques à dire que M. de Randan estoit un petit gallant et un mignon de cour et qu'il dormoit jusques à midy, et luy apprendroit sa leçon et son devoir. M. de Guise qui aimoit M. de Randan naturellement (comme certes il estoit aimable en tout) vint trouver M. le connestable en ceste grande colère, et luy remonstrer qu'on ne sçauroit dire autrement que M. de Randan ne fust de fort bonne part et bon lieu, et qu'en tous les endroicts qu'il se fust jamais trouvé, ny en toutes les charges qu'il eust jamais eu, qu'il n'eust faict tousjours si bien et si vaillamment qu'on ne luy sçauroit rien reprocher; et que s'il dormoit ainsi haut' heure, que telle estoit sa coustume et tel son naturel quand il estoit à la cour; mais quand il estoit à la guerre et en sa charge, il estoit moins endormy que le moindre soldat des siens, et que pour apeller M. de Montbron son fils au combat, il ne luy faisoit point de tort, estant autant qualifié que luy fors en biens; et sur ce l'alla faire ressouvenir de la remonstrance qu'il fit devant le feu roy Henry, lors de la querelle du prince de la Roche-sur-Ion et de M. d'Andellot, et le pria de renouveller en soy les mesmes paroles et sentences qu'il dist alors pour deffendre la cause de son nepveu, et qu'il trouveroit estre propres pour la mesme cause de M. de Randan; et qu'il ne fairoit tort à M. de Montbron de l'apeller au combat, mais un très-grand honneur, s'estant signalé en tant de lieux si noblement et vaillamment qu'il avoit faict, et ny de se vouloir battre contre son fils, qui pour sa jeunesse n'avoit encor si bien faict parestre son généreux courage, comm'il fairoit par emprès avec l'aage. M. le connestable après avoir songé en luy, et ce que M. de Guise luy remonstra, s'apaisa et fut advisé de les accorder, s'estant un peu repenty en soy de ce qu'il avoit dict.

D'une chose se doivent aussi fort garder les petits de s'attaquer aux grands pour les braver et faire un affront, soit qu'ils soient poussez de leur folle outrecuidance et de grande présumption de leur vaillance, ou de la grand' amitié et faveur que leur portent leurs roys et leurs princes ; car ils s'en pourroient bien trouver mal, ainsi qu'il en advint au sieur de Saint-Maigrin de nostre temps, lequel parce que le roy luy faisoit un peu quelque bon visage et de faveur, en vint si insolent, ou possible pour complaire à son maistre, qu'il se voulut prendre à messieurs de Guise, et surtout à M. du Maine (en quoy, il fut ingrat, car M. de Guise l'avoit poussé et faict cognoistre au roy la première fois qu'il vint jamais à la cour), jusques-là qu'il usoit de fort outrageuses paroles, et aussi qu'un jour dans la chambre du roy, ainsi que le roy estoit dans son cabinet, il tira son espée, et en bravant de paroles, il en trencha son gand par le mitant, disant qu'ainsi il tailleroit ces petits princes. Il n'emporta guière loing ceste folle outrecuidance, car un peu de jours après il fut un soir estendu sur le pavé de la rue du Louvre, blessé à mort, qui s'en ensuivit le lendemain. La pluspart des courtisans disoient que le coup estoit très-bon, mais c'estoit fort sourdement ; car le roy ne le trouva pas tel, et en fut fort despité et fasché, jusques à se trouver à ses obsèques, et vouloir mal à ceux qui ne s'y trouvèrent, et à contraindre tous ceux qui estoient à la cour d'y aller, où plusieurs y allèrent que je sçay bien, vestus de noir comme les autres, qui soubs l'habit en faignoient belle joye, et si aucuns y en eut-il qui en estoient de la consente de la mort, comme je les cognoissois bien et leur disois qu'ils fissent bonne mine. Le roy le fit puis après tailler en marbre superbement, comme Quiélus et Maugiron et autres. Mais despuis les Parisiens, pour estre chose trop vaine et abusive, ont rompu tout cela[1], si bien que le proverbe courut longtems à la cour, contre les mignons et favoris du roy, quand ils faschoient quelqu'un ou luy faisoient desplaisir, on disoit : « Je le fairay tailler en marbre comme les autres. » Voylà comment fut payé ce jeune homme outrecuidé mal à propos.

Il ne fit pas si sagement comme fit un gentilhomme à feu M. de la Trimouille[2] dict *la vray corps de*

---

1. « Le 2 janvier (1589), dit l'Estoile, le peuple continuant ses furies et insolences, ausquelles les animoient leurs curés et prédicateurs, abbatit les sépulchres et figures de marbre que le Roy avoit fait ériger auprès du grand autel de l'église de Saint-Paul à Paris, pour Saint-Mégrin, Quélus et Maugiron, ses mignons. »

2. Louis de la Trémoille.

Dieu, lequel en son jeune âge et en sa fureur, vint à faire desplaisir à ce gentilhomme dans la salle du roy. Le gentilhomme luy dist seulement : « Mon-« sieur, vous me faites tort ; je suis gentilhomme « d'honneur ; je vous jure qu'advant qu'il soit un « an, j'en auray ma raison. » M. de la Trimouille luy respondit : « Alors comme alors, cependant je vous verray venir. » L'an se parachève et vient à estre révollu tout entier, fors le dernier jour, qu'ainsi que le soir qu'il estoit en la chambre du roy à son coucher, qu'aucuns de ses compaignons, jeunes gens comme luy, luy faisoient la guerre de son homme : « Ha ! dit-il, l'an est passé ; il n'a pas esté si mauvais « comme il a dict : je m'en vais coucher, » et sortant hors du logis du roy, ainsi qu'il estoit seul avec son page, contre une muraille à pisser, voycy venir le gentilhomme qui luy persa son manteau de sa dague en deux ou trois endroits, et luy dist : « Mon-« sieur, il ne tient qu'à moy que je ne vous en face « autant à travers le corps ; il me suffit de cecy, et « vous avoir monstré que je suis homme de bien et « d'honneur, » et delà s'en partit.

Le gentilhomme fut plus discret, ou non si résolu (pour mieux dire) vangeur, que ne fut un soldat du capitaine Briagne, un de ces ans, lorsque les premiers estats se rendirent à Bloys[1]. Ce soldat avoit esté audict Briagne et l'avoit quitté, et le trouvant le soir en la salle du bal, ainsi que l'on dansoit, ledict Briagne le voyant luy dist : « Ah ! vous voicy, gallant ; « remerciez le lieu où vous estes ; mais assurez-vous

---

1. En 1576.

« qu'au partir d'icy, je vous couperay bras et jam-
« bes, et vous apprendray à me quitter. » Le soldat,
qui avoit fort belle façon, lui respondit fort honnestement qu'il ne luy pensoit tenir tort, et luy estoit
serviteur. « Rien, rien, réplicqua l'autre, au partir
« d'icy tu ez mort de ma main, » parlant à luy en
très-grande colère; et moy-mesme je le dis à Briagne,
(car nous estions bons amis) qu'il se devoit contenter des honnestes excuses du soldat, et puisqu'il
vouloit tant luy demeurer son serviteur. Le soldat
comme désespéré s'oste de devant luy, mais non si
loin qu'il ne le guette, qu'il ne l'espie, ne le perd de
veue d'un seul clin-d'œil; par quoy le bal finy, ainsi
qu'un chascun sortoit, le soldat suivant Briagne
d'assez près, le voit en un recoing seul qui pissoit;
sur ce prenant l'occasion, tire son espée, luy donne
à travers le corps, le tue et s'oste de là. Ce ne fut
pas tout; car sans s'estonner, vint à la petite porte
du chasteau qu'il trouve si embarrassée de gens qui
sortoient à la coustume en foule, que ne pouvant
aisément sortir, il se mit à escrier : « Ah! messieurs,
« pour Dieu, laissez-moy sortir viste, car voilà mon
« maistre qui s'est blessé en une jambe; il faut que
« je luy aille querir un barbier pour le penser. »
(Quelle asseurance!). Soudain le monde s'ouvrit et
luy faict place, et sort et eschappe avec telle résolution, qu'onques puis on n'en ouyt nouvelles, si
non qu'il s'en alla aux guerres de Flandres, soubs
M. de la Garde, où il fit si bien et y acquit une telle
réputation qu'il mourut capitaine. J'en sceus ces
nouvelles par un autre soldat que j'avais veu aux
bandes, qui m'apporta des recommandations de luy,

et me remercioit de quoy j'avois parlé pour luy si honnestement audict Briagne, quand il le gourmandoit ainsi, encore que je ne l'eusse jamais veu cette fois. Considérez un petit la résolution de ce soldat d'attaquer ainsi son capitaine qui estoit un brave et vaillant gentilhomme, que je regrette bien fort, le tuer en tel lieu de respect, et puis s'esvader de la façon et de l'asseurance qu'il y fit. Voilà comment les petits bien souvent ont raison des grands ; mais aussi les grands l'ont bien aussi bonne des petits.

Je n'en ay veu un plus beau exemple qu'un que j'ay leu dans les *Chroniques de Savoye*. Un seigneur de Viry[1], gentihomme de Savoye, capitaine des gens de guerre de Savoye, qui avoit esté en la bataille de Tongres[2] contre les Liégoys, avec ses troupes savoyennes ; en vertu de quoy le duc Jehan de Bourgoigne l'avoit pris à solde et service, et ses gens et tout. Il devint si insolent pour la bonne réputation en quoy il estoit, qu'il s'alla prendre et esmouvoir contre le bon duc Louys de Bourbon[3], et luy envoya une deffiance, (ainsi parloit-on alors, comme aujourd'huy deffi solemnel) et ce à son propre et privé nom, comme font les princes d'un à d'autre ; ce qui fut trouvé fort nouveau, mauvais et estrange, attendu que ledict Viry n'estoit qu'un simple gentilhomme au prix de ce grand duc de Bourbon. Si

---

1. Amé de Viry. — Voyez Paradin, *Annales de Bourgogne*, liv. III, p. 563, et *Chroniques de Savoie*, liv. III, p. 262.

2. Le 23 septembre 1408, les Liégeois qui assiégeaient Jean de Bavière, évêque de Liége, dans Maestricht, furent défaits par Jean sans Peur, duc de Bourgogne.

3. Louis II, duc de Bourbon, mort en 1410.

est-ce que ce simple gentilhomme luy fit fort la guerre, en luy prenant plusieurs places et chasteaux, tant en Dombes qu'en Baujolois, sur les frontières de Bresse, dont le duc Louys conceut grande haine contre le duc de Savoye Amé, son nepveu; car il se doubtoit bien que ce Viry avoit esmeu cette guerre à la suscitation de son maistre ledict comte, car, sans luy, il se doubtoit bien aussi qu'il n'avoit pas grands moyens ny puissances de tenir telles forces sur pied. Aucuns disoient que ledict Viry avoit esté secrettement suscité par le duc Jehan de Bourgoigne qui portoit une dent de laict audit duc Louys de Bourbon, il y avoit longtemps, par les divisions entre les Orléanois et Bourguignons. Pour résister donc audict Viry, le duc Louys assembla le plus de ses amis qu'il peut, et envoya premièrement sommer le comte de Savoye de luy mettre entre les mains ledict Viry. A quoy le comte qui eut peur fit response que cette guerre n'avoit estée commencée ny faicte en son adveu ny subjection, et qu'il en seroit bien marry. Sur quoy fut accordé et arresté par les capitaines, tant d'un costé que d'autre, que le dict comte mettroit ledict Viry en la puissance du duc de Bourbon son oncle, à la charge et condition toutefois qu'il le tiendroit comme prisonnier de guerre, en ses prisons dans lesquelles se rendroit ledict Viry, et s'offriroit de satisfaire les dommages et intérests que le duc auroit souffert de luy en cette esmotion de petite guerre, et tiendroit prison jusques à ce qu'il auroit satisfaict à tout ainsi qu'il auroit esté convenu. Le tout fut accomply, et quelque temps après ledict Viry fut délivré et toutes choses appaisées; ce ne fut pourtant sans avoir beaucoup pasty en prison, et de sa personne et de ses moyens.

L'on peut tirer de cet exemple deux bonnes instructions : l'une qu'il faut que les petits soient bien sages et advisez quand ou qu'ils se présentent d'eux mesmes, ou sont conviez et poussez par les grands de faire une folie contre d'autres grands, ou qui porte conséquence : car s'ils ne la font bien à propos et ne l'exécutent de mesmes, ou qu'ils s'y trouvent engagez et embarrassez par quelque malheur, ils sont soudain désadvouez et reniez par leurs autheurs et factieux, aymant mieux qu'ils courent le hazard et le péril et la honte qu'eux, ainsi que faict Pantalon à Zany quand il a fait du sot, et ainsi que fit Yvoy dit le jeune Genlis qui, ayant amassé quelque trois à quatre mille bons François pour aller en Flandres contre le duc d'Albe, fut surpris et rencontré par ledict duc, et furent tous deffaicts, au moins la plus grand part, car il ne s'en sauva guière qu'ils ne fussent pris, comme fut leur chef Genlys qui, après avoir enduré longue prison, y fut exécuté par sentence. Le duc d'Albe envoya vers le roy Charles sçavoir s'il les envoyoit ; il dict que non. Dieu mercy qu'il n'avoit faict rien qui vaille, et ne vouloit point que pour une faute mal faicte le roy d'Espaigne luy voulust mal et se déclarast son ennemy, et qu'un petit désadveu r'habilleroit le tout; mais si Yvoy eust conquis ce qu'il avoit promis, et pris de bonnes villes en Flandres, comme il y avoit apparence pour lors, et qu'il n'eust esté ainsi pris et deffaict, sans point de faute, son cas fust bien allé pour luy et pour le roy.

Nous avons un pareil exemple du seigneur du Allot qui, autheur de l'entreprise du chasteau d'Angiers[1], parce qu'elle alla très-mal pour luy et qu'il n'y vint à bout, il fut désadvoué de celuy qui la luy avoit consentie et avoit esté bien aise qu'on la fist; parquoy il fust exécuté à mort ignominieusement par un bourreau.

Le roy Louys XI estoit maistre passé en telles choses; car si elles alloient bien, il les advouoit; si mal, il les désadvouoit et desnioit comme un beau diable, tesmoing la guerre du Liège, qu'il suscita contre le duc Charles de Bourgoigne; mais aussi il fit bien du fat, et perdit l'estrieu de son bon esprit, quand ne s'en souvenant pas, il fut attrapé dans Perronne et alla servir son vassal comme son vallet. Quelle honte! voilà donc comment il se faut gouverner bien à poinct en telles folies subjectes à désadveu.

L'autre instruction, et pour laquelle principalement j'ay allégué cet exemple du seigneur de Viry, est qu'il ne se faut pas tant estimer quelquefois, ny présumer tant de soy qu'un petit s'attaque à un grand insollemment ny inconsidérément; car enfin les petits sont petits, les grands sont grands qui ont toujours raison d'eux; mais aussi il faut de mesmes que les grands soient discrets et considératifs que, sans juste raison et subject, ils ne fassent tort aux petits; car

---

1. En 1585, Michel de Bourrouge, sieur du Halot, appuyé secrètement par la cour, tenta de s'emparer du château d'Angers, alors aux mains du comte de Brissac dévoué à la Ligue. Il échoua et fut pris par les bourgeois. On lui fit son procès et il fut rompu vif. Voyez de Thou, liv. LXXXII.

quelquefois perdant tous respects, ils¹ se revirent bravement comme gens désespérez et jaloux de leur honneur. J'allégueray cet exemple, et puis plus :

Quand le duc d'Ascot² sortit hors de prison du bois de Vincennes, du règne du roy Henry II, la comtesse de Senningan³ fut fort accusée et suspecte de sa délivrance, et d'y avoir fort tenu la main et y trouvé les moyens, car elle estoit fort sa proche parente. M. le connestable (à qui estoit le prisonnier, et qui avoit soigneuse cure de le garder pour en faire eschange de luy à M. de Montmorency son fils⁴, qui estoit prisonnier en Flandres), ne faut point penser s'il fut fasché de cette escapade; et pour ce (par ordonnance du roy que M. le connestable gouvernoit), ladicte comtesse fut constituée prisonnière et resserrée, et commissaires ordonnez pour l'ouyr et faire son procez; et de faict fut en une très-grande peine, et possible en grand danger de la vie, sans messieurs de Guise et cardinal son frère, lesquels esmeus, prirent sa cause en main et luy rendirent si bonne qu'elle n'en eut que la peur. Au bout de quelque temps les nopces de la reyne d'Espaigne et de Madame de Savoye survinrent, dont aux sales du bal parmy les

---

1. *Ils*, les petits.
2. Philippe, sire de Croy, premier duc d'Arschot. Il avait été fait prisonnier dans un combat près de Dourlens, en 1553, et s'échappa de Vincennes en 1556. Voyez de Thou, liv. XII, XVII et XX.
3. Françoise d'Amboise, mariée 1° à René de Clermont, seigneur de Saint-Georges; 2° à Charles de Croy, comte de Seninghen. Elle était belle-sœur du duc d'Arschot.
4. François de Montmorency.

grandes magnificences, bals et dances, M. de Montmorency, comme grand-maistre, eut charge de faire place pour les foules ordinaires qui se jettent et affluent en telles festes. M. le prince Portian[1] qui estoit fils de la comtesse de Senningan, venant à se faire grandet, et avec l'aage luy croissant aussi le cœur (car il estoit tout généreux et vaillant), portant haine grande et une mauvaise dent de laict, à cause de sa mère, à ceux de Montmorency, ne voulut se reculler ny faire place, quelque chose que M. de Montmorency luy dist par deux fois en allant et tournant, mais faisoit tousjours au pis, jusques à dire qu'il n'en fairoit rien pour luy. M. de Montmorency qui voyoit bien la source de tout cecy et pourquoy il le faisoit, perdant patience, le repoussa très-rudement, ce que ne pouvant endurer, il brava un peu et monstra une mine altière et menaçante; de sorte que la rumeur estant sautée au roy, à M. de Guise et M. le connestable, fut faict commandement et à l'un et à l'autre de ne sonner plus mot, ny aller plus avant, et ne s'entredemander rien l'un à l'autre sur la vie, de peur de perturber la feste, et mesmes à cause des estrangers qui estoient là. Par quoy le bal se fit et se paracheva sans autre esmotion plus grande. Les uns donnèrent le blasme au prince Portian d'avoir là voulu braver contre l'authorité du roy, et officier premier de sa maison, et mesmes en faisant sa charge en une telle et solemnelle feste, et que ce n'estoit là qu'il falloit braver. Le prince Portian disoit qu'il avoit esté poussé comme de guet à pand, et comme

---

1. Antoine de Croy, prince de Portien. Il était calviniste.

avoir esté choisi le premier et sur tous pour estre ainsi bravé. Aucuns disoient que M. de Montmorency, sçachant ce qui avoit esté passé entre leurs maisons, devoit un peu pallier et laisser passer ce coup, sans en bailler encore nouveau subject de mescontentement. Mais pour fin M. de Montmorency fut trouvé avoir très-bien faict, pour s'acquitter de sa charge, et qu'il ne pouvoit moins faire que de le pousser et le faire reculler aussi bien luy comme un autre et un autre comme luy, ainsi comme on l'a veu en telles presses, que l'on n'est pas maistre de soy et que l'on y perd toute patience.

Mais quant à moy je n'y ay jamais veu roy, prince ny capitaine des gardes, ny homme quiconque soit, qui y ayt eu meilleure grâce et meilleure façon, ny plus grande discrétion que feu M. de Guise le Grand et M. son fils le dernier, des hommes de son temps; car ils commandoient si modestement et si doucement, ores parlant à l'un, ores parlant à l'autre si gentiment, que par deux ou trois doux mots qu'ils disoient, le monde se reculloit de soy-mesme, se tenoit coy plus cent fois que par une infinité de brailleries, poussemens et impatiences de tous autres.

Pour achever donc le conte de M. de Montmorency et du prince Portian, cela fut appaisé et accordé par le commandement du roy, sans quoy possible, il s'en fust ensuivy une très-grande et dangereuse conséquence, voire une rigueur de justice du roy qui ne le trouva pas bon; et de quoy j'allègue cet exemple, ce n'est point pour mettre M. le prince au rang des petits et inférieurs, car il estoit d'une très-grande et très-haute et antique maison, et pour ce estoit bien en cela esgal à M. de Montmorency, mais la partie estoit fort mal faicte pour luy, d'autant que M. le connestable qui gouvernoit tout, toute la cour branloit pour luy, ainsi que porte la faveur de la cour : si que M. de Montmorency usant et y employant la faveur de son père et la sienne, il fust esté bien plus puissant et fort que ledict prince, et aussi qu'il avoit la raison qui faisoit pour luy, pour n'avoir faict que le devoir de sa charge. Voilà pourquoy ledict prince couroit grand'fortune, et avoit tort d'avoir voulu braver, bien qu'il fust assez supporté[1] de messieurs de Guise. Mais en cela ils n'eussent pu aller contre la raison, et aussi qu'il y avoit un grand roy qui de longue main se sçavoit bien faire authoriser et maintenir les privilèges de sa maison et de sa royauté. Voilà comment lors un chascun discouroit à la cour sur ce subject.

Plusieurs années après, ledict prince fut fort blasmé d'un traict qu'il fit, de quoy oubliant son ancien maltallant contre ledict seigneur de Montmorency, tant pour le poussement que la prison et le procez de sa mère, il rechercha tellement M. de Montmorency, qu'il l'accompagna à l'afront qu'il fit à Paris en la rue Sainct-Denys, à M. le cardinal de Lorraine, et à M. de Guyse dernier mort, qui n'estoit qu'un jeune et foible garçonnet, d'autant que ledict M. le cardinal entroit dans la ville avec sa garde ordinaire d'arquebusiers à cheval, qui marchoit ordinairement avec luy par la permission du roy, despuis la sédition d'Amboise, que je luy vis lors ériger, que le ca-

---

1. *Supporté*, appuyé.

pitaine La Chaucée, gentil soldat certes, menoit comme chef. M. de Montmorency voulut interdire l'entrée audict M. le cardinal avec armes et sa garde, et luy manda par deux fois qu'il le chargeroit s'il s'en essayoit. M. le cardinal ne laissa pour cela, et entra. Sur quoy M. de Montmorency monte à cheval avecque sa garde et ses amis, et va au devant et le trouve entré, et le charge; dont M. le prince qui l'accompagnoit, sans aucune souvenance des plaisirs passez, fit la première poincte de la charge, où il y eut un grand désordre, et fut contrainct M. le cardinal mettre pied à terre et se sauver dans une maison d'un citadin de la ville; si que possible sans cela fust-il esté en danger de la vie, ce dict-on ; car il estoit fort hay à cause de la religion, et avoit là plusieurs huguenots avec M. le prince, qui ne demandoient pas mieux ; j'en parle ailleurs bien au long dans l'un de mes livres[1]. Ce cas fut trouvé fort estrange par toute la France et surtout à la cour, qui estoit lors en Provence. Je venois lors de la prise du Pignon de Bellys en Barbarie, et de Portugal et d'Espaigne. Je sçay ce qu'en dit le roy et la reyne, et les grands qui estoient là, et M. le connestable qui en fut fort estonné, et le roy depescha M. de Rambouillet vers M. le cardinal et M. de Montmorency, qui dirent leurs raisons ainsi qu'ils peurent (dont n'y avoit manque d'un costé ny d'autre), que je dirois volontiers, mais elles allongeroient trop ce discours, et aussi que je les dis ailleurs. M. le prince de Condé, bien qu'il fust chef des huguenots, se sentit luy-mesme fort offencé

---

1. Voyez tome III, p. 354 et suiv.

de cet affront faict à son cousin germain, et en prit l'affirmative, force autres princes aussi et mesmes M. de Montpensier. Pour fin, par la sagesse et providence de la reyne mère, cela s'appaisa, et n'alla cette contention plus avant[1]; surtout M. le prince Portian y receut un très-grand blasme pour s'estre ainsi bandé de gayetté de cœur, ou pour sa religion, contre la maison de Guise de laquelle il avoit receu tant de plaisirs et courtoisies, et par sus toutes, trois : la première, l'assistance qui avoit esté faicte à sa mère la comtesse de Senningan, en prison, sa cause et sa délivrance; la seconde, en cette querelle contre M. de Montmorency que je viens raconter; et la troisième, qu'ils luy avoient faict espouser Mlle de Nevers[2], l'une des plus belles, honnestes, sages, vertueuses et riches filles de la France, et qui estoit digne d'un plus grand prince que luy, comme despuis elle espousa ce grand M. de Guise. Feu Mme la douairière de Guise[3], cette si sage et vertueuse princesse, la nourrissoit par la prière que feu M. de Nevers son père luy avoit faict de la tenir en sa compaignie pour tenir

1. Voyez, dans la collection de Mesmes, ms. 279, f° 306, le *règlement du roi* pour cette affaire, règlement daté de Moulins, le 24 février 1566, et tout à fait favorable au maréchal. Voyez aussi : *Discours sur le congé impétré par M. le cardinal de Lorraine de faire porter armes défendues à ses gens, et sur ce qui luy advint à l'occasion de cela à son arrivée à Paris, le 3 janvier 1565 (1566). 1565 (1566), in-8°.*

2. Catherine de Clèves, comtesse d'Eu, mariée 1° à Antoine de Croy, prince de Porcien; 2° au duc Henri de Guise; morte à Paris le 11 mai 1633 à quatre-vingt cinq ans.

3. Antoinette de Bourbon, femme de Claude de Lorraine, morte le 20 janvier 1583, à quatre-vingt-neuf ans.

d'elle de sa belle et bonne nourriture et sages vertus. Je l'y ay veue nourrir, et je sçay que M. le cardinal fut le premier moteur de ce mariage : il luy rendit très-mal là, à l'appétit de sa religion. Il ne devoit point en cet endroit obscurcir sa belle et claire réputation qu'il avoit, par une telle ingratitude ; car il estoit de bonne part, de bonne race, brave, vaillant, généreux, adroict et très-accomply prince en tout, magnifique, libéral ; mais il se gasta fort là. Moymesme j'en fus autant marry qu'il estoit possible, car je luy estois fort serviteur, et luy m'aymoit autant que gentilhomme de la cour : mais que voulez-vous ? c'estoit sa religion qui l'avoit ainsi charmé et offusqué comme d'autres. Feu M. le prince de Condé luy en fit bien la réprimande, comme j'ay sceu, car il avoit espousé sa niepce[1], et luy sceut bien reproscher l'obligation qu'il avoit en la maison qu'il venoit offencer mal à propos. Si nous voulons croire la *Légende de S. Nicaise*[2], bastard prétendu de la maison de Guise, il en eut la vengeance deux ans après, ou moins ; car par le moyen de Sainct-Barthellemy son bon averlant[3], il le fit mourir, et fut fort regretté de plusieurs honnestes gens de la cour. Pour moy, je luy donne ma bonne part de plusieurs larmes. En ce conte, il y a plusieurs choses à noter et considérer, que je laisse aux bons discoureurs ; non-seulement

---

1. Marguerite de Bourbon, sœur du prince de Condé, était la mère de mademoiselle de Nevers.
2. C'est le titre de la première édition de la *Légende de domp Claude de Guise*. Voy. le chap. xiv : *Comment Saint-Barthélemy empoisonna le prince de Porcian* (*Mémoires de Condé*, in-4°, t. VI).
3. *Averlant*, compagnon, vaurien.

pour le subject pour lequel je l'ay allégué, que pour autres.

Avant que faire fin, je diray encore ce mot : que feu M. de Montpensier le bonhomme dernier mort, dict Louys, a esté un prince qui en ses colères a esté fort subject à gourmander et offenser les personnes; aussi n'avoit-il en luy autre sy[1] que celuy-là, car c'estoit un prince brave, vaillant, magnanime et très-bon chrestien conme son patron le roy Sainct Louys qu'il vouloit imiter en tout. Aux troisièmes troubles, il gourmanda et brava fort, de paroles seulement pourtant, feu M. d'Auzances, le soubçonnant de la religion. C'estoit à Mirebeau, aux troisièmes guerres, où pourtant il servoit bien le roy en son armée. Plusieurs en blasmèrent ledict prince, car M. d'Auzances estoit gentilhomme d'une grande maison, et de cette grande de Montberon, l'une des grandes et antiques de la Guyenne. Il avoit esté lieutenant de roy dans Metz où dignement et très-sagement s'en estoit acquitté; et estant là venu pour servir son roy, il ne le devoit ainsi traicter de rudes paroles, bien qu'il fust suspect de la religion; et pour ce forcé honnestes gens s'en escandalisèrent. Je sçay bien ce que j'en vis dire à M. de Biron, et de grande colère parler haut et bravement, jusques prest à venir à l'effect; je sçay ce qu'il m'en dict, et la menée qu'il en trasmoit, car M. d'Auzances estoit son parent prosche à cause de la maison de Bourdeille et de Montberon, tous bons parens et alliez, et bons amys. Ledict M. de Montpensier en eut le vent; qui

---

1. *Sy*, exception.

cala et en parla à mondict sieur de Biron lors mareschal général de camp, et luy en fit ses excuses, et en fit parler à mondict sieur d'Auzances. Après cela ledict sieur d'Auzances se retira de l'armée, bien que Monsieur luy remonstrast qu'il ne s'en faloit autrement formaliser et estomacquer. Si en conceut-il un tel chagrin et douleur en soy, que je croy qu'il mourut plustost du soing et soucy qu'il concevoit en soy, pour s'en venger, que d'autre mal. Je sçay ce qu'il m'en dict, car nous estions fort prosches et très-bons amys, et si avoit le cœur grand, haut et brave, et peu endurant une injure, et croy que s'il eust vescu, il eust faict un coup (car le roy François premier disoit que c'estoit une fort dangereuse et furieuse beste, qu'un gentilhomme françois, outragé, mal content et despité), si ce n'est que despuis cela se fust appaisé par l'alliance que prit M. le Prince-Dauphin, son fils[1], de la princesse sa femme qui estoit fort prosche de M. d'Auzances, à cause de la maison de Mareuil de laquelle M. d'Auzances se pouvoit dire oncle à la mode de Bretaigne.

L'autre gentilhomme que j'ai veu à M. de Montpensier gourmander, ce fust un honneste jeune gentilhomme italien que nous avons veu à la cour, et qui despuis espousa madame Philippe, dame de Blère[2], mère de Madame d'Angoulesme d'aujourd'huy. Ce fut au siège de la Rochelle qu'il parla à

1. François de Bourbon, duc de Montpensier, marié en 1566 à Renée d'Anjou, marquise de Mézières.
2. Philippe Duc, Piémontaise. Elle eut de Henri II une fille, Diane, à qui Henri III donna en 1582 le duché d'Angoulême, et qui mourut le 11 janvier 1619.

luy un peu outrageusement, et pour rien, et le traict n'en fut pas trouvé trop bon, ny des grands ni des petits; car c'estoit un honneste gentilhomme. Il gourmanda devant Lusignan M. de Serré[1] qui estoit un brave et vaillant gentilhomme; mais cela fut bien à propos, car luy ayant esté pris dans la Vacherie et mené à M. de Montpensier, il luy demanda aussitost pour qui il tenoit cette place ainsi. L'autre luy respondit très-mal : « Pour le roy, dit-il, Monsieur. » Aussitost cette parole dicte, M. de Montpensier luy jetta un chandellier d'argent à la teste : « Quoy! dit-il, suis-je un traistre et un rebelle pour « assiéger une place que vous dictes garder pour le « roy? Voudriez-vous vous dire serviteur du roy, et « moy un traistre et un rebelle? Que suis-je icy de- « vant, sinon pour faire la guerre aux ennemis du « roy, et traistres et rebelles comme vous estes, que je « fairay tous pendre, et commenceray à vous le pre- « mier? Allez, ostez-vous de devant moy. » M. de Montpensier eut là juste subject et raison de parler et gourmander ainsi ce gentilhomme qui avoit tenu cette parole par trop presjudiciable à son honneur, et à luy qui tenoit le rang et place de roy, qui estoit autant se mocquer de luy.

Voilà comment les princes sont louez pour se picquer bien à propos contre les petits, et meslouez pour mal à propos. Ainsi que fut le cardinal de Lorraine que j'ay cy-devant allégué contre M. d'Auzances cy-dessus mentionné, lequel estant lieutenant de

1. René de Valzergues ou Valesergues, sieur de Serré. Voyez de Thou, année 1574, liv. LIX.

roy à Metz, et voyant que M. le cardinal se vouloit usurper la ville de Marsaut au Pays-Mayssin, à cause de l'évesché de Metz, qu'il disoit en despendre, M. d'Auzances s'y opposa et fust à son escient ou plustost de par le roy ou autre grand l'y poussant, et fit commandement à Salsède, gouverneur, de la garder pour le roy; ce qui fut cause de la grand'inimitié que luy porta ledict cardinal, que paradvant j'avois veu le gouverner, et feu M. de Guise son frère paisiblement. M. le cardinal s'en plaignit au roy, et pour ce M. d'Auzances fut commandé du roy de le venir trouver à Moulins, ce que je vis, pour conter ses raisons en son conseil privé, devant M. le cardinal, qui le commença à braver de paroles, présent le roy, jusques à l'appeller petit gallant. A quoy répliqua M. d'Auzances, qu'il estoit gentilhomme d'honneur et qu'il n'estoit pas si petit gallant qu'il[1] n'eust recherché son alliance pour un de ses nepveux, qu'estoit M. du Mayne, qu'on desiroit fort marier avec mademoiselle de Mézières, qui fut après maryée avec M. le Prince-Dauphin[2]; et quant aux autres parolles outrageuses qu'il luy avoit dict, ce n'estoit point à luy à qui il faisoit tort, mais au roy qui donnoit libre accès et congé à un chascun de parler librement devant luy en son conseil et dire ses raisons; et les disans, sur ce estre outragé le roy en estoit offencé, et la cause luy touchoit de près. Cela fut aussitost appaisé sur le coup; mais M. d'Auzances ne laissa après s'en estre retourné de le luy rendre, car onc-

1. *Qu'il*, que le cardinal.
2. Voyez la note 1 de la p. 496.

ques puis il[1] ne mit pied dans Marsaut ; tant la vengeance est douce ; et nul grand ne peut-il dire s'il a un ennemy quel que soit-il petit et non semblable à luy, que soit un ennemy petit.

Et pour dernier exemple, je n'allégueray que cestuy-cy du duc de Milan, Galeas-Marye, fils du duc Efforce, qui devint si tyran et vicieux qu'il ne s'attaqua pas seulement aux biens de ses subjects, mais à leurs femmes et filles ; si qu'un señor André l'Ampugnan[2] impatient du tort qu'il faisoit à son frère d'une abbaye, se résolut avec d'autres conjurateurs, de le tuer ; ce qu'il fit dans une église, feignant de vouloir parler à luy, et luy donna dans le corps et ventre, deux ou trois coups d'une dague. Mais avant d'entreprendre ce meurtre, n'osant approcher ny offencer la personne du prince duquel la grande beauté le rejettoit et estonnoit (voyez quelle vertu porte une beauté !), s'advisa d'un moyen pour s'asseurer, de manière qu'il le fit peindre dans un tableau fort à vif, contre lequel il donnoit de la dague à toutes fois qu'il y pensoit, et s'essayoit ainsi ; et tant continua ces coups et cette façon de faire, qu'un jour se voyant tout accoustumé et asseuré de l'approcher et frapper, luy donna sept coups à bon escient, dont en tumba mort par terre tout estendu. Quel essay ! Je crois que le sieur de Montaigne n'en a jamais faict ny escrit de pareil parmy les siens.

1. *Il*, le cardinal.
2. Galéas-Marie, fils du duc de Milan François Sforce, fut assassiné le 26 décembre 1476 par Andrea Lampognano, Carlo Visconte et Gieronimo Olgiato. — Voyez le livre IV des *Elogia* de P. Jove.

Or je fais fin, espérant de faire un second livre pour y descrire encore force particulières façons qui se sont observées, s'observent et se peuvent observer pour faire les deffys et appels. Je diray aussi force diverses sortes d'accords et satisfactions de querelles qui se sont pratiquées, lesquelles j'ay veu, et desquelles je m'en puis souvenir [1].

---

1. Pour suppléer en partie à ce second livre que Brantôme n'a jamais écrit, nous indiquerons, entre autres, les manuscrits suivants où l'on trouve en original ou en copie de nombreuses et curieuses pièces (dont nous avons cité quelques-unes) sur les duels, défis, appels, accords, etc. : *Collection Dupuy*, n°s 110, 510, 662, 744; *fonds français*, n°s 3583, 5585, 4810, 21810 et 21811; *Collection de Mesmes*, n° 272; *Collection Fontanieu*, n° 700, à la Bibliothèque nationale; *Collection Godefroy*, à l'Institut, portefeuille 125.

FIN DU DISCOURS SUR LES DUELS
ET DU SIXIÈME VOLUME.

APPENDICE.

I. — *Lettre, à Henri III, de Bussy d'Amboise demandant le combat contre Quélus.*

(Page 191, note 1.)

Sire, je croy que Votre Majesté sera fidellement advertie de la façon que je fus l'autre jour assailly, qui me gardera vous en importuner comme de chose dont la redicte ne peult contenter l'aureille d'une âme généreuse. Seulement me metz-je à vos pieds, Sire, pour vous supplier très humblement, comme vostre très humble et très fidel subject et serviteur, il vous plaise me fère justice. Vous me la devez comme chose que le Tout-Puissant a mis entre vos mains avecq le sceptre, pour la départir à ceux qui la vous demandent, comme présentement je fais, et en toute humilité, n'alléguant ny vos deffences viollées, ny la forme dont je fuz attaqué, pour me satisfaire; mais qu'il vous plaise, Sire, pardonnant au sieur de Cayluz l'intérest de son offence, permettre soubz l'assurance d'un cavallier d'honneur tel que Monseigneur votre frère nommera, s'il luy plaist, comme je l'en ay très humblement requis, je me puisse contenter avec ledict Cayluz par la voye que les hommes d'honneur tiennent en leur vengeance, encor que l'acte dont je me plains ne m'oblige à telle raison. Mais je le vous demande à genoux, à mains joinctes et plus que très humblement, Sire, protestant devant vos Majestez où je m'incline en toute humilité que, trois jours après l'assignation seurement recognuz, je m'y trouveray en la mesme façon que Monseigneur vostre frère ordonnera, et sans toutes les cérémonies que recherchent ceux qui ne veulent venir aux mains.

Sire, je supplie le Créateur vous donner très heureuze, très longue et bonne vie.

De Suresne, ce 3ᵉ febvrier 1578.

II. — *Coutume singulière des lansquenets.*

(P. 221.)

Dans son récit de la revue des lansquenets du comte Rhingrave passée par Charles IX au pont de Charenton, Brantôme parle de ces soldats qui marchèrent « la picque basse et branlante, comme qui va au combat », après qu'ils eurent baisé la terre et en eurent jeté chacun une poignée derrière leurs épaules, « à leur mode. »

Cet usage qui remontait certainement au paganisme est mentionné ainsi par Paul Jove dans sa relation de la bataille de Cerisoles. :

« Germani qui humi procubuerant ut tormenta vitarent, imperante Vastio, consurrexerunt; collectumque pulverem, quæ est vetus et religiosa ejus gentis consuetudo, post terga projecerunt, quum ea cerimonia conciliari Victoriæ numen arbitrarentur, promotisque signis hastas inclinarunt. » (Édit. in-fol., 1552, t. II, p. 477.)

III. — *Combat de Claude d'Aguerre, baron de Vienne-le-Chastel, et de Jacques de Fontaines, sieur de Fendilles.*

(P. 235.)

La relation que nous avons citée en note est une réimpression faite à Paris de l'édition originale publiée à Sedan l'année précédente, sous le titre de : *Le combat des sieurs d'Aguerre et de Fendilles avec toute la procédure et le jugement intervenu sur iceluy, en l'année MDXLIX, sous le roy Henri II. Imprimé sur les originaux. A Sedan, de l'imprimerie de Hubert Raoult, demeurant en la rue Maca. MCXX.* (51 p. in-8°). — Cette relation contient le procès-verbal du roi d'armes de Robert de la Mark, et les lettres patentes données le 29 avril 1546, le lendemain du combat, lettres par lesquelles le prince prononce son jugement.

Il n'est nullement question au procès-verbal de l'incident de l'échafaud rompu que Brantôme avait probablement entendu raconter à quelque témoin oculaire.

Dans le manuscrit 21811 du fonds français (*olim* Gaignières) on trouve une lettre écrite le soir même du combat par Robert de la Mark au duc d'Aumale (Claude de Guise). Nous en extrayons le passage suivant :

« Monsieur, pour faire sçavoir au roy des nouvelles comment s'est porté le combat du baron de Daguerre et sieur de Fandeilles, monsieur le baron de Fontenay, présent porteur, a voulu entreprandre le voyage par lequel n'ay voulu faillir vous en escripre ce petit mot, avec la souffizance de mondict cousin que j'ay pour vous en rendre bon compte et vous asseurer que lesdicts combatans se sont portez aussi vaillamment que gens qui portèrent jamais armes. Toutesfois ledict Daguerre est demouré vainqueur, et tous deux fort blecez ; espérant que pour cela ne leur adviendra aucun inconvénient....

IV. — *Duel de la Chasteigneraie et de Jarnac.*

L'origine de la querelle de la Chasteigneraie et de Jarnac est assez obscure, et les historiens du temps qui en parlent gardent à ce sujet une grande réserve. Toutefois voici ce qu'on peut conjecturer des récits de Vieilleville et du président de Thou, de quelques phrases de Brantôme et de divers renseignements donnés par le Laboureur dans les *Additions aux Mémoires de Castelnau* et par Guillaume Marcel dans les preuves du tome IV de son *Histoire de l'origine et des progrez de la monarchie françoise.*

Guy Chabot, sieur de Jarnac et de Montlieu, ayant conté à son allié et ami la Chasteigneraie qu'il « entretenoit fort paisiblement madame de Jarnac et en tiroit ce qu'il vouloit de moien pour paroistre à la cour, » celui-ci raconta la chose au dauphin Henri qui « interprétant en trop maulvaise part ce mot d'*entretenir* sur laquelle fût fondée la querelle [1] » et en ayant parlé à quelque « babillarde, » comme dit Monluc, le bruit se répandit à la cour que Chabot se vantait d'être l'amant de sa belle-mère. De là le démenti qu'il donna publiquement à tous ceux qui l'accuseraient d'avoir tenu de pareils propos. La Chasteigneraie, mis ainsi en cause, releva immédiatement le démenti et demanda à François Ier, qui la refusa toujours, la permission de combattre son adversaire en champ clos. A la mort du roi, il renouvela sa requête, et Henri II qui se sentait aussi compromis que son favori, la lui accorda immédiatement. Celui-ci se croyait si sûr de la victoire qu'il avait fait préparer à l'avance un magnifique festin. Mais, disent les *Mémoires* de Vieilleville, « Dieu qui l'attendoit au passage, le fit, de vainqueur par fantaisie, demeurer vaincu par effet; et fut ce soupper tout cru enlevé par les Suisses et laquais de la cour (car on n'avoit pas voulu toucher au feu que l'on en eust veu la fin; aussi qu'il estoit quasi soleil couché premier qu'ils entrassent en duel); les pots et marmites renversées, les potaiges et entrées de tables respandus, mangez et dévorez par une infinité de herpaille; la vaisselle d'argent, de cuysine et riches buffets, emprumptez de sept ou huit maisons de la cour, dissipez, ravis et volez avec le plus grand désordre et confusion du monde; et pour le dessert de tout cela, cent mille coups de hallebardes et de baston départis sans respect à tout ce qui se trouvoit dedans la tente et pavillon de Chastaigneraie, par les capitaines et archers des gardes et prévost de l'hostel qui y survindrent pour empescher ce vol et saulver ce que l'on pourroit; car il estoit venu ung infiny peuple de Paris, comme escoliers, artisans et vagabons, à Saint-Germain-en-Laye, pour en veoir le passe-temps, qui s'estoient jectez là dedans à corps perdu, comme au sac d'une ville prise par assault, pour y exercer toutes sortes de ravages. [2] »

1. Voyez Vieilleville, liv. II, ch. xii. — 2. *Ibid.*

Le combat eut lieu le 10 juillet 1547 et ne commença qu'à la fin du jour, les cérémonies préliminaires ayant duré depuis six heures du matin. Il ne fut pas long, et l'on sait que le coup inattendu dont Chabot atteignit son adversaire au jarret, et qui mit fin à la lutte, a donné lieu au dicton *coup de Jarnac*.

Les cartels de la Chasteigneraie et de Chabot, l'ordonnance de Henri II qui permettait le champ clos, et le procès-verbal du combat se trouvent imprimés dans les *Additions aux Mémoires de Castelnau* (liv. VII) et dans le tome IV de l'ouvrage de Marcel que nous venons de citer. Mais j'ai trouvé dans le portefeuille 125 de la collection Godefroy, à la bibliothèque de l'Institut, un cahier de 12 pages petit in-f°, écrit au seizième siècle, et qui contient soit un texte plus exact des pièces déjà publiées, soit des pièces inédites. nous allons en extraire divers passages. — Voici d'abord le texte du premier cartel de la Chasteigneraie. Il est adressé à François Ier :

Sire, ayant entendu que Guychot Chabot a esté dernièrement à Compiègne où il a dict que quiconques auroit dit qu'il se fut vanté d'avoir couché avec sa belle-mère estoit meschant et malheureux ; sur quoy, Sire, avec vostre bon congé et plaisir, je respondz qu'il a meschantement menty et mentira toutes et quantes foys qu'il dira que en cela j'aye dict chose qu'il ne me aye dicte ; car il le m'a dict par plusieurs foys et s'est vanté avoir couché avec sadicte belle-mère.

Les termes de ce cartel si injurieux pour la belle-mère de Chabot (Madeleine de Puy-Guyon, seconde femme de son père Charles, seigneur de Jarnac, qui vivait encore), paraissent avoir causé à la cour une assez vive émotion pour que la Chasteigneraie crût devoir s'expliquer dans un second cartel et dans une *Exposition* dont voici la teneur :

Sire, au différent qui est entre Guychot Chabot et moy jusques à présent, j'ay seullement regardé à la conservation de mon honneur, sans toucher à l'honneur des dames, desquelles j'aymerois myeux estre deffenseur que accusateur, mesmes celle dont est question en nostre différent; mais voyant que pour ma justification il est bien requis que je die *ce que j'ay teu, combien que je sçavoys qu'il estoit vray :*

Je dis que ledict Guychot Chabot a faict de sa belle-mère sa volunté, sans regarder à l'honneur de son père *et son debvoir*, et qu'il m'a dit l'avoir chevauchée et couchée avec elle. Et pour ce, Sire, je vous supply très humblement qu'il vous plaise me donner camp à toute oultrance dedans lequel j'entends prouver par armes audict Guychot ce que j'ay dict, avec ce qu'il vous plaise me permettre que luy envoye lettre de combat avec le contenu de la preuve que je luy veulx faire sur ce que dessus, affin que par mes mains, puisque le cas ne se peult prouver aultrement, soit veriffiée toute l'offense qu'il a faicte à Dieu, à son père et à justice.

Exposition faicte par ledict de Vivonne des cartelz cy dessus, suyvant l'ordonnance et commission du roy devant maistre Guy de Brassac, président des enquétes à Bourdeaux.

Ce que j'ay teu, c'est-à-dire que en ma première lettre j'avois mis seullement que Guychot Chabot m'avoit dict qu'il avoit couché avec sa belle mère, sans vouloir user de ce mot *chevaucher* pour ce que monseigneur le dauphin m'avoit commandé de ne user de ce mot *chevaucher*.

Combien que je sçavoys qu'il estoit vray. C'est que je sçavoys que ledict Guychot Chabot me l'avoit dict en ce propre mot *chevaucher*.

Je di que ledict Guychot Chabot a faict de sa belle-mère sa volunté, par où j'entendz que ledict Chabot a eu si meschante et si malheureuse volunté que de vouloir déshonnorer sa belle-mère, laquelle volunté il a accomplye en la diffamant de tout son pouvoir, me disant qu'il l'avoit chevauchée et la voulant mettre à la malle grâce de son père; et non pas, pour ce, que je vueille dire qu'il l'ayt chevauchée. Car si ainsy je l'eusse voulu dire, j'eusse aussi bien proféré ce mot de chevaucher, comme je faiz puys après qu'il est besoing, ayant aussy protesté auparavant le dire, l'ayant teu et sçachant qu'il est vray que ledict Chabot le m'eust ainsy dict.

Sans regarder à l'honneur de son père, par où je veulx dire qu'il a esté si mal advisé qu'il n'a pas veu que en cuydant déshonnorer sa belle-mère, il faisoit honte à son père.

Et son debvoir, qui estoit de porter honneur et plustost faire service à sa belle-mère que de luy pourchasser honte et dommage.

Et qu'il m'a dict l'avoir chevauchée et couché avec elle, qui est le poinct de ma lettre, et ce que j'entends prouver par armes audict Chabot, avec le bon plaisir et congé du roy.

C'est le double de ma seconde lettre par moy présentée au roy, luy estant au Louvre à Paris, avec l'interprétation de la pure vérité, comme je l'entendz. Ce que j'ay bien voulu signer de ma propre main affin qu'elle ne soit calumpniée de personne, estant telle que je la veulx soustenir soubz le bon plaisir et congé du roy, avec les armes à la main, contre quelque soit qui vouldra dire du contraire. En tesmoing de ce, l'ay signé le dix-neufiesme jour de juillet mil V^c XLV. — (*Ainsy signé :* François de Vivonne.)

Les termes de ce second cartel aussi injurieux que le premier amenèrent un nouvel incident. Madeleine de Puy-Guyon poursuivit en diffamation la Chasteigneraie devant le conseil privé du roi, et le 20 janvier 1547 un arrêt interlocutoire appela la Chastaigneraie à comparaître en personne devant ce tribunal. Il ne comparut pas, et Madeleine adressa alors au prince une requête[1] pour le prier de surseoir au combat demandé jusqu'à ce qu'une décision fut intervenue.

Sur ces entrefaites François Ier mourut, et il ne semble pas avoir été donné suite à la requête de la plaignante; car le 11 juin 1547, Henri II signa les lettres patentes qui permettaient le combat.

Nous terminerons en donnant la pièce que nous avons annoncée à la p. 287, note 1, et qui est intitulée : *Roolle des armes que Jarnac envoye à la Chasteigneraye.* — C'était

---

1. Voyez-en le texte, qui est inédit, dans le ms. 272 de la collection de Mesmes, f° 132.

en effet à Jarnac, comme *assailli*, qu'appartenait le choix des armes.

François de Vivonne, pourvoyez-vous des armes que debvez porter au jour qui sera député.

Premièrement, vous pourvoirez d'ung coursier, d'ung Turc, d'un jenet et d'ung courtault.

Item, vous pourvoirez pour armer vostre coursier d'une selle de guerre, d'une selle de jouste et d'une selle qui soit de deux pieds de hault l'arçon de devant, et une selle qui n'ayt point d'arçon derrière, mais qu'elle ayt des bourletz derrière.

Item, que lesdictz chevaulx soyent fourniz desdictz selles, spéciffiant que ledict jenet ayt d'advantage une selle à la turquesque et une selle à la françoyse avec deux doigtz d'arçon derrière et l'arçon bas devant.

Item, que le courtault ayt d'advantage une selle à la françoyse et une autre selle sans arçon derrière et sans borlet derrière, mais seullement l'arçon devant avec la rencontre à demye cuisse.

Item, que lesdictz chevaulx se puissent armer avec bardes d'acyer de toutes pièces comme de chamfrain de fer, de crynière de fer, poictrine de fer, flancars et cropière de fer, avec ung chamfrain à corne et sans corne de fer.

Item, que pour lesdictz quatre chevaulz soyez pourveu de les povoir armer de toutes pièces d'acyer et de bardes de cuyr et caparasson de maille, avec la crynière et la teste de maille et les resnes couvertes de lames, et les mettre en poinct comme si vous entriez le jour d'une bataille et de vous en povoir ayder avec telles armes que vous pourriez combattre en jouste.

Item, vous pourvoirez de vous armer de toutes les pièces qu'il faut armer ung homme d'armes avec pièces doubles et simples de jouste et sans jouste.

Item, vous pourvoirez d'ung harnois à la légère de toutes pièces.

Item, vous pourvoirez d'ung escu et d'une sallade à la jenetaire.

Item, vous pourvoirez d'une targue à l'albanoise et de boucliers et targues de toutes sortes que l'on se peult ayder à pied et à cheval.

Item, vous pourvoirez de toutes sortes de sallades d'homme de pied qui se peuvent porter.

Item, vous pourvoirez de toutes sortes de gandz de fer, de maille, de lames, desnuées, tant des doigtz comme le demeurant de la main, de prinse et sans prinse.

Item, vous pourvoirez de vous armer vous et vos chevaulx de toutes sortes et façons qu'il est possible s'armer, user et accoustumer en guerre, en jouste, en débat et en camp-cloz.

Les armes qui ne seront acoustumées en guerre, en jouste, en débat et en camp-cloz, je les porteray pour vous et pour moy; me réservant tousjours de croistre et diminuer, de clouer, de desclouer, oster ou mettre dedans le camp à mon plaisir, et de me mettre en chemise ou plus ou moyns, selon qu'il me semblera.

Chabot.

Response du sieur de la Chasteigneraye faicte au hérault à la signiffication des armes :

Sans préjudice de mes droicts, je accepte le contenu ès dictz articles cy-dessus.

V. — *Duel du vicomte de Turenne et du baron de Rozan.*
(P. 324-325.)

Il paraît certain que le vicomte de Turenne fut victime d'un lâche guet-à-pens dont M. de Duras n'était point aussi innocent qu'il aurait voulu le faire croire à Brantôme. Dans le manuscrit 272 de la collection de Mesmes (f°s 202-210), on trouve une pièce intitulée : *Discours de la querelle du viscomte de Tureyne avec le sieur de Rozan.* Ce discours qui n'occupe pas moins de 14 pages in-fol. est écrit par Turenne et contient le récit fort circonstancié de la querelle et du duel.

On y voit que le baron de Rozan se conduisit avec si peu de courage que son frère M. de Duras lui cria : « *Vous fuiez. Vous faites le poltron.* » Et ce fut au moment où, le baron étant tombé, son adversaire venait de lui dire : « *Adonc, lève-toi,* » que celui-ci fut chargé par six ou sept individus qui le blessèrent de cinq coups d'épée, pendant que M. de Duras leur criait : *Tuez, tuez.*

A la suite de cette affaire qui eut lieu près d'Agen le 17 mars 1574 et sur la plainte qu'en porta le vicomte, le maréchal de Montmorency et un certain nombre de gentilshommes rendirent, sous le titre d'*Advis*, une espèce de jugement dont voici la teneur d'après le même manuscrit (f°s 209-210).

Advis sur la querelle de M. de Thureine.

Monseigneur de Montmorency, pair et premier mareschal de France, gouverneur et lieutenant général pour le roy en Languedoc, ayant veu en présence des sieurs de Rieulx, de Lombez, de Vetizon, de Sainct-Maximin, commandeur de Grillon et autres sieurs et gentilzhommes, le discours à luy envoyé par monsieur le vicomte de Tureyne de la querelle et combat advenu à Agen, entre luy et les sieurs de Rozan et de Duras, et considéré bien ponctuellement ce que y est représenté, et y aiant remarqué en premier lieu le tort qui a esté fait aud. sieur vicomte par le sieur de Rozan ou ceulx qui estoient commis par luy à la garde de Casteljaloux pour y avoir refusé l'entrée aud. sieur vicomte, lequel l'y avoit introduit et chargé d'icelle place, selon le commandement qu'il avoit lors en Guyenne; d'ailleurs se voyant en icelluy discours l'advantage avec lequel led. sieur viconte avoit trouvé led. sieur de Rozan près d'Esguillon, pour luy en demander raison, et la promesse par luy faicte de se trouver au lieu où il seroit appellé par un gentilhomme, et depuis les propos tenus par le sieur de Duras au sieur de Laverdin, l'offre par luy faicte de se trouver seul avec. led. de Rozan sur le Gravier d'Agen, chacun sur un courtault; contrevenant à laquelle ils y seroient venus sur deux chevaulx d'Espaigne; les courtoisies faictes par icelluy sieur vicomte de Thureyne aud. sieur de Rozan, tant pour ne l'avoir voulu faire visiter que pour luy avoir fait oster ses esperons et relevé, après estre tombé; celle faicte par le sieur baron de Salignac au sieur de Duras pour luy avoir faict reprendre une espée, la sienne estant rompue; au contraire desquelles ledit sieur vicomte prétend par les estoccades qu'il a tirées aud. sieur de Rozan l'avoir trouvé armé, et estre chargé par ledit sieur de Duras avec lequel il n'avoit querelle et par six ou sept qui se trouvèrent près ledit de Rozan lorsqu'il recula et fuit d'audevant, assassiné et blessé devant et derrière, contre la foy et promesse données, avec supercherie et advantage, ainsy que plus particullièrement est contenu par icelluy discours soustenu véritable par ledit sieur viconte; mondit seigneur le duc de Montmorency, assisté des sieurs que dessus, est d'advis que ledit sieur vicomte a esté si indignement traicté qu'il ne doibt demander ny faire appeller lesdits de Duras et de Rozan pour les combattre par la voye accoustumée et licite, mais se ressentant des actes, assassinats et manquemens cy-dessus, se doibt délibérer d'en avoir raison avec tel advantage, recherchant à cest effet tout ce qu'il pensera luy pouvoir servir pour s'en venger; estant le tort à luy fait tel et sy grand que on ne pourra trouver mauvais avec raison les voyes desquelles il usera all'encontre des personne qui se sont monstrées indignes d'estre appellez avec les armes. Et pour faire foy de cest advis, icelluy seigneur duc de Montmorency l'a signé et prie lesdits sieurs y assistans de le signer avec luy. En Agde, le 23ᵉ jour de may mil cinq cens soixante dix-neuf.

VI. — *Acte de réconciliation de Bussy d'Amboise et de la Ferté.*

(P. 347.)

Déclaration et réconciliation des sieurs de Bussy et de la Ferté, sur leur duel advenu à Alençon le — iour de febvrier 1579.

Messieurs de Bussy et de la Ferté. — Considérant qu'en ce qui s'est passé de leur combat pour avoir tous deux esté blessez, toutesfois beaucoup plus l'un que l'autre, ilz ne peuvent que diversement se plaindre ou louer du sort inégal plus ou moins favorable, s'y estans tous deux portez fort courageusement, et désirans par la recherche de leurs commungs amis se réconcilier ensemble, après que ledict sieur de Bussy a fait déclaration audict sieur de la Ferté de l'occasion de son appel, dont il s'est contenté, avouent pour esclaircir ceux qui pouvoyent doubter de la chose, qu'en l'appel, devant, durant et après leur combat, chacun d'eulx s'est comporté honnorablement ce qui se peult, et aussy qu'il ne s'i est faict ne dict acte ne parolle de l'un ny de l'autre qui ne soyt plaine de preudhomnie et de courtoisie et digne de gens d'honneur et de louange et de valeur; ayans bien voulu, pour tesmoignage de ce et de leur réconciliation et amitié perpétuelle, en présence de plusieurs cavalliers leurs amis, signer cette présente déclaration de leurs mains.

(Ms. 272 de la collection de Mesmes, f° 308).

VII. — *Erreur de Brantôme sur Scipion.*
(P. 400.)

Nous avons oublié de relever une erreur commise ici par Brantôme. Le premier Scipion dont il parle est Scipion Émilien comme nous l'avons dit dans la note I. Mais trois lignes plus bas il ajoute : « ce *mesme* brave Scipion fit exiber des jeux en Espaigne. » Il s'agit cette fois de Scipion l'Africain.

VIII. — *Appel du sieur de Castel-Bayart.*

Brantôme comptait, dans un second *discours* qu'il n'a pas écrit, nous donner des exemples d'appels et de défis (Voy. p. 500). En voici un qu'il n'aurait pas manqué de mettre en lumière s'il l'avait connu et que nous croyons devoir donner pour sa forme brève et originale. Nous ne savons à qui il est adressé; il date, à ce qu'il nous semble, du commencement du dix-septième siècle, au plus tôt.

Monsieur, vous estes si peu de chose que, n'estoit l'insolence de vos parolles, je ne me souviendrois jamais de vous. Ce porteur vous dira le lieu où je suis avec deux espées dont vous aurez le choix. Si vous avez l'asseurance d'y venir, je vous osteray la peine de vous en retourner.

Castel Bayart.

(Ms. 272 de la collection de Mesmes, f° 887.)

TABLE DES MATIÈRES.

DISCOURS SUR LES COURONNELS DE L'INFANTERIE DE FRANCE.
(Suite). P. 1 à 231.

M. de Taix, premier couronnel général, page 1; légions d'Auguste; services de M. de Taix qui doit son avancement à une dame de la cour; rébus porté par cette dame; conduite de M. de Taix à la bataille de Cerisoles; Monluc; le capitaine Villefranche, 2. M. de Taix fait tuer son cheval avant la bataille, 3, 12. Dispute du sergent de bataille la Burthe et d'un gentilhomme qu'il tue, 3-5; éloge de la charge de sergent-major, 6-10; mot de Charles V. à Villandrado, à la journée de Dina, 6, 7; voyage de Brantôme à Malte; différend entre le maréchal Strozzi et le connétable de Montmorency au sujet du capitaine Sarriou et du capitaine Hortolan, sergent-major du régiment des gardes du roi, 7-10; cas que les Espagnols font de la charge de sergent-major; gros bâton qu'il doit porter à la main; le capitaine Salines, 10-12. Mestres de camp et sergents-majors d'aujourd'hui; Spartacus fait tuer son cheval; Plutarque, cité, 12, *note* 1. Troupes que M. de Taix mène à François Ier au camp de Jalon; armée de Charles-Quint; terreur des Parisiens; mot du roi à ce sujet; armée du dauphin, 13; le capitaine Grille; Menard, cité, 14 *note* 1; paix avec l'empereur; guerre de Boulogne contre le roi d'Angleterre; Monluc, cité; M. de Taix disgracié à la mort du roi, par l'influence de Diane de Poitiers et du connétable de Montmorency; son état est partagé entre l'amiral Coligny et Bonnivet, 14. Regrets sur la mort de la Chasteigneraie qui avait fait faire des balles d'or pour tuer l'empereur; le couronnel Fronsberg et le pape Clément VII; la reine Jeanne de Naples et son mari, 15. Belles ordonnances de Coligny sur l'infanterie, 16-17; brigandages des troupes avant lui; ordonnances de Langey et du prince de Melfe; Coligny fait capituler Boulogne qui avait été assiégée inutilement avant lui; Monluc, cité, 17, 18. Cruauté des Anglais que Coligny force à demander la bonne guerre; ce qu'il en dit à Brantôme; terribles représailles qu'il fait exercer sur les paysans du Périgord, 18, 19. Sa réputation de cruauté non méritée; sa belle conduite lors de l'expédition d'Allemagne, 19, 20, 22. Erreur de Paradin; siége de Haguenau; M. d'Estauges, 20, 21. Bévues des historiographes et de quelques gens de guerre; MM. Akakia et Fernel; canonnade et arquebusade, 21, 22. Coligny succède à Annebaut dans la charge d'amiral; Andelot et Sipierre, prisonniers; son exploit au combat de Renty; Tavannes et Guise, 22, 23; Coligny introduit deux enseignes couronnelles blanches; les capitaines Boysseron et Valeron; il cède son état de couronnel à son frère Andelot, 24, 25. Rupture de la trêve de Vaucelles; siége de Saint-Quentin où Andelot parvient à entrer; il est pris et se sauve, 25, 16; prise de Calais; mot de Guise sur Andelot; Strozzi; d'Estrées; Henri II fait arrêter Andelot pour cause de religion, 26. Ce que Brantôme entend raconter sur lui à des soldats espagnols; Monluc commande en son absence; négociations à Cercamp, 27. Lors des guerres civiles, la charge d'Andelot est donnée à Randan; Platon, cité, 28; influence des dames sur vaillance; combats, duels et valeur des jeunes gens de la cour dont on se moquait à tort, 29-30; combat singulier de Randan et de Louis d'Avila devant Metz; *Archives curieuses*, citées, 30. Listenois à Metz; Brantôme au voyage de Malte; influence du point d'honneur et d'amour, 31. Belle conduite de Randan, blessé à Bourges; sa mort au siége de Rouen; son tombeau par le sieur de Tortron, 33, 34; ses bons mots sur M. de Guémené et M. de Bueil, 35. M. de Martigues lui succède; son éloge, siége du Petit-Leight; capitaines qui s'y trouvaient; ambassadeurs pour la paix : MM. de Randan, de Monluc, de la Brosse, de Pellevé, 36-38. M. de Martigues enlève de vive force un de ses capitaines saisi par les sergents; suites graves de cette affaire, 39-41. Éloge de la justice du temps passé; prison du baron de la Garde; Ferdinand de Gonzague et les soldats révoltés, 41, 42. Crainte des gens de justice. Le maréchal de Biron et un de ses capitaines; le capitaine Mazères, conjuré d'Amboise; Hauteclaire, 42, 43. Sixte-Quint et le neveu du théologal d'Espagne, 44-45. Attaque de Paris par les calvinistes; Condé; M. de Guise; M. de Martigues; bataille de Dreux, 46, 48; siége d'Orléans; Andelot remis en sa charge de colonel; M. de Martigues s'habille en gendarme. MM. des Cars, de Bellegarde, de Massès, de Boisjourdan, 48, 49. M. de Martigues, gouverneur de Bretagne; ses exploits contre les calvinistes; sa mort, 50. Sa parenté avec Brantôme. Orgueil des princes; ce que le grand-père de Brantôme, André de Vivonne, en dit à Louise de Savoie, 51, 52. L'enfer de Rabelais; réflexions de Brantôme sur les grands, 53. Siége du Havre où Coligny et Andelot n'assistent pas; Andelot au siége d'Orléans, où il est atteint par une balle de Strozzi, 53-55. Voyage de Charles IX en France; plaintes d'Andelot à la reine au sujet de ses priviléges de couronnel, 56; mode de nomination des capitaines; la charge de couronnel est érigée pour Espernon en charge de la couronne, 56, 57. Mort d'Andelot et de Brissac.

Ph. Strozzi, couronnel général des bandes françaises; Timoléon de Cossé, comte de Brissac, couronnel général des bandes de Piémont; La Rivière-Puytaillé, d'Aunous, 58. Erreur des historiens; vaillance de Strozzi à La Roche-Abeille, où il est sauvé par Saint-Loup et pris; capitaines qui y sont tués; exploit de M. de Mouy, 59-61. Brantôme est capitaine sous Strozzi, dont il fut toujours l'ami et le compagnon; assaut donné à La Rochelle; Goas, Monluc, d'O, Sourdiac, Lancosne, 61-63. Conseil tenu dans la tente de Monsieur; ce que Brantôme y dit à Monluc; panique dans l'armée royale, 65, 66. Porte-enseigne romain à la prise de Rome par Bourbon; courage de Monsieur, 67. Commencements de Strozzi; il est nommé couronnel; Cossains, beau-frère de Monluc; sa *piaffe*; l'un des meurtriers de la Saint-Barthélemy; ses remords et ses pressentiments; il est tué au siége de La Rochelle; mot de Charles IX sur lui, 68-70. Goas, meurtrier de la Saint-Barthélemy, meurt aussi devant La Rochelle, 71-72. Digression de Brantôme sur les arquebuses de Milan, les fournimenls, leur fabrication et leur introduction en France par Andelot et Strozzi, 72-84; canons de Pignerol pour la chasse; les janissaires; compagnie d'Andelot à Rouen; mot de M. de Guise, 74. Négrol, marchand de Milan, 75 et suiv.; Gaspard, armurier de Milan, 75 et suiv. Strozzi à Malte; son adresse à l'arquebuse et au mousquet, 78, 80. Corcelets et morions gravés, 79-80. Armée française à Troyes, 79. Strozzi introduit les mousquets en France, 80-83; siége de La Rochelle; Saint-Geniez; le Fouilloux; la Haye; Berre; Saint-Denis; Callais. Mousquet donné par Strozzi à Brantôme qui le prête au duc de Guise; il prête aussi à Henri de Navarre la première arquebuse à mèche dont celui-ci se soit servi, 80-81. Passage du duc d'Albe en Flandre où il mène des mousquetaires. Charles IX commande à Strozzi de faire faire des mousquets à Metz; leur mauvaise fabrication. Strozzi en fait venir de Milan. Étant jeune garçon il se sauve avec Jean d'Este de la maison paternelle, en volant quelques pièces d'argenterie; ce qu'en dit son père, 84-85. Son éducation; ce qu'il raconte à ce sujet à Brantôme; son instruction, 85. Son incrédulité; ce que la reine mère dit à Brantôme sur lui, 86. Son estime des Espagnols; son combat naval; sa mort, 87-88. M. de Beaumont, son gouverneur; il est mal servi des siens, et entre autres de Sainte-Soline qui est mis en prison. Entretien du duc de Guise et de Brantôme à ce sujet. Le jeune Lansac, 88, 89. Strozzi n'était ni bon ami, ni mauvais ennemi. Son ingratitude envers Brantôme à qui il fait rompre un mariage, 90. Forcé de se défaire de sa charge de couronnel, il reçoit en échange 50 000 écus; il achète Bressuire; fortune qu'il apporta en France, 91.

Espernon, couronnel de France après Strozzi; sa faveur à la cour où il est appelé monsieur; pamphlet contre lui, 92-93. Il s'empare de Chorges; son entreprise sur Marseille, 94. Bastille qu'il fait construire devant Aix, où il est blessé. L'empereur Frédéric II devant Parme. Les habitants d'Aix rappellent Lesdiguières, 95-96. Haine que l'on portait à Espernon; entreprises faites contre lui à Angoulême, 97. Sa querelle avec M. de Longueville à Corbie, 90-98. Ses blessures; danger auquel il échappe à Brignolles. Son chirurgien Sourlin; ses titres et ses gouvernements, 100. Il est forcé de se démettre du gouvernement de Normandie qu'il cède à M. de Montpensier; mot de celui-ci à ce sujet, 100-101. Nombreuses compagnies qu'il avait sous lui. M. de Taix au camp de Jalon; réflexions de François Ier à ce sujet, 101-103. Espernon refuse à Henri IV de se défaire de sa charge de couronnel pour M. de Chastillon.

François de Gouffier de Bonnivet, couronnel des bandes du Piémont. Sa beauté; son agilité; le meilleur sauteur de la cour avec Henri II qui l'empêche un jour de se noyer. Sa libéralité; ses capitaines Villemaigne et Taix; Cossains, grand bravache; ses soldats bien entretenus. Ce que Brantôme entend dire à un capitaine sur le capitaine La Chasse et le luxe de ses soldats. Riche habillement du caporal Alebret, 106. Magnificence de la

compagnie couronnelle ; MM. de Piennes, Charny et du Lude.
Voyage de Henri II en Piémont. Le connétable réprime le luxe
des soldats, 107-108. Révolte pour la gabelle en Guyenne.
Bonnivet cherche à apaiser les querelles dans ses troupes ;
duels qu'il permet sur le pont du Pô ; les *hola* du Piémont.
Querelle de la Chasse et de Riolas, 108-109. Critique de
l'historien Paradin, 109-110. Bonnivet défend Santia contre
le duc d'Albe ; ses capitaines L. de Birague, Moret, Théode
Bedaine, 110-111. Bande de violons qu'il fait jouer le jour de
l'assaut ; son éloge ; son malheur de n'être pas mort en combattant ; meurt à Saint-Germain, peu visité, à cause du connétable. Son tombeau, par Joachim du Bellay, 112.

François de Vendôme, vidame de Chartres, succède à Bonnivet,
113 ; sa libéralité ; il mène avec grande magnificence l'Espagnol Artiague à un duel en Italie, 114. Il est parrain de Fendilles dans un duel ; refuse d'épouser la fille de Diane de
Poitiers ; festin somptueux qu'il donne en Angleterre pour la
paix entre la France et l'Angleterre ; sa chasse en Écosse ;
repas qu'il y fait et qui est raconté à Brantôme par M. de
Montmorency, 115-117. Beauté de ses troupes ; aimait le vert
pour l'amour d'une grande dame, 517. Sa vaillance au siége
de Metz ; se déguise en batelier, et fait prisonniers un certain
nombre d'Espagnols, 118-119 ; sa conduite en Piémont ; est
nommé gouverneur de Calais ; son entreprise sur Saint-Omer ;
cède sa charge à son parent Louis de Bourbon, prince de Condé.
La paix, cause des guerres civiles en France ; dicton des Bourguignons et des Flamands sur les Français, 119-120. Il se
retire de la cour après la mort de Henri II ; soupçonné d'être
de la conjuration d'Amboise, il est emprisonné à la Bastille ;
mot du duc de Guise à l'amiral. Brantôme voit la douleur de
Guise sur cet emprisonnement ; César et Pompée, 121. Catherine de Médicis blâmée à ce sujet ; il meurt peu de temps après
sa mise en liberté ; sa retraite à la fin de ses jours ; son amour
pour une More, 122-123.

Le prince de Condé, Louis de Bourbon, succède au vidame de
Chartres ; réflexions de Brantôme sur les écrivains protestants.
Gouverneur de Picardie, il quitte sa charge de couronnel, 124.

Timoléon de Cossé, comte de Brissac, est nommé couronnel des
bandes du Piémont ; réflexions sur le nom de Timoléon et
comment il fut donné au comte, 125. Brissac a pour précep-

teur Buchanan et pour gouverneur Sigongnes. Éloge de sa mère et de ses sœurs; ses premières armes; s'attache au duc de Guise qui en fait l'éloge, 126-128. Entreprise manquée sur Lyon, 128-129. Il fait avec Brantôme le voyage de Malte; défait les huguenots à Saint-Florent; sa conduite à la bataille de Jarnac; sa cruauté contraste avec la douceur de son visage, 130-131. Strozzi fait noyer huit cents filles de joie qui suivaient son armée; comparaison avec ce qui se passe dans les armées espagnoles, 132-133. Mot de Coligny sur Brissac qui est tué au siége de Mucidan, 133-134. Charbonnière, soldat périgourdin qui l'avait tué, est pendu, malgré les efforts de Brantôme; réflexions à ce sujet; Alexandre et les assassins de Darius; le marquis del Gouast et le meurtrier de François de Saluces; mort de Jean de Pompadour. Éloge de Brissac; ses projets ambitieux, 134-135. Querelle qu'il voulait faire au sujet de la cornette blanche au frère de Brantôme, Ardelay, et sa querelle pour le même motif avec le comte de Sommerive. Mauvais procédés de Strozzi, 136-138; querelle de Brissac avec Sarlabous. Strozzi blâmé; sa sœur, Clarisse Strozzi, 139-140. Éloge de Brissac qu'on appelait *pigeon;* son adresse. Jules, Milanais, et Aymard, de Bordeaux, excellents maîtres d'armes. Le lutteur Cole, Ferrarais. Brissac excellent danseur; scène de danse et de musique à laquelle Brantôme assiste dans la chambre de Charles IX; Locman, excellent joueur de luth, 141-142; amour de Brissac pour une grande dame; mœurs de cette dame, 142-143; il courtise inutilement une dame de Guyenne que Strozzi voulait épouser, 143. Mot d'un gentilhomme sur lui et Bussy, 144.

Charles de Cossé, comte de Brissac, son frère, lui succède dans la charge de couronnel. Il accompagne Strozzi dans son expédition de Portugal, et porte à la cour les nouvelles de la défaite de celui-ci. Il est mal vu à ce propos. Le duc de Guise engage Brantôme à le soutenir 146-147; malheureux à la guerre; mauvais capitaines dans les armées depuis les guerres civiles; son combat contre M. de Malicorne devant Poitiers; mort du capitaine Espanes, 146-148; Brissac livre Paris à Henri IV, 149; mot de Mme de Monpensier sur lui; réflexions sur sa trahison; gentilhommes que l'on peut appeler seigneurs. Brissac député aux seconds états de Blois; le duc de Nevers; autres députés de la noblesse : MM. de Rochefort, de Rochepot, de

Senecé; différence de caractère entre les deux frères Brissac, 150-153. Malgré la perte du Piémont, Brissac porte toujours le titre de couronnel des bandes du Piémont; perte du marquisat de Saluces; acquisition de la Bresse par Henri IV. Le Piémont, école de la noblesse, 153. Les bandes du Piémont à Vitry le Brûlé; prise de Mâcon, par M. de Nevers; la Clayette; de Muns, 154. Regrets sur la perte du Piémont, 155. Anecdote de Brantôme et du cordonnier Blaize à Turin, 156. Amours des Français en Italie; les *dames de la place* à Mondovi; la signora Novidale, maîtresse du maréchal de Brissac, 157. Le comte de Brissac dernier couronnel des bandes du Piémont; Espernon couronnel du régiment du Piémont; succès de Lesdiguières contre le duc de Savoie, 158.

Autres couronnels; le maréchal Pierre Strozzi, loyal serviteur de la France; le duc de Castres; Bentivoglio; P. B. Frégose; Santo-Petro Corso; Jean de Turin, tué en Corse; guerre de Parme; le duc Octavio; M. de Termes. Passage de l'Arno par Strozzi, 159-160. Son habileté pour camper une armée; soldats italiens peu estimés de Strozzi, du marquis de Pescaire et de Charles V; Vallès, cité, 161-162; mot du pape Paul Caraffe sur les soldats gascons, 162. Chevaux de Strozzi; son écuyer Hespani; ses amours. Conduite qu'il tient à l'égard de sa femme; dogues d'Angleterre, 164. Le capitaine Valleron est envoyé à Sienne, et est tué à la défaite de Marciano. Brantôme blessé est soigné par une belle dame de Portofino, 165-166. Réflexions sur le nom de capitaine; anecdote de Brantôme et d'un gentilhomme au siége de la Rochelle, 167-169.

M. de Givry, couronnel de l'infanterie française en Toscane; officiers qu'il avait sous ses ordres : Sauvebœuf, la Valette, Puydanche, Chantérac, la Cave, Montferrant, Saint-Gouard; pages élevés par la Chasteigneraie, 169-171. Soldats français au service de l'Espagne. M. de Givry est tué à Dreux; éloge de son fils, 171-172.

M. de Nemours, couronnel général de l'infanterie de France au royaume de Naples; campagne du duc de Guise en Italie; son retour en France après la bataille de Saint-Quentin; le camp d'Amiens, 173-175. *Terze* et *tiers*; le duc de Ferrare; Monluc, cité. Les capitaines la Mole, Monestier, Bourdet *le Brûlé*, huguenot; Cauflaincourt, Jaunay, Mazay, Beguin, la Chapelle, Barthélomé; Valfrenières, d'Orades, de Lévis, 176-177.

Bussy d'Amboise, premier couronnel de Monsieur; sa querelle à Moulins avec le vicomte de Turenne, au sujet de l'enseigne blanche, 177-178; le baron de Vitaux, le chevalier Breton, Sesseval, la Guyonnière. Le capitaine Barthélomé; ce qu'il raconte à Brantôme sur sa conversion en visitant le Saint-Sépulcre avec M. d'Aramont, 178-181. Son fils, huguenot. Comparaison de Bussy et du comte de Brissac, 181-182. Querelle, combats et accord de Bussy et de Saint-Phal; rôle qu'y jouent Strozzi et Brantôme, 182-186. Bussy est attaqué la nuit; comment il échappe, 186-187; il est obligé de quitter la cour; Brantôme l'accompagne avec Crillon et une belle noblesse; recommandations que lui fait Bussy. Montmorency et Cossé prisonniers à la Bastille, 187-190. Retour de Bussy à la cour; il est attaqué par Quélus et demande le combat contre lui au roi, 190 et *Appendice*, 501. Sa mort; ses épitaphes; son courage; ses querelles; Lavardin, 193.

M. de la Rochepot succède à Bussy comme couronnel de Monsieur; sa conduite à Anvers, 194.

Couronnels du roi de Navarre; Lavardin; il suit le parti de la Ligue; défend Niort avec Malicorne, 194; assassine le jeune Randan: ravitaille Vitré; combat à Coutras, 195-196. Mot du capitaine Normand sur lui et des Pruneaux, 197-198. Le père de Lavardin tué à la Saint-Barthélemy, et lui est sauvé par Mme de Dampierre qu'il paye d'ingratitude; maréchal de France après la mort du maréchal d'Aumont, 198; sa querelle avec Bussy et son raccommodement avec lui chez M. du Lude; ce qu'il en dit à Brantôme, 198-200. Le comte de la Rochefoucauld remplace Lavardin comme couronnel du roi de Navarre; son amitié pour le duc de Guise; ce qu'il en dit à Brantôme, 201; sa mort devant Saint-Yrier; Pompadour; Chambret; la Coste-Mézières; Fredaignes, 201-202. Espernon refuse de se défaire de son état de couronnel; éloge de M. de Chastillon, de ses frères et de Mme de Téligny; les femmes de Bâle, 203-204; accident arrivé au marquis d'Andelot; Chastillon est blessé au siège de Chartres; sa mort, 205.

Le chevalier d'Aumale, couronnel de la Ligue; sa vaillance et sa mort à Saint-Denis, 205.

M. du Gua, couronnel général des troupes que Henri III devait emmener en Pologne; M. de Bellegarde cherche à le supplanter, 206. Rencontre de Brantôme et de Bellegarde dans la forêt de

Châtelleraud, 207. Paul-Émile, cité. Le nom de Français est donné à tous les croisés, et celui de Gascons à tous les soldats français; Monluc, cité. Pilleries des Gascons; dicton italien à ce sujet. Ex-voto vu par Brantôme à N. D. de Lorette, 208-209. Anecdote de Pierre le Cruel demandant l'assistance du prince de Galles contre son frère, Henri de Transtamare; Froissard, cité, 210-211. Soldats français parmi les troupes espagnoles; 211. L'acteur qui faisait le *capitan* dans la troupe des *Gelosi*, était un soldat français, 211-212. Binet, fils de la présidente Poynet, capitaine de gens de pied dans les troupes espagnoles à Naples, 212.

Couronnels de l'infanterie italienne au service de France; François, marquis de Saluces; le duc de Somma et le comte de Cajasso; leur éloge; M. de Puy-Gaillard; Monluc, 212-213. Adrian Baillon, gentilhomme de la chambre de Henri II; Rance de Cère, 214. San-Petro Corso, sa vaillance; son projet de tuer Charles-Quint à Rome, raconté à Brantôme par le cardinal du Bellay, 215-216. Lettre qu'il écrit à Mme de Dampierre, 217-218. Alphonse d'Ornano, son fils; sa vaillance; son éloge; est fait maréchal de France; sa troupe de Corses, 219.

Couronnels allemands au service de France; le comte Guillaume de Saxe; Claude de Lorraine; Sebastian Belgeberg, décapité à Augsbourg, 220. Le comte de Rhingrave; il épouse la veuve de M. de Crussol; ses longs services; Charles IX passe en revue, à Charenton, les lansquenets et les reîtres qu'il avait amenés d'Allemagne; détail curieux à ce sujet, 221 et *Appendice*, 502. Il sert au siége du Havre; il est pris à Saint-Quentin, 222. Le comte Roquandolf; sa fin pauvre et misérable, 223-225. Le couronnel Rincroq; commande à Sienne les lansquenets dont Monluc parvient à se débarrasser; Antoine de Lève à Pavie; mort du duc des Deux-Ponts en France, 224. Les lansquenets ne valent rien dans les villes assiégées; leur conduite à Naples assiégée par Lautrec; ancienne coutume de pillage au commencement des siéges; sage conduite du duc de Guise et de Monluc à Metz et à Sienne. Malpropreté des lansquenets, 225-226. Le capitaine Jacob; sa mort à Ravenne, 226. Le couronnel Fourly; son épitaphe; le couronnel Toquenet; le couronnel Galatys, 227.

Couronnels des Suisses : M. d'Anville; M. de Sancy; le comte de Tende; M. d'Estampes; Engilbert de Clèves; le bailli de

Dijon; le marquis d'Elbeuf; le maréchal de Biron, 228. Enseigne blanche du jeune Frontenay gagnée à la bataille de Dreux par le capitaine Burée. Ce que Brantôme entend dire au duc de Guise sur ce sujet, 229-230. Réflexions de Brantôme sur son livre.

DISCOURS SUR LES DUELS. P. 233 à 500.

Origine des combats en champ clos et des duels; sort des vaincus; lois danoises et lombardes; Fr. de la Chasteigneraie 233-234, Combat à Sedan du baron d'Aguerre et de Fendilles, 115, 235-240 et *Appendice*, 502. Monluc, cité; le roi René aimait les Gascons; Rouly Gonty, 235. Combat à Valenciennes entre Mahuot et Jacotin Plouvier; Olivier de la Marche, cité, 240-243. Combat de Carrouges et de Legris, 243; il est représenté sur une tapisserie au château de Blois. Becs-de-Corbin; combat de Mandozze et du comte de Pancalier, d'après les *Histoires tragiques* de Bandello, 243-244, 290. Combat d'Ingelgerius et de Gontran, d'après Bourdigné, 244-248. Le roi Artus; les chevaliers de la table ronde; Renaud de Montauban et la belle Genièvre, 248-249, 290. Sort réservé au vaincu dans les duels; le docteur Paris de Puteo, cité; anecdote de la reine Jeanne de Naples et de Galeazzo de Mantoue, 249-250. Conduite blâmable des chanoines de Saint-Pierre de Rome, 251. Combat sous les murs de Florence de six Florentins; P. Jove et Vallès, cités, 252-254; combat de deux Espagnols devant Scipion l'Africain, 253-254. Combat de deux Espagnols Sainte-Croix et Azevedo; à Ferrare, devant M. de Nemours et la duchesse de Ferrare; le Loyal Serviteur, cité, 254-261. Combat de Sarzay et de Veniers à Moulins, devant François Ier, de Julien Romero et d'un autre Espagnol devant le même prince, à Fontainebleau, 261-262. Jet du bâton pour mettre fin au combat; Henri II au duel de la Chasteigneraie, 261-262. Combat de deux Espagnols Peralte et Aldano devant le grand maître Chaumont; le Loyal Serviteur, cité, 262-263. Combat de Bayard et de don Alonzo de Soto-Major, 263-269. Faute commise par la Chasteigneraie; ingratitude de Monluc envers lui; son tombeau fait par M. d'Aumale, 269-272, 276. Précaution prise par Jarnac contre l'adresse de la Chasteigneraie, d'après l'avis du capitaine Caize; détails sur son duel, 272-275, *Appendice*, 503. Duel de deux soldats, en Piémont, à son sujet, 275. Malédiction de Brantôme sur les correcteurs et les imprimeurs. Présomption de la Chasteigneraie; dévotion de Jarnac qui plus tard se fit huguenot. Colère de Sansac contre Lancelot du Lac, 276-277. Courtoisies envers les vaincus; combat entre un capitaine italien et le capitaine Prouillan qui est vaincu et épargné, 278-280. Ce qui aurait pu arriver si Jarnac n'avait pas été modeste dans son triomphe; ce que le maréchal de Vieilville en dit à Brantôme, 280-282. Combat de J. de L'Isle-Marivaut et de Cl. de Marolles, 282-284. Combats en champ clos que Brantôme voit à Rome de soldats romains et de soldats corses, 284-286. Dépenses en armes, chevaux et manifestes occasionnées par les duels; armes et chevaux demandés par Jarnac à la Chasteigneraie, 287-288 et *Appendice*, 507. Anecdote d'un Italien nommé Farnèse, présenté à Brantôme par M. d'Aymard, à Malte, 288. Exemples de vainqueurs ayant une mauvaise cause, 289. On doit soutenir l'honneur des dames, 290. Robert d'Artois et Philippe VI; Paul-Émile, cité, 291-292. Anecdote d'un combattant italien ayant mauvaise cause, 292-293. Supercheries dans le choix des armes offensives et défensives; collier d'acier garni de pointes; cuirasse trouée à l'endroit du cœur, 294-296; épées *vitrines*, 297. Fidélité et discrétion des maîtres d'armes, 296. Combat d'un Gascon et d'un Italien à l'arbalète, 298. Combat à l'arquebuse permis aux soldats, 299. Lois rigoureuses du combat en champ clos; ceux qui y mouraient n'étaient point enterrés en terre sainte, 301. Traités de jurisconsultes italiens sur le duel, 249, 302. Duels défendus par le concile de Trente, 302. Querelle de Juan de Gusman et d'un Espagnol; défense de rendre un infidèle arbitre de combats entre chrétiens; Paris de Puteo, cité, 303-304. Examen de la personne des combattants par les parrains; sortiléges; reliques, 304-305. Plaisante aventure de deux cavaliers espagnols Lunel et Tamayo, 305-308. Combats à la *mazza* usités à Naples; les seconds dans les duels, 308-310. Combat de treize Espagnols contre treize Français; le Loyal Serviteur, cité, 309-312. Combat de vingt Anglais contre vingt Français; de trois Français contre trois Espagnols, 312. Combat des *mignons* sous Henri III, 312-314; de la Fautrière et d'Aubanye, 314-315. Combat de Biron, de Lognac et de Genissac contre Carancy, Estissac et la Bastie, 315-317. Conditions diverses des duels, 317. Cômbat d'un seigneur napolitain contre trois, 318-319; d'un gentilhomme de Normandie et du chevalier de Refuge, 319-320; de Maignelais et de Livarot, 320-322; de la Vilatte et de Saligny contre Matecolom et Esparézat, 322-323; de Romefort et de Fredaignes, 323-324; du vicomte de Turenne et de M. de Rozan, 324-325 et *Appendice*, 509. MM. de Rosne et du Fargis, 326. Duel de Milhau et de Vitaux qui est tué, 326-330; Jacques Ferron, maître d'armes, 328. Assassinats par Vitaux du baron de Soupez, de Gonnelieu, 330-331: de Milhau, 332-333, de du Guast et de Montraveau 334-335; Brantôme l'appelait son frère d'alliance, 336. Aventures, meurtres et duels du comte Martinengo qui meurt devant la Charité, 336-340.

Courtoisies faites dans les duels : duel de Sourdeval et d'un gentilhomme français, raconté à Brantôme par le duc de Guise, 340-342. Duels de d'Ussac et de Hautefort, 342-343, de Bourdeille et de Cobios, 343-344, de deux capitaines du Piémont, 344; de San-Petro Corso et de Jean de Turin, 345-346; de Bussy et de la Ferté, 347 et *Appendice*, 511; de Grandpré et de Givry, 348; d'un gentilhomme auvergnat et de Leviston, 349-350. Combat du comte Claudio contre quatre soldats, 350-352. Duel de Saint-Mégrin et de Troïle Ursin, 352-354. Inconvénient des duels sans seconds; duel de Champlivaut et de Bonneval, 354-355. Le vaincu épargné par le vainqueur peut-il lui redemander le combat? 355, 360, 361; duel de Fourquevaux et de la Chapelle-Biron, 355-356; de Rollet; de Saint-Gouard et de la Chasteigneraie, 356-357; de Créquy et de Philippin de Savoie, 357-359. Secondes épées à la disposition des combattants, 359-360. Duels des capitaines Castelnau et Dalon, 361-362. Les dieux Mars et Neptune; le vainqueur ne doit pas triompher avec ostentation; devoir d'un bon chrétien dans les duels, 362-364. La trahison appelle la trahison, 364. Accord par Charles IX de Querman et de Frontenay, 365-366. Querelles de Genlis et de Mareuil; réponse de celui-ci à Montberon, 366-367. Accord, par le roi et M. de Guise, de Laurent de Maugiron et du capitaine Rance, 367-369. Duel de la Chasteigneraie et de Jarnac, 369-371. Conseil de Pierre Strozzi au premier, 370. La prohibition d'un duel cesse à la mort de celui qui l'a faite; meurtre de Louis de Bueil par Jean de Loué, 371-372. Dans quels cas et comment on peut éluder les défenses de duels, 372-374. Duel de deux soldats du maréchal de Brissac, 373. Réflexions au sujet du don de la vie fait par le vainqueur au vaincu, 375-376. Pratique et théorie du duel chez les Italiens. Duel de Matas tué par Apchon, 377-37°. Le Greffier de l'Ory, 377. Appel de M. de Sipierre à M. d'Andoing, de la part du vicomte de Gourdon, 379-380. Duel de des Bordes et de Genlis; Gerzay; Fontaine-Guérin, 380-381. Mot d'un président sur des gentilshommes qui se battaient dans la chambre de Henri III au Louvre, 381-382; Saint-Luc, Gauville et le prince d'Orange; le comte de Féria, 382; le marquis de Villanne et un alguazil; colère de Henri III contre Brémian, 383. Querelle de Bussy et de Saint-Phal; Brantôme tancé par Henri III, 383-384. Les duels désaprouvés; pamphlet où Henri III est accusé d'avoir été l'introducteur et le fauteur des appels; raillerie de Brantôme sur un discours de René de Birague, garde des sceaux, 384-385. Duels d'Ingrande et de Gerzay, de Refuge, de Crillon, du comte de Brissac et du comte de Tende, 137, 385. Ordonnances de Henri III contre les duels, 385. Combats permis par le parlement et le pape; Charles d'Anjou et Alphonse d'Aragon, 386. Paroles d'un prédicateur du roi sur Antraguet et Quélus; avantages que présentent les duels, 387-389. Querelles et combats, à Milan, pendant le séjour de Brantôme qui y apprenait à tirer les armes de Tappe; en France et en Espagne, 388-389. Règlement du prince de Melfe et du maréchal de Brissac dans l'armée de Piémont; *holà de Piémont*, 389-390.

Ordonnances royales contre les combats à outrance; combats à la *mazza*, condamnés par les docteurs; Renaud de Montauban et Roland; Roland et Agrican; Boiardo, cité, 391-393. Querelle de Bussy et de Gramont, 393-395. Mot d'Alexandre, 395. Duel du capitaine la Hyre, compagnon de la Trappe, 396. Crassus et les Parthes; dicton sur Hercule, p. 397. Duel de Gensac et d'Avarey, 398-399. Nos duels blâmés par les Turcs dont l'ambassadeur assiste au combat de la Chasteigneraie et de Jarnac, 399. Opinion des Grecs et des Romains sur les combats singuliers; les Horaces et les Curiaces, 400, 405; Statylius; Torquatus; Corvinus; Scipion-Émilien; combats de deux Espagnols devant Scipion l'Africain; de Jubellius et d'Asellus; de Badius et de Quintus Crispinus; Tite-Live, cité, 400-401. Métellus défié par Sertorius; Plutarque, cité, 401-402. Pulfio et Varennus;

Commentaires de César, cités, 402-403, 405. Anecdote du comte de Candale et de Charles de la Chasteigneraie à l'assaut de Pavie, 401-405; tableau à Lucques représentant le combat des Horaces et des Curiaces, 405-406. Défis de Marc-Antoine à Octave, d'Amé de Savoie à Humbert dauphin de Viennois; Paradin, cité, 406-408. Corbane et les Croisés qui assiégeaient Antioche; Paul-Émile, cité, 408-409. Un vassal peut-il combattre son seigneur, et un soldat son capitaine? Discussion sur ce sujet à Malte, 410. Querelle du capitaine Busq et de son lieutenant Brevet. Discussion à ce propos, 410-411. Duel du capitaine Maisonfleur et d'un soldat, 412. Querelle du capitaine Bourdeille et de Tripaudière, 413-414; querelle de la Chasse et de Riolas, 414. Duel d'un soldat et d'un tambour, 415-416. Du choix des armes, 416. Bizarres inventions à ce sujet. Le Patenostrier, Hiéronyme, Francisque, le Tappe, le Flaman, Aymard, habiles maîtres d'armes, 417-418. Anecdotes diverses au sujet du choix des armes et des chevaux, 418-421. Excuses de Brantôme sur l'imperfection de son *Discours*, 421-422. Défi de Vandenesse à Pescaire, 422-424. Regrets d'Octave sur la mort de Cléopatre; d'un soldat espagnol sur son ennemi blessé à un siège, 424-425. Défis de René d'Anjou à Alphonse d'Aragon, 425-42 ; de Louis duc d'Orléans à Henri IV d'Angleterre, 426-427. Querelle du chevalier d'Oraison et de Bussy, et défi de François d'Alençon à don Juan d'Autriche, 427-429. Querelle d'Espernon et du vicomte d'Aubeterre, que Brantôme finit par accorder, 429-434. Querelles de la Chastre et de Drou, de Saint-Luc et de Gauville, empêchées par François d'Alençon, 434-435. Démêlé de Saint-Gouard et d'un gentilhomme de Saintonge, à qui le roi envoie un héraut, 434-436. Querelle du maréchal d'Ornano et de Montespan, 437; de Lignerolles avec Montsalès et Hautefort l'aîné, lors de l'entrevue de la reine d'Espagne et de Charles IX à Bayonne, 437-441; duel de Sourdéac et de la Chenaie-Raillé, 441-442. Assassinat de Lignerolles; ses meurtriers finissent tous d'une manière tragique, 443. Réflexions de Brantôme sur les assassinats, 444. Anecdote de Gaston de Nemours le matin de la bataille de Ravenne; le Loyal Serviteur, cité, 444-448. Querelle entre les comtes de Foix et d'Armagnac, 448-449. Défi de Henri de Navarre et de Condé aux ducs de Guise et de Mayenne; *Déclaration* du roi de Navarre, citée, 449-450. Défi d'Antoine de Navarre à François de Guise, 450. Entretien de celui-ci et de Monluc, 450-452. Combat assigné à Bordeaux entre Charles Ier, roi de Naples, et Alphonse III d'Aragon; stratagème de celui-ci; Collenuccio, cité, 453-455. Défis de Robert de Naples à Frédéric-Marie, vicomte de Milan, et de Frédéric, roi de Sicile, à Robert, 454-455. Défis réciproques de François Ier et de Charles-Quint; ce qu'en dit un soldat espagnol à Brantôme, 455-458. Entrevue de Philippe Auguste et de Richard Cœur de Lion, au Gué-d'Amour, 458-459. Défis de Langey au marquis del Gouast pour l'assassinat de César Frégose et de Rincon; du connétable de Montmorency au connétable de Castille, 460-461; Querelles du maréchal Dampville et de Longueville; de Montpensier et de Nevers, 461; d'Espernon et du maréchal d'Ornano; de Guise et d'Espernon; de Joinville et de Bellegarde, 462. Les chevaliers de l'ordre ne peuvent accepter le combat sans la permission du roi, ni se battre contre qui n'est pas de l'ordre, 462, 467. Querelles de Cagnin de Gonzague et de César Frégose; de Ludovic de Birague et de Scipion Vimercat, 462-464. Chevaliers de l'ordre qui n'ont pas voulu user de leur privilége; querelle de Claude de Guise et du comte de Sancerre provoquée par une ruse de Granvelle, 465-466. Le baron de la Garde et de la Mole, l'aîné; ce que dit Ferrand de Gonzague sur Pierre Strozzi, 466. Réflexions de Brantôme sur l'avilissement de l'ordre du roi. Chevalier fait par la faveur d'un secrétaire des commandements, 467. Anecdote d'un chevalier de l'ordre et d'un gentilhomme qui le malmène, 468. Henri de Guise et Bussy, 468-470; François de Guise et un capitaine; Antoine de Navarre et Bellegarde, 470. François Ier et Guillaume de Furstemberg. Aristote, cité, 470-471. Querelles de Henri III, alors duc d'Anjou, avec Besigny, 472-473; de Givry et du comte de Soissons, 473-474; de la Roche-sur-Yon et d'Andelot; remontrances du connétable à ce sujet; jurons de François Ier et des Espagnols; éloge de la chevalerie; la Toison d'or; temples bâtis par Marcellus à la Vertu et à l'Honneur; médailles antiques, 476-477. François Ier se fait faire chevalier par Bayard, et Henri II par du Biez, 478. Querelle de Randan avec Montberon; colère du connétable; remontrance du duc François de Guise, 479-480. Paroles outrageantes de Saint-Mégrin sur les Guises; il est assassiné; douleur du roi qui assiste à ses obsèques et y fait assister sa cour; il lui érige une statue de marbre, qui est brisée par les Parisiens; dicton à ce sujet, 480-481. Anecdote de la Trimouille et d'un gentilhomme qu'il avait offensé, 481-482. Assassinat du capitaine Briagne par un soldat qu'il avait menacé, 482-484. Le seigneur de Viry et le duc Louis de Bourbon, 484-486. Réflexions sur les petits qui font des entreprises et sont désavoués par les grands; défaite et mort de Genlis en Flandre; supplice de du Halot; Louis XI et Charles le Téméraire, 486-487. Le duc d'Arschot, prisonnier à Vincennes, s'évade; sa belle-sœur, la comtesse de Seninghen est mise en prison et sauvée par les Guises, 488. Affront qui est fait à son fils le prince de Portien, par M. de Montmorency, 489-490. Discrétion des deux ducs de Guise dans l'exercice de la charge de grand maître, 490. Montmorency avec le prince de Portien attaque le cardinal de Lorraine entrant à Paris suivi d'une troupe armée, 491-493. Blâme donné au prince pour son ingratitude envers les Guises; il est empoisonné par Saint-Barthélemy; la *Légende de Saint-Nicaise*, citée, 494-495. Démêlé de Montpensier avec Auzances, 495-496. Gentilhomme italien, mari de Mme Philippe, outragé par M. de Montpensier qui maltraite le sieur de Serré, pris au siége de Lusignan, 496-497. Violente querelle du sieur d'Auzances et du cardinal de Lorraine au sujet de la ville de Marsaut, 497-499. Assassinat du duc de Milan, Galéas-Marie, par Andrea Lampugnano, 499. *Essais* de Montaigne. Second livre des duels par Brantôme.

APPENDICE.

I. Lettre à Henri III de Bussy d'Amboise, demandant le combat contre Quélus, 501.
II. Coutume singulière des lansquenets, 502.
III. Combat de Claude d'Aguerre, baron de Vienne-le-Chastel, et de Jacques de Fontaines, sieur de Fendilles, 502.
IV. Duel de la Chasteigneraie et de Jarnac, 503.
V. Duel du vicomte de Turenne et du baron de Rozan, 509.
VI. Acte de réconciliation de Bussy et de la Ferté, 511.
VII. Erreur de Brantôme sur Scipion, 512.
VIII. Appel du sieur de Castel-Bayart, 512.

FIN DE LA TABLE DES MATIÈRES.

www.ingramcontent.com/pod-product-compliance
Lightning Source LLC
Chambersburg PA
CBHW051405230426
43669CB00011B/1766